utb 4336

Eine Arbeitsgemeinschaft der Verlage

Böhlau Verlag · Wien · Köln · Weimar
Verlag Barbara Budrich · Opladen · Toronto
facultas · Wien
Wilhelm Fink · Paderborn
A. Francke Verlag · Tübingen
Haupt Verlag · Bern
Verlag Julius Klinkhardt · Bad Heilbrunn
Mohr Siebeck · Tübingen
Nomos Verlagsgesellschaft · Baden-Baden
Ernst Reinhardt Verlag · München · Basel
Ferdinand Schöningh · Paderborn
Eugen Ulmer Verlag · Stuttgart
UVK Verlagsgesellschaft · Konstanz, mit UVK / Lucius · München
Vandenhoeck & Ruprecht · Göttingen · Bristol
Waxmann · Münster · New York

Studientexte Bildungswissenschaft

herausgegeben von
Thorsten Bohl, Hans-Ulrich Grunder,
Bernd Hackl und Heike Schaumburg

Jutta Standop, Dr. phil., geb. 1964, ist Professorin für Schulpädagogik mit den Schwerpunkten Bildung und Erziehung im Fach Erziehungs- und Bildungswissenschaften an der Universität Trier. Ihre Arbeitsschwerpunkte: Allgemeine Didaktik, Schul- und Unterrichtsforschung, Bildungs- und Schultheorie, Theorie und Praxis der Werteerziehung, Didaktik der Hausaufgaben.
Eiko Jürgens, Dr. phil. habil., geb. 1949, ist Professor für Allgemeine Didaktik und Schulpädagogik an der Fakultät für Erziehungswissenschaft der Universität Bielefeld. Seine Arbeitsschwerpunkte: Schul- und Unterrichtsforschung, Theorie- und Modellentwicklung in der Allgemeinen Didaktik, Pädagogische Diagnostik und Beratung, Reformpädagogik.

Jutta Standop
Eiko Jürgens

Unterricht planen, gestalten und evaluieren

Verlag Julius Klinkhardt
Bad Heilbrunn • 2015

Online-Angebote oder elektronische Ausgaben zu diesem Buch und der Reihe „Studientexte Bildungswissenschaft" sind erhältlich unter www.utb-shop.de

Die Deutsche Bibliothek – CIP-Einheitsaufnahme
Die Deutsche Nationalbibliothek verzeichnet diese Publikation in der Deutschen Nationalbibliografie; detaillierte bibliografische Daten sind im Internet über http://dnb.d-nb.de abrufbar.

Satz: Elske Körber, München.
Umschlagbild: © Katarzyna Bruniewska-Gierczak / 123RF.
Einbandgestaltung: Atelier Reichert, Stuttgart.

Druck und Bindung: Friedrich Pustet, Regensburg.
Printed in Germany 2015.
Gedruckt auf chlorfrei gebleichtem alterungsbeständigem Papier.

utb-Band-Nr.: 4336
ISBN 978-3-8252-4336-4

Inhalt

Vorwort der Herausgeberschaft

Unterricht gilt als das „Kerngeschäft" der Tätigkeit von Lehrerinnen und Lehrern – nichts charakterisiert den Lehrerberuf stärker, nichts nimmt in der Tätigkeit von Lehrerinnen und Lehrern mehr Zeit und Raum ein, als die Planung, Durchführung und Entwicklung von Unterricht. Auch für Lehramtsstudierende ist die Frage der Unterrichtsgestaltung von Beginn ihres Studiums zentral – ist dies doch die Tätigkeit, bei der sie Lehrerinnen und Lehrer in ihrer eigenen Schulzeit vor allem erlebt haben und auf die sie sich nun in ihrem Studium vorbereiten wollen.

Der vorliegende Band von Jutta Standop und Eiko Jürgens führt also in einen Kernbereich des Lehramtsstudiums ein. Eine solche Einführung zu leisten, ist keine leichte Aufgabe: Schließlich ist das Nachdenken über die Gestaltung von Unterricht so alt wie die Schule selbst. Dem naiven Wunsch nach „Rezeptwissen", klaren Anweisungen für einen guten Unterricht, steht eine Fülle didaktischer Theorien und Modelle gegenüber und obwohl (oder gerade weil) wir mittlerweile auf mehr als 50 Jahre empirischer Unterrichtsforschung zurückblicken, kann heute weniger denn je eine einfache Antwort auf die Frage gegeben werden, wie Unterricht in der Schule zu gestalten sei. Die Herausforderung eines Bandes, der die Planung, Durchführung und Evaluation von Unterricht thematisiert, liegt also darin, aus der Vielzahl der Theorien, Modelle und Forschungsergebnisse eine Auswahl zu treffen, die das Feld der Didaktik umreißt, seine Wurzeln darstellt und gleichzeitig Anschluss an aktuelle Diskurse und Entwicklungen sucht; der theoretische Strukturierungen und Modellierungen von Unterricht praxis- und handlungsbezogen vermittelt ohne in eine simple Ratgeber-Rhetorik zu verfallen.

Der vorliegende Band leistet dies mittels der Darstellung aktueller Entwicklungen, die die Unterrichtsgestaltung beeinflussen, etwa die Entwickung der Bildungsstandards oder den inklusiven Unterricht im Kontext ihrer historischen Bezüge. Anhand eines aktuellen, gleichwohl traditionsreichen didaktischen Konzepts, dem Schüleraktiven Unterricht, werden mehrere Perspektiven der Unterrichtsplanung, -gestaltung und -evaluation diskutiert. Indem ein konkretes Unterrichtskonzept zum Ausgangspunkt genommen wird, gelingt es dem Autorenteam erfahrbar zu machen, was gemeint ist, wenn die Didaktik als „Handlungswissenschaft" von Lehrerinnen und Lehrern bezeichnet wird: Machen sie auf diese Weise doch nachvollziehbar, wie sich didaktische Modelle und lerntheoretische Paradigmen, Befunde der empirischen Unterrichtsforschung und Prinzipien der Unterrichtsgestaltung in

praktischem Lehrerhandeln kristallisieren und gleichzeitig praktisches Unterrichtshandeln immer einer theoretischen Fundierung bedarf.
Das Konzept des Schüleraktiven Unterrichts ist dabei nicht willkürlich gewählt. Als Leitvorstellung ist es – mitunter vielleicht mit anderer Bezeichnung – prominent in aktuellen schulpädagogischen Debatten. Indem Schule und Unterricht als übergeordnete Ziele die Mündigkeit, Selbstbestimmung und Demokratiefähigkeit der Schülerinnen und Schüler im Blick haben, ist das Nachdenken über eine entsprechende Unterrichtsgestaltung von zeitloser Bedeutung. Die Antwort, die die Autoren geben, ist, die Schülerinnen und Schüler ernst zu nehmen und sie konsequent und auf Augenhöhe an der Unterrichtgestaltung zu beteiligen, von den ersten Schritten der Planung über die Durchführung bis zur Evaluation und Qualitätsentwicklung des Unterrichts. Von vornherein weitet der Band den Blick auf die Rolle des Lehrers, der im Unterricht weit mehr ist als ein Vermittler von Fachwissen und leistet so einen unschätzbaren Beitrag zur professionellen Entwicklung von angehenden Lehrerinnen und Lehrern.

Heike Schaumburg, Berlin
Thorsten Bohl, Tübingen
Hans-Ulrich Grunder, Basel
Bernd Hackl, Graz

im Juli 2015

Vorwort der Autoren

Als die Idee entstanden ist, eine Publikation zur Unterrichtsplanung machen zu wollen, ging es um den Versuch, an die Diskussion in der Didaktik über „lernaktive Unterrichtskulturen“ anzuknüpfen und darüber nachzudenken, wie das dazu vorliegende didaktische Theorie- und Modellwissen für das konkrete unterrichtliche Handeln von Lehrerinnen und Lehrern verwendet werden kann. Dieses Buch ist das Ergebnis einer längeren, intensiven Auseinandersetzung der beiden Autoren mit traditionellen und neuen Linien in der Unterrichtsdidaktik und ihrer Verortung in erziehungs- und bildungstheoretischen Kontexten. Die kritische Sicht auf zurückliegende Entwicklungen ergibt sich nicht als explizites Ziel dieser Veröffentlichung, sondern implizit aus der Argumentation und Konstruktion des Neuen.

Die Autoren wollen konkrete Anregungen dafür geben, wie Unterrichtsplanung unter veränderten äußeren und inneren Bedingungen schulischen Lernens aufgeklärt und wirklichkeitsnah erfolgen kann. Mit den zahlreichen Verbindungslinien zwischen Theorie und Praxis werden wichtige Analyseanlässe für die eigene (zukünftige) Tätigkeit in der Schule und den beruflichen Umgang mit didaktischem Theoriewissen und dem unterrichtspraktischen Handeln geboten. Somit soll das Buch Antworten geben auf grundlegende Fragen zur lerneraktiven Unterrichtsplanung, ebenso aber sich als Beitrag verstehen, den Diskurs über neue Aufgaben und Konzepte der Unterrichtsdidaktik voranzubringen.

Da die Entstehung dieser Publikation begleitet wurde von den anregenden Diskussionen innerhalb unserer Arbeitsgruppen in Trier und Bielefeld, möchten wir besonderen Dank sagen an Antje Greiling und Judith Meyer zu Darum sowie Raimund Winkels und Christoph Übelacker für ihre hilfreiche Unterstützung und kritischen Gedanken.

Jutta Standop, Trier
Eiko Jürgens, Bielefeld

im Juli 2015

Einleitung

Schule ist eine Institution, in der die Lehrerinnen und Lehrer ihre beruflichen Aufgaben professionell und wissenschaftsorientiert wahrnehmen. Innerhalb der Vielfalt der beruflichen Tätigkeit nimmt das Unterrichten eine zentrale Stellung ein. Unterrichtsplanung ist und bleibt auch zukünftig eine der wichtigsten täglichen Aufgaben. Das gilt uneingeschränkt, obwohl sich Schule als lernende Organisation ständig im Wandel befindet und deshalb die berufliche Situation Veränderungen unterworfen ist und Umorientierungen im professionellen Handeln notwendig macht. Die Tätigkeit des Planens von Unterricht kann sich somit zwar ändern, an dessen Relevanz für einen erfolgreichen Unterricht gibt es trotz allem nichts zu rütteln. An der Planungsaufgabe führt nichts vorbei, sie gehört zum beruflichen Selbstverständnis von Lehrerinnen und Lehrern. Allerdings genügt es nicht, Unterricht zu planen und vorzubereiten, sondern die Tätigkeit des Unterrichtens in ihrer Komplexität in den Blick zu nehmen und das bedeutet: Mit Hilfe von Planungsentscheidungen zum Unterricht sollen Angebote des Lernens und Arbeitens gestaltet und die Qualität des eigenen Unterrichts gesichert und weiterentwickelt werden. Evaluation ist somit als integraler Bestandteil der Planungskompetenz von Lehrkräften zu betrachten. Unterrichtsevaluationen, sowohl in Form der Selbstbeurteilung als auch der Fremdbeurteilung, geben informative Rückmeldungen über die Wirkungen eigenen Planungshandelns und bieten maßgeblich Orientierung für weitere Aktivitäten für die Planung, Vorbereitung und Durchführung von Unterricht. Mit diesem Verständnis sind allerdings Vorentscheidungen verbunden, zu denen wir uns in diesem Buch entschlossen haben, indem wir didaktisches Planungshandeln als vollständiges Handeln auffassen und den planerischen Maßnahmen zugrunde legen.

Mit Unterrichtsplanung ist der Wirklichkeitsausschnitt aus dem Berufsalltag von Lehrerinnen und Lehrern gemeint, an dem sich die tägliche Erziehungs- und Bildungsarbeit konzentriert. Wenn der Erwerb von fachlichem und überfachlichem Lernen und Wissen sowie die Entwicklung von Persönlichkeitsbildung und Handlungskompetenz ins Zentrum schulischen Unterrichts gestellt werden, so bedeutet das die Aufgabe der Unterrichtsplanung nicht in traditioneller Art fortzusetzen, sondern neue bildungstheoretische, didaktische und pädagogische Positionen und Theorien aufzugreifen und mit der derzeitig anerkannten lerntheoretischen Auffassung zu verbinden, wonach Lernen ein aktiver Prozess ist und Menschen nach Selbstwirksamkeit und Autonomie streben.

Damit geht es bei der Unterrichtsplanung um eine sorgfältige Beachtung der Bedingungs- und Wirkungszusammenhänge zur Gestaltung lerneraktiver Unterrichtsarrangements und -umgebungen. Dazu gehört es auch, Unterricht als Angebot zu begreifen, das weder maßgeblich technischen Abläufen unterliegt, noch vollständig steuerbar ist. Unterrichtsplanung zur Generierung veränderter und erweiterter Lernkulturen ist auf die gleichermaßen professionelle wie phantasievolle Erprobung neuer pädagogischer Handlungsmöglichkeiten angewiesen, um die dahinterstehenden theoretischen Konzepte und neueren Befunde aus der Lern- und Unterrichtsforschung sinnvoll und situationsadäquat nutzen zu können.
Theorie und Praxis werden zusammengeführt, indem Planungsfragen und -strategien mit Grundfragen der Didaktik mit prominenten didaktischen Modellen und Konzepten des guten Unterrichts sowie der Heuristik Schüleraktiven Unterrichts verbunden werden. Die Darstellung des aktuellen Diskussionsstandes und der didaktischen Leitvorstellungen zur alltäglichen Wahrnehmung der Planungsaufgabe soll die Architektur lernerzentrierten Unterrichts sichtbar und gestaltbar machen.

1 Grundbegriffe und Grundlagen der Didaktik

Advance Organizer

Didaktik ist, allgemein gefasst, die Wissenschaft vom Lehren und Lernen. Ihr primäres Forschungsinteresse liegt in der Aufklärung über und der Verbesserung von Lehr-Lern-Prozessen, von didaktischem Handeln in jedweder Form. Obwohl diese weitgefasste Definition alle möglichen Situationen einbezieht, in denen in irgendeiner Form Wissen vermittelt wird, richtet sich der Forschungsschwerpunkt von Didaktik als wissenschaftlicher Disziplin auf organisierte Formen der Wissensvermittlung, insbesondere auf den Schul- und Universitätsunterricht. Hier bestehen die grundlegenden Aufgaben von Didaktik in der Analyse, Planung, Durchführung und Evaluation von Unterricht. Während die allgemeine Didaktik unterrichtliche Lehr- und Lernformen betrachtet, die unabhängig von der Schulart, dem Schulfach sowie dem Alter und der individuellen Situation der Lernenden und somit auf jeden Inhalt anwendbar sind, können je nach Spezifizierung und Perspektive einzelne Teilgebiete der Didaktik eigenständig betrachtet werden, beispielsweise die Fachdidaktik. Für diese spezifischen Didaktiken wird zwar von der allgemeinen Didaktik der theoretische Rahmen gesetzt, gleichzeitig beziehen sie aber auch andere Aspekte des Unterrichts, wie z.B. die fachliche Komponente des Lerngegenstands, in ihre Untersuchungen ein.

Als Wissenschaft setzt Didaktik ihren Fokus auf die Bildung von wissenschaftlichen Theorien, dabei ist sie jedoch stets auf die Praxis, nämlich den Unterricht, bezogen und kann nicht unabhängig von diesem betrachtet werden. Die gewonnenen Erkenntnisse und Theorien werden in didaktische Modelle transferiert, die in heuristischer Funktion zwischen Theorie und Praxis vermitteln. Diese Modelle setzen die einzelnen Teilaspekte von Lehr-Lern-Situationen, also die Inhalte, die Methoden, Sozialformen und Medien, die Unterrichtsziele, die individuelle Situation der Lernenden sowie die räumlichen und zeitlichen Gegebenheiten, in eine Beziehung zueinander, wobei sie sich insbesondere hinsichtlich der jeweiligen Perspektive bzw. Schwerpunktsetzung unterscheiden. Aufgrund der Überkomplexität von Unterricht als dem Forschungs- und Wirkbereich der Didaktik, existieren wechselseitige Beeinflussungen zwischen dieser und den zahlreichen weiteren, den Unterricht direkt oder indirekt betreffenden, Disziplinen und Rahmenvorgaben, wie beispielsweise der Methodologie, der Lehr-Lern-Forschung, der Entwicklung von Bildungsplänen, Curricula und Bildungsstandards sowie dem Konzept von Inklusion.

1.1 Zur Geschichte der Didaktik

> „Die Geschichtslosigkeit der neuzeitlichen Wissenschaft hat erhebliche, nicht immer erfreuliche Folgen. (…) wird es jedoch zur Regel von Forscherkarrieren, geht der Reichtum an Einsichten, Problemstellungen und Reflexionen verloren, der die Theorie- und Problemgeschichte auszeichnet. Es bleibt dann eher dem Zufall überlassen, inwieweit die Tradition noch Einfluss nimmt auf das, was im gegenwärtigen Wissenschaftsbetrieb für bedeutsam gehalten wird“ (Benner/Oelkers 2004, 7).

Historisch-systematisches Arbeiten dient der Aufklärung von Welt und ist zugleich ein Prozess der Selbstaufklärung. Es nimmt den Einzelnen aus dem Lauf der Zeit heraus, in die eigene Geschichtlichkeit hinein und erzeugt damit eine persönliche Positionierung und Verantwortung für gesellschaftliches Handeln (nach Kron 1993, 58). Aus diesem Grund ist nicht nur die Befassung von erziehungs- und bildungswissenschaftlich Forschenden mit der Geschichte der Schule und des Unterrichts bedeutsam. Ebenso wichtig ist ein grundsätzliches Verständnis ihrer historischen Genese bei Lehrerinnen und Lehrern, wenn diese ein historisches Verständnis für die Bedeutung ihrer Berufsausübung entwickeln wollen. Didaktik als verstehende und erklärende Sozialwissenschaft orientiert sich primär an empirischen Befunden. „Als eine unerlässliche, weil ideologiekritische, Arbeit ist dabei die Aufdeckung des gesellschaftlichen Bedingungs-, Entstehungs-, Entwicklungs- und Wirkungszusammenhangs anzusehen“ (Kron 1993, 57). Dies macht einen Einblick in die Geschichte der Didaktik notwendig, insbesondere die Betrachtung von zeitbezogenen didaktischen Frage- und Problemstellungen. Der Beginn der Geschichte über die Entwicklung didaktischer Fragestellungen in einem modernen Verständnis kann im 17. Jahrhundert verortet werden. Bis in die Gegenwart hinein sind eine Reihe von Epochen differenzierbar, die sich durch zeitspezifisch didaktisch bedeutsame Aussagen, Fragestellungen, Konzepte und Lehrmeinungen auszeichnen. „Die einzelnen Epochen lassen sich durch gesellschafts- und zeitspezifische pädagogisch-didaktische Signaturen kennzeichnen“ (Ballauf/Schaller 1970, 1973; v.d. Driesch/Esterhues 1960, Bd. 1; Flitner/Kudritzki 1962, 1967; Dolch 1965b; Handlexikon zur Didaktik der Schulfächer 1980, 96ff, Stichwort Didaktik; Peterßen 1985).

1.1.1 Die Idee vom Menschen als Individuum

Das 17. Jahrhundert zeichnete sich aus einerseits durch bedeutende Entdeckungen und Erfindungen, durch Systementwürfe und systematische Zusammenfassungen, andererseits durch Kriege, Notlagen und herrschaftliche Unterdrückung. Politische und gesellschaftliche Kräfte verlangten Ordnung und legten Wert auf eine angemessene Präsentation und Vermittlung jenes Wissens, das in dieser Epoche als gesichert und kirchlich legitimiert galt (Ballauf/Schaller 1970, 115ff; Reble 1957, 95ff). In dieser Zeit des Aufeinandertreffens neuer wissenschaftlicher Einsichten wie Erkenntnisse und geltender Traditionen sowie Herrschaftssysteme(n) wurde die aus der Renaissance und dem Humanismus erwachsene Idee des Menschen als Individuum zunehmend Realität. Allerdings blieb diese Vorstellung noch vollständig im Rahmen des durch weltliche und kirchliche Machthaber legitimierten Universums, dargestellt als Kreislauf folgender Grundelemente: Gott – Natur – kirchliche und weltliche Macht – Mensch – Gott. Dieser entsprach auf der Interaktionsebene einem Umlauf des Wissens, „Curriculum" genannt. Dies kann somit als erster moderner Lehrplan zur Einführung der Menschen in die Schöpfung Gottes, wie zur Steigerung und Konsolidierung von Herrschaft und Macht betrachtet werden. In diesem krisenhaften kulturellen Prozess entwickelten die Pädagogen die pädagogische Grundvorstellung von der Befreiung des Menschen zu sich selbst, wollten sie die humanistische Idee in einem veränderten Curriculum mit neuartigen Anschauungsformen auf der Grundlage einer anthropologischen Argumentation verwirklichen, die Interessen und Bedürfnisse der nachwachsenden Generation wahrnehmen und ihr entsprechen. Zugleich aber mussten sie als Anwälte von Kultur und Herrschaft den bestehenden Ordnungen entsprechen, da sie den Grundsätzen und Vorschriften der Herrscher unterworfen waren. Somit wollten sie einerseits die Bildung der Menschen verbessern, andererseits missachteten sie dieses Ansinnen in Übereinkunft mit den Mächtigen, die diesem hohen Ziel nicht immer wohlwollend gegenüber standen (Ballauf/Schaller 1970, 115ff). In einem solchen gesellschaftlichen Kontext entstanden die ersten modernen Didaktikentwürfe. Im Zentrum der Forschung zu dieser Zeit steht bis heute das Werk von Comenius (Schaller 1973). Er ist zugleich als Leitfigur der Weltverbesserer zu verstehen, deren Verdienste u.a. auf vier Gebieten gesehen werden. 1. Erstellung eines Curriculums; 2. Orientierung des Lehrens an der Natur der Lernenden, 3. Erkundung einer neuen Methode und daraus resultierend 4. die Darlegung der Reflexionen in einer Didaktik, die als Lehre vom Lehren verstanden wird (Kron 1993, 60).

1.1.2 Die Epoche der Aufklärung

Im 18. Jahrhundert war die politische Situation Europas gekennzeichnet durch Gründung und Durchsetzung der Nationalstaaten. Zur Sicherung ihrer Prosperität und für ihr Funktionieren wurden gesellschaftliche Institutionen, Organisationen und Mechanismen notwendig. Der Reproduktion und Legitimation dienten u.a. Ideen, Moralen, die öffentliche Sprache, die Einsetzung von Beamten sowie die Möglichkeit jährlicher Rekrutierung der männlichen Schulabgänger zum Heer, die Einrichtung von Schulen für eine funktionsgerechte Ausbildung für Handwerk und Verwaltung. Im Kontext dieser kulturellen, gesellschaftlichen und politischen Entwicklungen können zwei Tendenzen als Grundlage für das Verständnis der Schulpraktiker angesehen werden (Ballauf/Schaller 1970, 298ff; Moog 1967, 4ff; v.d. Driesch/Esterhues 1960, 323ff; Blankertz 1982, 21ff):

(1) Philosophische Grundeinsichten und -anliegen der Aufklärung

- Nach Gottfried Wilhelm Leibniz (1646-1716) ist der Mensch als eine „Monade" bestimmbar; diese entwickelt sich selbsttätig und ist eine Art Kraft- und Aktivitätszentrum, das sich die Welt selbsttätig aneignet und darstellt (Leibniz 1954, 9ff). Entsprechend können Selbstvollzug und Vernunfttätigkeit allen Menschen ohne Ansehung von Geschlecht, Alter, Herkunft und Hautfarbe zugesprochen werden.
- Die Erkenntnisse von John Locke (1632-1704) betreffen die Bedeutung 1. der individuellen und einzigartigen Natur jedes Menschen für Gesellschaft und Erziehung, 2. der Förderung aller Heranwachsenden einer Gesellschaft durch Erziehung und Unterricht hinsichtlich ihrer moralischen Entwicklung, 3. des Erwerbs gesellschaftsrelevanter Kenntnisse und Fertigkeiten für die nachfolgende Generation, um gesellschaftlich handlungs- und leistungsfähig zu werden, und 4. der Notwendigkeit und Allmacht von Erziehung und Unterricht (Locke 1966, 1, 2, 94, 102, 134, 217).
- Die anthropologischen und didaktischen Einsichten Jean Jaques Rousseaus (1712-1778) (Rang 1973, 70ff; Kron 1971, 67ff), dass sich alle Erziehung und aller Unterricht an der Entwicklung des Kindes zu orientieren und diese zu fördern habe. Erzieher und Lehrpersonen müssen die körperlichen, seelischen, geistigen und sozialen Entwicklungsschritte kindlicher Entwicklung im Allgemeinen sowie den Entwicklungsfortschritt jedes einzelnen Heranwachsenden selbst kennen.
- Deutlich sind die neuen Zielsetzungen für Erziehung und Unterricht: Natur, die Dinge und Menschen, die Rousseau als die neuen, entwicklungsgemäßen kulturellen und sozialen Medien ansieht (Rousseau 1963, 109), müssen in Handlungssituationen real positioniert werden, um den Heranwachsenden die Gelegenheit zur selbstständigen Organisation ihrer Lernprozesse bieten.
- Die pietistischen Erziehungsnormen August Hermann Franckes (1663-1727) und sein Konzept von der Erziehung zum Gehorsam den Geboten Gottes gegenüber stehen im absoluten Gegensatz zum aufklärerischen Konzept der Erziehung als Entwicklungshilfe. Nach dem pietistischen Gottesverständnis wirkt Gott an den Menschen nur dann, wenn sich diese seinem Willen unterwerfen. Entsprechend haben sich Erwachsene ebenso Autoritäten unterzuordnen, wie Heranwachsende ihren Eltern und Lehrern zu gehorchen haben. Erziehung und Unterricht dienen in logischer Konsequenz vor allem dazu, dass Heranwachsende lernen sich unterzuordnen, in zweiter Linie dem Erwerb elementaren Wissens und grundlegender Fertigkeiten, die sie zu gehorsamen, fleißigen, untertänigen Bürgern machen. Von den Aufklärern der Epoche wurde dieses Gesamtkonzept von Erziehung und Unterricht zwar weitgehend ignoriert, die Ziele des fleißigen und gehorsamen Bürgers jedoch im Wesentlichen geteilt. Insbesondere der Staat präferierte das pietistische Konzept und brachte es in entsprechenden Gesetzen, Schulordnungen und Lehrplänen zur Wirkung (Kron 1993, 63ff).

(2) Gesellschaftspolitische Entwicklung der Schule

Schulen sind zur Reproduktion der nationalstaatlichen Idee und zu ihrer gesellschaftspolitischen Umsetzung unerlässlich. Gerade die neuen Nationalstaaten stehen vor der Aufgabe ihrer mehrfachen Sicherung (z.B. durch ein stehendes Heer; durch eine staatstreue Verwaltung, deren Funktion in der Durchführung und Kontrolle der von der neuen Staatsgewalt gesetzten und verfügten Ordnungen besteht; durch die Neuordnung der bis dahin bekannten Schulen und die Einrichtung neuer Schulen, für eine ausreichende Vorbildung aller Schulabgänger). Diese Entwicklungen werden begünstigt durch weitere Entfaltung von Handeln und Handwerk und damit durch ein neues Bürgertum, das sich mehr und mehr zwischen dem niedrigen und dem höheren Stand ausbreitet. Die aktuelle Schulbildung wird dominiert durch Autorität und Gehorsam als christliche und zugleich staatliche Pflicht; Erziehung als Medium und Instrument zur Moralisierung der Jugend begleitet zwingend die neuartigen Kulturinhalte. Drei Schularten entwickeln sich: die Volksschule, die Realschule und das Gymnasium. Insbesondere in den neuen „Bürgerschulen“ wird das aktuelle Ideal der Verknüpfung christlicher Tugenden und realistischer Weltbewältigung in der Moral der deutschen Aufklärung umgesetzt. Die praktische Umsetzung erfolgt durch die deutschen Pädagogen der Aufklärung, die „Philanthropisten“, die sich vor allem als Schulpraktiker ansehen (u.a. Karl Friedrich Bahrdt (1741-1792), Johann Bernhard Basedow (17241790), Joachim Heinrich Campe (1746-1818) Christian Gotthilf Salzmann (1744-1811), Ernst Christian Trapp (1745-1818), Christian Heinrich Wolke (1741-1825)). In der Vielfalt ihrer praktischen und publizistischen Tätigkeiten werden vier, in engem Bezug zur Didaktik stehende, Themenkreise deutlich: 1. die Erprobung des realen Curriculums, 2. die Bedeutung der Moral, 3. die Grundlegung der Medien im Unterricht und 4. die Erweiterung der Unterrichtsgrundsätze und der Lehrmethoden (vgl. Kron 1993, 67). Das bedeutendste didaktische Dokument und Grundcurriculum dieser Epoche ist das 1774 erschienene „Elementarwerk“ Basedows. Die Aufklärer sind überzeugt von der Lehrbarkeit der Tugend, unter der sie die innere Festigkeit des sittlichen Willens bei jedem Menschen verstehen. Interessanter Weise wird, bezogen auf die Heranwachsenden, hierfür die weit reichende anthropologische Unterstellung getroffen, dass diese einen Willen haben, auf den das Lehren einwirken muss. Somit rückt der Wille ins Zentrum pädagogischer Aktivitäten, der allerdings nicht – wie noch Francke vorgeschlagen und praktiziert hatte – gebrochen werden darf, sondern der im Gegensatz zu fördern und zu entwickeln ist. Für die Schulpraktiker steht über Tugend und Moral immer das Ideal der Aufklärung, das seine pädagogische Umsetzung in der Verbindung von Schule und Leben bzw. Schule und Natur findet. Der Erkenntnis von Leibniz entsprechend werden dem Menschen – insbesondere dem Heranwachsenden – innere Kräfte zugesprochen, die das konkrete Zusammenspiel von Erfahrung und Denken zur Entfaltung benötigen. Erweckung und Förderung der inneren Kräfte werden daher von den Schulpraktikern als ihre pädagogische Grundaufgabe betrachtet. Um diese zu realisieren, sind – dem pragmatischen Interesse der Schulpraktiker entsprechend – Mittel oder Vermittler zwischen den Lernenden und der Welt, also die Medien, notwendig.

1.1.3 Anfänge einer Unterrichtssystematik und -methodik

Didaktische Theoriebildung und Praxis im 19. Jahrhundert sind beeinflusst durch die politischen und gesellschaftlich-kulturellen Strukturen des Nationalstaates. Idee und Praxis der Hierarchisierung aller Lebensbereiche gemäß des friderizianischen Herrschaftsdenkens dominieren noch als Regierungsmethode. Gleichwohl wird deutlich:

> „Der Gedanke des 17. Jahrhunderts, dass die Menschennatur ins Zentrum aller gesellschaftlichen und pädagogischen Bemühungen zu treten habe, erfährt eine Verstärkung in der Idee der Emanzipation des Menschen von seiner ‚selbstverschuldeten Unmündigkeit' und von seiner politischen und gesellschaftlichen ‚Entfremdung' (Marx)" (Kron 1993, 73).

Das sich entwickelnde Individuum als Empfänger pädagogischer Bemühungen bleibt zentrales Thema der Didaktik. Die Unterstützung allerdings wird in die Theorie und Praxis der Methodiker des 19. Jahrhunderts eingebunden, als deren Vordenker und Systematiker der Pädagoge und Didaktiker Johann Friedrich Herbart (1776-1841) angesehen werden kann. Mit seinem Verlauf soll Unterricht der logischen Folge der gedanklichen Auseinandersetzung des einzelnen Menschen mit den Aspekten seiner Lebenswelt entsprechen. Als Vorgang pädagogischer Planung, Durchführung, Bewertung und Auswertung inszeniert Unterricht den Prozess der geistigen Tätigkeit der Lernenden. Dies soll die Heranwachsenden dazu anregen, ausdauernd zu Lernen und vorab festgelegte Lernziele zu erreichen. Diese wichtige Erkenntnis wird durch drei bedeutsame, für Herbart und die Herbartianer zentrale, Aspekte des didaktischen Sachzusammenhangs deutlich:

1. Interesse und Gedankenkreis sind Grundphänomene aller didaktischen Überlegungen und stellen die Basis eines ersten kulturellen Lehrkonzepts bzw. einer ersten didaktischen Theorie dar. Für Herbart geht das Interesse „aus von interessanten *Gegenständen* und *Beschäftigungen*. Durch den Reichthum derselben entsteht das vielseitige Interesse. Ihn herbeizuschaffen und gehörig darzubringen, ist Sache des Unterrichts, welcher die Vorarbeit, die von Erfahrung und Umgang herrührt, fortsetzt und ergänzt" (Herbart 1959, 44). Der Gedankenkreis wiederum bildet sich „Im Vollzug des Aufklärungs- und Selbstaufklärungsprozess in der Abfolge von Klarheit, Assoziation, System und Methode ... heraus. In ihm sind alle Urteile, die aus dem Erkenntnisprozess gezogen werden, kritische Einsicht, Motive, Maßstäbe und der Wille zu ihrer Realisierung versammelt" (Herbart 1959, 129). Die Entwicklungs- und Lernfähigkeit des

Menschen tritt erst durch Bildsamkeit als innere Tätigkeit hervor und macht Lehren und Lernen überhaupt möglich. Pädagogik und Didaktik treten zum ersten Mal in einen gegenseitigen Verweisungszusammenhang: So wie die pädagogische Praxis auf die Vermittlung (sozialer) Kultur gerichtet und damit immer schon didaktisch bemessen ist, orientiert sich didaktische Tätigkeit primär am Bezugsfeld der Pädagogik und nicht nur an dem der Methodik. Dennoch bleibt sie auf diese aus einem pädagogischen Begründungszusammenhang bezogen. Zum ersten Mal in der Geschichte erhält Didaktik eine pädagogische Frage- und Aufgabenstellung, die Probleme der Gegenwart deutlich macht und sich auf die Zukunft richtet.

2. Die Realisierung von Unterricht stellt eine Analogie der Entfaltung von Interessen und Gedanken der Lernenden dar. In Erfahrung und Umgang des Alltags entwickelt sich Interesse auf „natürliche" Weise (Herbart 1959, 58ff). Erziehung und Unterricht hingegen sollen Interesse „künstlich", d.h. didaktisch, und zugleich „geordnet", d.h. methodisch, herbeiführen. Im „erziehenden Unterricht" wiederum verzahnen sich menschliche Intellektualität und Moralität, sachliches und soziales Lernen, die nach Herbart untrennbar sind. Nach dem ersten neuzeitlichen Planungskonzept muss Unterricht an Umgang und Erfahrung anschließen, wenn er Interesse und Gedankenkreis wecken soll. Schule und Unterricht aber sind durch organisierte und legitimierte Ordnungen verwaltete Lebensbereiche, in welche die Heranwachsenden die Vielfalt ihrer Interessen und Vorstellungen mitbringen. Mit Hilfe des didaktischen Denkens kann das Leben in Schule und Unterricht geholt werden, „um das schulische Lehren und Lernen lebensnäher, kindgerechter, erträglicher und vielleicht in neuer Weise erfolgreicher werden zu lassen. Das ‚pädagogische Interesse' der Lehrer hingegen besteht darin, ihre Didaktik auf die Bedürfnisse der Schüler" (Kron 1993, 78) hin auszurichten. Pädagogischer Takt hat die Intention, bei den Heranwachsenden ein neues, vielleicht bisher unbekanntes Interesse an der Ordnung ihrer Erfahrungen und Strukturierung ihrer Gedankentätigkeit hervorzurufen, an der Analyse von Sachverhalten und ihrer Synthese auf einer höheren Erkenntnisebene sowie an der Entwicklung alternativer zielführender Handlungskonzepte. Damit dies gelingt, hat Unterricht die Strukturierung der Interessenentwicklung der einzelnen Heranwachsenden zu berücksichtigen. Herbart konkretisiert das Vorgehen folgendermaßen: „Allgemein soll der Unterricht zeigen, verknüpfen, lehren, philosophieren. In Sachen der Theilnahme sei er anschaulich, continuirlich, erhebend, in die Wirklichkeit eingreifend" (Herbart 1959, 68).
3. Die Verallgemeinerung didaktischer Erkenntnis und Praxis wird in den Formalstufen des Unterrichts realisiert. Herbart schreibt zunächst von „Stufen des Unterrichts" (Herbart 1959, 64), in der Weiterentwicklung von dessen Pädagogik reflektiert Ziller über „formale Stufen" des Unterrichts (Ballauff/Schaller 1973, 164), die er in 1. Analyse, 2. Synthese, 3. Assoziation, 4. System, 5. Methode un-

terscheidet. Im Gegensatz zu Herbart beziehen Ziller und spätere Herbartianer die Stufung des Unterrichts nicht auf die Schüler, sondern auf den Stoff und seine Vermittlung. Rein adaptiert die Stufenlogik von Ziller, deren fünfte Stufe er nun mit „Funktion" bezeichnet und überträgt die lateinischen Begriffe ins Deutsche: 1. Vorbereitung, 2. Darbietung, 3. Verknüpfung, 4. Zusammenfassung, 5. Anwendung (Pädagogisches Lexikon 1971, Sp. 195, Stichwort Artikulation des Unterrichts, zit. nach Kron 1993, 81).

1.1.4 Die Etablierung einer universitären Bildungstheorie

Die Nationalstaaten in Europa stabilisieren sich im Laufe des 19. Jahrhunderts und mit diesen auch das jeweilige Erziehungs- und Bildungswesen. Das nach wie vor ständisch organisierte dreigliedrige Schulwesen und die schulartspezifische Lehrerbildung sind verwirklicht, die Reproduktion des Schulwesens gesichert. Allerdings gilt die Schulzucht als hart, die Lehrpläne als statisch und der Unterricht folgt zwar den Formalstufen, allerdings formalisiert und faktenorientiert (Paulsen 1960). Mit dem Begriff des „didaktischen Materialismus" (Ballauf/Schaller 1973, 183) wird die enge Ausrichtung des Unterrichts am Inhalt sowie an Zucht und Ordnung charakterisiert. Pädagogisch und didaktisch bedeutsame Positionierungen entwickeln sich in einer gesellschaftspolitischen Gesamtsituation, die im Fundament noch nationalstaatlich und ständisch ausgerichtet ist, an ihrer Fassade aber schon demokratische Züge aufweist. Zunehmend artikulieren sich reformorientierte Wissenschaftler, unter ihnen auch die Bildungstheoretiker. Als Universitätsangehörige haben sie die Entwicklung pädagogischer und didaktischer Fragestellungen maßgeblich gefördert, allerdings folgen ihre Diskussionen vor allem dem Erkenntnisinteresse an einer wissenschaftlichen Begründung von Pädagogik und Didaktik, die sie als vollwertige Hochschuldisziplin etablieren wollen. Ihr fachliches Interesse richtet sich primär auf die systematische Ordnung historisch gesicherter pädagogischer und didaktischer Texte sowie auf die Entwicklung einer grundlegenden pädagogischen und didaktischen Systematik. Die Tradition einer bildungstheoretischen Diskussion aufgreifend, die mit Comenius begann und im deutschen Idealismus sowie Neuhumanismus insbesondere durch die Schriften von Wilhelm von Humboldt (1767-1835) und Friedrich Daniel Ernst Schleiermacher (1768-1834) intensiviert wurde, erhalten die didaktischen Studien Herbarts einen zentralen Platz.

> „Die Diskussionsebene öffnet u.a. zwei Perspektiven, die allerdings für die Diskussion zur Lösung didaktischer Praxisprobleme bis in die Gegenwart hinein von Bedeutung sind:
> 1. Das Zusammenwirken von pädagogischem und didaktischem Denken im Bildungsbegriff und die konstitutive Bedeutung des Bildungsprozesses für didaktische Theorie und Praxis;
> 2. die Betonung der materialen Seite des Bildungsprozesses und die Bedeutung von kulturellen Werten, Bildungsinhalten bzw. -gehalten und ihrer Organisation in einem Lehrplan" (Kron 1993, 83).

1.1.5 Die reformpädagogische Bewegung

Die wachsende Entwicklung demokratischer Strömungen und Kräfte in allen Staaten Europas während des 19. Jahrhunderts führt dazu, dass die autoritäre Enge der Nationalstaaten zunehmend umbewertet und durchbrochen wird (Gründung demokratischer Parteien, Arbeits- und Bildungsvereine, Gewerkschaften und Lehrervereine). Die Ideen der Französischen Revolution verbreiten sich, Eduard Spranger (1882-1963) benennt 1920 vor dem Deutschen Reichstag Freiheit, Gleichheit und Brüderlichkeit als die drei Grundmotive der Gesellschafts-, Kultur- und Schulreform seit der Jahrhundertwende (Spranger 1962, 9ff). Hermann Nohl (1879-1960) fasst die vielfältigen Einzelbewegungen zunächst mit dem Schlagwort „pädagogische Bewegung" (Nohl 1963) zusammen. Als Reformpädagogik wird von Wilhelm Flitner (1889-1989) der Zeitraum zwischen 1895 und 1933 betrachtet (Flitner/Kudritzki 1967), den vier wesentliche Perspektiven auszeichnen: 1. Die Kulturkritik, 2. Die Reform von Schule und Unterricht, 3. Die Jugendbewegung, und 4. Die sozial- und gesellschaftskritische Bewegung (vgl. Kron 1993). Die gesellschaftspolitische Funktion und Bedeutung der Reformpädagogik in Bezug auf die Demokratisierung der Gesellschaft drückt sich in pädagogischen Interessen, Intentionen, Zielstellungen und Organisationsformen aus, die mit drei Grundeinsichten zusammengefasst werden können: 1. Die Maßgeblichkeit des Entwicklungsgedankens für das Lehren und Lernen, 2. Der ganzheitliche Ansatz des Unterrichtens, und 3. Die Auffassung von Unterricht als Arbeit (vgl. ebd., 90).

1.1.6 Reformen am neuzeitlichen Schulsystem und Curriculum

Nach 1945 hat sich die Bundesrepublik Deutschland in fast allen öffentlichen Bereichen an den Entwicklungen in der Weimarer Zeit orientiert, die DDR an Vorbildern aus der UdSSR. Im Anschluss an den Wiederaufbau und die Integrationsbemühungen in die neuen Machtblöcke von Ost und West werden ab Mitte der 1950er Jahre neue politische, wirtschaftliche und gesellschaftliche Positionierungen erkennbar. Der Bedarf an größeren Ressourcen und besser qualifizierten Schulabgängern aller Schularten wächst enorm. In der Bundesrepublik Deutschland reagiert die nachwachsende Generation mit Beginn der 1960er Jahre zunehmend kritisch auf starre Sicherheits- und Traditionsorientierung in der Gesellschaft. Vor allem der akademische Nachwuchs entwickelt eine an den Idealen der französischen Revolution, des Sozialismus und des Marxismus, der Psychoanalyse und radikalen Demokratiebewegungen orientierte Jugendkultur. Im Zuge eines Verwaltungsabkommens zwischen Bund und Ländern wird 1965 der Deutsche Bildungsrat gegründet, dem Vertreter aus allen gesellschaftlichen Bereichen angehören. Er hat den Auftrag, für das gesamte deutsche Bildungswesen vom Kindergarten bis zur Erwachsenenbildung (ausgenommen die Hochschulen), Konzepte für die Entwicklung, die Struktur, den Bedarf und die Finanzierung zu entwerfen. Der „Strukturplan für das Bildungswesen", der im Jahr 1970 vom Bildungsrat veröffentlicht wird, kann „als einmaliges Dokument eines gesamtgesellschaftlichen bildungspolitischen Reformbemühens angesehen werden" (Kron 1993, 97). Er zeigte Perspektiven auf, die zugleich als Gesellschaftskrise interpretierte Bildungskrise zu bewältigen. Erwähnenswert sind insbesondere die Erkenntnis über den Zusammenhang von Gesellschaftsentwicklung, Bildungs- und Schulreform sowie die Revision des Curriculums, und die Einsicht in die Notwendigkeit, neue Inhalte und Formen des Lernens zu diskutieren (z.B. soziales Lernen). Der geschichtliche Blick auf die Didaktik bringt eine Reihe von Schlüsselbegriffen hervor, die bis in die Gegenwart hinein bedeutsam sind (z.B. Curriculum, Lehrmethode, Medien, Unterrichtsgrundsätze, Bildung, Bildungsprozess, Ganzheit, Gesamtunterricht) und die wiederholt sich als epochenspezifische Benennungen für aktuelle Grundphänomene des Lehrens und Lernens bzw. der Didaktik erwiesen haben. Zugleich ist eine Reihe von die Didaktik inhaltlich dimensionierenden Themenfeldern deutlich geworden (Kron 1993, 101):

„- *Die Medien:* Lehren und Lernen läuft über die Sinne
- *Die Unterrichtsformen:* Lehren und Lernen vollziehen sich in unterschiedlichen sozialen Zusammenhängen
- *Die Artikulation des Unterrichts:* Lehren und Lernen realisiert sich in Rhythmen
- *Die Curricula:* Lehren und Lernen verlebendigt die Dinge und Symbole der kulturellen und sozialen Welt
- *Die Bildungsprozesse:* Lehren und Lernen gewinnen ihre Grundorientierung von den Bildungsprozessen der Individuen her
- *Die Theorien und Modelle didaktischen Handelns:* Lehren und Lernen werden einer Reflexion in systematischer Absicht unterzogen
- *Die Didaktik als Wissenschaft:* Sie erforscht und systematisiert die vorgenannten Zusammenhänge
- *Das didaktische Denken:* Es ist der Lebensnerv didaktischer Praxis und Theorienbildung und es steht im Verweisungszusammenhang zum pädagogischen Denken".

1.2 Was ist Didaktik?

Allgemeine Didaktik ist die Theorie und Praxis des Lehrens und Lernens (Jank/Meyer 2011). In allen Praxisfeldern, in denen es innerhalb oder außerhalb von Institutionen um die Vermittlung von Kultur geht, ist didaktisches Fragen, Denken und Handeln implizit (Kron et al. 2014, 20). Didaktik als Wissenschaft fokussiert folglich die Theorie didaktischen Handelns. Als Teildisziplin der Erziehungswissenschaft (ebd.) beschäftigt sie sich mit allen Fragen des Lehrens und Lernens auf einer grundsätzlichen Ebene in sämtlichen Voraussetzungen, Prozessen und Ergebnissen (Terhart 2011). Schroeder (1995) spezifiziert darüber hinaus, dass Allgemeine Didaktik sich „kritisch mit den Problemen des Unterrichts, wie sie grundsätzlich unabhängig vom Unterrichtsfach oder einer Altersstufe und einer Schulart auftreten" (ebd., 15, 16) auseinandersetzt.

1.2.1 Aufgaben der Allgemeinen Didaktik

„Didaktisches Handeln ist die Weitergabe des Wissens als erlernbares Wissen" (Rekus 2005, 62). Aufgabe der Didaktik ist also die Ermöglichung eines methodischen Lern- bzw. Erkenntniswegs für alle Schülerinnen und Schüler auf eine solche Weise, dass diese sowohl über fachliches Wissen verfügen, als auch ein „wertendes Verhältnis" zu diesem entwickeln und entsprechend verantwortlich handeln können (vgl. ebd.). Damit verbindet sich die Erkenntnis, dass Informationen zwar vermittelbar sind, Einsichten hingegen eigenaktiv gewonnen werden müssen (vgl. ebd.). Die unterrichtsmethodischen Handlungen der Lehrenden sind im Kontext allgemeindidaktischer Reflexionen über die Lernenden sowie deren Erkenntnis- und Urteilsvermögen von den methodischen Aktivitäten der Lernenden zu unterscheiden (vgl. Jank/Meyer 2011; Rekus 2005). Didaktik als Gegenstandsbereich aller Fragen des Lehrens und Lernens ist von Jank/Meyer (2011) sachdienlich und kompakt mit einem Satz umschrieben worden:

> „Die Didaktik kümmert sich um die Frage, wer, was, von wem, wann, mit wem, wo, wie, womit und wozu lernen soll" (Jank/Meyer 2011, 16).

Gemeint sind „alle Fragen der Unterrichtsvorbereitung und -kontrolle, der Zielbestimmung, Inhaltsauswahl und Methodengestaltung sowie des Medieneinsatzes im Unterricht" (Schröder 1995, 15, 16). Hierzu gehören u.a. sowohl die Beachtung und Begründung als auch Einschränkungen und Einwände im Hinblick auf Prinzipien der Unterrichtsvorbereitung und -durchführung wie auch auf Unterrichtsziele und -inhalte. Dabei ist zu berücksichtigen, dass Didaktik in ihren Ziel-, Inhalts- und Methodenentscheidungen nicht autonom eingesetzt wird; stets wirken weitere Gruppierungen (Politiker, Ökonomen, Entwicklungspsychologen, Sozialisationsforscher u.a.m.) an der Entwicklung von Lehr- bzw. Rahmen- oder Bildungsplänen mit. Didaktische Kompetenz bedeutet entsprechend, dass Lehrpersonen in der Lage sind, „institutionalisierte Lehr- und Lernprozesse in fachlicher und sozialer Hinsicht zu planen, zu organisieren, durchzuführen, zu analysieren und auszuwerten" (Kron et al. 2014, 20). Berufliche Kompetenz bedarf der reflektierenden sowie urteilenden Verarbeitung; nur wenn die gewonnenen Erkenntnisse zum Ausgangspunkt für weitere, neue Erfahrungen werden, kann sich diese zu einem differenzierteren Potential weiter entwickeln. Für diesen „Prozess der produktiven Verarbeitung beruflicher Erfahrung" bei Lehrerinnen und Lehrern hält die Allgemeine Didaktik Instrumente wie Definitionen, Gedankenfolgen und Bewertungsmaßstäbe bereit, „mit denen die eigene didaktische Praxis, das eigene lehrende, unterrichtende Handeln und Entscheiden" reflektiert werden kann (Terhart 2011, 10). Somit kann mit Peterßen zusammenfassend festgestellt werden: „Für Pädagogen hat die Didaktik den Rang einer Berufswissenschaft, darin der Bedeutung der Medizin für Ärzte nicht unähnlich; jedenfalls kommt kein Pädagoge darum herum, sich den aktuellen Erkenntnisstand von Didaktik anzueigenen" (Peterßen 2001a, 743).

In den folgenden Gebieten präzisiert sich die Allgemeine Didaktik:

- *Schulartendidaktik;* Lehr- und Lernprozesse mit ihren Bedingungszusammenhängen bezogen auf spezifische Schularten eines gegliederten Schulsystems,
- *Schulstufendidaktik*; orientiert an einem in Stufenfolgen organisierten Bildungssystem (z.B. Primar-, Orientierungs- und Sekundarstufe I),
- *Bereichsdidaktik*; bezieht sich auf die Bedarfslage der gesamtgesellschaftlichen Entwicklung in verschiedenen Lebens- und Arbeitsbereichen (u.a. Interkulturalität in Gesellschaft, Schule, Industrie und Wirtschaft als Didaktik interkultureller Erfahrung),
- *Fachdidaktik*; die Vermittlung fachlich organisierter kultureller Inhalte aller Fachwissenschaften, Nachbardisziplinen sowie Teildisziplinen der Didaktik (Didaktik der Spanischen Sprache, Geografiedidaktik u.a.m.),
- *Fächerübergreifende bzw. integrierende Didaktik*; Inhalte verschiedener Fächer werden miteinander verbunden und bilden an der Lebenswelt orientierte Aufgabenstellungen (z.B. Sachunterricht, Naturwissenschaft/Technik),
- *Aufgabenbezogene Didaktik;* diese geht über schulbezogene Didaktiken hinaus, da ihr Ursprung in neueren gesellschaftlichen Herausforderungen an Bildung und Weiterbildung liegt (z.B. Mediendidaktik, Didaktik der Mehrsprachigkeit) (vgl. Kron et al. 2014, 29, 30, zit. nach Jank/Meyer 2006, 34).

Kritische Auseinandersetzung mit der gegenwärtigen Didaktik

Unterricht ist ein überkomplexes Geschehen. Um diesem gerecht zu werden, ist die Ziel-Inhalts-Methode-Beziehung (vgl. Klingberg 1987; Jank/Meyer 2011) stets zu berücksichtigen. Damit einher geht zugleich die Frage nach der bildungstheoretisch begründeten (an der grundsätzlichen Zielorientierung des Unterrichts zu messenden) Auswahl und Anordnung der Inhalte. Nach Lersch (2005) zeichnet sich gegenwärtig eine Tendenz zur Konzentration „auf dem Feld der Unterrichtsmethodik … unter weitgehender Ausblendung der Inhaltsfrage" (ebd., 87) ab. Lediglich zur Klärung der Prozessstrukturen in ihrer Bedeutung für die Entwicklung subjektiver Bewusstseins-, Persönlichkeits- oder Kompetenzstrukturen wird die Zielperspektive berücksichtigt (ebd.). Auch die Überlegungen von Rekus (2005), der sich kritisch mit der fortschreitenden Ausdifferenzierung von Einzelaspekten (wie Mediendidaktik, Internetdidaktik, Lehrdidaktik u.a.m.) auseinandersetzt, schließen sich dieser Richtung an. So geht es vorrangig nicht mehr um bestimmte Lerninhalte, „sondern um die Präsentationsformen beliebiger Inhalte. Methoden werden so zum Gegenstand der Didaktik" (ebd., 55). Die Allgemeine Didaktik hat sich in hohem Maß von inhaltlichen Vermittlungsfragen gelöst und konzentriert sich auf fächerübergreifende Gestaltungsfragen des Lehrens und Lernens. Dies betrifft neben dem Einsatz neuer Medien ebenso Projektwochen, Phantasiereisen, Lernstationen, Atelierlernen u.a.m. als allumfassende, auf jeden Inhalt anwendbare Lernformen. Statt eines Ergebnisses steht der Verlauf eines Belehrungsbemühens, an Stelle eines Inhalts steht die gewählte

Darstellungsform im Aufmerksamkeitsfokus. Der Lernweg wird zum Lernziel und nicht fachliches Lernen, sondern die Aneignung formaler Bereitschaften rückt in den Vordergrund, (z.B. Lern- und Kooperationswilligkeit, die Offenheit zur Übernahme von Verantwortung für eigenes und fremdes Lernen wie auch zur selbständigen Aufgabenbewältigung). „Das klingt freilich mehr nach ‚Erziehung' und weniger nach ‚Unterricht', mehr nach formaler und weniger nach materialer Bildung" (ebd., 57).

1.2.2 Das Verhältnis von Allgemeiner Didaktik und Fachdidaktik

Für die Allgemeine Didaktik ist nach Jank/Meyer (2011) kennzeichnend, dass es sich bei ihr um eine Wissenschaft handelt, „die theoretisch umfassend und praktisch folgenreich die Voraussetzungen, Möglichkeiten, Folgen und Grenzen des Lernens und Lehrens" (ebd., 31) untersucht und strukturiert. Die Fachdidaktiken beschäftigen sich hingegen als Spezialwissenschaften „theoretisch umfassend und praktisch folgenreich" (ebd.) mit Problemen der Didaktik aus der Perspektive eines Unterrichtsfaches (vgl. Schröder 1995). Ist didaktisches Handeln die Weitergabe von Kenntnissen als „erlernbares Wissen", ist hiermit eine methodische Strategie verbunden. Diese wird von dem zu lernenden Fachgebiet mit seinem jeweils eigenen Wissenschaftsanspruch vorgegeben (Rekus 2002, 63). Fachdidaktik ist so verstanden kein Grundsatz der Reduzierung, um wissenschaftliche Erkenntnisse, beispielsweise für Schülerinnen und Schüler, auf ein einfacheres Anspruchsniveau zu dezimieren. Vielmehr bedürfen die spezifischen, in einem Unterrichtsfach zu vermittelnden Inhalte einerseits einer speziellen Betrachtungsweise der allgemeindidaktischen Prinzipien und andererseits einer Reflexion der generellen Vermittlungsaufgabe, um die fachspezifischen Erkenntnisse in allgemein kulturelles Wissen zu übersetzen (Schröder 1995; Rekus 2005). Deutlich wird, dass fachwissenschaftliche Inhalte nicht vorrangig unter fachsystematischen Aspekten, sondern aus der Unterrichtsperspektive für Lehr- und Lernprozesse zu betrachten und zu organisieren sind. Fachdidaktik ist damit auf die Allgemeine Didaktik und ihre Nachbardisziplinen verwiesen; deren Erkenntnisse ergänzen den fachbezogenen Vermittlungszusammenhang um weitere Bezugsgrößen, wie z.B. Schülerinteressen, die Aktualität der Fachinhalte und deren mediale Präsentation. Ist Fachdidaktik für den Bildungsprozess der einzelnen Schülerinnen und Schüler bedeutsam, hat sie neben dem fachwissenschaftlichen Bezug notwendigerweise Berührungspunkte zu anderen Disziplinen. Daher werden bei einseitiger Konzentration auf den fachwissenschaftlichen Bezug die didaktischen Potenziale nicht optimal genutzt.
Peterßen beschreibt drei Auffassungsvarianten von Fachdidaktik (2001, 28ff):

„a) Fachdidaktik ist als integrierender Bestandteil der Didaktik schlechthin aufzufassen …
b) Fachdidaktik ist in zweifacher Weise zu orientieren, an der Fachwissenschaft und am Schulfach…
c) Fachdidaktik ist als Ergebnis wissenschaftsorganisatorischer Überlegungen und Vorgänge aufzufassen…"

Zu diesen Varianten lassen sich wiederum vier verschiedene Relationen von Allgemeiner und Fachdidaktik extrapolieren und zwar als 1. hierarchische Ordnung, 2. Bedingungszusammenhang, 3. arbeitsteilige Organisation, 4. Kooperation an einer gemeinsamen Aufgabe. Die unterschiedlichen Betrachtungen implizieren letztendlich jeweils differenzierte Konsequenzen auch für die Unterrichtsplanung.
Sowohl Allgemeine als auch Fachdidaktik haben zwar eigenständige Zugänge zum selben Gegenstand, letztlich müssen sie sich jedoch über ihre jeweiligen Erkenntnisse verständigen. Nach Kron et al. „wird dem Verhältnis von Allgemeiner Didaktik und Fachdidaktik ein besonderes Gewicht beigemessen" (2014, 28). Jank/Meyer gehen noch einen Schritt weiter und bezeichnen Fachdidaktiken als im Kern erziehungswissenschaftliche Disziplinen, die zu einer „Regionalisierung" der Bildung beitragen (2006, 33ff), wobei die Allgemeine Didaktik die Verzahnung herstellt. Aus der Perspektive des gemeinsam zu bedienenden Bereichs Lehren und Lernen stellen sowohl Allgemeine und als auch Fachdidaktik notwendige Zulieferer dar. Eine Trennung der zwei Didaktiken ist daher für beide Wissenschaften ungünstig und für die Lehrerbildung nachteilig. Denn so, wie die Fachdidaktik einerseits der bildungstheoretischen Ergänzungen durch die Allgemeine Didaktik bedarf, verliert andererseits letztere ohne fachliche Rückbindung ihr Thema (Rekus 2005; vgl. Plöger 1999). So weist Blömeke (2007, 14) einerseits fachdidaktischem Wissen die Funktion zu, fachliche und didaktische Ansprüche in einen Zusammenhang miteinander zu bringen. Andererseits konstatiert Arnold (2007, 31), dass „von fachdidaktischer Seite [...] keine Auskünfte über allgemeinbildende und erzieherische Aufgaben im Unterricht erwartet werden können" (vgl. Terhart 2005; Arnold et al. 2007). Erst im Brennpunkt von fachdidaktischen und allgemeindidaktischen Überlegungen lässt sich somit der Diskurs über die Auswahl von Lehr- und Lerninhalten beziehungsreich und systematisch lösen.

1.2.3 Das Verhältnis von Didaktik und Methodik

Methodik als die Lehre von den Methoden bezeichnet die Sammlung und Reflexion aller zugehörigen Techniken und Vorgehensweisen. Methoden selbst sind Verfahren zur Vermittlung kultureller Inhalte (vgl. Kron et al. 2014) und umfassen neben den hierbei eingesetzten Mitteln und Medien zugleich Formen der sozialen Organisation der Vermittlungsprozesse. Das Verhältnis von Didaktik und Methodik ist nach Kron et al. (2014) beispielsweise durch folgende Perspektiven gekennzeichnet:

- Wird Methodik als eigenständiger Lehr- und Aufgabenbereich der Didaktik verstanden und organisiert, stellt sie eine Teildisziplin der Didaktik dar, deren Schwerpunkt auf der Umsetzung didaktischer, fachdidaktischer und fachwissenschaftlicher Überlegungen beruht. Die Beziehung zwischen Didaktik und Methodik ist dann organisatorischer Art und besteht „in einem Wechsel- oder Ergänzungsverhältnis, wobei Didaktik eher allgemeine Fragestellungen, Methodik eher spezielle Fragestellungen bearbeitet" (ebd., 32).

- Demgegenüber setzen nach Klafki (1971) methodische Überlegungen stets didaktische voraus und „haben an ihnen ihr Kriterium; insofern gilt der Satz vom Primat der Didaktik gegenüber der Methodik" (ebd., 4). Das Verhältnis begründet sich in diesem Fall inhaltlich, d.h. methodischen Fragen geht die didaktische Überlegung nach ihrer bildenden Bedeutung voraus (ebd.; Ruprecht 1972, 19).

Das Primat der Didaktik erhebt die Reflexion der Bildungsinhalte zum Fundament aller weiteren Planungen. Die Entscheidung für eine Unterrichtsmethode ergibt sich aus der didaktischen, also inhaltlichen Argumentation. Die Form der Vermittlung soll dabei einen nachvollziehbaren Weg zum Wissen, d.h. zu fachlicher Erkenntnis und Einsicht eröffnen. Hierfür muss sie so beschaffen sein, dass der Erkenntnisweg schließlich unabhängig vom didaktischen Arrangement beschritten werden kann.

> „Das mag zunächst paradox klingen, aber wenn man genau hinschaut, ist Lernen immer ein paradoxer Vorgang, da der Lernprozess diejenige Aktivität zur Voraussetzung hat, die erst durch ihn erreicht werden soll. Rad fahren lernt man nur durch Rad fahren, Lesen nur durch Lesen etc." (Rekus 2005, 61).

Gleichzeitig stellt die Wissenschaftsmethodologie als die Gesamtheit aller wissenschaftlichen Vorgehensweisen, bestehend aus wissenschaftstheoretischen Grundlagen (Grenzen, Kriterien und Eigenschaften wissenschaftlicher Diskurse) sowie wissenschaftlichen Werkzeugen (Begriffe, Sätze, Theorien, Argumentationsweisen, methodische Ansätze u.a.m.) eine notwendige Basis der Didaktik und des Unterrichts dar. So sind nach Ruhloff (1976)

> „Didaktik und Wissenschaftsmethodologie […] auf Grund systematischer Notwendigkeit so miteinander verknüpft, dass eine zureichende Begründung als Didaktiken ohne ausdrückliche wissensmethodologische Überlegungen unmöglich erscheint und dass der Versuch, die Didaktik unter der Flagge ‚pädagogischer Eigenständigkeit' abseits der Methoden der Wissenschaft anzusiedeln, unhaltbar ist" (Ruhloff 1976, 2).

Die damit wiederum angesprochene Gegenseitigkeit von Didaktik und Fachwissenschaft zeigt sich einerseits in der Formgebundenheit der Lerninhalte, andererseits sind die Formen des Lernens inhaltlich an die Lerngegenstände gebunden (Rekus 2005, 61).

1.2.4 Das Verhältnis von Allgemeiner Didaktik und Lehr-Lern-Forschung

Nach Terhart (2011) ist empirische Lehr-Lern-Forschung eine Sammelbezeichnung für sämtliche Untersuchungen zu den Mikroprozessen von Unterrichts- oder Lehr-Lern-Situationen. Die verschiedenen Forschungsstränge setzen sich mit der theoriegeleiteten Beschreibung, Erklärung und Optimierung von Lehr-Lern-Prozessen auseinander (vgl. auch Niegemann 2002). Gegenstandsbereich sind grundsätzlich alle Lehr-Lern-Situationen innerhalb und außerhalb institutioneller Kontexte. Hinsichtlich institutionalisierter Zusammenhänge überwiegt bislang der

Schulunterricht als vorherrschendes Forschungsgebiet. Im Kontext der Befassung mit Aspekten und Prozessen von Lehr-Lern-Situationen steht zwar die Auseinandersetzung mit kognitiven Lernprozessen an der Spitze, Untersuchungen zu Aspekten wie Motivation, Emotion, Interesse, Einflüsse von Kontextfaktoren etc. haben allerdings mengenmäßig deutlich zugenommen (Terhart 2011).
Die Allgemeine Didaktik hingegen ist kein ausdrücklicher Forschungsbereich, sie bezieht sich in großem Maße auf Erkenntnisse aus ihren Bezugswissenschaften. Gleichzeitig ist sie ein Element im Kontext der Ausbildung angehender Lehrinnen und Lehrer, das sich mit der Theoretisierung und operativen Gestaltung von Lehren und Lernen befasst. Die Aufgabenbeschreibung der Allgemeinen Didaktik ist entsprechend weiter und unspezifischer,

> „da sie den Bereich der Normativität mit in ihren Fragehorizont aufnimmt, die Frage also, an welchem Menschenbild, an welchem Persönlichkeitsideal, an welchen als gelungen erachteten Bildungsverläufen sich konkrete Bildungsprozesse orientieren sollen, und wie überhaupt das Lernen der nachwachsenden Generation auf gesellschaftliche Aufgaben und Problemstellungen bezogen ist" (Terhart 2011, 157ff).

In der durch den Bildungsbegriff geprägten Allgemeinen Didaktik steht als Leitbild daher die Selbststeuerungsfähigkeit der Lernenden im Vordergrund. Neben verschiedenen didaktischen Theorien gehören zu ihr darüber hinaus weiter gespannte Vorstellungen über den normativen Sinnhorizont von Schule und Unterricht, konkrete Fragen bezogen auf die Unterrichtsvorbereitung sowie Konzepte zur Unterrichtsgestaltung. Unterricht wird somit in allen damit verbundenen Facetten analysiert. Inhaltlicher und institutioneller Zweck der Allgemeinen Didaktik ist letztlich die Ausbildungsfunktion. Sind in älteren allgemein-didaktischen Theorien Fragen der (empirischen) Erforschung von Unterricht kein Thema, werden sie in neueren Modellen in diese Aufgabenstellung eingegliedert.
„Normativ durchwirkte Sinnhorizonte" hingegen werden in der enger ausgelegten empirischen Lehr-Lern-Forschung nicht thematisiert. Sie betrachtet Unterricht aus einer vorwiegend lerneffizienten Perspektive, „worin ihre Stärke und Schwäche *zugleich* liegt" (Terhart 2005, 101ff). Untersucht werden vorwiegend fachspezifische Teilbereiche von Unterrichtsentscheidungen für einzelne Stunden, fokussiert insbesondere auf kognitive Schülerleistungen und lernmethodische Fragestellungen. Forschungsleitende Bezüge sind neben dem Prozess-Produkt-Paradigma Untersuchungen zur Lehrereffektivität. Beispielsweise sieht Helmke als maßgeblich für das Angebots-Nutzungs-Modell, inwieweit „es gelingt, möglichst viele Schüler möglichst lange zu aktivem Lernen zu motivieren" (2008, 734). Die gleichzeitige Nichtbeachtung subjektiver, kulturell sowie funktional angemessener Faktoren birgt die Gefahr, dass trotz vermeintlicher Zielerreichung nicht wirklich »guter« Unterricht (vgl. Jürgens/Standop 2010) stattfindet. Blömeke weist der Allgemeinen Didaktik als fachübergreifender Wissenschaft vom Lehren und Lernen dennoch zahlreiche Chancen zu, „durch eine Zusammenführung di-

daktischer Modelle und empirischer Lernforschung einen produktiven Mehrwert zu erzeugen und so dem Anspruch einer reflexiven Bildungsforschung zu genügen" (2007, 23). Diese Aussage wird von Arnold unter Verweis darauf, dass der Stand empirischer Lehr-Lern- und Unterrichtsforschung von eigenen Vertretern durchaus kritisch betrachtet wird, entsprechend relativiert (2007, 32). Zugleich konstatiert er, dass „sich die Lehr-Lern-Forschung mit dem Konzept der im Unterricht eingesetzten Methoden in jenes Gebiet begibt, das vermutlich zu den begrifflich schwierigsten Teilen der Allgemeinen Didaktik gehört. Vieles spricht für die Vermutung, dass diese Feststellung auch für die Fachdidaktiken gilt" (Arnold 2007, 36). Die Dominanz des Effizienzgedankens führt dazu, dass wesentliche Momente der Organisation von Lehr- und Lernprozessen marginalisiert werden, wie z.B. der anspruchsvolle Weg der Entscheidung für bestimmte Lehr-Lern-Inhalte, der komplexe Verlauf von der Unterrichtsplanung bis zur -umsetzung, die Erziehungskomponente und schließlich die alle Überlegungen und Entscheidungen zum Unterricht begleitenden normativen Fundamente wie gesellschaftliche Erziehungsvorstellungen oder das den Erziehungszielen zugrundeliegende Menschenbild (vgl. Terhart 2011; Standop 2014). Die Lehr-Lern-Forschung reduziert sich hierdurch zu einer Vermittlungstechnologie, da weder die für Unterricht notwendigen Inhaltsentscheidungen getroffen, noch eine Verknüpfung von erzieherischen, allgemeinbildenden und inhaltlichen Unterrichtsaspekten in einem umfassenden Modell vorgenommen wird.

1.2.5 Die Stellung der Didaktik in der Gesamtheit der Wissenschaften

Kron et al. (2014) definieren fünf Auffassungen von Didaktik:

1. *Didaktik als Wissenschaft vom Lehren und Lernen*
   Angesprochen werden alle Kontexte des Lehrens und Lernens in beliebiger Art und Weise ebenso wie in sämtlichen Formen (Dolch 1965; Peterßen 1983; Kron et al. 2014, 36ff), die unter wissenschaftlichen Fragestellungen untersucht und reflektiert werden. Orientiert an den von ihnen jeweils offenbarten Bedingungszusammenhängen für das Lehren und Lernen, unterscheidet Klafki (1985) darüber hinaus grundsätzlich zwischen der Sozialisations- und der Institutionsforschung in ihren Aufgaben und Funktionen:

   „- Institutionen, in welchen Entscheidungen über Bildungsinhalte und Lernziele, Methoden und Medien fallen
   - Personen, die die auf Leistung und/oder soziale Normen und Werte bezogenen Handlungsbereiche und Interaktionen initiieren und kontrollieren
   - Die Anstrengungen der Wissenschaften zur Evaluation von Lehr- und Lernprozessen" (Kron et al. 2014, 37).

   Vor dem Hintergrund einer solch vielfältigen Perspektive zur Verbesserung didaktischen Handelns und im Kontext der sich daraus ergebenden wissenschaftlichen Weiterentwicklungen stellt Didaktik zugleich eine Handlungswissenschaft dar.

2. *Didaktik als Theorie oder Wissenschaft vom Unterricht*
   Angesprochen ist „das weite Wirklichkeitsfeld gesellschaftlich legitimierter, organisierter und auf professioneller Basis durchgeführter Lehr- und Lernprozesse, die als Unterricht definiert werden“ (Kron et al. 2014, 37). Die Konzentration in der Theorie ruht hier auf der Verdeutlichung aller den Unterricht bedingenden und bestimmenden Faktoren (Formen des Unterrichts, Bildungsstandards, Unterrichtsprinzipien u.a.m.). Aus wissenschaftlicher Perspektive betrifft das Forschungsinteresse neben klassischen und/oder aktuellen Unterrichtsbereichen (z.B. Schule, Managementtraining) auch alltägliche Vorkommnisse des Lehrens und Lernens auf selbst organisierte und legitimierte sowie nicht professionalisierte Weise (z.B. Reit- oder Privatunterricht, Unter- oder Einweisung). Wesentliche Kennzeichen hierbei sind einerseits die strukturierenden Merkmale Intentionalität, Inhaltlichkeit, Methode, Organisation, Medienabhängigkeit und andererseits die anthropologischen sowie soziokulturellen Voraussetzungen.
3. *Didaktik als Theorie der Bildungsinhalte*
   Von einem „Korrespondenzverhältnis von Bildungstheorie und Didaktik“ geht Klafki (1974, 91) aus, nach Willmann (1976) und Weniger (1975) ist das Zusammenspiel von „Bildungsaufgabe, Bildungsprozess und Bildungsinhalt“ Fundament und zugleich Aufgabenstellung der Didaktik (vgl. Kron et al. 2014, 38). Letztlich generiert die bildungsbezogene Transformation kultureller Inhalte erst deren Bildungswirkung. Zu persönlichkeitsbildenden Bildungsgütern werden sie durch die persönliche Bedeutung dieses Prozesses für das Individuum und ermöglichen diesem, die Fähigkeit zur Bildung von Kategorien zu entwickeln, mittels deren es in der sozialen und kulturellen Welt, orientiert an Prinzipien, urteilen und handeln kann. Eine Didaktik als Theorie der Bildungsinhalte hat daher einerseits grundlegend kritisch zu sein gegenüber Inhalten, Ideologien, Bildung und Gesellschaft, andererseits obliegt ihr ein kritisches Engagement bzgl. (von) Lehrplänen und Unterrichtskonzepten bei der Weiterentwicklung von Theorien (vor allem der eigenen Bildungstheorien) und der Forschung. „Durch ihre Konzentrierung auf die kritische Befragung der Inhalte erhält sie nämlich ihren für die Gegenwart bedeutsamen und ›kritisch-konstruktiven‹ Zug“ (Klafki 1985, 31ff, 1991).
4. *Didaktik als Theorie der Steuerung von Lernprozessen*
   Im Vordergrund steht die Auseinandersetzung mit der Etablierung und Steuerung der Lernprozesse eines Lernsystems und mit der Frage, wie angestrebte Verhaltensziele optimal zu erreichen sind. Erkenntnisleitendes und praktisches Interesse ist die Steuerung und Verbesserung von Lernprozessen, das theoreti-

sche Interesse dient der Erforschung derselben mit dem Ziel der Systemoptimierung.

5. *Didaktik als Anwendung psychologischer Lehr- und Lerntheorien.*
   Unter Rückgriff auf Forschungen im Bereich der Lernpsychologie wird mit Unterstützung der vielfältigen Lerntheorien versucht, die komplexe Lehr- und Lernpraxis zu entschlüsseln und zu strukturieren. Zahlreiche Faktoren kennzeichnen die Lehr- und Lernprozesse:
   - Individuelle (u.a. kognitive, affektive, soziale, praktische Faktoren wie Intelligenzentwicklung, Abstraktionsvermögen, Einfühlungsvermögen in anderer Personen, Fähigkeit sprachlicher Darstellung kultureller und sozialer Inhalte);
   - Kulturelle (z.B. mathematische Aufgabenstellungen, Sprachen, Musik);
   - Soziale (moralisches Urteilen auf unterschiedlichen Abstraktionsebenen, soziale Regeln realisieren, kritisieren, gemeinsam verbessern u.a.m.);
   - Faktoren der Zielsetzung von Lehr- und Lerntätigkeiten (geeignete Mittel, Wege und Medien aufsuchen, bewerten, einsetzen usw.);
   - Mediale Faktoren (z.B. Verwendung des interaktiven, symbolischen Mediums der Sprache, klassische und elektronische Medien zur Unterstützung einsetzen) (vgl. Kron et al. 2014, 40).

   Gemäß der vielfältigen Situationen lassen sich formale Lernanforderungen und Leistungen begrifflich fassen und jeweils ihnen angemessene Lernformen oder -arten didaktisch anwenden, um Lernprozesse zu initiieren sowie zur Verbesserung bzw. Erweiterung von Verhaltens- und Leistungsformen bzw. des inhaltlich bestimmten Könnens, Urteilens, Fühlens, Wertens und Wollens. Die Ergebnisse dieser praxisorientierten Forschung unterstützen die Entwicklung aktueller Lehrkonzepte. Diese Auffassung von Didaktik fokussiert die Verbesserung aller Faktoren im Kontext des organisierten Lernens und Lehrens (vgl. ebd.).

Forschungsbezogen wird in der Didaktik auf ein umfangreiches Methodenspektrum zurückgegriffen; dabei ruht das vorrangige Forschungsinteresse in der Aufklärung und Verbesserung didaktischen Handelns. Als Wissenschaft zielt Didaktik auf die Untersuchung von Problemen des Handlungsfeldes und auf Theoriebildung (Mollenhauer 1972, 124). Ihrer Aufgabenstellung nach eine handlungsorientierte Wissenschaft, beruht das wesentliche Interesse der Didaktik in der Entschlüsselung und Unterstützung von Praxis. Inhalte der Lehr- und Lernprozesse sind kulturelle sowie soziale Werte und Normen der Gesellschaft. Der Auftrag der Didaktik besteht hier somit vor allem in der Erforschung der Kulturbeiträge einschließlich der sozialen Normen. Damit einher geht ihr anspruchsvolles Bestreben, ebenso die gesellschaftlichen, historischen, politischen und organisatorischen Bedingungen zu reflektieren. Denn wissenschaftsorganisatorisch gesehen ist Allgemeine Didaktik eine Teildisziplin der Pädagogik und steht in diesem Kontext als interdisziplinäre Wissenschaft mit anderen in Kooperation.

1.3 Didaktik im Kontext von Bildung und Erziehung

Vor dem Hintergrund des Verständnisses, dass Bildung die Einheit von Wissen, Urteil und Handlungsbereitschaft ist, bezeichnet Rekus (2005) allgemeine Didaktik als „die Theorie der Führung unter dem Aspekt von Bildung" (ebd., 62). Zugleich stellt die allgemeine, übergreifende Bestimmung von Didaktik als Enkulturationswissenschaft (vgl. Loch 1969; Kron et al. 2014) die Bedeutung des gesellschaftlichen, interaktiven und individuellen Vermittlungsprozesses kultureller und sozialer Inhalte in den Fokus von Forschung, Theorieentwicklung und Praxis. Nach Loch (1969, 122ff) findet das Lernen von Kultur einerseits in der Interaktion während des Erziehungsgeschehens, andererseits in der Enkulturation als „deren grundlegende Struktur" (ebd.) statt. Analog zu seinen Ausführungen wird der Enkulturationsprozess „als Gegenstand pädagogischer Grundlagenreflexion" (ebd.) vorgezogen. Enkulturation erfordert notwendig empirische Sozialforschung und bereichert die erziehungswissenschaftliche Theoriebildung, darüber hinaus betrifft sie sämtliche pädagogisch bedeutsame Erscheinungsformen. Als das „Lernen von Kultur" ist Enkulturation für die Didaktik ein fundamentaler Begriff; diese kann vor diesem Hintergrund als Enkulturationswissenschaft verstanden werden. Die zu lernenden kulturellen Themen betreffen alle von der Gesellschaft hervorgebrachten Kulturleistungen und verpflichten alle Gesellschaftsmitglieder auf sich. Durch die parallel ablaufenden intrapersonalen Prozesse wird individuelle Enkulturation nachvollziehbar, die sich in von den verschiedenen Gesellschaften speziell hierfür eingerichteten Institutionen und Bereichen vollzieht (u.a. Technik, Kunst, Wissenschaft, Sprache, Religion, Sport sowie Erziehung). Insbesondere Erziehung stellt ein wesentliches Moment der Gesellschaften dar, sich selbst und die eigene Kultur zu reproduzieren und über Generationen hinaus zu verstetigen. Notwendig hierfür ist zugleich die Einrichtung spezieller Organisationen, in denen der nachwachsenden Generation die einzelnen kulturellen Bereiche nahegebracht werden, wie u.a. die Schule (Kron et al. 2014). Im Gegensatz zur Enkulturation, die sich auf das Lernen aller kulturellen Inhalte bezieht, spezifiziert Sozialisierung nach Fend (1971, 47f) „das Lernen einer besonderen Klasse kultureller Inhalte: das Lernen der moralischen Ordnung einer Gesellschaft". Deutlich wird, dass sowohl Enkulturation als auch Sozialisation für Erziehung und Unterricht maßgeblich sind, da sie den Ablauf von Lernprozessen und sozialen Interaktionen prägen.

1.3.1 Das Verhältnis von Didaktik und Erziehung

Nach Schröder (1995) konkretisiert sich Erziehung wiederum als Unterstützung bei der Persönlichkeitsentwicklung durch die folgenden Aspekte

„- Die natürlichen Entwicklungskräfte werden weitgehend berücksichtigt (Förderung),
- der Erzieher nimmt sich dort, wo Hilfe nicht nötig ist, zurück,

- die Erziehungsmaßnahmen können ausgehen von Mitmenschen (einzeln oder in Gruppen), von sich selbst (als Selbsterziehung) oder auch von Naturkräften, Kulturgütern und Werten (z.B. als Enkulturation, Werterziehung u.ä.),
- die Erziehung kann absichtlich (intentionale Erziehung) oder unbeabsichtigt (funktionale Erziehung) erfolgen" (Schröder 1995, 34).

Die durch Erziehung begleitete Entwicklung ist gekennzeichnet durch eine

- grundlegende, sowohl quantitative (Wachstum) als auch qualitative Veränderung (Verwandlung, Reifung);
- Persönlichkeitsentwicklung, die sich überwiegend als Veränderung in qualitativer Hinsicht darstellt;
- zeitliche Perspektive, da sie sowohl komprimiert als auch kontinuierlich erfolgt.

Erziehung ist einerseits durch das Bemühen gekennzeichnet, mit Hilfe äußerer Einwirkung Einfluss auf die Entwicklung von Überzeugungen und Haltungen beim Heranwachsenden zu nehmen. Hierbei findet zugleich die Weitergabe von Verhaltensregeln und -normen sowie kultureller Werte durch Sozialisierungsprozesse statt. Andererseits ist der Erziehungsprozess durch Aspekte der Selbstentfaltung und -bestimmung geprägt, aufgrund deren Zwangsmaßnahmen oder fremdbestimmte Beeinflussung eindeutig abzulehnen sind. „Einer Erziehung, die nicht die Persönlichkeit anstrebt, fehlt es an Orientierung. Erziehung als Zwang fehlt es an Überzeugungskraft. Somit hat die Erziehung immer Hilfsfunktion. Echte Erziehung erweist sich als Dienst an der werdenden Persönlichkeit" (ebd., 35). Erziehungsmaßnahmen sind entsprechend so zu planen und durchzuführen, dass die zu Erziehenden Situationen erfahren, die die Individuation unterstützen. Verstanden als Unterstützung bei der Persönlichkeitsentwicklung, soll Erziehung dem Menschen bei der Freisetzung und Entfaltung seiner eigenen Kräfte und somit letztlich bei seiner Persönlichkeitsentfaltung helfen (ebd.). Ergänzend ist schließlich zwischen intentionalen und funktionalen Erziehungsprozessen zu unterscheiden:

- *Intentionale Erziehung:*
  Alle Vorgehensweisen im Rahmen der intentionalen Erziehung sind mit bestimmten Ideen und Zielsetzungen verbunden – ohne Berücksichtigung, welche Ziele jeweils gesetzt und ob diese letztlich erreicht werden. Intentionale Erziehung orientiert sich in ihren Zielsetzungen an der Zukunft, definiert sozusagen etwas als zukünftig bedeutsam, indem sie es bewusst und planvoll als Erziehungsziel postuliert. Letztlich stellt sie aber nur einen Teilbereich der Erziehung dar, denn diese beschränkt sich nicht auf bewusstes und absichtliches Erziehen.

- *Funktionale Erziehung:*
  Hierzu gehören alle Erziehungsprozesse ohne bestimmte Zwecksetzung oder -erklärung, oftmals auch solche, die ablaufen, ohne dass sich der Erzieher selbst einer Wirkung bewusst ist. Als unbewusster Vorgang geschieht funktionale Erziehung gleichsam nebenher. Alle vom Erzieher gezeigten Verhaltensweisen, die den

Heranwachsenden zur Nachahmung auffordern, besitzen Erziehungswirkung, z.B. auch das Verhalten einer Lehrperson, die gestresst ist oder sich ärgert.

Für alle Erziehung gilt, dass ein bewusst vollzogener Erziehungsakt (intentionale Erziehung) funktional ganz verschiedene (evtl. sogar den beabsichtigten entgegengesetzte) Wirkungen hervorrufen kann. Funktionale Erziehung hingegen ist eng mit allen kommunikativen Vorgängen zwischen Lehrperson und Heranwachsenden verflochten und kann in ihrer Wirksamkeit die intentionale Erziehung übertreffen. Z.B. können im Rahmen funktionaler Erziehung aggressive Handlungsformen aufgrund von „praktiziertem Überlegenheitsverhalten" (ebd., 38) übertragen werden.

1.3.2 Das Verhältnis von Didaktik und Bildung

Ein wesentliches Kriterium zur Bestimmung von Bildung ist die Fähigkeit des autonomen und vernunftbegabten Menschen zu kritischer Distanz gegenüber aller Fremdbestimmung. Vor diesem Hintergrund definiert Wiater (1993, 99) „Bei der Bildung erschließt sich der Mensch solche geistigen und dinglichen Inhalte seiner Lebenswelt, die ihm Einsichten, Erfahrungen und Erlebnisse ermöglichen, mit deren Hilfe er die Wirklichkeit durchschaut und sich den Anforderungen der Welt selbstbestimmt und solidarisch stellt". Wird Bildung bestimmt als „die wachsende Teilhabe an der Kultur mit dem Ziel einer wertgeleiteten, harmonischen Persönlichkeit" (Henz 1991, 126, zit. nach Schröder 1995, 42f), sind zugleich folgende Momente grundlegend:

- Die Eigenschaft „wachsend" konkretisiert die Dynamik einer Bildung, die nicht endlich, vollendbar ist.
- Als ein „Mitleben in der Kultur" (ebd.) bezieht sich Teilhabe auf alles, was den Menschen innerlich zu tangieren vermag.
- Neben dem nationalen (z.B. Sprache, Bildungssystem, Rechtsordnung) bezieht sich Kultur zugleich auf den abendländischen Raum (z.B. christlicher Humanismus) sowie auf eine sich entwickelnde globale Kultur (universelle Werte u.a.m.).
- Werte sind regulative Grundsätze, die der wertgeleiteter Mensch als Leitideen für sein Leben anerkennt.
- „Harmonisch" bezeichnet eine innere Struktur bzw. eine Ausgeglichenheit des Individuums in seinem Verhältnis zur Welt.
- „Persönlichkeit als Bildungsziel ist die auf personaler Basis entwickelte Individualität, wobei sich eine ausgewogene Entfaltung und Verfügbarkeit aller Grundkräfte zeigt. Persönlichkeit als Ziel haben Erziehung und Bildung gemeinsam" (Schröder 1995, ebd.).

Eng verbunden mit der Unterstützung der Persönlichkeitsentfaltung ist das Streben nach Mündigkeit, zu der das Individuum durch Bildung gelangt. Indem Mündigkeit sich gegen die Ausnutzung des Menschen für gesellschaftliche, ökonomische oder politische Absichten richtet und diesen zu einem eigenständigen Urteil für oder gegen solche Anforderungen befähigt, ermöglicht Bildung, dass der Einzelne individuell und in sozialer Gemeinschaft zu Kritik und Distanz in der Lage ist. Bildung ist vor allem ein Prozess der Selbstbestimmung, der lebenslang andauert. Während Bildung sich im Allgemeinen selbstbestimmt entfaltet und aus individuellem Anlass, also eigenem Interesse erfolgt, stellt Erziehung nach Henz (1991) oftmals eine durch äußerlich lenkendes Eingreifen oder durch Setzung von Regeln und Normen gesteuerte Maßnahme dar (s.o.), die ihr übliches Ende mit dem Eintritt der Persönlichkeitsreife erreicht. Zwar gibt es Selbsterziehung und kann Erziehung ebenso unbewusst (nicht gesteuert) erfolgen, allerdings ist dies nicht die Regel. Henz (ebd.) verortet darüber hinaus die Wertsetzungen der Bildung vor allem in der Wissenschaft und Kunst, während das Zentrum der Wertorientierung bei Erziehung für ihn mehr im Ethischen, im Sozialen und in den religiösen Werten liegt (ebd., 160). In Konsequenz sollte sich Bildung vor allem auf die ästhetische und wissenschaftliche, Erziehung überwiegend auf die ethische und religiöse Kultur beziehen. Diese Spaltung lässt sich allerdings aufgrund vielfacher Überschneidungen nicht durchhalten. Auch wenn sie begrifflich getrennt werden können, sind Erziehung und Bildung trotz unterschiedlicher Wertsetzung integrativ miteinander verwoben, denn es besteht ein enger Wirkzusammenhang: Erziehung ist nicht ohne Bildung vollziehbar, und Bildung schließt Erziehung ein. Erziehung und Bildung ergänzen sich und sind beide Bemühungen zur Förderung der Persönlichkeitsentfaltung. (Schröder 1995).

1.3.3 Didaktik und das gesellschaftliche Konzept der Inklusion

Bei Betrachtung der langfristigen Genese von Schule als gesellschaftlicher Institution in der westlichen Kultur wird eine Orientierung hin zu pädagogischen Konzepten erkennbar, deren Fundament in der Annahme einer größeren Vielfalt unter den Lernenden beruht (Einführung der Grundschule, Koedukation, Jahrgangs- bzw. Altersmischung u.a.m.). Bis vor wenigen Jahren wurde der pädagogische Ansatz der auf einer Zwei-Gruppen-Theorie gründenden Integration angestrebt, verstanden als die Einbeziehung von einzelnen Personen, für die besondere Unterstützungsmaßnahmen erforderlich sind, in Mehrheitsgruppen (vgl. Boban/Hinz 2004). Nachdem auf der Internationalen UNESCO-Konferenz in Thailand 1990 ein erweiterter Begriff der Grundbildung verabschiedet wurde, erfuhr Inklusion als wichtigstes Ziel internationaler Bildungspolitik eine weitere Konkretisierung zu deren Umsetzung auf einer UNESCO-Konferenz 1994 in Salamanca.

> „Leitaussage der Erklärung ist, dass Schulen alle Kinder und Jugendliche, unabhängig von ihren physischen, intellektuellen, sozialen, emotionalen, sprachlichen oder anderen Fähigkeiten aufnehmen. Der Inklusionsbegriff ‚geht von einer einzigen, nicht teilbaren heterogenen Gesamtgruppe aus; er sieht in der Verschiedenheit die Normalität und denkt die Unterschiedlichkeiten […] allesamt als Dimensionen des Menschseins, aus denen für jeden wechselseitig wichtige Lernimpulse erwachsen‘ (Wiater 2011, 249). Dies schließt behinderte und begabte Kinder ein, Heranwachsende von entlegenen oder nomadischen

> Völkern, von sprachlichen, kulturellen oder ethnischen Minoritäten sowie Kinder von anderweitig benachteiligten Randgruppen oder -gebieten" (Kron et al. 2014, 48).

Strebt dieser *weite* Inklusionsbegriff mehr Chancengleichheit, Gleichberechtigung und einen insgesamt höheren Bildungsstandard an, ist damit einerseits das Ziel verbunden, auf die Bedürfnisse jedes Lernenden personenbezogen zu antworten, andererseits soll das Lernen aller Heranwachsenden durch die gegebene Verschiedenheit bereichert werden. Durch die Ratifizierung der UN-Behindertenrechtskonvention im Jahre 2009 hat sich die Bundesrepublik Deutschland auf einen *engen* Inklusionsbegriff verpflichtet, nach dem der gemeinsame Unterricht von Lernenden mit und ohne Behinderung zum Normalfall werden soll.

Inklusion als umfassende Schulreform setzt die Akzeptanz der Vielfalt als moralisches Prinzip voraus, zugleich stellt sie damit hohe Anforderungen an die Organisation und Gestaltung von Schule und Unterricht. Eine Klasse wird als Gemeinschaft vieler unterschiedlicher Schülerinnen und Schüler mit einem jeweils eigenen Anspruch auf Förderung wahrgenommen. Eine Vielzahl der Bedürfnisse wird mehrheitlich von den Heranwachsenden geteilt, darüber hinaus haben alle auch individuelle Bedarfe, für deren Erfüllung spezielle Mittel und Methoden notwendig sein können.

In didaktischer Hinsicht benötigt eine inklusive Schule die flexible Verwendung unterschiedlicher Methoden sowie organisatorische Überlegungen, um die Bedürfnisse aller Lernenden zu befriedigen. Insbesondere die individuelle Förderung als wichtiger Baustein moderner Unterrichtsplanung ist anschlussfähig in didaktische Konzeptionen einzubauen. Planung ebenso wie die Unterrichtsdurchführung können nicht mehr gleichschrittig für alle Lernenden durchgeführt werden, sondern müssen Spielräume lassen, die individuell gefüllt werden können. Daher sollte Unterrichtsplanung nicht mehr lehrerzentriert erfolgen, vielmehr sollte die Perspektive von den Schülerinnen und Schülern ausgehen.

> „Viele Methoden und Konzepte der modernen Schulpädagogik, u.a. die Organisation in altersgemischten Gruppen, Gruppenarbeit an fachübergreifenden Themen oder neuartige räumliche Gestaltungsmöglichkeiten unterstützen die pädagogisch-didaktische Umsetzung des inklusiven Leitgedankens. Klemm und Preuss-Lausitz (2012) empfehlen, die derzeit noch unterschiedlichen Unterrichtsvorgaben für zielgleich und zieldifferent lernende Schülerinnen und Schüler für den Gemeinsamen Unterricht so zusammenzuführen, ‚dass einerseits die allgemeinen (Mindest-) Lernziele, andererseits die davon abweichenden individuellen Lernziele' ermöglicht werden" (Kron et al. 2014, 49).

1.4 Ein allgemeines didaktisches Grundmodell

Im weiteren Verlauf des Buches werden didaktische Modelle vorgestellt werden, die die Diskussion um eine angemessene und effektive Unterrichtplanung befruchtet haben. An dieser Stelle wollen wir grundsätzliche Aspekte didaktischer

Planung behandeln, die sich letztlich in allen aktuellen didaktischen Modellen wiederfinden. Für eine strukturierte Herangehensweise an Unterrichtsplanung können die von Jank/Meyer (2011, 16ff) formulierten didaktischen Grundfragen weiter konkretisiert werden (vgl. Kron et al. 2014, 23):

- So erfragt das *Was?*, welche Inhalte vermittelt werden sollen.
- Die Frage nach dem *Wie?* befasst sich mit den Methoden, Sozialformen, Medien usw. zur Organisation der Vermittlung dieser Inhalte.
- Die hierbei verfolgten Ziele sollen durch die Frage *Wozu?* geklärt werden.
- Das *Warum?* liefert die für die Planungen und Vorhaben maßgeblichen Begründungen.
- Die konkrete Klärung der Adressaten erfragt das *Wem?*
- Die Frage nach dem *Wo?* spezifiziert die örtlichen Rahmenbedingungen.
- Das *Wann?* klärt den zeitlichen Bezug, also Tages- bzw. Jahreszeit der Aktivitäten und
- die Frage nach dem *Wer?* befasst sich mit den Rollen, die die verschiedenen Akteure im Rahmen der Lehr- und Lernprozesse jeweils einnehmen.

Wie bereits allgemein für die Sozial- und Geisteswissenschaften konstatiert (Bollnow 1981, 12ff), zeigt sich ebenso für die Didaktik, dass es eine letzte sichere Grundlage für die Begründung von Geltungsansprüchen nicht (mehr) gibt. Vielmehr besteht eine grundsätzliche Unabgeschlossenheit wissenschaftlicher und didaktischer Theorie- und Modellbildung: Moderne didaktische Theorien erweisen sich als „offene Systeme“ (vgl. Heimann 1973, 117ff; Kron et al. 2014), die stets mit den Fachdidaktiken und Nachbardisziplinen zusammenhängen. Eine Theorie ist ein nach wissenschaftlichen Regeln entstandenes, in Begriffen und Sätzen ausgedrücktes Produkt theoretischer und empirischer Erkenntnisse (vgl. Kron et al. 2014, 54; Spinner 1974). Gebildet aus den Untersuchungsergebnissen, vereinigen Theorien die Erkenntnisse zu einem bestimmten Forschungsgegenstand und werden systematisch in einem nach den Regeln der Logik aufgebauten Begriffs- und Aussagesystem zusammengefasst. Aufgrund ihrer Strukturierung können Theorien zur Grundlage für die Anlage und Überprüfung von Forschung und ihren Ergebnissen werden. Aus der Tatsache, dass sie zugleich Folge und Grundlage von Forschung darstellen können, ergibt sich ihre zentrale Bedeutung in der Wissenschaft. Weniger (1964, 7ff) hat für die Pädagogik als Wissenschaft drei Grade pädagogischer Theoriebildung definiert:

1. Grad = Alltagstheorien
2. Grad = reflektierte Erfahrung = Handlungstheorien
3. Grad = Reflektiertes Handlungswissen = Gegenstandstheorien

Eine weitere Klassifizierung ermöglicht die Berücksichtigung der verschiedenen Funktionen didaktischer Theorien, wie sie Spinner (1974, 1490; vgl auch Kron et al. 2014, 55) vorgenommen hat. Diese können

1. zum Verstehen und Erklären sowohl individueller als auch allgemeiner Tatbestände bzw. Gegebenheiten angewendet werden;
2. bei Prognosen mit gesetzmäßigem Charakter über individuelle Ereignisse oder allgemeine Prozesse Anwendung finden;
3. zur Prüfung ihrer eigenen kognitiven Qualität dienen, auch um ihren Anwendungs- und Geltungsbereich systematisch und kritisch auszuloten;
4. zur Kritik an anderen Theorien eingesetzt werden;
5. zur Produktion neuer Theorien verwendet werden; desgleichen zur Planung, Durchführung und Evaluation, d.h. Auswertung von Forschungsprogrammen;
6. zur kritischen Analyse und regelgeleiteten Veränderung sozialer Wirklichkeit, also der Praxis dienen;
7. in didaktische Modelle transformiert werden;
8. als Hypothesenrahmen für empirische Lehr-, Lern-, Schul-, Bildungs- und Unterrichtsforschung dienen.

Theorien stehen laut Punkt 7 oftmals in Beziehung zu didaktischen Modellen und Konzepten. Modelle, als „Prototyp für ganz bestimmte Interaktions- und Handlungszusammenhänge" (ebd., 57), veranschaulichen theoretische oder praktische Gegebenheiten bzw. Konstellationen. Sie können als Vorform einer Theoriebildung betrachtet werden, deren Elemente zwar noch nicht zu einer umfassenden Lehre miteinander verknüpft wurden, die aber durchaus einer Hypothesengenerierung zugrunde gelegt werden können. Zugleich reduzieren sie die Komplexität der Handlungsstrukturen auf wesentliche, für die Konzeptentwicklung bedeutsame Elemente. Diese Schematisierung und Vereinfachung der Realität dient der Handlungsplanung, d.h. Modelle vermitteln zwischen Theorie und Praxis in heuristischer Funktion (vgl. ebd.). Konzepte als gedankliche Werkzeuge, die uns in unseren präzisen Handlungen unterstützen (vgl. Atkinson et al. 1990), stellen nach Kron et al. (ebd.) eine Art Handlungsentwurf dar, „den sich Menschen von allen kulturellen Dingen, Prozessen und Beziehungen machen, ja geradezu machen müssen, um erfolgreich agieren und interagieren zu können" (ebd., 58f). Für den Konzeptbegriff spielen daher „subjektive Vorstellungen über den Entwurf eigenen zukünftigen Handelns eine besondere Rolle" (Standop 2013, 266).

Nach Jank/Meyer (2011) ist für ein allgemeindidaktisches Modell kennzeichnend, dass es

1. eine erziehungswissenschaftliche Theoriebildung zur Analyse und Modellierung didaktischen Handelns in schulischen und nichtschulischen Handlungszusammenhängen ist,
2. den Anspruch stellt, theoretisch umfassend und in der Praxis bedeutungsvoll die Voraussetzungen, Möglichkeiten, Folgen und Grenzen des Lehrens und Lernens aufzuklären und schließlich
3. in seinem Wesen in der Regel einer wissenschaftstheoretischen Position (manchmal auch mehreren) zugeordnet wird (in Anlehnung an ebd., 35).

Unterrichtsmethoden unterstützen die Lehrenden und Lernenden dabei, sich ihre natürlich gegebene und kulturelle Lebenswelt im Unterricht nachvollziehbar und zu eigen zu machen.

1.4.1 Intentionen und Zielperspektiven unterrichtlicher Planung

Zwar befinden sich die unterrichtlichen Ziele, Inhalte und Methoden in Wechselwirkung miteinander, diese erfolgt aber nicht immer gleichförmig, sondern auf den verschiedenen Ebenen didaktischen Handelns und Reflektierens in jeweils unterschiedlicher Artikulationsform (Jank/Meyer 2011).

Als komplexer Vorgang sind am Unterricht zahlreiche Faktoren beteiligt:

- Zielbereiche (kognitiver, affektiver, psychomotorischer Art),
- Komplexität und Schwierigkeitsgrad der Inhalte,
- Einstellung der Schülerinnen und Schüler zu den Unterrichtszielen und -inhalten,
- das Verhältnis der Lehrenden und Lernenden zueinander,
- Fähigkeitsentwicklung der Heranwachsenden,
- Homogenität bzw. Heterogenität der Klassenstruktur,
- der psychische Verlauf der Lernprozesse,
- verbale und nonverbale Ausdrucksgestaltung der Lehrperson (nach Schröder 1995, 31).

Für Unterricht als die Organisation von Lernen und Lehren ist Planung ein notwendiges Bestimmungsmerkmal. Sie soll

> „- eine zeitlich angemessene Einteilung des Unterrichts bewirken,
> - Ziele, Inhalte und Methodengestaltung aufzeigen,
> - den didaktischen Gehalt (Bildungsgehalt) der Inhalte aufdecken,
> - dem Lehrer durch entsprechende Vorbereitung Souveränität vermitteln,
> - Möglichkeiten der Überprüfung durch Vergleich von Zielsetzung und Realisierung bieten" (Schröder 1995, 31).

Wesentliches Ziel der Planung ist, die überwiegend am Unterricht beteiligten Faktoren zu kennen und zu berücksichtigen, um diesen von dem Ausgeliefertsein an reine Zufälligkeit zu befreien. Dabei ist die Qualität der Unterrichtsplanung abhängig von den zugrunde liegenden didaktischen Theorien und Modellen (z.B. bildungstheoretisches, lehrtheoretisches, informationstheoretisches, kybernetisches, kritisch-kommunikatives Modell, Curriculum-Modell). Allgemein konzentriert die Unterrichtsplanung Fragestellungen zur

- Gegenstandsanalyse (vorwiegend fachwissenschaftlich und sachstrukturell orientiert);
- didaktischen Analyse (Bedeutung der gesetzten Ziele und Inhalte für die Schüler, z.B. für ihre gegenwärtige und zukünftige Lebensgestaltung);
- methodischen Analyse (Fragen der Motivierung, Sacherschließung, Artikulation und des Medieneinsatzes).

Auch wenn die Planung die praktische Unterrichtsgestaltung in ihren grundsätzlichen Zielen, Inhalten und Formen ordnet, kann und soll sie diese nicht vollständig determinieren. Denn neben den rational gefällten Entscheidungen während der Planung wird der reale Unterrichtsverlauf mitbestimmt von zahlreichen unvorhergesehenen Momenten z.B. durch das Umgebungsgeschehen, im Schülerverhalten, auf Seiten der Lehrperson, unberücksichtigten nonverbalen Verhaltensweisen bzw. nicht planbaren Emotionen. Somit stellen das ursprüngliche Geplante und das Unplanbare im realen Unterrichtsgeschehen eine Wirkeinheit dar (vgl. Kap. 3.1). „Für die Planungs- bzw. Entscheidungsebene von Unterricht gilt die Forderung nach bestmöglicher rationaler Begründbarkeit, für die Handlungsebene des ablaufenden Unterrichts sind emotionale Vorgänge nicht ausgeschlossen" (Peterßen 1994, 17). In diesen Situationen kurzfristig Entscheidungen zu treffen, gehört zu den anspruchsvollen Aufgaben im Lehrerberuf, denn guter Unterricht steht in einem Spannungsverhältnis von exakter Planung und situationsabhängiger Improvisation. Für Unterrichtsplanung gilt, aus dem unterrichtlich Möglichen das pädagogisch Sinnvolle auszuwählen. Darüber hinaus kann auch immer wieder unterrichtlich Mögliches zufällig auftreten und zugleich pädagogisch sinnvoll sein (vgl. Schröder 1995).

1.4.2 Zur Logik unterrichtlichen Planens

Für den Aufbau von Sach-, Sozial- und Selbstkompetenz in der Institution Schule bei Heranwachsenden sorgen im Rahmen der systematischen schulischen Interaktion von Lehrpersonen und Lernenden folgende didaktisch-strukturierte Grundkategorien:

a) Aufgabe des Unterrichts (= Zielstruktur),
b) Thema (= Inhaltsstruktur),
c) Beziehungsarbeit (= Sozialstruktur),
d) methodisches Handeln (= Handlungsstruktur) sowie
e) zeitliche Gliederung (= Prozessstruktur) (vgl. Jank/Meyer 2011).

Diese verfügen jeweils über eine eigene, bei der Analyse, Planung und Realisierung von Unterricht zu berücksichtigende didaktische Logik. So gilt für die Planung von Unterricht das „Primat der Zielstellung" (ebd., 65). Das von Jank/Meyer (ebd.) dargestellte Strukturmodell konkretisiert die dem unterrichtlichen Handeln von Lehrenden und Lernenden zugrunde liegenden Regeln und deren Logik. Die verschiedenen Strukturen wirken wechselseitig auf das Handeln zurück.

a) Beispielsweise steht die Lehrperson bezüglich der *Zielstruktur* des Unterrichts stets vor einer zweifachen Anforderung, denn sie muss
   - ihr eigenes Lehren planen und
   - die Lern- und Aneignungsprozesse der Lernenden reflektieren sowie deren mögliche Unterstützung organisieren.

Dabei kann bezüglich der Lehr- wie auch der Handlungsziele unterschieden werden zwischen einer äußeren und einer inneren Seite. Die äußere, im Unterricht beobachtbare Seite stellt alles dar, was die Lehrperson und die Lernenden an Zielvorstellungen vor, während und nach dem Unterricht ausdrücken: Absichtserklärungen der Lehrkraft, gemeinsame Zielabsprachen, Interventionen der Heranwachsenden im Verlauf der Stunde, für die Planung herangezogene schriftliche Dokumente (z.B. Lernziellisten, Zielformulierungen aus den Schulbüchern, Auszüge aus den Richtlinien) u.a.m. Die Deutung der inneren, nicht direkt beobachtbaren Seite dagegen ist auf eine hermeneutische Interpretation oder auf Äußerungen von den Beteiligten angewiesen ist. Neben handlungsleitenden Absichten, Motiven und Erkenntnisinteressen der Beteiligten für eine Unterrichtsstunde gehören hierzu auch unbewusst wirkende Handlungsmotive (vgl. Jank/Meyer 2011). Die Schlüssigkeit der Lehre navigieren hierbei die unterrichtsbezogenen Vorhaben und Handlungen des Lehrenden, die Zielsetzungen und Handlungsbeweggründe der Lernenden werden durch die sie begleitende Lernfolgerichtigkeit gelenkt. Beide Perspektiven werden in den Aufgabenstellungen miteinander in Verbindung gebracht.

b) *Inhaltsstruktur*: Auch hier können eine innere und eine äußere Seite unterschieden werden. Zu der äußeren gehören die unterrichtlichen Lehr- und Lernstoffe (Erläuterungen, Lehrtexte, vorgestellte Arbeitsprodukte o.ä.) sowie rechtliche Vorgaben oder Ordnungshilfen (z.B. Lehrpläne, Medien, Lehrerhandbücher). Die innere Seite kennzeichnet, was sich den Lernenden an Inhalten im Unterricht tatsächlich „erschlossen" hat. Durch die Themenstellung wird der Inhalt ziel- und prozessbezogen ausgedrückt, der Themenbegriff gehört daher für Jank/Meyer (2011) neben dem der Aufgabe zu den „didaktischen Integrationsbegriffen" (ebd., 75). Allerdings machen sie geltend, dass es nicht möglich ist, „alleine ›der Sache nach‹ zu entscheiden, was alles zum Unterrichtsthema gehört. Vielmehr muss die Frage nach der Sachlogik des Themas durch die Frage nach der ›PsychoLogik‹ für die Schülerinnen und Schüler ergänzt werden. Wir nennen dies die Frage nach der Zugänglichkeit. Es muss herausgearbeitet werden, welche Zugänge, Arbeitsweisen und Anwendungsmöglichkeiten geeignet sind, um das Thema für die Schüler zu erschließen und umgekehrt die Schüler für das Thema aufgeschlossen zu machen" (ebd., 76).

c) *Sozialstruktur*: Für diese sind die einem Unterrichtsinhalt gemäßen Interaktionsformen zu klären. Dabei verdeutlicht die äußere Seite die räumlich-soziale Organisation der Interaktionen, die innere Seite betrifft die Beziehungsarbeit (z.B. Entwicklung von Kommunikationsformen und einer lernförderlichen Atmosphäre, Formulierung von Leistungserwartungen, Unterrichtsrituale). Konkret zur inneren Differenzierung formulieren Jank/Meyer (2011), diese sei unterrichtsdidaktisch angebracht, wenn sie zugleich mit Anstrengungen zur Inklusion bzw. Integration verbunden wird,

„- um leistungsstarke und leistungsschwache Schüler gemeinsam unterrichten zu können,
- um Schüler mit sonderpädagogischem Förderbedarf zu integrieren,
- um die Stärken der im Klassenverband versammelten unterschiedlichen Ethnien zu nutzen und Defizite auszugleichen,
- um eine bewusste Geschlechtererziehung betreiben zu können“ (Jank/Meyer 2011, 80).

d) *Handlungsstruktur*: Nach Jank/Meyer (ebd., 84) sind Lehr-Lern-Formen „historisch gewachsene feste Formen zur Aneignung von Wirklichkeit. Sie haben einen definierten Anfang, eine definierte Rollenverteilung, einen bestimmten Spannungsbogen und einen erkennbaren Abschluss“. Indem sie der Veranschaulichung dienen, entsprechen ihnen verschiedene Handlungsmuster, die wiederum durch die von den Beteiligten verinnerlichten Handlungslogiken im Unterricht mit Inhalten versehen werden. Der erfolgreiche Einsatz von Lehr-Lern-Formen ist auf eine Reihe von Reflexions- und Handlungskompetenzen bei Lehrenden und Lernenden angewiesen. Diese sollten

- sich gedanklich in das jeweilige Gegenüber (Lehrende in Lernende und umgekehrt) versetzen können;
- über sprachliche Ausdrucksfähigkeit verfügen;
- den Handlungsablauf antizipieren können.
- zielorientiert und methodengerecht handeln;
- eine ungefähre Vorstellung über die Verhaltenserwartungen bzgl. der verschiedenen Handlungsmuster haben (vgl. ebd., 85).

Stellen die beobachtbaren Lehrer- und Schüleraktivitäten, die Lehr-Lern-Formen und die daraus folgenden Ergebnisse die äußere Seite der Handlungsstruktur dar, umfasst die innere Seite die zugrunde liegende „Handlungslogik“ der jeweiligen Lehr-Lern-Formen. Auch bei dem größten Einsatz der Lehrperson ist für jeden Lernerfolg die Selbsttätigkeit der Lernenden im Lernprozess das ausschlaggebende Moment.

e) Die Analyse der *Zeit- und Prozessstruktur* des Unterrichts ist ein grundlegendes Thema der empirischen Unterrichtsforschung und der didaktischen Theoriebildung (vgl. Hiller 1973; Klingberg 1986; Prange 1986; Weinert/Helmke 1997). Die einzelnen Abschnitte und Zeitintervalle bestimmen die äußere Seite der Prozessstruktur, die Logik der verschiedenen Unterrichtsschritte (methodischer Gang) kennzeichnet die innere Seite. Die unterschiedlichen Abschnitte oder Schritte eines Unterrichtsverlaufs erfüllen didaktische Funktionen. Z.B. sollte ein Vortrag Informations- oder Problematisierungsfunktion haben. Darüber hinaus hat er aber zugleich die Aufgabe, die Lernenden emotional zum Thema hinzuführen. Durch die Verknüpfung der verschiedenen Unterrichtsschritte ergibt sich der Unterrichtsverlauf, der die Ziel-, Inhalts-, Sozial- und Handlungsstruktur in der sogenannten methodischen Linienführung vereinigt (vgl. ebd.).

Die Strukturen setzen jeweils unterschiedliche Akzente in einer Unterrichtsstunde (z.B. die sozial-kommunikative Linie, die Stoff- oder die Prozesslinie). Nach Jank/Meyer (2011) zeichnet sich der methodische Grundrhythmus durch die Schritte Einstiegsphase, Erarbeitungsphase und Phase der Ergebnissicherung aus. Ungeklärt ist bislang, ob dieser Dreischritt auch einem Unterricht zugrunde liegt, der durch stark individualisiertes Lernen gekennzeichnet ist (z.B. individuelle Förderung, jahrgangsgemischter Unterricht) und in dem somit ein gleichschrittiges Vorgehen der ganzen Klasse nicht möglich ist. Die Planung erfolgt dann auf zwei Ebenen, wobei die eine Ebene sich auf die gesamte Klasse, die andere sich vorzugsweise auf einzelne Gruppen oder Heranwachsende bezieht.

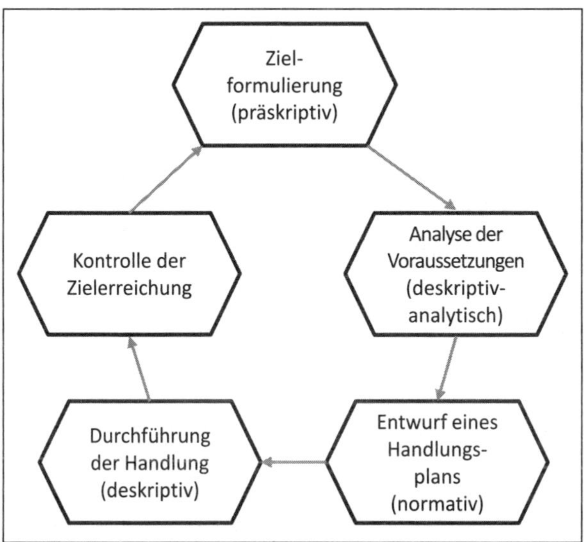

Abb. 1: Fundament der Logik des Planens (vgl. Jank/Meyer 2011, 92f)

Ausgehend von einer Normen setzenden Zielnennung werden die Voraussetzungen der Unterrichtsdurchführung deskriptiv-analytisch ermittelt als Grundlage für den Entwurf eines Handlungsplans im Sinne eines begründeten Zusammenhangs von Ziel-, Inhalts- und Methodenentscheidungen. Es folgt die didaktische Inszenierung, an die sich schließlich die Unterrichtsauswertung anschließt (vgl. Abb. 1). Hierbei stellen die Bedingungsanalyse, Planung, Inszenierung und Auswertung des Unterrichts ein in sich schlüssiges System dar (vgl. ebd., 93). Während der Unterrichtsplanung der Lehrperson bleiben die Heranwachsenden Objekte ihrer Überlegungen. Dies ändert sich, wenn sie gemeinsam mit den

Schülerinnen und Schülern den geplanten Unterricht durchführt. Ab diesem Moment werden die Heranwachsenden zu Subjekten, die die Lehrperson nötigen, ihre Überlegungen und Vorbereitungen fortlaufend auf die sich verändernden Prämissen sowie die mit den Lernenden getroffenen Absprachen einzustellen. Die Planung des Unterrichts einer Lehrperson vollendet sich somit erst während seiner Durchführung.

1.4.3 Die Notwendigkeit der Berücksichtigung differentieller Lehr-Lern-Arrangements

Nach Apel (2005) ist während der Planung von Unterricht zu klären, inwiefern fachspezifische Arbeitsweisen übernommen werden können und nicht extra neu konstruiert werden müssen. Gibt es darüber hinaus spezielle Handlungsabläufe im Umgang mit Aufgabenstellungen, die auf eine ganz bestimmte Art und Weise ausgeführt werden müssen? Klargestellt werden sollte zudem, in welchen Situationen sinnvolle Verhaltensmuster imitiert und angeeignet werden können, um zu einem späteren Zeitpunkt eigenständig angewendet zu werden. Schließlich ist abzuklären, inwieweit manche Erkenntnisgewinne auf die Erläuterung durch Personen mit einem höheren Wissensstand angewiesen sind bei gleichzeitiger Berücksichtigung der großen Bedeutung aktiv-produktiver Lernmethoden. „Man erzielt Lernerfolge nur durch aktive Aneignung von Wissen und Können. Das gilt auch für imitatives Lernen. Lehr-Lern-Situationen müssen die Beteiligten zur aktiven Informationsverarbeitung ebenso wie zur Wissensproduktion anregen. Diese Vielseitigkeit unterrichtlicher Situationen herauszustellen, ist auch eine Funktion didaktischer Reflexion“ (ebd., 44). Damit wird dem Sachverhalt Rechnung getragen, dass es sich bei schulischem Lernen um eine besondere Form der Aneignung von Wissen und Können handelt (aufgrund der allgemeinen Schulpflicht nehmen die Schülerinnen und Schüler beispielsweise nicht von vornherein freiwillig am Unterricht teil), die sinnstiftender Kontexte bedarf. Dabei soll vor allem Orientierungswissen angebahnt werden, um „die Welt der Gegenwart zu ordnen, Zusammenhänge zu verstehen und eine Identität zu erarbeiten“ (BLK 1997, 8). Zugleich soll schulisches Lernen durch die Kombination des systematischen mit dem situierten Vermittlungsansatz „kulturelles Basiswissen“, „Wissen über das eigene Denken und Lernen“ und „soziale Kompetenzen“ (ebd.) vermitteln. Die Ansätze unterscheiden und ergänzen sich (vgl. Kap. 3.8):

- *Systematisches Lernen* findet langfristig und kumulativ durch Anleitung in fachlichen Einheiten statt. Bislang überwiegend im Klassenunterricht erfolgend, geht es einher mit gemeinsamem Lernen unter Führung einer Lehrperson im Kontext des Einsatzes fachmethodischer Formen. Dabei ist die kompetent eingesetzte direkte Instruktion oftmals ein wichtiges Erfolgskriterium.
- *Situiertes Lernen* ist demgegenüber in höherem Maße gebunden an die Erfahrungen der Lernenden. Die Intention ist, Lernen in nacherlebbare Situationen

einzubinden, um so den Heranwachsenden zu ermöglichen, alternative Handlungsweisen zu wählen. Diesem „authentischen Lernen" entsprechen Lernumgebungen, die sich durch Realitätsbezug auszeichnen und durch direkte Rückmeldung eine unmittelbare Einschätzung über den Erfolg des Lösungshandelns vermitteln.

Beide Lernformen sind für unterrichtliches Handeln zur Erreichung unterschiedlicher Ziele notwendig. Es lässt sich somit zusammenfassend konstatieren, dass variable Lehr-Lern-Arrangements aus beiden Lerntypen am wahrscheinlichsten dazu beitragen, unterschiedliche Unterrichtsziele (sowohl Wissen und seine Anwendung als auch soziale Kompetenzen und soziales Handeln) erfolgreich anzubahnen (vgl. Apel 2005, 45ff). Helmke (1988) konstatiert für sogenannte „Optimalklassen", die sich durch eine Verringerung der klasseninternen Leistungsunterschiede in Verbindung mit einer überdurchschnittlichen Leistungsentwicklung auszeichnen (= Leistungsförderung und Chancenausgleich), ein didaktisches Handeln, dass durch ein hohes Anspruchsniveau bei gleichzeitig ausreichender Lernzeit gekennzeichnet ist. Dieses Vorgehen erweist sich insbesondere bei niedrigen Vorkenntnissen als vorteilhaft, wobei die Passung von Stoffgebiet und Unterrichtszeit sowie die Aufrechterhaltung eines hohen Anspruchsniveaus wichtige Erfolgskriterien sind. Dieses didaktische Konzept folgt durchaus einer traditionellen Vorgehensweise. Ausgehend von den bei einer Schülerin oder einem Schüler festgestellten Vorkenntnissen wird ein den Fähigkeiten angemessenes Anspruchsniveau bestimmt. Neben einer ausreichenden Unterrichtszeit wird für ein Angebot an variablen Lernhilfen gesorgt, durch die nicht nur leistungsschwächere Heranwachsende angeregt, sondern auch Leistungsstärkere zu einer Erweiterung ihrer Kenntnisse aufgefordert werden. Voraussetzung hierfür ist eine aktive Lehrperson, die einerseits zeitweise die gesamte Klasse lehrerzentriert unterrichtet, im Anschluss daran aber über eine Diagnose der Lernmoglichkeiten bei den Heranwachsenden differenzierte Angebote macht, Lernumgebungen arrangiert oder einzelne Schülerinnen oder Schüler berät. Deutlich formuliert Apel (2005):

> „Didaktische Theorie muss als Theorie des Unterrichts einen Lernbegriff auf dem Kontinuum zwischen Instruktion und Konstruktion, zwischen darstellenden Unterrichtsformen und entdecken lassendem Unterricht, zwischen situiertem und systematischem Lernen vorsehen. Sie kann nur als Theorie eines Spannungsfeldes konzipiert werden, in dem Instruktion mit Phasen konstruktiver Aneignung wechselt" (Apel 2005, 49; vgl. Kap. 3.8).

Hinsichtlich der Planung von Unterricht kommt zu den allgemein-didaktischen Kenntnissen, über die Lehrende zu verfügen haben, für die Entwicklung von professioneller Planungskompetenz noch etwas Grundlegendes hinzu. Sacher (2005) hat umfassend auf die Bedeutung des Vorstellungsvermögens bei der Unterrichtsplanung hingewiesen:

> „Die konstruktive Grundkraft unseres Bewusstseins ist nicht primär die Ratio, sondern die Imagination. Die Imagination (mit Kant gesprochen: die Einbildungskraft) ist die Fähigkeit, sich etwas vorzustellen, innere Bilder in der Fantasie zu erzeugen. Anders jedoch als die Kreativität und frei fließende Fantasietätigkeit ist die Imagination nicht völlig unverfügbar. Imaginationen können mindestens teilweise absichtlich herbeigeführt und verändert werden. ... Nach Kant ist die Einbildungskraft schon die ›erste Anwendung‹ des Verstandes (Kant 1977, Bd. 3, 148) und vollbringt bereits elementare kognitive Leistungen, indem sie die Vielfalt der Sinneseindrücke zu ganzheitlichen Bildern synthetisiert. Diese Ansichten Kants über die Imagination wurden durch neuere psychologische und neurologische Forschung glänzend bestätigt. Wahrnehmungen und Imaginationen sind in denselben Gehirnstrukturen lokalisiert – überwiegend in solchen der rechten Hemisphäre. Innerhalb der gleichen Sinnesmodalität können sie sich auf vielfältige Art bis hin zur Ununterscheidbarkeit vermischen. Dabei fällt der Imagination offenbar die Funktion zu, die von den Sinnen angelieferten Wahrnehmungsdaten zu ordnen und auf eine elementare Weise auch schon zu verarbeiten (Schulheiß 1996, 26, Singer u.a. 1986, 19)“ (Sacher 2005, 205).

Sacher (2006) kritisiert, dass Forschung zur Unterrichtsplanung sich vorwiegend mit der Frage auseinandersetzt, „was Lehrer zu welchem Zeitpunkt planen, kaum aber mit der Art ihrer dabei vollzogenen geistigen Prozesse (kreative Prozesse, Problemlösungsprozesse, Gedächtnisprozesse etc.)“ (ebd., 168). Wird in den didaktischen Konzeptionen zwischen einem Entdeckungs- und einem Begründungszusammenhang unterschieden, liegt der Schwerpunkt bislang auf den reflexiven Prozessen des Begründungszusammenhangs, denn nur diese scheinen für eine wissenschaftliche Anleitung geeignet zu sein. Im Gegensatz dazu werden die kreativen Prozesse des Entdeckungszusammenhangs, aus denen die unterrichtlichen Planungs- und Organisationsideen hervorgehen, als indisponibel eingeschätzt und in Konsequenz der subjektiven Beliebigkeit abgetreten. Die Vorbereitung und Gestaltung von Lernarrangements ist mindestens in ebensolchem Maße mit Leistungen der Fantasie und der Kreativität verbunden wie mit Denkleistungen. Aus diesem Grund verwundert es nicht, dass routinierte Lehrerinnen und Lehrer – soweit aus entsprechender Forschung bekannt – ihren Unterricht offensichtlich anders planen, als die didaktische Lehrmeinung vorsieht (vgl. Sacher 2006). Unterrichtplanung scheint in hohem Maße als „inneres Bildermachen“ (ebd., 168) abzulaufen, d.h.

> „entscheidende und typische Situationen werden anschaulich vorgestellt und der Ablauf des Unterrichts wird in Form drehbuchartiger Handlungspläne (sogen. Skripts) vorweggenommen. Diese Bilder kommen überwiegend aus dem visuellen, seltener aus dem auditiven, taktilen und olfaktorischen Gedächtnis – ein Umstand, welcher plausibel macht, dass nahezu alle Lehranfänger zunächst einmal den Gymnasialunterricht kopieren, den sie viele Jahre genossen oder erlitten haben“ (Sacher 2005, 205).

Peterßen (2005) hat sich umfassend mit dem Einsatz differenzierter Methoden auseinandergesetzt und fordert, sich nicht mehr auf einzelne Methoden zu konzentrie-

ren, sondern vielmehr ein komplexeres „Arrangementdenken" zu pflegen. Für eine logische Basis unterrichtlich-didaktischen Vorgehens sollten die drei Kernmomente von Unterricht (Ziele, Inhalte, Arrangements) ebenso wie die drei Momente des Arrangements (Methoden, Medien, Sozialformen) jeweils für sich mit dem gesammelten professionellen Wissen durchdacht und rückbezüglich aufeinander bezogen werden (ebd., 160).
In diesem Sinne sollte Arrangementdenken

> „1. … wieder in das gesamte interne didaktische Denken eingegliedert werden, es sollte Stringenz aller didaktischen Entscheidungen angestrebt werden!
> 2. … zusätzlich an eine externe didaktische Referenz geknüpft werden, für die hier die Kategorie Handlungsfähigkeit vorgeschlagen wird!
> 3. … soweit wie möglich auf vollständiges Lernen ausgerichtet sein und frei von Verfestigungen und in kreativer Vielfalt aufgabenorientiertes Lernen ermöglichen!" (Peterßen 2005, 155)

Peterßen (ebd., 163) betont die Wichtigkeit der selbständigen Verwendung des eigenen Wissens im Hinblick auf das Arrangementdenken im Kontext von Unterricht, das u.a. die üblichen Planungsvorstellungen (*Frontalunterricht – Gruppenunterricht)* durchbrechen und stärker einzelne Unternehmungen (*Lesen? Schreiben? Wo? Wie? Wer? Mit wem?*) betonen sollte. Im Zentrum der Aufmerksamkeit stehen die Handlungsweisen der Lernenden, die neu erworbenes Wissen flexibel anwenden können sollen (ebd., 170). Sacher (2005) wiederum bezeichnet als Lernarrangement eine „Anordnung von Lerneinheiten" (ebd., 174), eine Lerneinheit als die Verknüpfung von Lernsituation sowie Lerntätigkeit. Zugleich ergeben sich Lernsituationen durch „die Verbindung von Lernumgebungen mit Lernaufgaben" (ebd.), während Lernumgebungen eine Anordnung von Faktoren der sachlich-materiellen und personal-sozialen Umwelt des Heranwachsenden darstellen mit dem Potenzial, sein Lernen anzuregen und zu unterstützen. Themen, Lernakte und spezifische Bezüge auf Bereiche der Lebenspraxis wiederum stellen die wesentlichen Aspekte von Lernaufgaben dar (vgl. ebd., 181). Sacher bezeichnet die in der psychologischen Literatur üblicherweise vorgenommene Differenzierung zwischen assoziativem Lernen, instrumentellem Lernen, kognitivem Lernen und dem Lernen planvollen Handelns und Problemlösens als für die Didaktik unbefriedigend, denn diese abstrahiere vom kulturell üblichen Procedere menschlichen Lernens. Vor dem Hintergrund seines sozialen und kulturellen Kontextes ergeben sich vielmehr weitere Formen wie „inzidentelles und intentionales Lernen, Lernen aus eigenen Tätigkeiten und aus Widerfahrnissen, konzipierendes und rezipierendes Lernen, Beobachtungslernen, Imitieren und Verstehen" (ebd., 188ff). Lerneinheiten sind mit der Erwartung bestimmter Lerntätigkeiten (konkrete Realisierungen von Lernarten, die sich durch Bezug auf Lernaufgaben und durch situative Bedingungen ergeben) verbundene Lernsituationen und sollen spezifische Lerntätigkeiten anregen und unterstützen.

Tab. 1: Typen von Lerneinheiten (Sacher 2005, 194)

		Lernumgebung	Lernaufgabe	Lerntätigkeit
1.	vollständige Instruktion	festgelegt	festgelegt	festgelegt
2.	forschendes Lernen		festgelegt	
3.	arrangiertes forschendes Lernen	festgelegt	festgelegt	
4.	angeleitetes forschendes Lernen		festgelegt	festgelegt
5.	Lernen-Lernen in vorbereiteter Umgebung	festgelegt		festgelegt
6.	freies Lernen-Lernen			festgelegt
7.	arrangiertes freies Lernen	festgelegt		
8.	vollständig freies Lernen			

1.4.4 Das revidierte Ebenenmodell didaktische Reflexion nach Jank/Meyer

Unter Berücksichtigung der drei grundlegenden Aufgaben der Didaktik, Analyse, Planung und Inszenierung von Unterricht sowie vor dem Hintergrund der Reflexion bzw. Evaluation von Unterricht, soll schließlich das revidierte Ebenenmodell didaktischer Reflexion nach Jank/Meyer aufgegriffen werden:

<table>
<tr><td>3.</td><td colspan="2">Metaebene

Systematische Reflexion
der Bedingungen und Konsequenzen
der Analyse und Planung von Lehr-Lern-Prozessen
(Kritik)</td></tr>
<tr><td rowspan="2">2.</td><td colspan="2">Analyse- und Planungsebene</td></tr>
<tr><td>Analyse von
Unterrichtsprozessen
und Rahmenbedingungen
(Deskription)</td><td>Planung von
Unterrichtsprozessen und
Rahmenbedingungen
(Präskription)</td></tr>
<tr><td>1.</td><td colspan="2">Prozessebene

Konkreter Vollzug von Unterricht
im gemeinsamen Handeln
von Lehrern und Schülern
in der Unterrichtspraxis</td></tr>
</table>

Abb. 2: Revidiertes Ebenenmodell didaktischer Reflexion (Jank/Meyer 2011,99)

Alle drei Ebenen thematisieren die Art der Beziehung zwischen dem Gegenwärtigen und dem Gewollten. Diese Beziehung ist im Allgemeinen nicht eindeutig zu definieren, da die Bezüge mehrperspektivisch und vielgestaltig sind. Aufgrund seiner

hohen Komplexität und der zahlreichen Aspekte möglicher Beeinflussung ist die Erfassung aller Einzelphänomene durch eine einzige Theorie bislang kaum vorstellbar. In allen wissenschaftlich fundierten Didaktiken ist jedoch die Unterscheidung von Analyse und Planung bzw. Konstruktion (in unterschiedlichen Begrifflichkeiten) grundlegend. Zwar ist das Bewusstsein über die Überkomplexität der Unterrichtsvoraussetzungen bei der Vorbereitung desselben hilfreich, allerdings wird hierdurch nicht die Notwendigkeit obsolet, normative Entscheidungen über wünschenswerte und unerwünschte Ergebnisse der Unterrichtsdurchführung zu treffen (vgl. Kron et al. 2014). So ist die Frage hinsichtlich „gut" und „schlecht" bzw. „richtig" oder „falsch" in Erziehung und Bildung nicht eine der privaten Vorlieben, sondern ist theoretisch auf der Grundlage gesicherter empirischer Erkenntnisse sowie praktisch im gesellschaftlichen und auf Reflexionskraft fundierten Konsens zu klären. Deutlich wird, dass Schule und Unterricht ohne eine allgemeingültige normative Grundlage nicht arbeiten können. Nur auf dem Fundament eines verbindlichen, mit bestimmten Zielsetzungen verbundenen Auftrags, ist ihre institutionelle Arbeit möglich. Vor diesem Hintergrund notwendiger Normierung ist, so lässt sich Jank/Meyer (2011) zustimmen, „die Mündigkeitsnorm immer noch die vernünftigste von allen" (ebd., 122). Dabei gilt nach wie vor, dass Bildung im Kontext der Schule durch die „Vorwegnahme" der Zukunft des Individuums erfolgen muss (Weniger 1952, 65).
Zu den wesentlichen Aufgaben des didaktischen Handelns gehört abschließend die Reflexion über den Unterrichtsprozess und den in ihm aktiven Subjekten. Hierfür haben Jank/Meyer (2011, 111) das „drei-Ebenen-Modell der Reflexion didaktischen Handelns" entwickelt, das folgendermaßen strukturiert ist:

- *Erste Reflexionsebene*: Das im realen Unterrichtsprozess vorhandene Praxis- und Erfahrungswissen der didaktisch Handelnden, also der Lehrenden und Lernenden. Das Wissen ist ganzheitlich-normativ und unabhängig von seiner theoretischen Legitimierbarkeit handlungsleitend. Es erfolgt keine klare Unterscheidung zwischen Wissen und Handeln, vorherrschend ist die Logik des unmittelbaren Erfolgs.
- *Zweite Reflexionsebene*: Umfasst wissenschaftlich mehr oder weniger gründlich durchdachte Handlungsentwürfe. Dabei herrscht die Logik der Konkurrenz, d.h. es werden immer verschiedene Konzepte um den Geltungsanspruch ringen.
- *Dritte Reflexionsebene*: Es erfolgt eine systematische Rekonstruktion der Aufgaben und des Gegenstands der Didaktik nach der Logik des Diskurses (nach Jank/Meyer 130f).

Praxis steht nicht im Gegensatz zur Theorie, vielmehr ergänzen sich beide Aspekte in einer krisenreichen Wechselbeziehung. Eingebunden in historisch-politische Kontexte kann Praxis sowohl reproduzierend als auch gestalterisch wirken. Allerdings bedingt sie „beim Menschen die Fähigkeit zu selbständigem und selbst verantwortetem Handeln" (ebd., 145f).

1.5 Kerncurricula, Bildungspläne, Lehrpläne, Rahmenpläne als Produkte, Anwendungs- und Einflussbereiche von Didaktik

Vom Kultusministerium des jeweiligen Landes werden die in den Schulgesetzen niedergelegten Bildungsziele durch Lehr- oder Bildungspläne für die einzelnen Schulformen konkretisiert. Sie stellen somit ein wichtiges Mittel zur Umsetzung bildungspolitischer Ziele dar. Denn der wesentliche Zugewinn organisierten und angeleiteten Lernens liegt – im Gegensatz zum rein interessegeleiteten und individuell angeregten Suchen und Finden von Wissen, Kulturinhalten und Traditionen (autodidaktisches Lernen) – darin, menschliches Lernen systematisch zu unterweisen. Lehrpläne entstehen, indem Lehrerinnen und Lehrer

> „unter Berücksichtigung des Schulzieles und der Fachziele das Lehrgut i.e.S. in seinen einzelnen Lehrstoffen mitunter herab bis zu Stoffgebieten und -gruppen und sogar Lehreinheiten auswählen, das Ausgewählte auf Altersgruppen oder Klassen verteilen, es zweckmäßig anordnen, den Zusammenhang der Einzelheiten sicher und das alles übersichtlich festhalten und darstellen" (Dolch 1965, 13, zit. nach Kiper/Mischke 2004, 35).

Wird in Lehrplänen formuliert, welche Inhalte den Heranwachsenden wie vermittelt werden sollen, finden sich in Bildungsplänen Kompetenzen (z.B. Methoden-, Sach- und Fachkompetenz), die diese an wichtigen Punkte ihrer Bildungslaufbahn entwickelt haben sollen (z.B. vgl. Landesinstitut für Schulentwicklung Baden-Württemberg 2004). Kompetenzen beschreiben von den Lernenden zu erwerbende Fähigkeiten und Kenntnisse. Sie dienen nicht allein der Gestaltung und selbstbestimmten Strukturierung der Gegenwart, sondern sollen ebenso die Bewältigung des zukünftigen Lebens sicherstellen. Nach Weinert (2001) bezeichnen Kompetenzen

> „die bei Individuen verfügbaren oder durch sie erlernbaren kognitiven Fähigkeiten und Fertigkeiten, um bestimmte Probleme zu lösen, sowie die damit verbundenen motivationalen, volitionalen und sozialen Bereitschaften und Fähigkeiten, um die Problemlösungen in variablen Situationen erfolgreich und verantwortungsvoll nutzen zu können" (Weinert 2001, 27f).

Auf institutioneller Ebene haben Bildungspläne den Auftrag zu

> „formulieren, was die Schülerinnen und Schüler am Ende einer bestimmten Jahrgangsstufe können und wissen sollen (‚vom Ergebnis her denken'). Es geht also nicht mehr darum, ob ein Lernstoff durchgenommen wurde (‚Wir sind schon auf S. 51 im Buch'), sondern ob die Schülerinnen und Schüler die entsprechenden Kompetenzen tatsächlich erworben haben" (Landesinstitut für Bremen 2013).

Mit der Einführung von Bildungsplänen soll ein Wechsel von einer Input- zu einer Outputsteuerung vollzogen werden. Bildungsstandards beschreiben fachliche, personale, soziale und methodische Kompetenzen, über die die Heranwachsenden nach dem Ablauf eines bestimmten Zeitraums verfügen sollen. Im Rahmen z.B. eines Kerncurriculums werden diesen Kompetenzen bestimmte Inhalte zugewiesen, die das

Fundament der (in Baden Württemberg z.B. zentralen) Prüfungen oder von auf der Grundlage der Kerncurriculums formulierten zentralen Vergleichsarbeiten sind (Landesbildungsserver Baden Württemberg). Ein Bildungs- oder Lehrplan stellt somit eine geordnete Auswahl bestimmter Lehr- und Lerninhalte dar, die im Unterricht während einer anberaumten Zeitspanne von den Lernenden angeeignet werden sollen. Neben der Angabe vorangestellter Ziele (Bildung, Kompetenz, Qualifikation o.ä.) findet sich dort die Zusammenstellung, Festlegung sowie Anordnung von fächerübergreifenden und fachspezifischen Themen, die Festschreibung der Qualitätsstufe, auf der jeweils Wissen und Können gelehrt und gelernt werden soll sowie die Vorgabe von Methoden und Medien wie z.B. Art und Anzahl der (mündlichen oder schriftlichen) Lernkontrollen (diese werden meist in speziellen Prüfungsordnungen gesondert thematisiert) oder der Strategien zur Unterrichtevaluation (vgl. Kiper/Mischke 2004, 38). Oftmals findet sich dort auch eine Liste der sogenannten Grundlagenliteratur (Lehrbuchliste). Mit dem Bildungs- bzw. Lehrplan haben Lernende die Möglichkeit, sich über Umfang und Ablauf des Unterrichts zu informieren. Den Lehrerinnen und Lehrern wiederum bietet der Plan eine Grundlage für die Planung und Organisation ihres Unterrichts. In der Regel sind Bildungs- bzw. Lehrpläne so offen formuliert, dass Lehrende und Lernende innerhalb des thematischen Rahmens ihre eigenen Interessen und Methodenvorlieben einbringen können. Für Schulbücher und Verlage sowie für die Hersteller von Lehr- und Lernmitteln haben diese maßgebende Funktion.

Lehr- bzw. Bildungspläne sind gekennzeichnet durch die Trias von a) Sache/Lehrinhalt, b) Heranwachsenden sowie c) Gesellschaft (Staat, Kirche, Wissenschaft, Wirtschaft). Als verbindliche nationale bzw. landesweite Vereinbarung stellen sie eine Selbstvergewisserung der Gesellschaft dar. Die Zusammenfassung der kulturellen Bestände weiterzugebenden Wissens, Fähigkeiten und Fertigkeiten muss in bestimmten Abständen revidiert werden im Rahmen einer Auseinandersetzung über den Lehrplan und die in ihm enthaltenen Fächer sowie ihren Umfang. Indem sie verbindlich Lehrziele, Lernziele, Lehr-Lerninhalte und Evaluationsverfahren vorschreiben, sind Bildungs- und Lehrpläne Mittel der Steuerung und auch Normierung des Lehrerhandelns und

„- können zur Professionalisierung des Lehrerhandelns beitragen,
- gewähren (z.B. Eltern ggü.) eine Orientierung über die Schularbeit,
- zielen auf die Sicherung eines vergleichbaren Niveaus des Wissens und Könnens bei allen Schülerinnen und Schülern und sind damit ein Instrument zur Förderung der Bildungsgerechtigkeit,
- wollen dazu beitragen, dass die Unterschiede zwischen verschiedenen Klassen und Schulen bezogen auf die Qualität nicht zu groß werden (Grundlagen für Qualitätssicherung und Qualitätsverbesserung),
- können einen Beitrag zum kumulativen Wissensaufbau leisten,
- formulieren Mindestvoraussetzungen,
- sind Grundlage für die Erfassung und Bewertung der Lernergebnisse (Klieme u.a. 2003, Giesecke 2002)" (Kiper/Mischke 2004, 39ff).

Die in einigen Bundesländern üblichen Bezeichnungen Rahmenplan oder Rahmenlehrplan betonen stärker die Planungsfreiheiten der Lehrkräfte.

> „Rahmenlehrpläne formulieren die Kompetenzen, die Schülerinnen und Schüler während ihrer Schulzeit erwerben sollen, um den gesellschaftlichen Anforderungen gewachsen zu sein. Sie sind eine wichtige Grundlage für die Qualitätsentwicklung der Schulen. Für die Schule und die Lehrkräfte definieren die Pläne Standards, innerhalb derer eine individuelle Gestaltung der Unterrichtsinhalte nach den Besonderheiten der Schule und ihres Umfelds möglich ist" (Senatsverwaltung für Bildung, Jugend und Wissenschaft Berlin 2014).

Ein Curriculum hingegen intendiert – insbesondere in der Tradition der angelsächsischen Länder – die Beschreibung des „komplexen Bedingungs- und Aktionszusammenhang(s) von Lehren und Lernen" (Kron et al. 2014, 194), d.h. es umfasst das gesamte Konzept der Lehr- und Erziehungsmethoden sowie die entsprechenden Zielsetzungen einer Bildungseinrichtung. Gleichwohl bezeichnet es keinen Lehr- oder Bildungsplan, sondern ist vielmehr das Ergebnis eines Konsensbildungsprozesses der schulischen Fachkonferenzen und gründet auf den verbindlichen Rahmenvorgaben der Bildungspläne für die Fächer. Bezogen auf Standards konkretisiert es standortbezogene Vereinbarungen zu Richtzielen, Ressourcen, Strukturen und Freiräumen sowie zur kollegialen Kooperation bzw. dem gesamten schulischen Handeln (vgl. Bethge et al. 2002). Dass die Begriffe Lehrpläne, Kerncurricula, Rahmenrichtlinien und Curriculare Vorgaben weitgehend synonym verwendet werden, verdeutlicht folgendes Zitat:

> „Der Unterricht in allgemein bildenden Schulen wird auf der Grundlage von Lehrplänen (Kerncurricula, Rahmenrichtlinien und Curricularen Vorgaben) erteilt. Soweit für einzelne Fächer noch keine Kerncurricula vorliegen, erfolgt der Unterricht auf der Grundlage von Rahmenrichtlinien oder von Curricularen Vorgaben, die sich nur auf Teilbereiche beziehen" (Niedersächsisches Landesinstitut für schulische Qualitätsentwicklung 2014).

1.6 Lernbegriff, Lernziele

Der Lernbegriff fasst menschliches Verhalten im Kontext systematisch und pragmatisch determinierbarer Ziele, Inhalte, Verfahren und Medien auf. Damit steht in dieser Perspektive nach Kron (1993, 69) „die Funktionalität der Einzelnen in der Gesellschaft" im Zentrum der Betrachtung. Umgangssprachlich bezieht sich der Lernbegriff insbesondere auf schulisches Lernen (Edelmann 1996), „im Mittelpunkt dieser Auffassung von Lernen steht die *pädagogische Situation*" (ebd., 5). Allgemein kennzeichnend für Lernprozesse ist eine direkte oder im zwischenmenschlichen Kontakt vermittelte Erfahrung, die zukünftige Handlungsweisen beeinflusst. Nach Gagné (2011) kann daher auf einen vorhergehenden Lernprozess geschlossen werden, wenn ein Unterschied in den Leistungen eines Menschen vor und nach einer Lernsituation wahrgenommen wird (ebd., 29). Ergebnis des Lernprozesses ist die erstmalige Aneignung oder die Umgestaltung psychischer Dispositionen, verstanden als die „Bereitschaft und Fähigkeit, bestimmte seelische oder körperliche Leistungen zu erbringen" (Edelmann 1996, 6). Diese wird daher auch als Verhaltens*potential* bezeichnet. Lernen meint somit die Aneignung von Verhaltens- bzw. Handlungsdispositionen als relativ dauerhafte Modifikationen im Menschen (vgl. ebd.). Nicht nur das Lernen im schulischen Kontext hängt von Bedingungen innerhalb und außerhalb des Lernenden ab; aufgrund der institutionell organisierten Situation ist die Beachtung dieses Umstands hier aber besonders wichtig, da er für die Schülerinnen und Schüler unmittelbare Konsequenzen hat. Die inneren Bedingungen kennzeichnen u.a. kognitive Prozesse, aufgrund derer die Lernenden sich mit den unterrichtlichen und erzieherischen Handlungen der Lehrpersonen auseinandersetzen, um diese z.B. zu deuten oder zu ignorieren (Mietzel 2003, 17f). Die Qualität des Erlernten bzw. des Umgangs mit dem Erlernten beruht auf der Qualität, also der Art und Weise, des Lernens. „Die Art des Erwerbs von Informationen bedingt die Art des Umgangs mit ihnen" (Peterßen 2005, 154).

Wichtige Voraussetzung für ein „qualitätsvolles" schulisches Lernen ist eine eindeutige Definition von *Lernzielen.* Meyer (2010) zufolge ist ein Lernziel „die sprachlich artikulierte Vorstellung über ein gewünschtes Lernergebnis" (ebd., 193). Es legt fest, was die Lernenden am Ende einer Unterrichtsstunde/Lerneinheit an Handlungsdispositionen neu erworben haben sollen. Neben den offiziellen Vorgaben wie Richtlinien, Kern- bzw. Rahmenlehrplänen oder Bildungsstandards-Katalogen orientieren sich Lehrpersonen bei der Formulierung von Lernzielen an Fachdidaktiken, Lehrerhandbüchern und ihren eigenen didaktisch-methodischen Überlegungen. Zu den Begründungsdimensionen zählen nach Meyer (ebd., 194) neben der fachlichen (Vermittlung von Basis- oder Vertiefungswissen) und der curricularen Begründung (Grundlage für den nachfolgenden Unterricht) ebenso die methodische und soziale (Stärkung der Methoden- und Sozialkompetenz).

Ein Lernziel sollte angeben,

> „- was der Lernende tun soll (eindeutige Endverhaltensbeschreibung),
> - woran und unter welchen situativen Bedingungen er dies tun soll (Angabe der näheren Bedingungen des situativen Rahmens), und
> - woran das richtige Verhalten oder Produkt erkannt werden kann (Angabe des Beurteilungsmaßstabes, der Grenze für das noch annehmbare Verhalten).
>
> Ein solcherart beschriebenes Lernziel kann als Feinziel oder operationalisiertes Lernziel bezeichnet werden" (Möller 1986, 67, zit. nach Kron et al. 2014, 103).

Verschiedene Unterrichtsziele lassen sich nach ihrem Schwierigkeits- und Komplexitätsgrad hierarchisch gliedern.

1.7 Bildungsstandards, fachspezifische Standards

Bildungsstandards gehören zu einem umfassenden Qualitätssicherungssystem, das u.a. Schulentwicklung, interne und externe Evaluation umfasst. Von der Kultusministerkonferenz wurde im Oktober 1997 beschlossen, das deutsche Schulsystem im Rahmen wissenschaftlicher Untersuchungen international vergleichen zu lassen (Konstanzer Beschluss). Auf diese Weise sollten Erkenntnisse über Stärken und Schwächen von Schülerinnen und Schülern in zentralen Kompetenzbereichen gewonnen werden. Ergebnisse von TIMSS, PISA und IGLU zeigten, dass die länderspezifisch überwiegende ausschließliche Inputsteuerung in Deutschland die Erwartungen an das Bildungssystem nicht befriedigend erfüllen konnte. Vielmehr wurde deutlich, dass zur Weiterentwicklung und Qualitätssicherung sowie für die externe und interne Evaluation im Bildungssystem eindeutige Normierungen erforderlich sind. Darüber hinausgehende Steuerungsmechanismen, z.B. Bestimmung und Überprüfung der Leistungserwartungen, systematische Rechenschaft über Resultate durch wiederkehrende Schulleistungsstudien, zentrale Prüfungen wie auch Schulevaluationen sollten ergänzend hinzutreten (vgl. Veröffentlichungen der Kultusministerkonferenz 2005).
Mit Bildungsstandards sollen, bezogen auf vorab definierte Zielzustände bei Schülerinnen und Schülern, Bildungsprozesse gesteuert werden. Orientiert am Grundsatz kumulativer Aneignung beschreiben Standards angestrebte Kompetenzen auf dem Hintergrund von Anforderungsbereichen mit zugehöriger Wissensbasis sowie entsprechenden Leistungen, die zum Ende eines Bildungsabschnitts erbracht werden sollen. Kompetenzen definieren fachliche Anforderungen auf einem mittleren Anforderungsniveau (Regelstandards) und gliedern sich nach inhalts- und prozessbezogenen Ansprüchen. Aufbauend auf vorangehend erworbenen Kompetenzen gliedern sich Standards nach den Bereichen/Dimensionen des Unterrichtsfaches, verdeutlichen schulformübergreifend dessen Grundprinzipien u.a. durch Aufgabenbeispiele und öffnen den Schulen für ihre pädagogische Arbeit Gestaltungsräume. Bildungsstandards orientieren sich an den Kernbereichen eines Faches; sie decken nicht die gesamte Spanne des jeweiligen Lernbereiches ab, sondern konkretisieren fachliche und fachübergreifende Basisqualifikationen, die für die weiterführende schulische und berufliche Ausbildung bedeutsam sind und anschlussfähiges Lernen ermöglichen. Die Einführung von Bildungsstandards hat im Bildungssystem zu einem Wandel in der Steuerung von Unterrichts- und Bildungsprozessen geführt, deren Schwerpunkt nun nicht mehr in der Input-, sondern in der Output-Steuerung liegt:

- *Input-Steuerung* bezeichnet die Lenkung durch Vorschriften und Regeln (Gesetze, Verordnungen, Erlasse). Gemeint ist das, was den Schulen zur Verfügung gestellt wird, um Bildungs- und Unterrichtsprozesse auf diese Weise zu steuern.
- *Output-Steuerung* dient der Kontrolle durch Konsequenzen aus den Ergebnissen von Bildungs- und Unterrichtsprozessen. Gemessen wird der Output (als

qualitativ zu bewertende, längerfristig wirksame Resultate eines Prozesses) z.B. durch zentrale Prüfungen und Vergleichsarbeiten (verstanden als quantitativ zu ermittelnde Produktmengen).

Unter den Standards lassen sich verschiedene Arten unterscheiden:

- *Input-Standards*
  Lehrpläne, Verordnungen, Erlasse
- *Prozess-Standards*
  Vorschriften, Prinzipien für guten Unterricht
- *Ergebnis- (Produkt-), Leistungs- bzw. Output-Standards*
  Mindeststandards, Regelstandards, Benchmarks

Für die wichtigsten Fächer aller Schularten hat die Kultusministerkonferenz bundesweit geltende Bildungsstandards entwickelt und eingeführt. Bildungsstandards werden als ein zentraler Baustein zur Sicherung und Steigerung der Qualität schulischer Arbeit betrachtet, da sie die Vergleichbarkeit der in unterschiedlichen Schularten erworbenen schulischen Abschlüsse sichern sollen. Alle Länder sind verpflichtet, die Standards in ihre Lehr- bzw. Rahmenpläne aufzunehmen und in den Schulen umzusetzen. Damit soll die Entwicklung und Vergleichbarkeit der Qualität schulischer Bildung wie auch schulischer Abschlüsse im föderalen Wettbewerb der Länder unterstützt werden.
Im internationalen Kontext stellen Bildungsstandards allgemein normative Zielsetzungen zur Steuerung von Bildungssystemen dar. In Abhängigkeit ihrer Bezüglichkeit (Inhalte, Bedingungen oder Ergebnisse der Lehr- und Lernprozesse) und ihrer Niveauanforderungen (Mindest-, Regel- oder Maximalstandards) wird zwischen folgenden Standards differenziert:

„- *Inhaltliche Standards (content standards oder curriculum standards)*
  Wenn die Inhalte des Lehrens und Lernens im Vordergrund stehen, wie dies beispielsweise auch bei Lehrplänen der Fall ist, werden die Standards – dem englischen Begriff für Inhalt (Content) folgend – als content standards bezeichnet. Inhaltliche Standards beschreiben, was Lehrpersonen unterrichten und Schülerinnen und Schüler lernen müssen. Sie beschreiben klar und eindeutig die aufzubauenden Kompetenzen und das zu erreichende Wissen.
- *Standards für Lehr- und Lernbedingungen (opportunity-to-learn-standards)*
  Standards für Lehr- und Lernbedingungen bezeichnen z.B. Schulprogramme, Personal und andere Ressourcen, die Schulen und Schulbezirken, aber auch landesweit verfügbar sind, und die damit verbundenen Möglichkeiten eines anspruchsvollen und herausfordernden Unterrichts. Im Rahmen von Lerngelegenheitsstandards werden auch die Methoden und Prinzipien guten Lehrens und Lernens beschrieben, die von Vertretern der Fachdisziplin und Didaktik allgemein anerkannt werden.
- *Leistungs- oder Ergebnisstandards (performance standards oder output standards)*
  Ein dritter Fokus bezieht sich auf die Ergebnisse des Lehrens und Lernens. Mit den so genannten performance oder output standards werden entsprechend Bildungsstandards bezeichnet, die die Lernergebnisse von Schülerinnen und Schülern zum Gegenstand ha-

ben. Performance oder output standards definieren, über welche Kompetenzen Schülerinnen und Schüler zu bestimmten Zeitpunkten ihrer schulischen Entwicklung – meist jedoch am Ende der regulären Schullaufbahn, oder beim Übergang in eine weiterführende Schule – verfügen müssen. Durch national einheitlich gestaltete Tests wird dann die Einhaltung dieser Standards überprüft.

- *Niveauanforderungen (Mindest-, Regel- und Maximalstandards)*
  Neben der Unterscheidung nach Bezugspunkten (Inhalt, Lehr- und Lernbedingungen, Ergebnis) lassen sich Bildungsstandards auch nach den jeweils zugrunde gelegten Niveauanforderungen unterscheiden. Gängige Niveauabstufungen der erwarteten Anforderungen beziehen sich dabei – relativ zur Norm oder zu Vergleichsgruppen – auf Mindest-, Regel- oder Maximalanforderungen und werden entsprechend als Mindest-, Regel- oder Maximalstandards bezeichnet.
  Folgende Unterscheidung erfolgt in aller Regel bei Leistungs- oder Ergebnisstandards:
  - *Mindest- oder Minimalstandards* beziehen sich dabei auf ein definiertes Minimum an Kompetenzen, das alle Schülerinnen und Schüler zu einem vorher festgelegten Zeitpunkt in ihrer Schullaufbahn erreicht haben müssen. Ein Unterschreiten des definierten Minimalniveaus am Ende des für die Überprüfung anvisierten Zeitpunktes würde mit erheblichen Schwierigkeiten dieser Schülerinnen und Schüler beim Übergang ins Berufsleben einhergehen. In einem solchen Fall ergeben sich dringend notwendige Maßnahmen der individuellen Förderung.
  - *Regelstandards* beschreiben Kompetenzen, die im ‚Durchschnitt', ‚in der Regel' von den Schülerinnen und Schülern einer Jahrgangsstufe erreicht werden sollen. Am Ende der Schullaufbahn würden Regelstandards entsprechend das Ausmaß an Kompetenz und Wissen kennzeichnen, über das z.B. ein durchschnittlicher Zehntklässler verfügen sollte.
  - Als höchste Niveaustufe der Bildungsstandards können auch *Exzellenz- oder Maximalstandards* definiert werden. Die im oberen Leistungsniveau angesiedelten Kompetenzen beziehen sich darauf, was die besten Schülerinnen und Schüler der jeweiligen Jahrgangsstufen können sollten" (Veröffentlichungen der Kultusministerkonferenz 2005, 8f).

Gemäß der dargelegten Systematik sind die von der Kultusministerkonferenz verabschiedeten Bildungsstandards eine Kombination von Inhalts- und Leistungs- oder Ergebnisstandards. Meyer (2010) widerspricht durchaus allerdings nachvollziehbar der Behauptung, kompetenzorientierte Bildungsstandards seien etwas anderes als Lernziele: „Jeder Bildungsstandard kann durch eine rein formale Umformung in ein Lernziel verwandelt werden. Man muss nur den Satz ‚Die Schüler sollen … können' hinzufügen" (ebd., 170). Da sie das im Durchschnitt erwartete Niveau der Leistungen von Schülerinnen und Schülern formulieren, handelt es sich bei ihnen um Regelstandards.

Indem Bildungsstandards die Anforderungen an das schulische Lehren und Lernen und die Ziele für die pädagogische Arbeit konkretisieren, sollen sie der Schul- und Unterrichtsentwicklung dienen. Standards verdeutlichen den Bildungsauftrag, den allgemeinbildende Schulen zu erfüllen haben; sie beschreiben erwartete Leistungen und stellen eine Norm dar, an der die von den Heranwachsenden erbrachten

Ergebnisse gemessen werden können. Für Lehrerinnen und Lehrer sind Standards ein wichtiges Referenzsystem ihres professionellen Handelns im Kontext der an die Schule gestellten Aufgabe, die Kompetenzanforderungen, unter Berücksichtigung der jeweiligen Ausgangsbedingungen der Heranwachsenden und der speziellen Situation, an die jungen Menschen so weiterzugeben, dass sie diese weitgehend erfolgreich bewältigen können. Bildungsstandards ermöglichen so eine Überprüfung der gestellten Anforderungen und ebenso ein Fazit, inwieweit das Bildungssystem seinem Mandat nachkommt. Zugleich sollen Bildungsstandards einen normativen Anspruch bezüglich schulischer Bildung und Erziehung formulieren. Die konkrete Umsetzung im Hinblick auf die Gestaltung der Lernzeit, den Einsatz von Personal sowie erforderliche Unterstützungsvorgaben zur Realisierung der Standards ist weiterhin Sache der jeweiligen Bundesländer. Somit gewähren Standards den Schulen entsprechend Eigenverantwortung bzgl. der Unterrichtsgestaltung, bestimmter Fördermaßnahmen und der Personalplanung. In der zugehörigen Veröffentlichung der Kultusministerkonferenz wird zusammenfassend resümiert:

> „Bildungsstandards nützen den an Schule beteiligten Gruppen:
> - Sie bieten Lehrerinnen und Lehrern eine Orientierung für die Analyse, Planung und Überprüfung ihrer Unterrichtsarbeit in Kernbereichen eines Faches.
> - Sie geben Schülerinnen und Schülern eine Orientierung und Transparenz hinsichtlich der Leistungserwartungen im Fach.
> - Sie dienen der Schulaufsicht als Instrument zur Überprüfung des Schulsystems und bieten eine Grundlage für die Beratung der Schulen.
>
> Die Umsetzung der Bildungsstandards bietet die Chance
> - der Entwicklung einer anforderungsbezogenen Aufgabenkultur,
> - der Kooperation in Fachkonferenzen (gemeinsame Planung und Auswertung, fachdidaktische und methodische Diskussionen),
> - der Förderung einer Unterrichtskultur, die auf unterschiedliche Schülervoraussetzungen eingeht,
> - der Formulierung konkreter und überprüfbarer Unterrichtsziele im Schulprogramm,
> - langfristig der Entwicklung eines schulinternen Curriculums.
>
> Insgesamt fördern Bildungsstandards
> - die Unterrichtsplanung im Hinblick auf definierte Leistungserwartungen,
> - die diagnostische Kompetenz der Lehrerinnen und Lehrer,
> - den Umgang mit Heterogenität,
> - die Evaluation von Unterricht durch interne und externe Verfahren und
> - die Arbeit mit den Lehrplänen“ (Veröffentlichungen der Kultusministerkonferenz 2005, 11f).

Die bislang entwickelten Bildungsstandards wurden als Regelstandards definiert und entsprechen damit nach eigener Aussage der Kultusministerkonferenz einem pragmatischen Vorgehen, „weil notwendige Mindeststandards erst nach einem längeren Prozess der Erfahrung im Umgang mit Bildungsstandards formuliert werden können. Mindeststandards setzen voraus, dass die Schwierigkeitsgrade von Aufgabenbeispielen getestet wurden, dass Niveaustufen präzisiert und insgesamt die Standards und Aufgabenbeispiele validiert wurden" (Veröffentlichungen der Kultusministerkonferenz 2005, 14f). Mit den Regelstandards ist zunächst ein mittleres Anforderungsniveau definiert worden, um die Gefahr zu unterbinden, „einerseits Schülerinnen und Schüler massiv zu unterfordern, aber andererseits auch größere Teile der Schülerschaft durch überzogene Bildungsstandards zu überfordern" (ebd.). Sie gründen auf „Einschätzungen der Praktiker aus Schule und Unterricht, also auf Empirie im Sinne von praktischer Erfahrung" (ebd.) mit dem Anspruch einer zukünftigen Validierung in Form einer wissenschaftlichen Überprüfung wie auch der Erhebung praktischer Erfahrungen an den Schulen. Diese Validierung ist allerdings bis heute nicht erfolgt. Mit der Weiterentwicklung einhergehen soll die Formulierung von Kompetenzstufen als notwendige Grundlage für die Bestimmung von Mindeststandards in den verschiedenen Bundesländern (vgl. auch Klieme et al. 2007).

2 Unterricht: Begriffsklärungen und zusammenführende Modellentwicklungen

Advance Organizer

Unabhängig davon, dass Unterricht auch in Zukunft eine Hauptaufgabe professionellen Lehrerhandelns bleiben wird, gilt es zu beachten, dass Unterricht heute unter veränderten Bedingungen und Erwartungen stattfindet. Nicht zuletzt haben dazu wesentlich neue wissenschaftliche Erkenntnisse der empirischen Unterrichtsforschung beigetragen. Im Zentrum moderner Unterrichtskultur wird der aktive Lerner und Handlungsformen der Selbststeuerung und Selbstverantwortung stehen.

Unterricht als erziehungs- und bildungstheoretischer und pädagogisch-didaktischer Gegenstand soll unter drei zentralen Perspektiven betrachtet werden:

- erstens der Klärung der Frage, was Unterricht ist und wie er sich definieren lässt,
- zweitens dem Nachdenken über das Problem, was guter Unterricht ist und wie die Auseinandersetzung mit der Qualitätsfrage geführt werden kann,
- und drittens, welche überlieferten Didaktikmodelle noch heute für die Unterrichtsdidaktik bedeutsam sind und sich in einem weiterentwickelten Hybridmodell zusammenführen und für die Implementation zeitgemäßen Unterrichts verwenden lassen.

2.1 Was ist Unterricht?

Auf der Suche nach einer Definition schulischen Unterrichts fällt bei Sichtung der wissenschaftlichen Literatur eine Stellungnahme aus dem Rahmen, weil diese nicht wie alle weiteren sonst auf charakteristische analoge Merkmale abhebt, sondern auf einem Werturteil mit weitreichender Konsequenz beruht. Sie wurde von Hermann Giesecke im Kontext der Diskussion zur Aufgabe der Schule verwendet und lautet schlicht: „Unterricht (ist) eine geniale kulturelle Erfindung“ (Giesecke 2003, 86). Was er u.a. damit begründet, dass auf Unterricht nicht verzichtet werden könnte, wenn nachwachsende Generationen „gebildet“ und auf das Berufsleben vorbereitet werden sollen. Unterricht sichert die Entfaltung von individuellen Potentialen, dient der Emanzipation der Heranwachsenden und ermöglicht die produktive Teilnahme am gesellschaftlichen Leben und an gesellschaftlicher Kultur. „Ohne Unterricht kann es unter unseren gesellschaftlichen Bedingungen keine erfolgreiche und befriedigende Teilhabe an den gesellschaftlichen Möglichkeiten geben“ (Giesecke 2005, 12). Zudem eröffnet der schulische Unterricht die Gelegenheit, „komplizierte Sachverhalte und Zusammenhänge so zu vereinfachen und zu verdichten, dass sie Schritt für Schritt verstanden werden können und dass dabei grundlegende, modellhafte, exemplarische oder ähnlich strukturierte Kenntnisse und Einsichten entstehen“ (ebd.). Unter dieser Voraussetzung ist Unterricht ein speziell entwickeltes Format des Lehrens und Lernens (vgl. Sandfuchs 2009, 139), um gesellschaftlich gewünschte und geforderte Erziehungs- und Bildungsprozesse zu vereinbaren, zu komprimieren und zu effektivieren. Vor diesem Hintergrund kann man sicherlich der These vom Unterricht als »geniale kulturelle Erfindung« zustimmen (vgl. Meyer 2007, 54). Allerdings kann die in Aussicht gestellte Nützlichkeit auch zur Blick- und Handlungsverengung und damit zu einem Zerrbild vom Unterricht führen. Das ist zwar nicht zwingend, aber die Gefahr besteht, wenn Unterricht aus zwei Richtungen bestimmte Festlegungen zugeschrieben bzw. unterstellt wird. Unterricht ist konstruiert (vgl. Meyer 2007, 728), d.h. er wird absichtlich und eigens für den Zweck des systematischen und „organisierten Lehrens und Lernens“ (Schröder 1995, 17) hergestellt und installiert. Dementsprechend kann man Unterricht durchaus als eine »künstlich« geschaffene Situation auffassen, die sich vom sonstigen Leben in der Gesellschaft, der Alltagswelt und den Alltagserfahrungen von Kindern und Jugendlichen unterscheidet und auch mehr oder weniger auf Distanz zu dieser »Welt« gehen muss. „Das Leben selbst lehrt zwar vieles und Wichtiges, aber es unterrichtet nicht“ (Giesecke 2003, 86). Diese grundlegende Polarität von Unterricht und Leben ist unübersehbar, Unterrichtserfahrungen sind andere als Lebenserfahrungen. Mit der Parole von der »lebensnahen Schule« soll dieser Kontrast auch nicht aufgelöst werden, sondern es sollen gezielt Verbindungen und Anknüpfungspunkte zwischen beiden Erfahrungsräumen hergestellt und genutzt werden, um die Anwendbarkeit schulischen Wissens (Kompetenzorientierung) in reflexiver und praktischer Auseinandersetzung mit Lebenssituationen zu erproben.

> „Fachliches Wissen und allgemeines Weltwissen – Alltagswissen – sind nicht identisch. Beide Wissensdimensionen liegen häufig quer zueinander und *können deswegen nicht beliebig wechselseitig ersetzt oder in der Vermittlung vermischt werden.* Deshalb ist neben dem Erwerb von fachlich organisierten Kenntnissen die Erweiterung und Aufklärung des problembezogenen Orientierungswissens eine wichtige Aufgabe der schulischen Allgemeinbildung. *Das phänomenbezogene und anwendungsorientierte Wissen bietet vor allem Möglichkeiten für die Übertragung von Lernerfahrungen zwischen unterschiedlichen überfachlich strukturierten Zusammenhängen.* Projektarbeit kann dazu dienen, die Phänomene und Probleme unserer Welt genauer kennenzulernen und dazu befähigen, die erworbenen fachlichen Fähigkeiten für die Lösung alltäglicher Aufgaben zu nutzen“ (Bildungskommission NRW 1995, 96-97; Hervorhebungen E.J.).

Unter dieser Prämisse ist Projektunterricht „also eine notwendige, nicht ersetzbare, aber auch keineswegs zu verabsolutierende Lehr- und Lernmethode“ (ebd.), zumal

sich auch mit anderen »Unterrichtskonstruktionen« solch ein Umgang mit außerschulischen Gegenstandsbereichen erzeugen lässt. Der zweite Aspekt bezieht sich auf den Zusammenhang von Lehren und Lernen, genauer gesagt auf die Federführung der Lehrprozesse.
Die Tatsache, dass es sich beim Unterrichten um geplante und strukturierte Lehr- und Lernprozesse handelt, legt mitunter die Annahme nahe, ausschließlich Lehrerinnen und Lehrer wären dazu imstande und demzufolge läge das Planungsmonopol zu recht bei ihnen. Diese Vorstellung wird zwar häufig in Verbindung mit dem »klassischen« Frontalunterricht vertreten, ist aber keineswegs selbstverständlich und auf dem Hintergrund unterrichtstheoretischer und -praktischer Weiterentwicklung nicht tragfähig.
Das war sie im Übrigen nie aufgrund des Erziehungs- und Bildungsauftrags der Schule, in der der Selbstständigkeitsentwicklung ein zentraler Stellenwert eingeräumt wird. Das bedeutet, dass sowohl Lehrerinnen und Lehrer als auch Schülerinnen und Schüler zugleich Lernende und Lehrende, d.h. „Subjekte" in der Genese von Unterrichtsprozessen sein können.

> „Das hat weitreichende Konsequenzen: Wenn Schülerinnen und Schüler ‚Mitgestalter des pädagogischen Prozesses' (Klingberg) bzw. seine ‚Ko-Konstrukteure' (Weinert) sind, dann benötigen Schülerinnen und Schüler nicht nur Lernkompetenzen für die Gestaltung ihres persönlichen Lernwegs, sondern didaktische Kompetenz für die Mitgestaltung der Arbeit der ganzen Klasse" (Meyer 2007, 177).

Das ist weder ungewöhnlich noch unrealistisch. Schließlich benötigt ebenso der Einsatz des Helfer-Prinzips vergleichbare Kompetenzen.
Was also bedeuten diese Vorklärungen für die Definition von Unterricht? Doch zumindest so viel: Aus ihnen lassen sich hauptsächlich Grundelemente ableiten, die an der Konstruktion des Phänomens Unterricht entscheidend beteiligt sind. Zusammenfassend zu nennen wären diese:

1) Unterricht dient der Entfaltung und Förderung individueller Potentiale, trägt zu Emanzipation der Heranwachsenden bei und sichert deren gesellschaftliche Teilhabe und Mitgestaltungsfähigkeit.
2) Unterricht macht es möglich, komplizierte und komplexe Problemstellungen und Zusammenhänge effektiv lehr- und lernbar zu machen.
3) Unterricht wird konstruiert und inszeniert.
4) Unterricht und das Leben als solches unterscheiden sich voneinander. Bewusste Distanzierung steht ebenso bewusster Annäherung und Intergration gegenüber.
5) Unterricht als (künstliche) Organisation von Lehren und Lernen ereignet sich als ko-konstruktiver Interaktions- und Kommunikationsprozess zwischen den beteiligten Akteuren, d.h. den Lehrenden und Lernenden, wobei die Lehrpersonen nicht ausschließlich Lehrerinnen und Lehrer sind.

Jedes dieser Merkmale trägt zur Bestimmung dessen, was Unterricht ist, einen spezifischen Teil bei, aus dem dann das „Ganze" ablesbar wird, auch wenn es noch

um weitere Faktoren ergänzt werden sollte. Zurückgehend auf den Ausgangspunkt kann somit konstatiert werden:
Unterricht ist eine geniale kulturelle Erfindung zur Vermittlung und „Umsetzung des schulischen Erziehungs- und Bildungsauftrags, den die Gesellschaft der Schule ‚erteilt hat' und der ‚im Unterricht und im Schulleben' realisiert wird" (Wiater 2011, 13). Damit kommt fraglos erziehungs- und bildungstheoretische Normativität ins Spiel, die sich aber schlussendlich aus dem »Sinn« der Schule und dem grundgesetzlichen »Recht« auf Bildung begründet. Demzufolge ist Meyer (2007) beizupflichten, wenn er konstatiert, dass Unterricht deutlich mehr ist „als eine Unterrichtung über dies und das. Er dient immer auch der Persönlichkeitsbildung. Deshalb hat er eine unaufhebbare Erziehungsdimension" (55). Im engen Zusammenhang damit steht im Übrigen auch das,

> „was Schultheoretiker die ‚Kustodialfunktion' nennen: Er bietet den Schülerinnen und Schülern einen schützenden Raum, in dem sie sich entfalten können, in dem sie die Welt und sich selbst erproben und auch mal auf die Nase fallen dürfen, ohne dass dies gleich gravierende Folgen hat" (Meyer 2007, 55-56).

Unterricht soll demnach als Ort für die Vielfalt von Qualifikations- und Kompetenzentwicklung, „von Sozialisation, Personalisation und Enkulturation" betrachtet werden (vgl. Winter 2007, 13). Aus all dem lässt sich eine Definition vorbereiten, in der das integrative, historisch gewachsene Verhältnis von Erziehung und Bildung ausgedrückt wird.

> Unterricht ist eine institutionalisierte (Kunst-)Form organisierter Koproduktion von Lehrenden und Lernenden mit der pädagogischen und didaktischen Intention, Lehr-/Lernprozesse und Lehr-/Lernsituationen zu ermöglichen, die der effektiven und individuell förderlichen Aneignung curricularer und extracurricularer Bildungsinhalte in der Schule dienen.

Anhand „selbst- und fremdgesteuerter Aufgaben" erfolgen die individuelle Persönlichkeitsentwicklung und der „Aufbau von Sach-, Methoden- und Sozialkompetenzen" (vgl. Meyer 2007, 56).

Unterricht
1) ist intentional, ziel- und anforderungsbezogen
2) ist sach- und themenbezogen
3) ist interaktional und kommunikativ
4) dient der fachlichen und überfachlichen Wissens- und Kompetenzvermittlung
5) „wird durch das didaktisch-methodische Handeln der Lehrerin/des Lehrers und der Schülerinnen und Schüler inszeniert" (Meyer 2007, 56)
6) liegt eine vorbereitete (Lern-)Umgebung zugrunde.

Wichtig für die Erklärung von Unterricht ist darüber hinaus die Erkenntnis, dass das unterrichtliche Interaktionsgeschehen eine „dialektische Grundstruktur" aufweist (Wiater 2011, 12). Diese Deutung bezieht sich auf drei Beziehungs- und Begegnungsebenen (vgl. ebd.).

1) Dem Verständnis der unterrichtlichen Interaktion als Dialog.
2) Der Begegnung zwischen der Sache und der Person als Lernendem, so „dass sich im Unterricht die zu vermittelnden Lerninhalte zu den Schülerinnen und Schülern mit ihren individuellen Strukturen des Denkens, Fühlens, Wollens und Könnens wie These und Antithese verhalten, die von den Schülerinnen und Schülern durch innere Auseinandersetzung und durch Integration in ihre Strukturen angeeignet werden sollen" (ebd.).
3) Der Gegensätzlichkeit von Lehren und Lernen, d.h. dass Lernen nicht »gemacht« werden kann und deshalb aus Lehrprozessen weder sicher noch automatisch „ziel- und inhaltsentsprechendes Lernen wird" (ebd., 13). Dafür hat Holzkamp (1995) den Begriff des »Lehrlernkurzschlusses« geprägt.

Auf die Dialektik von Lehren und Lernen gehen noch weitere Autoren ein. Beispielsweise stellt M. Meyer (2007) fest: „Als für Unterricht konstitutiv muss deshalb eine Dialektik von Lehren und Lernen, von pädagogischer ›Führung‹ und ›Selbsttätigkeit‹ akzeptiert werden" (ebd., 729). Lehrerinnen und Lehrer sollen den Schülerinnen und Schülern Wege zur Selbstständigkeit weisen bzw. eröffnen, was einerseits – zeitweise – Lenkung und »Gängelei« erforderlich macht, andererseits kann Belehrung keine Selbstständigkeit erzeugen. Diese kann nur durch Selbsttätigkeit entstehen. Folgerichtig wird deshalb die »Selbsttätigkeit« als zentrale Vollzugsform des schulischen Bildungsprozesses betrachtet (vgl. Klafki 1986, 458). Somit ist Unterricht, der gemäß des geltenden Erziehungs- und Bildungsauftrages heranwachsende Menschen zu vernünftiger Selbstbestimmung „befähigen" soll (vgl. Klafki 1986; Klingberg 1987) durch die Dialektik von Einordnung und Emanzipation, wohlwollender Führung und Selbstregulierung und Entscheidungsfreiheit, wie von Instruktion und Konstruktion gekennzeichnet (vgl. Jürgens 2010). Die Definition zum Unterricht ist einerseits sowohl erziehungs- als auch bildungstheoretisch begründet. Andererseits ist sie lern- und handlungstheoretisch an der Erkenntnis der Dialektik und Komplementarität von Instruktion und Konstruktion orientiert (vgl. Kap. 3.8). Einigkeit scheint darüber zu bestehen, dass mit Unterricht die Wahrnehmung intentionaler Erziehung verbunden wird (vgl. Gonschorek/Schneider 2010, 205; Winter 2011, 13) und dieser durchgeführt wird, damit Schülerinnen und Schüler bestimmte Kompetenzen, beispielsweise wie sie in den nationalen Bildungsstandards aufgeführt werden (vgl. Sekretariat der Kultusministerkonferenz 2006), erlangen (vgl. Winter 2001; Meyer. 2007; Terhart 2009; Gonschorek/Schneider 2010). Hingegen weniger Klarheit und Übereinstimmung gibt es zum Verhältnis von Instruktion und Konstruktion. „Manche Autoren", so vermerkt es H. Meyer (2007), „machen aus diesen beiden Grundformen (des Unterrichts) das Gegensatzpaar ›Instruktion kontra Konstruktion‹" (ebd., 58), was zu unfruchtbaren Kontroversen darüber führt, welcher lerntheoretischer Ansatz von beiden dem jeweils anderen überlegen sei. Das ist aber überhaupt nicht die Frage, weil im wissenschaftlichen Diskurs die Position vorherrscht, dass zwischen Instruktion und Konstruktion eine interdependente Kohärenz besteht und somit beide theoretischen Zugänge gleichermaßen für die Unterrichtspraxis relevant sind. „Die gemäßigt konstruktive Auffassung von Lernen versucht die Prinzipien von Instruktion und Konstruktion miteinander zu verbinden." (Rothmeier/Mandl 2001, 626). Begründet wird das u.a. unterrichtsmethodisch: „Aus pragmatischer Sicht erscheint es zum einen weder möglich noch sinnvoll, im Unterricht ständig fertige Wissenssysteme nach feststehenden Regeln vermitteln zu wollen; auf der anderen Seite hätte es wenig Sinn, allein auf die Konstruktionsleistungen der Lernenden zu vertrauen" (ebd., 627). Unterrichten als „Auslösen und Unterstützen von Lernprozessen" trifft somit nolens volens auf konstruktive Reaktionen und Verarbeitungsmodi, weil das Individuum über den Umgang mit dem Dargebotenen selbst entscheidet, d.h. sein Wissen, seine Verhaltensweisen, Einstellungen und Fähigkeiten selbst »aufbaut« (vgl. Wiater 2011, 15). Auch sogenannte instruktive Lehr- und Unterrichtsformen können an der Eigenaktivität, Selbstregulation und »Konstruktionsfähigkeit« des Lerners nicht vorbeikommen, selbst wenn Lehrkräfte noch so rigide den Prozess der Informationsvermittlung zu steuern und zu führen versuchen. Unterricht ist auf diesem Hintergrund eine organisierte Form des Lehrens und Lernens, die man auf der Basis des lerntheoretischen Grundmodells des Verhältnisses von Angebot und Nutzung betrachten kann (vgl. Winter 2011, 17; Helmke 2005).

2.2 Was ist »guter« Unterricht?

Wer darüber nachdenkt, was »guter« Unterricht ist, der begibt sich auf ein spannendes Abenteuer, das zwar einen Anfang hat, aber nicht endgültig zu Ende gebracht werden kann. Immer wieder wird es neue Perspektiven geben, unter denen das Abenteuer fortgesetzt werden kann. „Was ›guter‹ Unterricht ist, wird immer umstritten bleiben" (Meyer 2007, 35). Genauso wird sich die Erkenntnis halten, dass es *den* einen für alle Schülerinnen und Schüler »guten« Unterricht nicht geben kann. Doch „daraus die Konsequenz zu ziehen, auf das Definieren von Gütekriterien" und die erkenntnistheoretische wie empirische Begründung von zentralen Faktoren und Zusammenhängen zu verzichten, hält H. Meyer (2010) jedoch für unverantwortlich. Dem ist zuzustimmen. Denn das Sprechen über »guten« Unterricht ist nur sinnvoll möglich, wenn es definierte Faktoren gibt, mit denen sich guter Unterricht theoretisch und intersubjektiv transparent und nachprüfbar, im Gegensatz zu den »subjektiven« Theorien von Lehrerinnen und Lehrern, begründen lässt. Weiter ist das Sprechen über »guten« Unterricht nur angebracht, wenn es Qualitätsmaßstäbe gibt, die dazu beitragen, vergleichende Aussagen zu machen und Urteile zu fällen. So wie Unterricht allgemein unterliegt »guter« Unterricht ebenfalls der erziehungs- und bildungstheoretischen Rahmung und dem damit verbundenen Schulverständnis. Das was »guter« Unterricht sein sollte, bliebe ohne normative Annahmen und Entscheidungen unbestimmbar. Von daher kann das Konstrukt »guter« Unterricht nicht ausschließlich empirisch bestimmt werden, weil die Folie auf der empirischen Forschung fußt, normativ bestimmt wird. „Die Einsicht in die Nichtableitbarkeit" »guten« Unterrichts aus empirischen Analysen bezeichnet Meyer (2010) als einen notwendigen „Befreiungsschlag der Bildungstheorie gegenüber der empirischen Forschung" (ebd., 21). Diese Aussage vollkommen missverstehen hieße es, daraus zu schlussfolgern, Empirie spielte für die Qualitätssicherung und -entwicklung von Unterricht eine untergeordnete Rolle. Auf Wirkungsanalysen und die empirische Erweisbarkeit von variablen Zusammenhängen und Kausalitäten kann überhaupt nicht verzichtet werden, wenn man nicht beim Alltagswissen stehen bleiben will, sondern nach „intersubjektiv nachprüfbaren und allgemeingültigen Erklärungen über einen Gegenstandsbereich" (Häcker 2011, 17) sucht. Was »guter« Unterricht leisten kann und soll ist eine Frage, die ohne Hilfe der empirischen Forschung gar nicht »gesichert« beantwortet werden kann, doch braucht es vorab eine Verständigung darüber, wozu Unterricht in der Schule überhaupt da ist, welche Funktionen er haben soll und welche Ziele ihm zugrunde liegen. Aufgrund des allgemeingültigen Erziehungs- und Bildungsauftrags der Schule ist es schlüssig, Unterricht als Konzentrationspunkt für die institutionalisierte Organisation von Leben und Lernen darauf zu orientieren und seine Wirksamkeit und Nachhaltigkeit an den Ergebnissen zur Bewältigung dieser Aufgabe zu evaluieren. Im Kompetenzbereich »Unterrichten« schlägt sich die Orientierungsfunktion von Erziehung und Bildung für den Unterricht ebenfalls an vorderster Stelle nieder. Demzufolge wird bei angehenden Lehrerinnen und Lehrern vorausgesetzt, „dass sie die einschlägigen Bildungstheorien (kennen), bildungs- und erziehungstheoretischen Ziele sowie die darauf ableitbaren Standards (verstehen) und diese kritisch (reflektieren)" (Sekretariat der Kultusministerkonferenz 2004, 7). Ziel und ständig zu sichernde Basis »guten« Unterrichts ist es, den Prozess der „individuellen Aneignung von Kultur als Aufgabe schulischer Bildung" ausgehend von den „zukunftsorientierten Anforderungen", wie sie sich u.a. in kerncurricularen Konzepten finden, in Gang zu halten (vgl. Bildungskommission NRW 1995, 79). Deshalb ist zu bedenken, dass die bildungstheoretische Folie, auf der die Beschreibung »guten« Unterrichts erfolgt, dem zeitgeschichtlichen Wandel unterliegt. „Das unterrichtliche Handeln von Lehrkräften wird von historisch gebundenen, meist in Lehrplänen, Curricula oder Richtlinien kodifizierten gesellschaftlichen Erwartungen geprägt" (Sandfuchs 2009, 137). Jedoch nicht nur. „Schule hat die Chance und die Möglichkeiten, aber auch die Pflicht, ihre Ziele immer wieder zu überprüfen und zu erproben" (vgl. Bildungskommission NRW 1995, 78). Das bedeutet, dass der Bildungs- und Erziehungsauftrag der Schule nicht nur einem Wandel von außen, sondern ebenso von innen unterworfen ist, d.h. dass der Verständigungsprozess über die erziehungs- und bildungstheoretische Rahmung von Unterricht nicht abschließbar ist (vgl. hierzu auch die grundlegenden Aussagen in Kap. 1.3.2). Doch was ist der derzeitige Stand eines zeitgemäßen Bildungsbegriffs? Zuerst ist festzustellen, dass Bildung nicht entfaltet werden kann, wenn sich im Unterricht allein auf die kognitive Vermittlung konzentriert würde (vgl. Messner 2008, 3f), Bildung also grundsätzlich Wissen und Kompetenzen, aber „auch Haltungen und Wertvorstellungen" (vgl. ebd., 35) in sich vereinigt. Außerdem ist unter Bildung nicht die Anhäufung trägen Wissens zu verstehen. „Bildung ist in erster Linie ein Können, kein bloßes Sich-Auskennen in Bildungsbeständen" (Bildungskommission NRW 1995, 30). Vor diesem Hintergrund wird Bildung als ein auf die Gesellschaft bezogener Lern- und Entwicklungsbegriff verstanden,

> „in dessen Verlauf die Befähigung erworben wird,
> - den Anspruch auf Selbstbestimmung und die Entwicklung eigener Lebens-Sinnbestimmungen zu verwirklichen
> - diesen Anspruch auch für alle Mitmenschen anzuerkennen,
> - Mitverantwortung für die Gestaltung der zwischenmenschlichen Beziehungen und der ökonomischen, gesellschaftlichen, politischen und kulturellen Verhältnisse zu übernehmen und
> - die eigenen Ansprüche, die Ansprüche der Mitmenschen und die Anforderungen der Gesellschaft in eine vertretbare, den eigenen Möglichkeiten entsprechende Relation zu bringen" (Bildungskommission NRW 1995, 31).

Zusammengenommen entsteht daraus ein Verständnis von Bildung, dessen emanzipatorischer Kern nicht nur unverkennbar ist, sondern als ein Garant dafür steht, dass Versuche einer „Beschränkung von Bildungsprozessen auf den Erwerb von gesellschaftlich nützlichen Qualifikationen" von vornherein abgewehrt werden (ebd.). Die Wertschätzung des emanzipatorischen Charakters von Bildung scheint in der gegenwärtigen Diskussion eine Schlüsselrolle einzunehmen. Auch Jürgens (2008) versteht sie als ein wichtiges Element eines zeitgemäßen Bildungsbegriffs. Doch darüber hinaus wird der Ziel- und Sinnzusammenhang von Bildung um die Werte- und Haltungsdimension erweitert. Des Weiteren wird die Beziehung zwischen Wissen und Können, kritischem Vernunftgebrauch und Selbstbestimmung, in die Begriffsbestimmung aufgenommen, um sichtbar zu machen, dass Bildung verantwortliches Gestalten von „Welt" und verantwortliches Handeln in der Gesellschaft auf der Grundlage kritischen Vernunftgebrauchs umfasst. Ausgehend von diesen Implikationen wird ein breites Bildungsverständnis formuliert:
Danach ist Bildung zu verstehen als

> „– Befähigung zur Mündigkeit, sich seines eigenen Verstandes (selbst-)kritisch bedienen zu wollen und zu können,
> - Befähigung zu demokratisch verantwortungsvollem Denken und Handeln,
> - lebenslanges Suchen, Nachdenken und Orientieren. Bildung bringt innere und äußere ‚Bilder' in Unruhe,

- Selbstbildung. (Selbst-)Reflexion korrespondiert mit (Selbst-)Distanzierung und dem Mut zu vernünftiger Kritik.
- (selbst-)befreiende Erkenntnis von den scheinbaren und trügerischen Errungenschaften und Zukunftsaussichten, in die die Menschen hineinsozialisiert werden. In diesem Sinne ist Bildung als skeptischer und problematisierender Vernunftgebrauch gegenüber jedweden ‚Gewissheiten' zu charakterisieren.
- Verbindung von Individualität mit Gemeinschaftlichkeit. Sie schließt ethische Dimensionen der menschlichen Existenz ein.
- Verknüpfung von Wissen mit der individuellen Persönlichkeitsentfaltung. Sie wirkt dem Risiko der gesellschaftlichen Entmenschlichung durch technische Veränderungen entgegen.
- Identitätsentwicklung. Widerstandsfähigkeit als zentrale Kategorie von Identität ist im Begriff der Mündigkeit enthalten" (vgl. Jürgens 2008, 57).

Aus all dem folgt, dass dem modernen schulischen Bildungsbegriff ein „Menschenbild" zugrunde liegt, das auf die Vernunft- und Selbstbestimmungsfähigkeit von Menschen setzt, die „Subjekthaftigkeit" und Reflexionsfähigkeit kultiviert und in dem die individuelle Persönlichkeitsbildung, die Entwicklung von Gemeinschaftlichkeit und demokratischer Partizipationsfähigkeit wie von Ich-Identität als zusammengehörig betrachtet werden (vgl. ebd.). Zudem nimmt emanzipative Bildung gegenüber „sozialen Ordnungen wie auch gegenüber der Sach- und Mitwelt eine konstruktiv-kritische, den eigenen Standpunkten zugrunde liegende (und einnehmende) Aufgeschlossenheit ein", die auf aufgeklärter Überzeugung und sachgerechter Argumentation beruht. Mehr denn je wird mit einer gegenwartsnahen (schulischen) Bildung der Anspruch verbunden, sich gegen wirkliche oder vermeintliche Entfremdung durch das gesellschaftliche System zur Wehr zu setzen (vgl. UNESCO 1972, 82).
Warum der Bildungsbegriff relativ breit dargestellt wird? Weil damit klar erkennbar gemacht werden kann, wie abhängig die Güte schulischen Unterrichts von bildungstheoretischer Normativität im Allgemeinen und den Kernelementen eines zeitgemäßen schulischen Bildungsbegriffs im Besonderen ist. »Guter« Unterricht ist ein Unterricht, der die Schülerinnen und Schüler befähigt, Wissen zu erwerben und zu bewerten, damit eigenständiges, kritisches Denken und Handeln zum Grundsatz des „sinnhaft subjektiven Aneignens von ‚Welt' und des gestalterischen Rückwirkens auf sie" wird (Messner 2008, 38). Bildung als Befähigung zu kritischer Vernunft und vernünftiger Selbst- und Mitbestimmung (vgl. Klafki 1991, 19) realisiert sich im sozialen Bezug und in der Verantwortung für das Gemeinschaftliche und die Gemeinschaft. Schulischem Unterricht wird deshalb „zugemutet", vielfältige Gelegenheiten zu schaffen, damit Demokratie und Partizipation, d.h. die Beteiligung an Entscheidungsprozessen, konkret erfahrbar und in ihren Folgewirkungen beurteilt werden können. Doch mitunter wird noch weit mehr von der Schule erwartet.

„Es (das demokratische Verhalten – Ergänzung E.J.) muss dominante und prägende Begegnungsform im schulischen Alltag sein, wofür als Beispiel das Konzept der ›gerechten Gemeinschaft‹ (›just community‹) genannt werden kann. Partizipation an organisatorischen Entscheidungen ist wichtig, aber der Kernbereich des ›Demokratischen‹ in der Schule ist die Teilhabe der Kinder und Jugendlichen an ihrem Lernen, ihre Erfahrung, Subjekte des eigenen Lernens zu sein und dabei in wechselseitiger Anerkennung mit anderen zusammenzuarbeiten" (Bildungskommission NRW 1995, 112).

Die Anerkennung und der Ausbau dieser Position wäre vom Ziel her, Demokratiekompetenz in der Schule anzubahnen sicherlich wünschenswert. Aber dennoch sollte nicht unterschlagen werden, dass die rechtliche Situation und die darauf bezogene Struktur des Beziehungsverhältnisses zwischen Lehrkraft und Schüler diesem Wunschbild entgegensteht. Sollen Schülerinnen und Schüler Verantwortung für ihr eigenes Lernen (genauer müsste es heißen: für Ermöglichung und Initiierung von Lernaktivitäten) übernehmen können, dann brauchen sie »Freiheit« im Sinne von »Autonomie«. Dem wirken aber Abhängigkeiten entgegen, u.a. das Machtgefälle zwischen Lehrkräften und Schülerinnen und Schülern, d.h. u.a. der einseitigen Durchsetzung von disziplinarischen Ordnungsmaßnahmen und der Selektionsfunktion via Zensuren und Zeugnissen. Die Wahrnehmung demokratischer Verantwortung ist u.a. verbunden mit Machtkontrolle, Transparenz von Machtteilung und -verteilung und der Legitimation von Normen. Aufgrund der vertraglichen Verantwortung von Lehrkräften im Zusammenhang mit der Pflicht zur Realisierung des Erziehungs- und Bildungsauftrags liegt ein definiertes, nichtreziprokes Verhältnis von Verantwortung und Macht vor, das die Entwicklung einer demokratischen Organisations- und Handlungsstruktur unverkennbar Zügel anlegt. Damit soll nicht gesagt werden, dass Demokratiekompetenz eine nebensächliche Aufgabe schulischer Allgemeinbildung sei, sondern lediglich, dass ihrer Genesis im schulischen Raum Grenzen gesetzt sind und Schule in ihrer Grundstruktur reformiert werden müsste, wenn das anders werden sollte. Den Stellenwert von Demokratie-Erleben zu erhöhen wäre schon allein deshalb bildungstheoretisch notwendig und auch begründbar, weil

„die Demokratie die schwierigste Organisationsform des Zusammenlebens von Menschen (darstellt), weil sie die höchsten Anforderungen an Ich-Identität und Toleranz stellt. Dies gilt für Erwachsene und erst recht für Kinder und Jugendliche. Hinzu kommt die Kompliziertheit der Verfahren demokratischer Meinungsbildung und Partizipation" (Bildungskommission NRW 1995, 111).

Aus diesen Gründen muss gegebenenfalls jede schulische Auseinandersetzung mit der „Lerndimension Demokratie" (ebd.) zu kurz greifen.

Für die Diskussion der Frage nach dem »guten« Unterricht muss vor diesem Hintergrund und der Rechtsfigur der Schule (vgl. Heckel/Avenarius 1986) festgestellt werden, dass die These, wonach »guter« Unterricht „im Rahmen einer demokratischen Unterrichtskultur" stattfindet (Meyer 2010a, 23) nicht auf die Gegenwart zutrifft. So sehr dieser Zustand auch wünschenswert wäre. Meyer (1997) selbst hat zu einem früheren Zeitpunkt und an anderer Stelle dazu eine deutlich akzeptierende Position eingenommen, in dem er folgende Ansicht vertrat: „Schule ist aufgrund ihres rechtlichen Rahmens und ihrer politischen Verfassung erst in Ansätzen demokratiefähig“ (ebd., 19). Deshalb sollte es als Zukunftsaufgabe von Schule darum gehen, den demokratischen und partizipativen Handlungsspielraum von Lehrerinnen und Lehrern wie Schülerinnen und Schülern beständig zu erweitern. Für die Unterrichtsebene bedeutet das, Schülerinnen und Schüler erfahren zu lassen, dass ihre Mitwirkung und Verantwortungsübernahme für die Gestaltung von Unterricht eine wertvolle Ressource ist, deren Nutzung zu neuen »offeneren« Organisationsformen des Lehrens und Lernens führt (vgl. Bohl/Kucharz 2010).

Aus dem bisher Gesagten folgt für eine begriffliche Eingrenzung, dass »guter« Unterricht ein Unterricht ist,

1) der auf der Grundlage eines formellen, zeitgemäßen Erziehungs- und Bildungskonzepts,
2) im Rahmen einer »mitbestimmten« Unterrichtskultur und
3) im Medium erfolgreicher ko-konstruktiver bzw. ko-produktiver Interaktions- und Arbeitsformen
4) die Personalisation und Enkulturation der Schülerinnen und Schüler unterstützt und fortlaufend erweitert und
5) allen Kindern und Jugendlichen einen wirksamen und nachhaltigen Aufbau fachlicher und überfachlicher Kompetenzen ermöglicht.

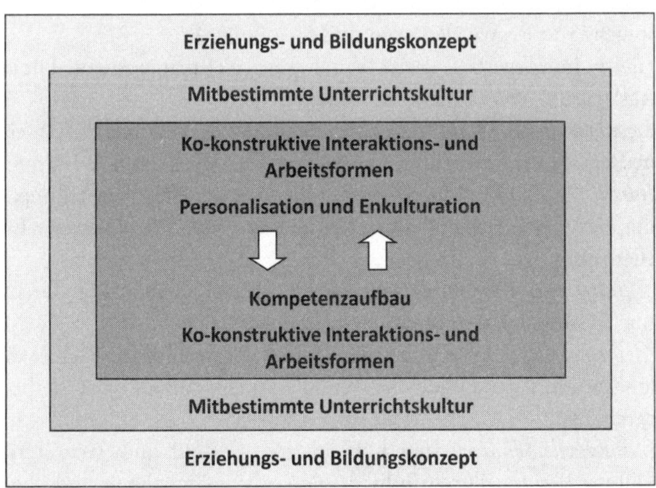

Abb. 3: Gefüge des »guten« Unterrichts

Das, was bisher zum Begriffsverständnis »guter« Unterricht vorgelegt wird, kann als »Gefüge« oder Rahmenkonzeption bezeichnet werden, die aus Faktoren hervorgeht, die unbedingt vorhanden sein müssen, die nicht subjektivierbar sind. Damit ist die Definition nach unserer Auffassung allerdings noch nicht vollständig. „Unterrichten ist ein Handeln", ist in diesem Zusammenhang die wichtigste Kernaussage. Was den Lehrer/die Lehrerin anbetrifft, *so ist „Unterrichten ein didaktisch-pädagogisches und gesellschaftliches Handeln"* (Wiater 2007, 14). Während das „gesellschaftliche Handeln" eng an den Erziehungs- und Bildungsauftrag geknüpft wird und sich „die Vermittlung der demokratischen Grundwerte und des demokratischen Ethos" (ebd., 15) in diesem widerspiegelt, kommt mit dem didaktisch-pädagogischen Handeln die Qualitätssorge und Qualitätsentwicklung ins Spiel. Und zwar über die Frage, welche »Produktivitätsfaktoren« die Unterrichtsqualität beeinflussen und über die deshalb die Lehrkraft »kompetent« verfügen sollte.
Da die empirische Unterrichts- und Bildungsforschung die Frage nach der Unterrichtsqualität – insbesondere in Gestalt der Lernwirksamkeit – in den Fokus ihres Forschungsinteresses stellt (vgl. Terhart 2010, 448), sind zwischenzeitlich eine Reihe von Merkmalen extrahiert worden, die als wichtige – größtenteils evidenzbasierte – Einflussfaktoren gelten können. Daraus sind dann Merkmalskataloge »hervorgegangen«, mit dem Ziel und der Hoffnung, wichtige Zusammenhänge für die Sicherung von Unterrichtsqualität dargestellt bzw. „begründet" zu haben. Einer der bekanntesten Merkmalskataloge geht auf Meyer (2004) zurück, der zu seinem Dekalog auf heuristischem Wege gekommen ist.
Zehnerkatalog (Kriterienmix) guten Unterrichts von Meyer (2004):

1) *Klare Strukturierung des Unterrichts* (Prozessklarheit; Rollenklarheit, Absprache von Regeln, Ritualen und Freiräumen).
2) *Hoher Anteil echter Lernzeit* (durch gutes Zeitmanagement, Pünktlichkeit; Auslagerung von Organisationskram).
3) *Lernförderliches Klima* (durch gegenseitigen Respekt, verlässlich eingehaltene Regeln, Verantwortungsübernahme, Gerechtigkeit und Fürsorge).
4) *Inhaltliche Klarheit* (durch Verständlichkeit der Aufgabenstellung, Plausibilität des thematischen Gangs, Klarheit und Verbindlichkeit der Ergebnissicherung).
5) *Sinnstiftendes Kommunizieren* (durch Planungsbeteiligung, Gesprächskultur, Sinnkonferenzen und Schülerfeedback).
6) *Methodenvielfalt* (Reichtum an Inszenierungstechniken; Vielfalt der Handlungsmuster; Variabilität der Verlaufsformen; Aufbau von Methodenkompetenz).
7) *Individuelles Fördern* (durch Freiräume, Geduld und Zeit; durch innere Differenzierung; durch individuelle Lernstandsanalysen und abgestimmte Förderpläne; besondere Förderung von Schülern aus Risikogruppen).

8) *Intelligentes Üben* (durch Bewusstmachen von Lernstrategien, passgenaue Übungsaufträge und gezielte Hilfestellungen).
9) *Transparente Leistungserwartungen* (durch ein an den Richtlinien oder Bildungsstandards orientiertes, dem Leistungsvermögen der Schülerinnen und Schüler entsprechendes Lernangebot und zügige Rückmeldungen zum Lernfortschritt).
10) *Vorbereitete Umgebung* (durch gute Ordnung, funktionale Einrichtung und brauchbares Lernwerkzeug).

In späteren Veröffentlichungen hat sich Meyer zur potentiellen Modifikation seines Zehnerkatalogs geäußert, dass er am ehesten die Merkmale 5 und 6 umbenennen würde. Statt »Sinnstiftendes Kommunizieren« würde er vielleicht von »demokratischer Unterrichtskultur« und statt »Methodenvielfalt« von »Methodentiefe« sprechen (Meyer 2010a, 27). Nach unserer Auffassung stellen diese Veränderungen keine Alternativen dar, weil damit einerseits lediglich Teilaspekte besonders akzentuiert, aber andererseits die bisherigen Merkmale in ihrer Grundaussage vollkommen verändert würden. Das kann eigentlich gar nicht gewollt sein. Doch das Nachdenken von Meyer über die Weiterentwicklung des Zehnerkatalogs macht eindrücklich klar, dass jede Zusammenstellung und Beschreibung von Merkmalen bzw. Merkmalskatalogen zur Qualitätssicherung von Unterricht einer gewissen Eigenmächtigkeit bzw. subjektiven Ermessensfreiheit des Urhebers unterliegt. „Diese Freiheit nehme ich mir", nämlich aus den ausgewählten empirischen Studien die Merkmale für sein Kriterien-Mischmodell herauszuziehen, „weil die Forscher der Einzelstudien (angeblich – E.J.) auch nichts anderes ‚getan' haben", so hat beispielsweise Meyer (2004, 16) die eigene Willkür gerechtfertigt. Trotz allem zeigen sich zwischen verschiedenen Merkmalskatalogen durchaus Konvergenzen, was u.a. darauf zurückzuführen ist, dass einerseits verschiedene Merkmale empirisch sehr gut abgestützt sind und sich deshalb vermehrt darauf berufen wird. Andererseits zwar empirisch noch wenig fundierte Merkmale oft schon eine hohe Plausibilität aufweisen und sich deshalb ebenfalls relativ häufig auf sie bezogen wird. Helmke (2009), der ebenfalls eine inzwischen gut eingeführte Klassifikation von Merkmalen der Unterrichtsqualität entworfen hat, nennt zum Beispiel die Kompetenzorientierung, während bei Meyer (2004, 26) das für die Merkmale „Sinnhaftendes Kommunizieren" und „Vorbereitete Umgebung" zutrifft, die er aber trotzdem in seinen Zehnerkatalog aufgenommen hat.

Helmke (2010) hat gleichfalls einen *Zehner*katalog »guten« Unterrichts entwickelt, deren Merkmale er als „die wichtigsten fächerübergreifenden unterrichtsrelevanten Qualitätsbereiche" einschätzt (ebd., 168).

1) Wirksame präventive, proaktive und reaktive Klassenführung und Zeitnutzung
2) Klarheit, Vergänglichkeit und Strukturiertheit der Vernetzung von Informationen
3) Konsolidierung und Sicherung: Wiederholung und Übung
4) Aktivierung: Förderung selbstgesteuerten Lernens
5) Motivierung: motivationsförderliche Gestaltung des Unterrichts
6) Lernförderliches Klima: konstruktiver Umgang mit Fehlern, angemessene Wartezeiten nach Lehrerfragen, entspannte Lernatmosphäre und Angstabbau
7) Schülerorientierung: Positive Wahrgenommenheit, Schülerfeedback und Unterrichtsbeteiligung
8) Kompetenzorientierung: Orientierung an den Bildungsstandards und regelmäßige Rechenschaftsbelegung
9) Umgang mit Heterogenität: Passung und Adaptivität
10) Angebotsvielfalt: Variation von Methoden und Umsetzungsqualität

Der Vergleich der beiden Zehnerkataloge von Meyer und Helmke belegt noch einmal den vorangestellten Hinweis, wonach Merkmalsübersichten zum »guten« Unterricht stets der individuellen Argumentationsfigur des Konstrukteurs unterliegen. Das zeigt sich schon in der Weise, wie die Merkmale auf das Schüler-Lehrer-Verhältnis projiziert werden bzw. dieses in den Merkmalen zum Tragen kommt. Von daher kann die Einschätzung geteilt werden (vgl. Meyer 2010a, 27), dass der Zehnerkatalog von Helmke vorwiegend auf die Lehrerperspektive zielt, während Meyers Klassifikation so entwickelt wurde, „dass auch die Schülerinnen und Schüler einen Beitrag zum Starkmachen des jeweiligen Merkmals leisten können" (ebd.). Dazu ist es nicht zufällig gekommen. Denn es fällt auf, dass sich Meyer sehr viel stärker auf den Zusammenhang von Instruktion und Konstruktion bezieht als Helmke, der zwar auch die Lernenden und deren Beitrag zum Gelingen von erfolgreichem Unterricht im Blick hat, aber tendenziell die Bedeutung instruktiver Lehr- und Anregungsformate bevorzugt (vgl. Helmke 2010, 259), obwohl das von ihm herangezogene theoretische Rahmenmodell zum Wirkungsgeflecht von Unterricht, das Angebots-Nutzungs-Modell, sich durchaus als gleichermaßen offen gegenüber konstruktivistischen Aktivitäten darstellt (vgl. ebd., 73).

Doch letztlich gibt es mehr Überschneidungen als Unterschiede. Das trifft auch auf den Prozess zu, der zu den beiden Merkmalskatalogen führte. Wie schon oben erwähnt, nehmen sowohl Meyer als auch Helmke Aspekte auf, für die die bisherige Forschungslage relativ dünn ist, so dass eher Plausibilitätsgründe als empirische Evidenzbasierung ausschlaggebend waren. Auch ähnlich sind die besonderen Hinweise zur Nutzung solcher Kataloge, und zwar dass einerseits erst das Zusammenfügen der Merkmale zu einem Ganzen erfolgreiches Unterrichten möglich macht (vgl. Meyer 2010a, 28) und andererseits sich guter Unterricht in unterschiedlichen Lehr-Lernarrangements zeigt, so dass nicht alle Merkmale des Katalogs gleichermaßen wichtig sind und somit abweichend voneinander zum Tragen kommen können (vgl. Helmke 2010, 170). Weiter stimmen beide Autoren darin überein, dass eine Aufstellung von Wirkkriterien »guten« Unterrichts nicht gleichsam die Unterrichtswirklichkeit vorwegnähme und quasi automatisch »guten« Unterricht in der Alltagsrealität garantiere. Während Helmke deshalb davon spricht, dass sich sein Zehnerkatalog „eher als Orientierungsschema [eignet], das von Zeit zu Zeit Grundlage für unterrichtsbezogene Selbstreflexion sein sollte“ (Helmke 2010, 170), weist Meyer explizit darauf hin, dass die Merkmale seines Katalogs „bewusst abstrakt gehalten [sind], damit sie nicht mit Rezepten verwechselt werden können. Sie müssen also mit Phantasie und Beharrlichkeit in konkrete Unterrichtsarrangements übersetzt werden“ (Meyer 2010a, 28).

Der inhaltliche Vergleich der beiden Merkmalskataloge führt zu dem Ergebnis, dass bis auf das Merkmal »Vorbereitete Umgebung« (vgl. Zehnerkatalog Meyer) und trotz terminologischer Differenzen die Übereinstimmungen sehr groß sind. Die mitunter unterschiedlichen Begrifflichkeiten lassen das auf den ersten Blick nicht unbedingt vermuten. Was etwa in dem einen Zehnerkatalog als Merkmal ausgewiesen ist, wird vielleicht in dem anderen Zehnerkatalog als Unterkriterium eines anders benannten Merkmals behandelt. So z.B. die »Klassenführung«, die bei Helmke einen zentralen fachübergreifenden, unterrichtsrelevanten Qualitätsbereich darstellt und deshalb auch als ein Hauptkriterium in seine Übersicht aufgenommen wird. Meyer hingegen ordnet die Klassenführung seinem Merkmal »Klare Strukturierung des Unterrichts« unter mit der Folge, dass Klassenführung auf die Klassenführungstechniken von Kounin (1976) reduziert wird, umgekehrt will Meyer (2004) den »hohen Anteil echter Lernzeit« als ein Schlüsselmerkmal verstanden wissen, während demgegenüber Helmke die Zeitnutzung im Rahmen der Ausführungen zur »Klassenführung« mit behandelt. Vergleichbares gilt für die beiden Merkmale »Sinnstiftendes Kommunizieren« und »Transparente Leistungserwartungen« von Meyer, die im Zehnerkatalog von Helmke auf verschiedene Hauptmerkmale verteilt mehr oder weniger kongruent abgedeckt werden. So subsumiert Meyer das Schülerfeedback dem »Sinnstiftenden Kommunizieren«, während Helmke es der »Schülerorientierung« zuschreibt. Das Kriterium »Transparente Leistungserwartungen« findet sich bei Helmke u.a. im Qualitätsbereich »Kompetenzorientierung«. Bei genauer Betrachtung ist selbst die »Vorbereitete Umgebung« kein Alleinstellungsmerkmal, weil sich auf das Unterkriterium »Lehr- und Lernmaterialien« bei Helmke u.a. im Merkmal »Heterogenität« bezogen wird. Zusammenfassend kann somit konstatiert werden: beide Zehnerkataloge kommen zu einem weitgehend übereinstimmenden Spektrum ausgewählter inhaltlicher Qualitätsaspekte. Die Differenzen liegen deshalb mehr in der Ein- und Zuordnung der Merkmale als Haupt- oder Unterkriterium und im Zuschnitt der jeweiligen Schwerpunktsetzungen, d.h.

welche verwandten Teilaspekte zu einem Qualitätsbereich bzw. (Haupt-)Merkmal zusammengefasst werden. Demgemäß unterscheiden sich die Merkmale innerhalb ein und desselben Katalogs als auch zwischen den Katalogen in der Breite und der Anzahl der jeweils aggregierten Teilgebiete. Dass letztlich jeweils 10 Merkmale in die beiden Kataloge aufgenommen wurden, ist nicht Ausdruck einer theoretisch stringenten Logik, sondern mehr oder weniger zufällig. Genauso gut hätte ein anderer Zuschnitt der Qualitätsbereiche zu mehr oder weniger Merkmalen führen können. Doch ausschlaggebend ist die Erkenntnis, dass das pragmatische Vorgehen von Helmke und Meyer zu weitgehend konvergenten Ergebnissen geführt hat.

> Allerdings beziehen sich einschränkend die Merkmale bzw. Gütekriterien »guten« Unterrichts (vgl. zur Unterscheidung Meyer 2004, 20) ausschließlich auf didaktische Potentiale im Horizont der Trias von Bildung, Lernen und Interaktion (vgl. Kron 2008, 120). Dadurch fehlt ein Merkmal, das mit »Persönlichkeitsentwicklung« vielleicht unscharf beschrieben ist, aber doch schon die Richtung markiert, in die die Argumentation für dessen Betrachtung gehen kann. Unter diesem Aspekt werden individuelle Einstellungen, Überzeugungen und subjektive Theorien versammelt, die das unterrichtliche Lehrerhandeln – z.T. unbewusst – beeinflussen (vgl. Helmke 2004, 52).

Wenn in der Bremer Erklärung »Aufgaben von Lehrerinnen und Lehrern heute« (2000) hervorgehoben wird, dass „die Qualität einer guten Schulen und *die Wirksamkeit eines guten Unterrichts entscheidend* durch die professionellen und die *menschlichen Fähigkeiten* von Lehrerinnen und Lehrern geprägt (werden)“ (ebd., 2; Hervorhebungen E.J.) und Helmke (2004) darauf aufmerksam macht, das subjektive Theorien und epistemologischen Überzeugungen, das sind subjektive Einstellungen, die sich auf den Umgang mit Wissen oder auf die Struktur des Wissensaufbaus bzw. des Lernens beziehen (vgl. Hofer/Pintrich 1997), für die Gestaltung des Unterrichts (…) folgenreich sind (vgl. Helmke 2004, 53), dann kann mit guten Gründen dafür plädiert werden, den Zusammenhang zwischen Lehrerpersönlichkeit und Unterrichtsqualität nicht unbeachtet zu lassen, sondern in die Argumentationsfigur »guten« Unterrichts aufzunehmen. Als symptomatisch für das Auftreten derartiger Überzeugungen sind beispielsweise Aussagen zur Statik oder Dynamik von Begabungen wie weiter zum Lernen unter Zwang oder aus eigenem Antrieb. Allgemein betrachtet sind Einstellungen „Neigungen oder Abneigungen – positive oder negative Bewertungen oder Reaktionen gegenüber Objekten, Menschen, Situationen oder anderen Aspekten des Lebens und der Welt, einschließlich abstrakter Ideen oder sozialer Interessen“ (Atkinson et al. 2001, 31). Die Einflussnahme von Einstellungen auf das Handeln geschieht auf verschiedene Weise. Beispielsweise können Einstellungen dazu führen, dass mit ihnen unvereinbare Handlungsweisen ausbleiben. „Ein konservativer Lehrer mag angesichts neuer Methoden oder Unterrichtsinhalte einfach untätig bleiben und somit dazu beitragen, dass bestimmte

Veränderungen nicht geschehen“ (Dann et al. 1978, 67). Die Fähigkeit und die Bereitschaft, an der Qualitätsverbesserung des Unterrichts zu arbeiten, können somit nicht unabhängig von den subjektiven Theorien, den persönlichen Überzeugungen und Einstellungen der Lehrkraft betrachtet werden. Einstellungen wirken wie ein Filter. Sie steuern das Verhalten und beeinflussen den Handlungsspielraum der betreffenden Person. Vor diesem Hintergrund ist zu bedenken, dass nach Meinberg (1998) das menschliche Handeln zu seiner Orientierung grundsätzlich auf Menschenbildern beruht und dementsprechend gewinnt die Frage nach den Menschenbildern von Lehrerinnen und Lehrern als „Handlungsdirektive“ große Bedeutung. Schließlich kumulieren im Menschenbild die grundlegenden ethischen bzw. pädagogischen Einstellungen und Haltungen der Lehrkraft und prägen dessen pädagogische Praxis (vgl. Standop 2006, 41). Mit welchen »Menschenbildern« in der schulischen Alltagspraxis zu rechnen ist, dazu hat Fend (1998, 283f) eine Klassifikation vorgelegt, die durch die Dichotomie von »pessimistisch« einerseits und »idealistisch« andererseits charakterisiert ist. Danach zeigen Lehrerinnen und Lehrer mit einem »negativ-pessimistischen« Menschenbild die folgenden Einstellungen:

„• autoritäres Durchgreifen,
• der Mensch ist weitgehend genetisch festgelegt (vgl. Dann et al. 1978),
• Bedeutung von Eliten,
• Identifizierung mit einer leistungsorientierten Auslese,
• Politik soll aus der Pädagogik herausgehalten werden,
• deutliche Skepsis gegenüber Veränderung (vgl. Dann et al. 1978),
• geringe Toleranz gegenüber Unsicherheiten und unklaren Regelungen,
• Strafen und gelegentliches hartes Durchgreifen sind in der Erziehung unumgänglich“ (Standop 2014, 46, in Anlehnung an Fend 1998).

Demgegenüber finden sich im »idealistisch-optimistischen« Menschenbild von Lehrerinnen und Lehrern die folgenden Einstellungen:

„• Der Mensch ist in hohem Maße entwicklungsfähig und wandelbar,
• jeder Mensch hat seine Stärken und Schwächen, die ein individuelles Eingehen erforderlich machen,
• Reformorientierung: d.h. auch, dass das Schulsystem einer permanenten kritischen Überprüfung und Anpassung an veränderte gesellschaftliche Verhältnisse bedarf (vgl. Dann et al. 1978)
• Umweltfaktoren und Lerngelegenheiten kommen in Erziehung und Unterricht eine entscheidende Bedeutung zu (vgl. Dann et al. 1978),
• die Ideale der Demokratie in ihrer Bedeutung für die Pädagogik,
• der Mensch als vernunftfähiges Wesen, d.h. auch, Appell an die Einsicht statt Strafe,
• Betonung der Gleichwertigkeit aller Menschen“ (Standop 2006, 47).

Die im »negativ-pessimistischen« Menschenbild sich manifestierenden Einstellungen führen dazu, die soziale Bezugsnorm in Beurteilungsprozessen, den vorwiegenden Einsatz frontal gesteuerter Unterrichtsformen und die Verwendung von Zensuren und Zeugnissen als Disziplinierungsmittel zu präferieren (vgl. Standop 2006, 47). Demgegenüber haben die im »idealistisch-optimistischen« Menschenbild gebündelten Einstellungen zur Konsequenz, dass schülerorientierte Unterrichtsformen bevorzugt werden, eine stärkere Orientierung an der individuellen Bezugsnorm erfolgt und auf »Druck« und »Strafe« weitestgehend verzichtet wird (vgl. ebd.). Einschränkend soll erwähnt werden, dass es sich bei dieser dipolaren Klassifikation um besonders starke Ausprägungen in die eine und in die andere Richtung handelt. Es ist deshalb davon auszugehen, dass im Schulalltag mehr Mischformen im Sinne einer Verteilung auf einer »Mehr oder Weniger-Skala« anzutreffen sein werden. Mehr zum »idealistischen-optimistischen« und weniger zum »negativ-pessimistischen« Menschbild neigend oder umgekehrt. Gleichwohl kann davon ausgegangen werden, dass wirksames Lehrerverhalten im Kontext der Sicherung von Unterrichtsqualität von einem konkreten personalen Merkmalsgefüge beeinflusst wird, worunter auch Einstellungsbündelungen in Form von Menschenbildern zu zählen sind. Das führt zu der Erkenntnis, dass unterrichtsbezogene Kompetenzen wie sie beispielsweise den Zehnerkatalogen von Meyer (2004 und 2010) und Helmke (2011) zugrunde liegen, allein nicht hinreichen; weder um »guten« Unterricht zu erklären noch um ihn zu verwirklichen und das heißt, dass das Gefüge »guten« Unterrichts um diesen einen Bedingungsfaktor »personale Merkmale« zu erweitern ist.

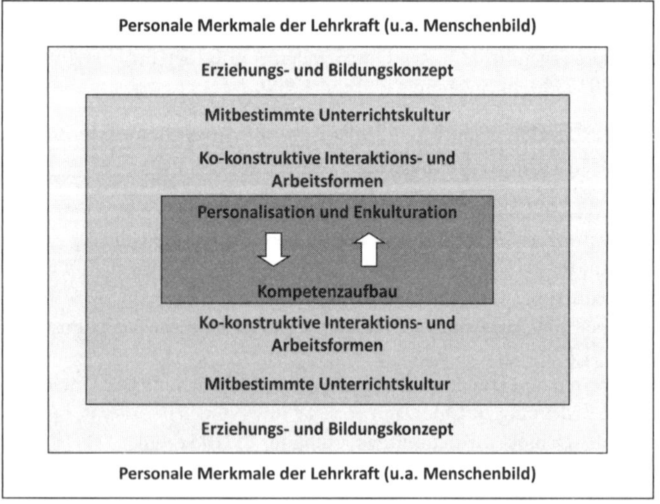

Abb. 4: Erweitertes Gefüge des »guten« Unterrichts

2.3 Unterrichtsmodelle und Unterrichtskonzeptionen

> Didaktische Modelle sind als Versuche zu verstehen, Unterrichtswirklichkeit zu erklären, indem sie die Komplexität der Wirklichkeit reduzieren, um überhaupt ein handhabbares Instrument für die Planung von Unterricht zur Verfügung zu haben. Nach dieser Auffassung enthalten didaktische Modelle prinzipiell Aussagen zur Beschreibung von Begründungszusammenhängen didaktischen Handelns.

Da dieses Handeln nicht »theorielos« erfolgt, sind die Modelle selbst nicht theorielos, sondern basieren auf bzw. gehen aus Theorien hervor. Aus dem Zusammenhang von Theorie, Modell, Konzept und Praxis lässt sich zeigen, wie Modelle mit Theorie(n) einerseits und mit Konzepten und weitergehend mit der Praxis andererseits verbunden sind.
Nach Fröhlich (2005) ist ein Modell eine „graphische, räumliche oder symbolische [...] Darstellung von Beziehungen von vorwiegend empirisch erfassten oder erfüllbaren Eigenschaften, Merkmalen oder Variablen zum Zwecke der Veranschaulichung oder Ableitung damit zusammenhängender Fragestellungen (Hypothesen)" (ebd., 322). Modellen kommt in Bezug auf die Praxis und die Theorie eine Mittlerrolle zu (Kron et al. 2013, 266; vgl. auch Kap. 1.4). Demnach gibt es zwei Verknüpfungslinien:

> „*Modelle beziehen sich auf Theorien.* Sie können (...) als eine Art Vorform von Theorie angesehen werden. Sie enthalten Elemente, die noch nicht zu einer Theorie verknüpft, die aber zur Hypothesenbildung herangezogen werden können.
>
> *Modelle beziehen sich auf Handlungen.* Sie reduzieren die Komplexität der Handlungszusammenhänge auf einige bedeutsame Elemente, die es in Bezug auf die Konzeptbildung im Auge zu behalten gilt. Sie vereinfachen also, oder sie elementarisieren die Wirklichkeit. Modelle können Handeln vorbereiten, (...) dienen der Konzeptbildung" (ebd.).

Konzepte lassen sich darum als heuristische Lösungsversuche für die zu bewältigende Praxis verstehen.

> Oder wie es Atkinson (1990) formuliert: „Konzepte sind unsere gedanklichen Werkzeuge, mit deren Hilfe wir in der Welt sinnfällig handeln können" (ebd., 321).

Übertragen auf Unterrichtskonzepte heißt das, sich einerseits gedankliche und begriffliche Klarheit über das Gegenstandsfeld von Unterricht zu verschaffen, auf das sich die Planung beziehen soll und andererseits gleichzeitig einen Handlungsentwurf zu entwickeln, mit dem eine Situation oder Aufgabe sachangemessen gemeistert werden kann.

Daraus ergeben sich Schlussfolgerungen, die mit der folgenden Definition aufgegriffen werden:

> „Unterrichtskonzepte sind Gesamtorientierungen methodischen Handelns, in denen explizit ausgewiesene oder implizit vorausgesetzte Unterrichtsprinzipien, allgemein- und fachdidaktische Theorieelemente und Annahmen über die organisatorisch-institutionellen Rahmenbedingungen und die Rollenerwartungen an Lehrer und Schüler integriert werden" (Meyer 1987, 208).

Nachdem der enge und direkte Zusammenhang zwischen einem (Unterrichts-) Modell und einem (Unterrichts-)Konzept aufgeschlüsselt und der weitere Beziehungskontext zwischen Theorie, Modell, Konzept und Praxis angesprochen wurde, werden nachfolgend Unterrichtsmodelle vorgestellt und ausgearbeitet. Als die heute immer noch am häufigsten herangezogenen didaktischen Theoriemodelle können die von Klafki und Schulz gelten, die allerdings nicht nur deshalb den Ausgangspunkt der weiteren Erörterung bilden sollen. Weit wichtiger ist ihr Beitrag, den sie im Zuge einer modernen Unterrichtsentwicklung zu leisten vermögen. Wie im weiteren Verlauf belegt werden wird, weisen sie in ihren Grundbegriffen mit den hier favorisierten Ansätzen des »lern- und handlungstheoretischen Aktivitätsparadigmas« und der »lernerorientierten Didaktik des schüleraktiven Unterrichts« bemerkenswerte Überschneidungen auf.

2.3.1 Das kritisch-konstruktive Didaktikmodell (nach Klafki)

Im Zentrum seines didaktischen Begriffs- und Ordnungssystems stehen bildungstheoretische Überlegungen und Zugriffe. Klafki gelingt es mit der Einführung und Begründung des Begriffs der »kategorischen« Bildung die bisherige Zweiteilung (schulischer) Bildung in formal und material didaktisch aufzulösen (vgl. Wiater 2011, 63), obwohl bis in die Gegenwart hinein mitunter immer wieder Diskussionen darüber aufkommen, welche von beiden die wichtigere Bildung sei. Aus diesem Blickwinkel betrachtet ist Klafkis Schritt, schulische Allgemeinbildung durch »kategoriale« Bildungsprozesse zu ermöglichen, zeitlos aktuell.

Materiale Bildung entsteht durch die Auseinandersetzung mit und durch die Aneignung von Kultur bzw. Kulturgütern, d.h. menschliche Errungenschaften wie ethische Werte, wissenschaftliche Erkenntnisse, literarische und ästhetische Produkte, künstlerische Darbietungen etc.

Verkürzt zusammengefasst fragt materiale Bildung „vor allem nach dem Wissen (‚Material'), dass der Lernende gleich einem Lexikon enzyklopädisch anhäuft. Bei der Auswahl von Bildungsinhalten geht es darum, welches Wissen für die Schülerinnen und Schüler ›objektiv‹ wichtig und wertvoll ist" (Gonschorek/Schneider 2007, 155). Die Bildungsinhalte, aus denen als Substrate der »Didaktischen Analyse« der Bildungsgehalt einer Sache herausgefiltert wird und mit dem schließlich die Lernenden konfrontiert werden, werden als objektive Seite (schulischer) Bildung betrachtet.

Demgegenüber präsentieren formale Prozesse die subjektive Seite der Bildung, indem gefragt und geklärt wird, welche Methoden, Strategien und Techniken des Denkens und Lernens benötigen Schülerinnen und Schüler, um Wissen und Kompetenzen aufzubauen, kurz um Bildung zu „erwerben" (vgl. ebd.). Somit stellt formale Bildung

> „nicht das Gewusste in den Blickpunkt der Aufmerksamkeit, sondern die Ausschöpfung der Entfaltungsmöglichkeiten des Menschen. Gebildet ist demnach, wer seine ‚Kräfte' (im Sinne von Fähigkeiten – E.J.) körperlich, geistig, seelisch entfaltet (funktionale Bildung). Gebildet ist, wer sich zurechtfindet, indem er Wege (Methoden) kennt, um zu handeln (methodische Bildung)" (Esslinger-Hinz/Sliwka 2011, 168)

Aufgrund der grundsätzlichen Unbegrenztheit von (objektiven) Bildungsinhalten und der Gewinnung von Einsichten, Erfahrungen, Erlebnissen durch das Subjekt ist es nötig, Entscheidungen darüber zu treffen, worauf sich Bildung „gründet", d.h. wie die Wirklichkeit in Form von „Grundaussagen" erschlossen werden kann.

> „Angesichts der unendlichen Fülle des Konkreten, Einzelnen ist solche ›wechselseitige Erschließung‹ von Subjekt und Wirklichkeit aber nur möglich, wenn es gelingt, jene Fülle des Konkreten auf Grundformen, -strukturen, -typen, -beziehungen, kurz: auf ein Gefüge von *Kategorien* zurückzuführen und deren aktive Aneignung/Entwicklung im Bildungsprozess mit pädagogischer Unterstützung zu ermöglichen" (Klafki 1991, 96).

Kategoriale Bildung ist somit der Versuch Klafkis, schulische Allgemeinbildung als die Auseinandersetzung mit der Wirklichkeit und den dabei zu gewinnenden, das Allgemeine präsentierender Aussagen zu verstehen. Das geschieht aber nicht, „um die Aufwachsenden auf die bisherige Geschichte festzulegen, sondern um sie zum Begreifen und zur Gestaltung ihrer historischen Gegenwerte und ihrer Zukunft in Selbstbestimmung freizusetzen" (ebd., 97).

Das kategoriale Bildungsverständnis „muss in diesem Sinne zentral als Selbstbestimmungs- und Mitbestimmungsfähigkeit des einzelnen und als Solidaritätsfähigkeit verstanden werden" (ebd.).

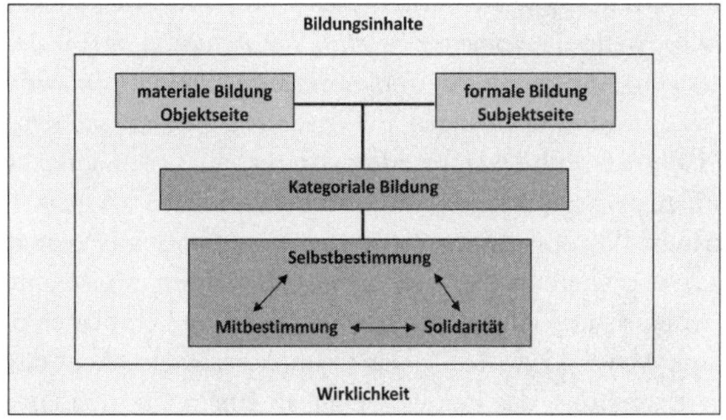

Abb. 5: Theorie der kategorialen Bildung

Um im Sinn des kategorialen Bildungsverständnisses Unterrichten zu können, hat Klafki (1969) mit der »Didaktischen Analyse« ein Konzept vorgelegt, das von ihm als Kern der Unterrichtsvorbereitung betrachtet wird (vgl. ebd., 15f). Die erste und wichtigste Aufgabe der didaktischen Analyse ist es, aus den in der Schule in Frage kommenden Bildungsinhalten den jeweiligen »Bildungsgehalt« herauszufiltern und zu begründen. Oder mit Worten von Jank/Meyer (1990) ausgedrückt: „›Didaktische Analyse‹ soll nachweisen, dass die vorgesehenen Unterrichtsinhalte dazu geeignet sind, im Sinne der kategorialen Bildung den Schülerinnen und Schülern Inhalte der Wirklichkeit zu erschließen und umgekehrt die Schülerinnen und Schüler für eben diese Inhalte empfänglich zu machen" (ebd., 162). Um einen Unterricht planen zu können, der kategorial bildend wirkt, bedarf es des Rückgriffs auf drei Dimensionen, die zusammen die Prüffolie für Entscheidungen für oder gegen Bildungsinhalte als Unterrichtsgegenstände bilden.

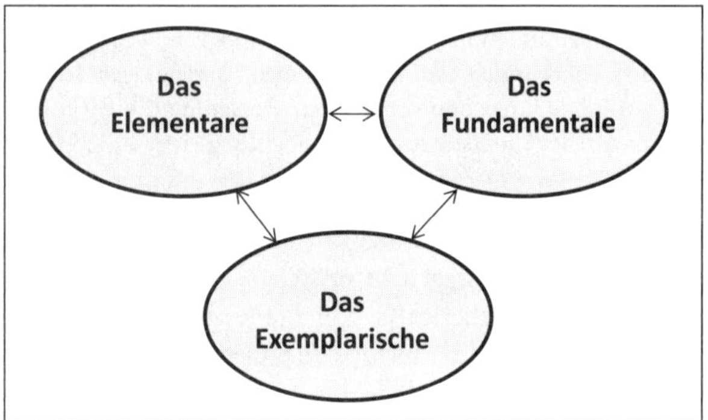

Abb. 6: Vom Bildungsinhalt zum Unterrichtsgegenstand

Wenn Unterrichtsinhalte diesen Grundprinzipien entsprechen, dann sind damit die didaktischen Voraussetzungen erschlossen worden, wonach sie kategorial »bildend« sind. D.h. „wenn sie *elementar im Hinblick auf die Sache* (im Besonderen ein Allgemeines zeigen) und wenn sie *fundamental im Hinblick auf die Schülerinnen und Schüler sind* (Grunderfahrungen und grundlegende Einsichten vermitteln)" (Jank/Meyer 1990, 164) und wenn beide zusammen, das Elementare und das Fundamentale, am Exemplarischen be- und erarbeitet werden können. Demnach ist das »exemplarische Prinzip« nur im Zusammenhang mit den beiden anderen Prinzipien richtig zu verstehen und wäre missverstanden, wenn es als wohlfeile Begründung für die willkürliche Reduzierung der Stofffülle von Lehrplänen herangezogen würde (vgl. Jank/Meyer 1990, 168). Das Exemplarische erschließt das Elementare als allgemeine Erkenntnis, das Fundamentale an einem fruchtbaren Beispiel (vgl. Kron 1994, 124; Gonschorek/Schneider 2011, 161).

Abschließend kann mit Glöckel (1990) dieser Zusammenhang präzisiert werden:

> „Unterricht muss die für einen Umkreis zusammenhängender Erscheinungen bestimmenden Inhalte herausheben (das *Exemplarische* auswählen), diese Inhalte nicht nur hinsichtlich ihrer Besonderheit, sondern des in ihnen zum Ausdruck kommenden allgemeinen Gehalts durchlichten (das *Elementare* aufsuchen), diese Gehalte auf ihren grundlegenden Sinn für das Verhältnis von Mensch und Welt befragen (zum *Fundamentalen* vorstoßen), das Ergebnis zu klaren Begriffen und damit zu weiteren Denkinstrumenten ausformen (*Kategorien* gewinnen)“ (ebd., 262).

Auf der Grundlage dieser Vorüberlegungen bestimmt Klafki die Aufgabe der didaktischen Analyse wie folgt: Um die den Lehrplänen bzw. Kerncurricula empfohlenen oder vorgegebenen Bildungsinhalte auf ihren Bildungsgehalt zu prüfen, sollen fünf didaktische Grundfragen als reflexiver Leitfaden konkreter Unterrichtsvorbereitung durchlaufen werden. Hauptsächlich sind es die Antworten auf die ersten drei Fragen, mit denen der in der Unterrichtsthematik enthaltene Bildungsgehalt für die betreffende Lerngruppe begründet wird, und zwar sowohl für das Jetzt und Hier als auch für die Zukunft.

Didaktische Analyse und Planung von Unterricht (Klafki 1969, 15ff)

„I. Welchen größeren bzw. welchen allgemeinen Sinn- oder Sachzusammenhang vertritt oder erschließt dieser Inhalt? Welches Urphänomen oder Grundprinzip, welches Gesetz, Kriterium, Problem, welche Methode, Technik oder Haltung lässt sich in der Auseinandersetzung mit ihm ‚exemplarisch‘ erfassen?
   1. Wofür soll das geplante Thema exemplarisch, repräsentativ, typisch sein?
   2. Wo lässt sich das an diesem Thema zu Gewinnende als Ganzes oder in einzelnen Elementen – Einsichten, Vorstellungen, Wertbegriffen, Arbeitsmethoden, Techniken – später als Moment fruchtbar machen?

II. Welche Bedeutung hat der betreffende Inhalt bzw. die an diesem Thema zu gewinnende Erfahrung, Erkenntnis, Fähigkeit oder Fertigkeit bereits im geistigen Leben der Kinder meiner Klasse, welche Bedeutung sollte er – vom pädagogischen Gesichtspunkt aus gesehen – darin haben?

III. Worin liegt die Bedeutung des Themas für die Zukunft der Kinder?

IV. Welches ist die Struktur des (durch die Fragen I., II., III. in die typisch pädagogische Sicht gerückten) Inhaltes?
   1. Welches sind die einzelnen Momente des Inhalts als eines Sinnzusammenhangs?
   2. In welchem Zusammenhang stehen diese einzelnen Momente?
   3. Ist der betreffende Inhalt geschichtet? Hat er verschiedene Sinn- und Bedeutungsschichten?
   4. In welchem größeren sachlichen Zusammenhang steht dieser Inhalt? Was muss sachlich vorausgegangen sein?
   5. Welche Eigentümlichkeiten des Inhaltes werden den Kindern den Zugang zur Sache vermutlich schwer machen?

6. Was hat als notwendiger, festzuhaltender Wissensbesitz (‚Mindestwissen' – Heute würde dafür vermutlich der Begriff Mindestkompetenz verwendet werden, Anmerkung E.J.) zu gelten, wenn der im vorangegangenen bestimmte Bildungsinhalt als angeeignet, als ‚lebendiger', ‚arbeitender' geistiger Besitz gelten soll?

V. Welches sind die besonderen Fälle, Phänomene, Situationen, Versuche in oder an denen die Struktur des jeweiligen Inhaltes den Kindern dieser Bildungsstufe, dieser Klasse interessant, frag-würdig, zugänglich, begreiflich, ‚anschaulich' werden kann?

Dazu werden drei Teilfragen angefügt:

1. Welche Sachverhalte, Phänomene, Situationen, Versuche, Kontroversen usw., mit anderen Worten: ‚Anschauungen' sind geeignet, die auf das Wesen des jeweiligen Inhaltes, auf seine Struktur gerichtete Fragestellung in den Kindern zu erwecken, jene Fragestellung, die gleichsam den Motor des Unterrichtsverlaufs darstellen muss.
2. Welche Anschauungen, Hinweise, Situationen, Beobachtungen, Erzählungen, Versuche, Modelle usw. sind geeignet, den Kindern dazu zu verhelfen, möglichst selbstständig die auf das Wesentliche der Sache des Problems gerichtete Fragestellung zu beantworten?
3. Welche Situationen und Aufgaben sind geeignet, das am exemplarischen Beispiel, am elementaren ‚Fall' erfasste Prinzip einer Sache, die Struktur eines Inhalts fruchtbar werden, in der Anwendung sich bewähren und damit üben zu lassen?"

Die didaktische Analyse verhilft den Lehrkräften zu systematischer Erschließung und fundierter Begründung der geplanten Unterrichtsinhalte auf der Grundlage geltender Lehrpläne und Kerncurricula (vgl. Jank/Meyer 1990, 191; Bessoth 1990, 6). Damit legt Klafki zwar „ein Instrument zur Auslegung und Differenzierung dieser Vorgaben im Hinblick auf ihren schülerabhängigen Bildungsgehalt vor" (Meyer/Meyer 2007, 89), der didaktischen Analyse fehlt aber die Möglichkeit zur Hinterfragung von Lehrplaninhalten. Auch zur unterrichtsmethodischen Planung kann die didaktische Analyse nur wenig beitragen, allenfalls indirekt und recht unkonkret lassen sich Hinweise den Schlussfolgerungen auf die fünfte Grundfrage und ihrer beiden Unterfragen entnehmen. Überhaupt ist die starke Fokussierung auf das kategoriale Bildungsverständnis Anlass für Kritik (vgl. Meyer/Meyer 2007, 94; Gonschorek/Schneider 2007, 163). Neben der Vernachlässigung von unterrichtsmethodischen Zusammenhängen wird eine allgemeine »Praxisferne« bzw. fehlender Bezug zur konkreten Unterrichtswirklichkeit bemängelt. Doch noch weitere Kritikpunkte werden geäußert. Zum einen politisch-gesellschaftskritisch: Die bildungstheoretische Didaktik sei „inhaltlich konservativ, orientiert am Bürgertum bzw. an der Mittelschicht und deren Ideologie" (Meyer/Meyer 2007, 94), sodass gesellschaftskritische Positionen unberücksichtigt bleiben. Mit anderen Worten: „Wie kann ein als allgemeingültig postulierter Bildungsbegriff legitimiert werden, wenn ideologiekritische Elemente fehlen?" (Gonschorek/Schneider 2010, 163). Zum anderen sozialwissenschaftlich: Die bildungstheoretische Didaktik „ignoriere die tatsächlichen Lebens- und Lernbedingungen der Schülerinnen und Schüler" (Meyer/Meyer 2007, 94), weil sie wichtige Forschungsergebnisse dazu unberücksichtigt lässt.

Als Antwort auf die kritischen Einwände entwickelt Klafki seine bildungstheoretische Didaktik weiter zur kritisch-konstruktiven, die gleichfalls als eine Auseinandersetzung mit neueren didaktischen Modellen, insbesondere dem »Hamburger Modell« (Schulz 1980), zu verstehen ist.
Hauptsächlich jedoch beziehen sich die grundlegenden Änderungen und Neuerungen auf Prozesse der Vorbereitung und der Analyse von Unterricht unter besonderer Anbindung an Ziel- und Inhaltsentscheidungen. Allerdings bleibt die fundamentale Orientierung am Bildungsbegriff erhalten. Daran hat Klafki auch nie Zweifel aufkommen lassen und stets die Kontinuität gewahrt, d.h.: „die Fundierung der Didaktik in einer Bildungstheorie für *notwendig*" gehalten (Klafki 1996, 9). Somit liegt das »kategoriale Bildungsverständnis« ebenfalls der »kritisch-konstruktiven« Didaktik zugrunde, sie ist also eine »bildungstheoretische Didaktik« (ebd., 94). Außerdem versteht Klafki sein weiterentwickeltes Konzept als „eine bereichsspezifische Konkretisierung einer allgemeinen kritisch-konstruktiven Erziehungswissenschaft" (ebd., 84). Gemäß dieser wissenschaftstheoretischen Verortung ist der Didaktikansatz »kritisch«, weil er sich an den „drei Zielen wachsender Selbstbestimmungsfähigkeit, Mitbestimmungsfähigkeit und Solidaritätsfähigkeit orientieren soll, aber zugleich zu bedenken hat, dass die schulische und gesellschaftliche Wirklichkeit das Erreichen dieser Ziele in vielfältiger Weise behindert" (Jank/Meyer 1990, 189). Als Konsequenz soll Didaktik im Rahmen „gesamtgesellschaftlicher Demokratisierungsbemühungen" einerseits die Widerstände identifizieren und analysieren, andererseits nach Möglichkeiten suchen, diese in entsprechenden Lehr- und Lernpassungen zu überwinden (vgl. Klafki 1996, 90). Das »kritische« Erkenntnisinteresse basiert somit aus der Zusammenführung von klassisch-humanistischer Bildungstheorie und der »kritischen Theorie« der Frankfurter Schule (vgl. u.a. Horkheimer und Adorno).
Die Bestimmung »konstruktiv« ist eine Reaktion auf die Kritik an der »Praxisferne« der frühen Didaktischen Analyse und „weist auf den durchgehenden *Praxisbezug*, auf das Handlungs-, Gestaltungs-, Veränderungsinteresse hin, das für diese didaktische Konzeption konstitutiv ist" (Klafki 1996, 90). Damit setzen künftig didaktische Überlegungen nicht ausschließlich an den Lehrplanvorgaben an, sondern beziehen sich auch auf die Begründung und Auswahl von Bildungs*inhalten.* Wichtig bleibt für Klafki der Theorie/Praxis-Bezug, weil ohne theoretische Basis „Modellentwürfe für mögliche Praxis, begründete Konzepte für veränderte Praxis, für eine humane und demokratische Schule" nicht rational bestimmbar sind (ebd.).
Die im Rahmen der kritisch-konstruktiven Didaktik weiterentwickelte didaktische Analyse setzt bei den Unterrichtsinhalten an, allerdings auf der Grundlage einer neu aufgenommenen »Bedingungsanalyse«, die bewusst angelehnt wird an Überlegungen der »Berliner Didaktik« (vgl. Klafki 1996, 270). Die so als (vorläufiges) Perspektivenschema zur Unterrichtsplanung entstandene Systematik dokumentiert die Beziehungen zwischen den Hauptaufgaben des Planungsprozesses, auf die im Zuge des Vorgehens Antworten zu geben sind.

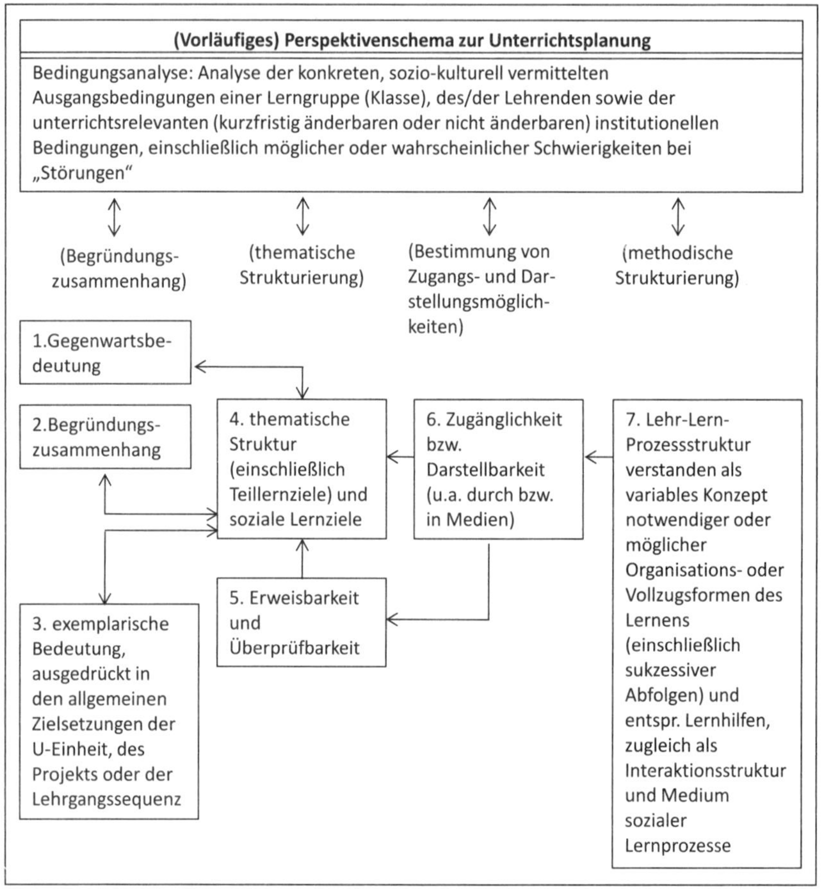

Abb. 7: (Vorläufiges) Perspektivenschema zur Unterrichtsplanung (nach Klafki 1996, 272)

Das Schema gliedert sich in verschiedene Ebenen und Aufgabenfelder. Die fünf Hauptfragen der Didaktischen Analyse werden vollständig wieder aufgegriffen und um zwei neue Aspekte erweitert. Während die Gegenwarts-, Zukunfts- und Exemplarische Bedeutung als Begriffe nahezu unverändert übernommen werden, gibt es große Entsprechungen zwischen der »Struktur des Inhalts« in der Didaktischen Analyse und der »thematischen Struktur« in dem Perspektivenschema. Gleiches gilt für die »Zugänglichkeit und Darstellbarkeit«; diesem Gesichtspunkt wurde in der früheren Didaktischen Analyse in der Frage nach den „besonderen Fällen, (…) in denen die Struktur des jeweiligen Inhaltes (…) zugänglich, (…) werden kann" (Klafki 1969, 16), nachgegangen. Neu hinzugekommen sind die Punkte fünf und sieben, woran sichtbar wird, dass sich die Modernisierungsmaßnahmen vor allem auf das Feld der „Unterrichtsmethodik" beziehen. „Das Perspektivenschema ist mehr als ein Zentralstück der Unterrichtsvorbereitung, es beansprucht, ein komplettes Planungskonzept darzustellen" (Bessoth 1990, 6). Doch noch entscheidender für den neuen Zuschnitt des Schemas als Kern der Unterrichtsplanung erweist sich die neu aufgenommene Bedingungsanalyse, mit der die „konkreten, soziokulturell vermittelten Ausgangsbedingungen einer Lerngruppe (Klasse) des bzw. der Lehrenden" sowie alle den Unterricht beeinflussende Voraussetzungen einschließlich wahrscheinlicher Probleme abgeklärt werden sollen (Klafki 1996, 270). Auf diese erste Ebene folgt eine zweite mit vier Aufgabenfeldern, die den Planungsprozess strukturieren: 1. thematische Begründbarkeit; 2. thematische Strukturierung; 3. thematische Zugänglichkeit und Darstellbarkeit; 4. unterrichtsmethodische Strukturierung. Die Doppelpfeile zwischen der ersten und zweiten Ebene symbolisieren deren Verschränktheit miteinander, die sich in engen Interdepenzen zeigt. Auffällig, doch von Klafki bewusst so gewollt, sind die Kongruenzen zwischen den vier Bereichen der zweiten Ebene und den vier Entscheidungsfeldern des Berliner Didaktikmodells (vgl. Heimann et al. 1965). Jedoch anders als in diesem Modell sind die Aufgabenfelder der zweiten Ebene im Perspektivenschema der kritisch-konstruktiven Didaktik anscheinend nacheinander von links nach rechts zu durchlaufen, also beginnend mit dem Begründungszusammenhang bis hin zu den Methodenentscheidungen. Zwischen den unterhalb der zweiten Ebene, jeweils den vier Aufgabenfeldern vertikal zugeordneten Planungsaspekten bestehen – durch weitere Pfeile kenntlich gemacht – mitunter wechselseitige Beziehungen. Dabei wird deutlich, dass der Verlauf der Pfeile die »thematische Struktur« (4. Prüfstein) zum Herzstück der Unterrichtsvorbereitung macht. „Die Formulierung von Lernzielen auf der Basis des strukturierten Inhalts steht als Zentrum in der Mitte der Planung – sie sind die Brücke zwischen der didaktischen Reflexion und der konkreten Festlegung der Unterrichtsablaufs" (Gonschorek/Schneider 2010, 165). Damit kommt eine gegenüber früher sehr viel stärkere Orientierung der Unterrichtsplanung an den Zielsetzungen ins Spiel. Die notwendige, rationale Strukturierung und Differenzierung der anstehenden Unterrichtsthematik hat wesentliche Konsequenzen für die Unterrichtsmethodik. Gemäß des kritisch-konstruktiven Didaktikansatzes ist die Verwirklichung eines an kritisch-emanzipatorischen Zielsetzungen orientierten Unterrichts „nicht nur eine Frage der Inhalte und Kompetenzen", sondern ebenso der methodischen Entscheidungen (vgl. Meyer/Meyer 2007, 106). Und eine Frage des Lernverständnisses, das Klafki (1996) so formuliert:

> „Lernen im Sinne kritisch-konstruktiver Didaktik muss in seinem Kern entdeckendes bzw. nachentdeckendes und sinnhaftes, verstehendes Lernen anhand exemplarischer Themen sein, ein Lernen, dem die reproduktive Übernahme von Kenntnissen und alles Trainieren, Üben, Wiederholen von Fertigkeiten (...) eingeordnet werden muss" (ebd., 129).

Um ein solches Lernen zu realisieren, definiert Klafki (1996) vier Unterrichtsprinzipien:

> - „*Exemplarisches Lehren und Lernen*, in dem die Schülerinnen und Schüler sich jeweils an ausgewählten Beispielen verallgemeinerbare Prinzipien, Einsichten, Gesetzmäßigkeiten und Zusammenhänge aneignen können.
> - *Methodenorientiertes Lernen*, in dem die Schülerinnen und Schüler sich übertragbare Verfahrensweisen und Methoden aneignen und Erkenntnisse in praktische Konsequenzen übersetzen können.
> - *Handlungsorientiertes Lernen*, in dem die Schülerinnen und Schüler praktisches Handeln mit dessen reflexiver Verarbeitung und mit dem Entwurf weiterführender Perspektiven verbinden können und der Unterricht sich nach außen öffnen kann.
> - *Verbindung von sachbezogenem und sozialem Lernen*, wodurch die Schülerinnen und Schüler lernen können, stärker zu kooperieren, selber Lehraufgaben zu übernehmen, Konflikte rational und eigenständig zu lösen und sich argumentativ in die Gruppenarbeit einzubringen." (Meyer/Meyer 2007, 106f)

Dieser Lernbegriff, der den Unterricht prägen soll, erfordert Lernsituationen, in denen die Selbsttätigkeit als Schlüssel zur Entwicklung von Selbstständigkeit der Schülerinnen und Schüler einen zentralen Stellenwert einnimmt.

> „Im Lehr-Lern Prozess müssen die Prinzipien der Selbstbestimmung, der Mitbestimmung und der Solidarität in einer Folge wachsender Schwierigkeitsgrade, wachsenden Anspruchs verwirklicht werden: in der Form der Mitplanung des Unterrichts bzw. einzelner Unterrichtsphasen durch die Schüler, durch Unterrichtskritik zusammen mit den Schülern, durch ‚Unterricht über Unterricht'. Das sind Elemente dessen, was heute unter den Stichworten ‚offener', ‚schülerzentrierter' bzw. ‚schülerorientierter' Unterricht oder nach dem Motto ‚Lehrer und Schüler machen Unterricht' erfreulich intensiv diskutiert wird" (Klafki 1996, 129).

In diesem Zusammenhang bekommt die Unterrichtsmethodik eine spezifische kritisch-konstruktive Funktionalität.

> „Das Problem der Unterrichtsmethodik lässt sich folglich durch die Grundfrage umschreiben, ob die Organisations- und Vollzugsformen des Lehrens adäquates (kritisch-konstruktives – E.J.) Lernen ermöglichen. Das heißt aber, dass Methoden ihr Kriterium nicht nur darin haben, ob sie ziel- und sachgemäß sind [...], sondern zugleich darin, ob sie entsprechende *Lernprozesse* herausfordern, ermöglichen, fördern. (...) Die Ziel-, Themen- und Sozialkompetenz-Adäquatheit ist nur *ein* Bedingungsfaktor der Unterrichtsmethode, der andere ist die Adäquatheit im Hinblick auf die individuellen und gruppen- bzw. sozialisationsspezifischen Lernvoraussetzungen der Schülerinnen und Schüler (...). Unterrichtsmethode muss immer auch als Strukturierung sozialer Beziehungen verstanden und auf

den dem Unterricht vorangehenden und ihm folgenden Entscheidungsebenen bedacht werden" (1996, 131f, 134).

Abschließend bleibt zu konstatieren:
Das kritisch-konstruktive Planungsmodell macht darauf aufmerksam, dass ein moderner Bildungsbegriff und der „emanzipatorische Gehalt von Bildung" (Bildungskommission NRW 1995, 31) normativer Ausgangspunkt des Nachdenkens über Unterricht bzw. »guten« Unterrichts sein muss, weil darin das schulische Lehren und Lernen seinen übergreifenden gesellschafts- und erziehungstheoretischen Begründungs- und Legitimationszusammenhang findet. Das ist auch deshalb fundamental, weil »Bildung« bzw. »Allgemeinbildung« „auf absehbare Zeit die zentrierende Kategorie für die Weiterentwicklung des öffentlichen Schulwesens in Deutschland" sein wird (Meyer/Meyer 2007, 107; Wehnes 1991, 268). Weil damit zugleich Bildung als individueller, aber auf die Gesellschaft bezogener Lern- und Entwicklungsprozess zu verstehen ist, in dessen Verlauf Selbstbestimmungs-, Mitbestimmungs- und Solidaritätsfähigkeit erworben werden soll (vgl. Klafki 1996; Bildungskommission NRW 1995, 31), ist es konstitutiv dafür, zunehmend selbstreguliertes Lernen zu ermöglichen und die dazu nötigen schüleraktiven (offenen) Lernformen und -umgebungen in hinreichendem Maße bereit zu stellen. In diesem Sinne ist es nicht nur aus der Perspektive der Relevanz des sozialen Lernens zutreffend, sondern weit darüber hinaus, die „kritisch-konstruktive Didaktik als ein Programm der Demokratisierung von Bildung (und unter Einschränkung – E.J.), Schule und Gesellschaft" zu verstehen (Meyer/Meyer 2007, 95).

2.3.2 Lehr-(Lern-)theoretische Didaktik

Das Konzept der „lerntheoretischen" Didaktik ist einerseits als Gegenentwurf zur bildungstheoretischen Didaktik von Klafki entstanden, andererseits ist es als Versuch zu verstehen, ein Instrument zur Unterrichtsanalyse auf erfahrungswissenschaftlicher Grundlage zu entwickeln. Ausgehend von der begrifflichen Fassung von Didaktik als „Theorie und Praxis des Unterrichts" (Jank/Meyer 1990, 204) wird ein Didaktikmodell konstruiert, mit dem das Gesamtphänomen Unterricht in einem einzigen Zugriff erfasst werden soll (Heimann 1976b, 157). Um den Bildungsbegriff zu vermeiden, wird stattdessen der Begriff des Lernens verwendet, weswegen die Autoren, zunächst Heimann und dann später dazukommend, Otto und Schulz, ihr Modell als »*lern*theoretische« Didaktik bezeichneten, das dann als Berliner Modell bekannt wurde. Wenn auch Schulz später – allerdings noch innerhalb des Berliner Modells – den terminologischen Wechsel zur »lehrtheoretischen« Didaktik vollzog, war eigentlich von Anfang an klar, dass es sich um eine »lehrtheoretische« Didaktik handelte, „da sie aus der Perspektive der Lehrerin bzw. des Lehrers entworfen" wurde (Wiater 2011, 70). Demgemäß soll die Lehrtheoretische Didaktik vor allem auf zwei Funktionen rational begründeten didaktischen Berufshandelns Bezug nehmen: erstens der Analyse und zweitens der Planung von Unterricht (vgl. Kron et al. 2014, 92). Die Konzeptualisierung dieses Interesses führt zu einigen konstitutiven Implikationen (1): Unterricht findet nicht voraussetzungslos statt, sondern ist eingebettet in ein Feld realer Vorbedingungen. (2): Planung von Unterricht ist nicht ohne Analyse von Unterricht und ohne Wissen über das individuelle und soziale Umfeld von Unterricht möglich. (3): Jeder konkrete Unterricht verfügt trotz aller Variabilität der Unterrichtsprozesse über eine beständige, sich stets wiederholende Grundstruktur, die auf der Interdependenz fester Wirkfaktoren beruht (vgl. Kron et al. 2014, 92). Heimann (1976a) spricht in diesem Zusammenhang von der formalen »Baugesetzlichkeit«, die jedem Unterricht als zeitlose Struktur zugrunde liegt und sich in sechs »Strukturmomenten« zeigt (vgl. Abb. 8).

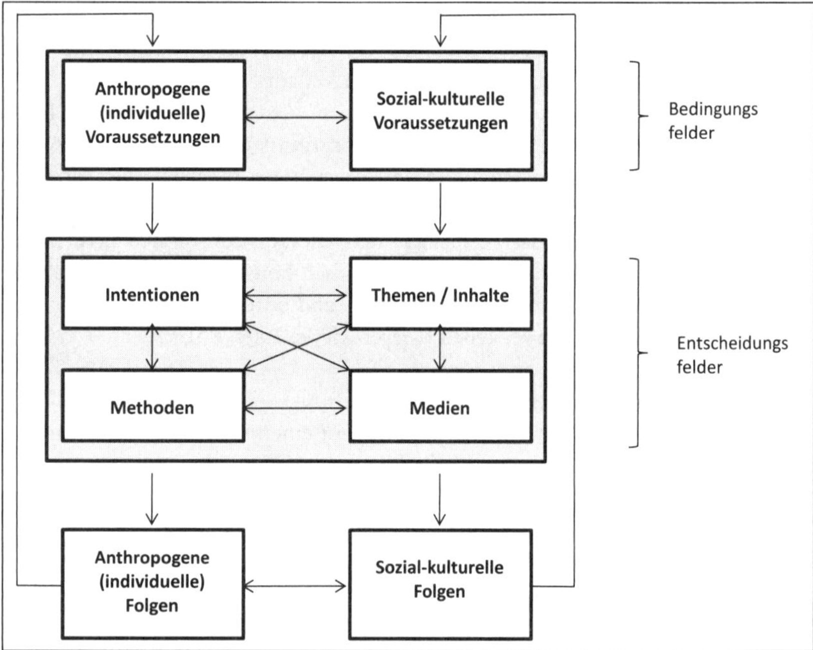

Abb. 8: Struktur- und Bedingungsfelder des Unterrichts im Berliner Modell

Kernidee und damit entscheidend für dieses Modell ist der wechselseitige Zusammenhang von den Bedingungs- und Entscheidungsfeldern (Interdependenz der unterrichtsstrukturellen Momente), der als *1. Reflexionsstufe* den Ausgang didaktischer Planungstätigkeit darstellt.

Was inhaltlich mit den sechs Strukturmomenten gemeint ist, hat Heimann (1976a) alltagssprachlich veranschaulicht:

„Im Unterricht geht stets Folgendes vor:
a) Da ist jemand, der hat eine ganz bestimmte Absicht.
b) In dieser Absicht bringt er irgendeinen Gegenstand in den
c) Horizont einer bestimmten Menschengruppe.
d) Er tut das in einer ganz bestimmten Weise,
e) unter Verwendung ganz bestimmter Hilfsmittel, wir nennen sie Medien,
f) und er tut es auch in einer ganz bestimmten Situation." (Heimann 1976a, 105f)

Diese erzählende Darstellung enthält auf einfache Weise die sechs grundlegenden Aspekte zum Betrachten der Grundstruktur des Unterrichts. Indem sie in Fragen verwandelt werden, konstituiert sich Unterricht als Beantwortung folgender Grundfragen:

„1. In welcher Hinsicht tue ich etwas?
2. Was bringe ich in den Horizont der Kinder?
3. Wie tue ich das?
4. Mit welchen Mitteln verwirkliche ich das?
5. An wen vermittele ich das?
6. In welcher Situation vermittele ich das?" (Heimann 1976a, 105f)

Die Interdependenz der »unterrichts-stukturellen Momente« macht auf das Beziehungsgeflecht der »internen« Merkmale des Unterrichts aufmerksam. Dadurch wird die gegenseitige und untrennbare Abhängigkeit der Entscheidungsfelder als grundlegend für die Planung von Unterricht postuliert. Die Bedingungsfelder als »externe« Faktoren von Unterricht (vgl. Bessoth 1990, 10) wirken auf die Entscheidungsfelder ein, weshalb der intendierte Unterricht auf die Schülerinnen und Schüler mit ihren individuellen und altersgemäßen Lern- und Entwicklungsvoraussetzungen (anthropogene Bedingungen) und die situativen, sozialen, kulturellen und gesellschaftlichen Voraussetzungen der Lerngruppe (sozialkulturellen Bedingungen) abzustimmen ist, wenn er erfolgreich sein soll.
Für den Prozess der Unterrichtsvorbereitung sieht das Berliner Modell ein zweiphasiges Verfahren vor. Neben der Strukturanalyse mit Hilfe der Bedingungs- und Entscheidungsfelder (1. Reflexionsstufe) soll als zweiter Schritt die Faktorenanalyse (2. Reflexionsstufe) durchgeführt werden. Die dem Berliner Modell zugrunde liegende Didaktiktheorie wäre sonst unvollständig, wenn sie sich allein auf die Strukturanalyse stützte, weil dann die andere Hälfte, die »Faktorenanalyse« fehlte (vgl. Jank/Meyer 1990, 216). Während die Strukturanalyse die Lehrkraft darüber informiert, *worüber* in der Unterrichtsvorbereitung überhaupt Entscheidungen zu fällen sind, werden mit der Faktorenanalyse, der die drei Dimensionen *Normenkritik, Faktenbeurteilung* und *Formenanalyse* zugrunde liegen, Einflüsse auf diese Entscheidungen identifiziert. Im Grunde ist es eine Bedingungsprüfung. Da schon in die Strukturanalyse zwei Bedingungsfelder hineinspielten, könnte man die Faktorenanalyse auch als eine zweite erweiterte Bedingungsprüfung verstehen.

Eine solche Reflexion soll erstens in Form der *Normenkritik* die normativen Einflüsse etwa durch die Lehrkraft selbst, die Lehrpläne und Kerncurricula, des gesellschaftlichen Umfelds der Schule etc. aufdecken. „Ihr Ziel ist die ‚permanente Ideologie-Kritik' von unterrichtsbezogenen Entscheidungen" (Heimann 1976b, 164). Zweitens werden mit der *Faktenbeurteilung* alle auf empirischer Forschung und wissenschaftlichem Wissen der Human- und Sozialwissenschaften beruhenden Fakten daraufhin überprüft, „ob und in welcher Weise sie Einfluss auf den Unterricht haben (können)" (ebd.). Drittens soll mit der *Formenanalyse* untersucht werden, welche traditionellen und neuen Unterrichtsmethoden für die Gestaltung des Unterrichts geeignet scheinen, was die Evaluation ihrer Wirksamkeit einschließt.
Zusammengefasst ist die Lehrtheoretische Didaktik hauptsächlich ein *Analyseinstrument zur Unterrichtsvorbereitung*. Die Struktur- und Faktorenanalyse ermöglichen eine sorgfältige und systematische Prüfung der elementaren, konstitutiven Elemente von Unterricht unter Berücksichtigung einflussreicher Vorbedingungen und Voraussetzungen und dienen der Vorbereitung didaktischer Entscheidungsprozesse, aber auch nicht mehr. Die Strukturanalyse macht lediglich Angaben darüber, über welche unterrichtsstrukturellen Momente überhaupt Entscheidungen zu treffen sind. Vergleichbar sagt die Faktorenanalyse aus, durch welche Bedingungen Einfluss auf die didaktischen Entscheidungen genommen werden kann, aber gleichfalls nicht, wie die Entscheidungen ausfallen sollen (vgl. Jank/Meyer 1990, 239). Somit verfehlt die Lehrtheoretische Didaktik ihr eigenes Ziel, als unterrichtsanalytisches Verfahren ebenfalls über das Instrumentarium zu verfügen, um die Unterrichtsplanung zu gewährleisten. Dieses Defizit führte auch dazu, das Didaktikmodell in der Praxis (meist) auf die Strukturanalyse zu begrenzen und hauptsächlich in der Lehrer(aus)bildung als leicht verständliches und einfach handhabbares Verfahren zur Unterrichtsbeobachtung, -nachbesprechung und -beurteilung einzusetzen (vgl. Jank/Meyer 1990, 247; vgl. Schulz 1965 und 1972; Heimann 1976b, 154, 162). Diese Kritik wiegt schwer, jedoch können Jank/Meyer auf die Protagonisten des Berliner Modells als Kronzeugen verweisen. Vor allem Schulz kritisierte nicht nur diesen Mangel, dass sich die Lehrtheoretische Didaktik zwar für die Unterrichtsanalyse als nützlich erwiesen habe, nicht aber annähernd vergleichbar für die Unterrichtsplanung, sondern setzte sich in den Weiterentwicklungen für Korrekturen ein (Schulz 1972, 165). Dies geschah zunächst (teilweise noch zusammen mit Heimann) innerhalb des Lehrtheoretischen Didaktikmodells, später in der Entwicklung eines eigenen Theorieentwurfs.

2.3.3 Der Zwischenschritt: Lehrtheoretisch-kritische Orientierungen

Die Kritik an dem Berliner Modell griff Schulz auf und arbeitete zunächst an dessen Weiterentwicklung, doch mit der Zeit ist daraus ein eigenständiger Didaktik-Entwurf entstanden, der als Hamburger Modell große Verbreitung fand. Aus der Zwischenphase sollen hier jene Neuerungen dargestellt werden, die den didaktischen Perspektivwechsel vorbereiteten und mit denen sich bereits die Annäherungen an die didaktischen Auffassungen der bildungstheoretischen bzw. kritisch-konstruktiven Didaktik von Klafki abzeichneten. Anhand von zehn Elementen kann die Entwicklung der »lehrtheoretisch-kritischen Zwischenphase« beschrieben werden, deren Grundorientierung als „gesellschaftskritisch" bezeichnet werden kann (Kron et al. 2014, 98). Das wird insbesondere dadurch sichtbar, dass Schulz auf den gesellschaftlichen Wandel zu jener Zeit (ähnlich wie Klafki et al. 1977) und der Forderung nach Emanzipation didaktisch reagierte, indem er die Überzeugung vertrat, „dass eine moderne Didaktik kritisch werden müsse" (Schulz 1976, 159ff, zit. nach Kron et al. 2014, 96), genauer gesagt: gesellschaftskritisch werden müsse. Mit dieser Positionierung bereitete Schulz nicht nur seine Loslösung vom Berliner Modell vor, sondern näherte sich in einer zentralen Aussage der kritischen-konstruktiven Didaktik von Klafki an. Ebenso wie dieser spricht er sich ausdrücklich für die Einbeziehung der Kritischen Theorie der Frankfurter Schule in die didaktische Theorie- und Modellentwicklung aus (vgl. Schulz 1976). Demzufolge sollte die Weiterentwicklung des Berliner Modells zu einem lehrtheoretisch-kritischen Ansatz in vierfacher Hinsicht »fundamentalkritisch« verankert werden:

> „(1) In der Einbeziehung gesellschaftspolitischer Entwicklungen in die Konzeptualisierung von Theorien und Modelle für die didaktische Analyse und Planung von Unterricht, (2) in der Rezeption der kritischen Gesellschaftstheorien, (3) in dem radikalen Ausgang von der Erziehungswirklichkeit und (4) in der Einbeziehung erfahrungswissenschaftlicher Forschungsmethoden und -ergebnisse" (Kron et al. 2014, 96).

Zweck der Forschungen und didaktischen Theorien soll zwar weiterhin die Analyse und Planung von Unterricht sein, aber das im Berliner Modell dominierende instrumentell-pragmatische Interesse soll in das emanzipatorische Interesse integriert werden. D.h. die Grundfigur des Unterrichts mit den sechs Strukturmomenten bleibt erhalten, wird aber auf den Emanzipationsanspruch fokussiert (vgl. ebd.). Schulz war nämlich ebenso wie Klafki bewusst, dass die Forderung nach Emanzipation dem Mündigkeitspostulat (Adorno 1971) entsprang, und da die Erziehung zur Mündigkeit in einer Demokratie selbstverständlich sein sollte (ebd., 133), kann Bildung nur darauf als oberste Aufgabe der Schule verpflichtet werden. Mit anderen Worten: „Die einzig vernünftige Norm, an der didaktische Konzeptionen und unterrichtspraktisches Handeln von Lehrerinnen und Lehrern und Schülerinnen und Schülern zu messen sind, ist die Verpflichtung zur Aufklärung und Mündigkeit" (Jank/Meyer 2011, 83; vgl. hierzu auch Blankertz 1982).

Der lehrtheoretisch-kritische Entwurf von Schulz, der die Übergangsphase vom Berliner Modell zum »Hamburger Modell« kennzeichnet, kann auch verstanden werden als Versuch, zwischen der Wahrnehmung des Individualrechts auf Bildung und den historisch gegebenen gesellschaftlichen Bedingungen in der Weise zu vermitteln, „dass bestehende Ungleichheiten der Bildungschancen soweit wie irgend möglich abgebaut werden" (Strukturplan für das Bildungswesen 1970, 30). Emanzipatorische Pädagogik berücksichtigt deshalb nicht nur die gesellschaftlichen Bedingungen, sondern will insbesondere zur Veränderung und Verbesserung dieser beitragen (Kron et al. 2014, 99). Vor diesem Hintergrund wird verständlich, warum Schulz vor allem seine didaktische Grundidee weiterentwickelte und künftige Didaktik als ein „theoriegeleitetes gesellschaftliches Handeln“ auffasste, was sich u.a. in der Absicht zeigt, Schülerinnen und Schülern an der Unterrichtsplanung und -durchführung beteiligen zu wollen (Wiater 2011, 75).

2.3.4 Das Hamburger Modell (nach Schulz)

Im Gegensatz zum Berliner Modell sollte das neue Modell auf das Planungshandeln zentriert werden, was allerdings unter Vorbehalt des emanzipatorischen Interesses erfolgt. Die dazu zentralen Begriffe sind: Autonomie, Kompetenz und Solidarität.

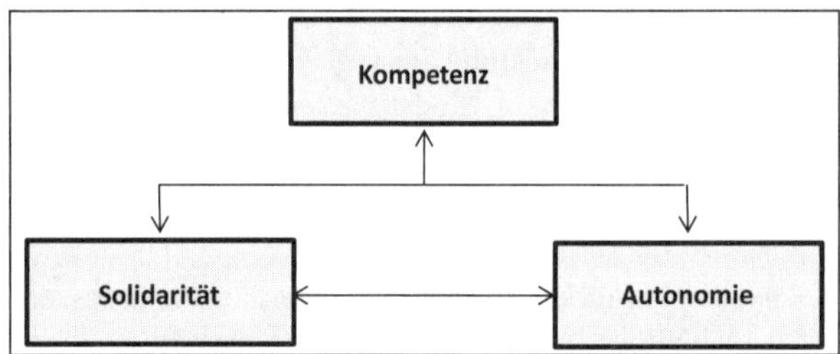

Abb. 9: Interpendenz der allgemeinen (Bildungs-)Ziele im Hamburger Modell

Auffällig ist die terminologische Analogie mit den drei bildungstheoretischen Zieldimensionen in Klafkis weiterentwickeltem Modell, der kritisch-konstruktiven Didaktik: Selbstbestimmungsfähigkeit, Mitbestimmungsfähigkeit und Solidaritätsfähigkeit (vgl. Klafki 1996, 97f), und ebenfalls wie bei Klafki besteht auch beim Schema von Schulz ein wechselseitiges Beziehungsgeflecht. Kompetenz(en) entfalten ihre Substanz, indem sie autonomes Handeln ermöglichen und fördern, oder indem sie Solidaritätsfähigkeit mit Wissen und Können verbinden. Für sich betrachtet kann Autonomie in die Irre führen, „weil die Autonomie des einzelnen immer an die Grenzen stößt, die die Autonomie der Mitmenschen setzt. Selbstbestimmung und Selbstverwirklichung dürfen nicht auf Kosten anderer gehen, sondern müssen zu sozialer Verantwortung realisiert werden, also in Solidarität“ (Schulz 1980, 58f, 1986, 33f, zit. nach Jank/Meyer 2011, 252).

Zur Berücksichtigung von Autonomie, Kompetenz und Solidarität als intentionale Grundorientierungen hat Schulz prinzipielle Überlegungen, sowohl inhaltlicher als auch organisatorisch-struktureller Art, vorgenommen. Weil schulisches Lernen nicht auf Einzelstunden zu begrenzen ist, sondern fachliche und überfachliche Lernprozesse in einem thematischen Zusammenhang stehen, der sich über längere Zeiträume erstrecken kann, hat Schulz (1980) ein »Stufenschema« vorgesehen. Damit lässt sich der zeitliche und inhaltliche Zusammenhang zwischen Kurzfrist- und Langfristplanung, die z.B. als Jahresplanung erfolgt, erfassen. Das ist deshalb vernünftig, weil Curricula als „bestimmender Faktor für die Organisationen sowohl schulischer als auch außerschulischer Lernprozesse" (Strukturplan für das Bildungswesen 1970, 58; vgl. Kron et al. 2014) sachlogisch als »Spiralcurricula« aufgebaut sind und sich diese Logik erst in dem größeren Kontext der Unterrichtsplanung von Einzelstunden, Unterrichtseinheiten, -reihen, Halb- und Jahresplänen erschließt. Dem Schema liegen vier Planungsebenen zugrunde, die zeitlich aufeinanderfolgen und nacheinander zu durchlaufen sind. Dabei verläuft die Planung „von abstrakt nach konkret und von grundsätzlich nach situationsspezifisch" (Gonschorek/ Schneider 2010, 170).

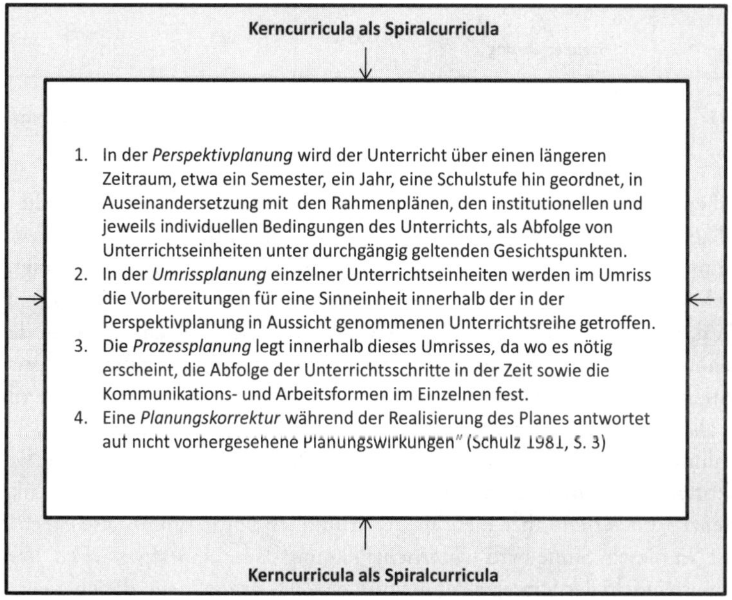

Abb. 10: Stufenschema curricularer Planung (in Anlehnung an Gonschorek/Schneider 2010, 170)

Auf der ersten Ebene, der Perspektivplanung werden die Lehrpläne und Kerncurricula interpretiert unter Beachtung der oft allgemein gehaltenen Rahmenbedingungen und unter Einbeziehung bzw. in Interaktion mit den Betroffenen, um einen Orientierungshorizont mit weitreichenden Leitzielen, sogenannten »Richtzielen«, abzustecken, der sich über mehrere Unterrichtseinheiten erstreckt. Für die dafür nötige Planungsarbeit steht den Lehrerinnen und Lehrern eine Matrix zur Verfügung, in der die zu erwerbenden Erfahrungen und zu vermittelnden Intentionen in einen Handlungszusammenhang gebracht werden.

Intentionen (Absichten) / Themen (Erfahrungsaspekte)		←→		
		I Kompetenz	II Autonomie	III Solidarität
↕	1 Sacherfahrung	I/1	II/1	III/1
	2 Gefühlserfahrung	I/2	II/2	III/2
	3 Sozialerfahrung	I/3	II/3	III/3

Abb. 11: Heuristische Planungsmatrix zur Bestimmung von Richtzielen auf der Ebene der Perspektivplanung (Schulz 1986, 34)

Die thematischen Inhalte entfalten sich in drei Erfahrungssituationen, die zwar aus Planungsgründen getrennt vorliegen, aber in der Erfahrungswirklichkeit stets zusammen vorkommen, selbst wenn mal die eine oder andere der Erfahrungsarten je nach spezifischen thematischen Zusammenhang dominieren sollte. Die Heuristik, d.h. die Suche bzw. das Aufsuchen von Richtzielen geschieht durch das In-Beziehung-Setzen von thematischen »Erfahrungsarten« mit den emanzipatorischen Intentionen von Kompetenz, Autonomie und Solidarität, und zwar in dem schrittweise alle neuen Felder inhaltlich gefüllt werden, so dass eine vollständige Richtzielsammlung entsteht. Damit liegt ein nützlicher Orientierungsrahmen für die weitere didaktische Planungsarbeit vor, der zwar einerseits die inhaltlichen Möglichkeiten eingrenzt, andererseits aber diese nicht verbindlich vorbestimmt, also Spielräume zulässt. In diesem Sinne wird Unterrichtsplanung dadurch perspektivisch, dass das Planungshandeln der Strategie der definierten Zielklärung dient, die über eine Reihe von Unterrichtseinheiten hinweg wegweisend ist. Am Ende der Perspektivplanung sollten nämlich als Ergebnis reflektierte und legitimierte Unterrichtseinheiten entstanden sein, die „zum unmittelbaren Ansatzpunkt der weiteren Planung, der ›Umrissplanung‹", werden (Peterßen 2000, 99). Die Umrissplanung wird als Kernstück des alltagspraktischen Planungshandelns gesehen und sie bezieht sich auf den zeitlichen Rahmen einer Unterrichtseinheit. Dabei sind verschiedene Implikationszusammenhänge zu berücksichtigen. Das in diesem Zusammenhang wichtigste Schema (vgl. Abb. 13) knüpft an die Strukturanalyse des Berliner Modells an und demzufolge werden, bis auf die neu aufgenommene »Erfolgskontrolle« vergleichbare, begrifflich leicht veränderte Strukturmomente genannt (vgl. Abb. 12), anhand derer didaktische Entscheidungen zu treffen sind. Ebenso wie schon im Berliner Modell umfasst das »Strukturschema planerischen Handelns« des Hamburger Modells (Abb. 13) sechs Strukturmomente, und zwar für vier Entscheidungsfelder und zwei Bedingungsfelder; zum einen die »institutionellen Bedingungen« und zum anderen »Produktions- und Herrschaftsverhältnisse«, die wechselseitig Einfluss aufeinander ausüben.

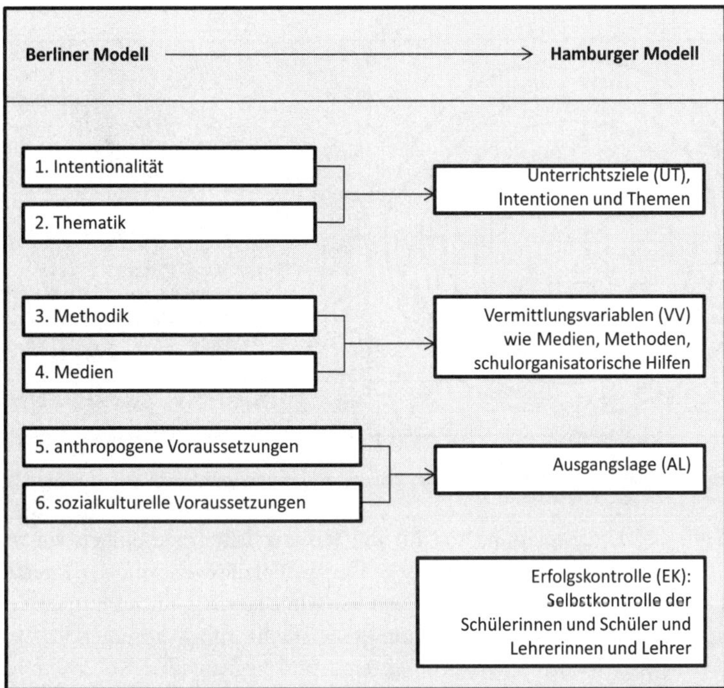

Abb. 12: Strukturmomente der Unterrichtsplanung im Vergleich (Heimann et al. 1965; Schulz 1981)

In den Entscheidungsfeldern sind zwei „Auffälligkeiten" bedeutsam, die sich auf veränderte pädagogische Einsichten beziehen, die bis heute die Unterrichtsentwicklung prägen und trotzdem noch lange nicht als durchgängig realisiert angesehen werden können. (1) Weil es für die Planung von Unterricht nicht allein darauf ankommt, genau die Ausgangslage der Lernenden zu kennen, sondern gleichfalls die der Lehrerinnen und Lehrer, wird diese gleichrangig ins Hamburger Modell aufgenommen. Dadurch wird der Blick selbst reflexiv auf die eigene Persönlichkeit als relevante Kontextbedingung der Unterrichtsplanung gelenkt, was dazu beiträgt, sowohl zwischen den Ausgangslagen von Lernenden und Lehrenden Zusammenhänge zu erkennen als auch Unterrichtsplanung freizuhalten von der verengten Sicht auf den Lernenden als Träger schulfördernder oder schulhinderlicher Eigenschaften. (2) Das neu aufgenommene Strukturmoment »Erfolgskontrolle« bezieht sich sowohl auf Lehrkräfte als auch auf Schülerinnen und Schüler, für die „thematisch einzuordnende Kontrollen vorzusehen" sind, mit deren Hilfe Lehr- und Lernvorgänge korrigiert werden können (Peterßen 2000, 101). Damit rückt der Gedanke der Hilfe und der Optimierung in den Vordergrund der diagnostischen Tätigkeit (vgl. Lissmann/Ingenkamp 2005, 13).

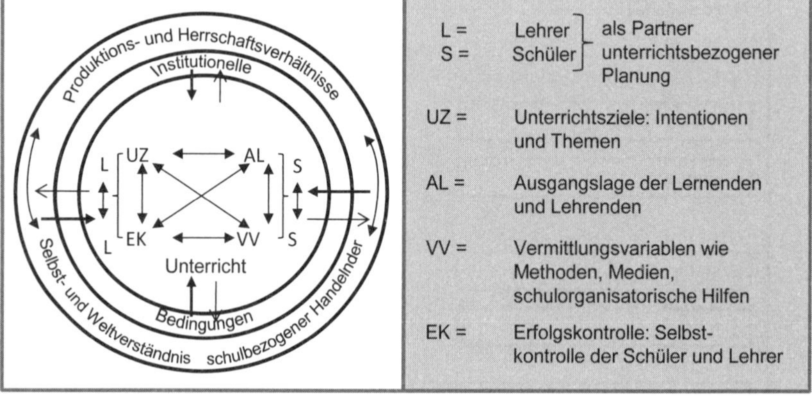

Abb. 13: Das Handlungsmodell didaktischer Planung im Hamburger Modell (Schulz 1981, 82)

Am Ende der Umrissplanung soll für die avisierte Unterrichtseinheit ein tragfähiges, inhaltliches und organisatorisches Gerüst, vorzugsweise aus der Interaktion von Lehrenden und Lernenden, entstanden sein, das zwar die relevanten Unterrichtsziele und thematischen Schwerpunkte sowie die infrage kommenden Verfahren (Methoden, Medien, Sozialformen etc.) und begleitenden Kontrollmöglichkeiten enthält, das aber ein Vorschlag ist, der noch verändert werden kann. Die sich anschließende Prozessplanung konkretisiert den Verlauf der unmittelbar bevorstehenden Unterrichtsstunde(n), indem die in der Umrissplanung eröffneten Möglichkeiten in den Plan transformiert werden, den die Beteiligten umsetzen wollen (vgl. Schulz 1981, 162). Dazu zählt auch, die Unterrichtziele unter Beachtung psychischer Dimensionen wie kognitiv, psychomotorisch und affektiv in Beziehung zu den Entfaltungsstufen wie Anbahnung, Differenzierung und Habitualisierung weiter auszudifferenzieren. Treten während des realisierten Unterrichts unerwartete Gesichtspunkte auf, so dass die entworfene Planung hinfällig wird und Änderungen erforderlich sein sollten, und zwar wiederum unter der Beteiligung der Schülerinnen und Schüler, verschmilzt die Prozessplanung mit der Planungskorrektur.

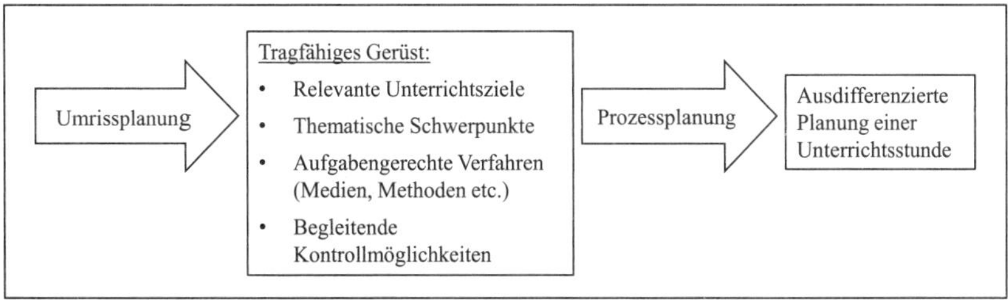

Abb. 14: Kleinarbeiten der Unterrichtsplanung

Zusammenfassend lässt sich sagen, dass das Hamburger Modell für die didaktische Diskussion und Theorieentwicklung einige wichtige Akzente gesetzt hat.

1) Im Hamburger Modell werden die Strukturmomente der Unterrichtsplanung in ihrer wechselseitigen Beziehung und in ihrer Abhängigkeit von personalen Ausgangslagen und dem gesellschaftlichen Bedingungsfeld erfasst und als Basis der Planungsaktivitäten beachtet.
2) Das Hamburger Modell trägt dem inneren, sachlogischen Aufbau von Lehrplänen und Kerncurricula Rechnung, indem es Ebenen der Unterrichtsplanung definiert, und so den zeitlichen und strukturellen Zusammenhang zwischen abstrakten Rahmenvorgaben und konkreten Unterrichtsprozessen und -arrangements bis hin zur simultan möglichen Korrektur herstellt.
3) Als Grundprämisse liegt dem Hamburger Modell das Ziel einer gesellschaftskritischen Didaktik zugrunde, in dessen Kontext das emanzipatorische (Bildungs-) Verständnis dieses Ansatzes verankert wird und in der zentralen Gewichtung der Erziehung zu Solidarität und Autonomie zum Ausdruck kommt.
4) Gemäß der emanzipatorischen Grundorientierung ist die Partizipation aller am Unterricht Beteiligten, also vor allem Lehrkräfte und Heranwachsende, an der Planung von Unterricht auf allen Ebenen konsequent. Zum selbstständigen, autonomen Lernen gehört zweifellos das Gewähren von Mitentscheidungskompetenz durch Schülerinnen und Schüler.
5) Das Hamburger Modell ist ein Instrument zur Analyse und Planung von Unterricht.

Die beiden Planungsmodelle von Klafki, die kritisch-konstruktive Didaktik, und von Schulz, das Hamburger Modell, nehmen in der Allgemeinen Didaktik breiten Raum ein. Mit Abstand handelt es sich um die nach wie vor prominentesten Ansätze in der allgemeindidaktischen Theoriediskussion. Während sich die Vorgängermodelle, die »bildungstheoretische Didaktik« einerseits und das Berliner Modell andererseits, noch relativ diskrepant gegenüberstanden, weisen die Nachfolgemodelle große inhaltliche Überschneidungen auf. Insbesondere trifft das auf die gemeinsame Berufung auf das Mündigkeitspostulat als Kernpunkt didaktischer Theoriebildung zu. Allerdings unterbleibt beim Hamburger Modell die Aufschlüsselung des Bildungsbegriffs genauso wie „die Frage nach der bildenden Wirkung von Inhalten" (Jank/Meyer 2011, 194). Arnold/Koch-Priewe (2010) vertreten sogar vor diesem Hintergrund die Auffassung, dass

> „die Zusammenfassung von Intentionen und Themen zu ›Unterrichtszielen‹ einen Rückschritt der theoretischen Differenzierung des Hamburger Modells darstellt (ebd., 409). Hingegen spielt die Frage nach Bildungsinhalt und Bildungsgehalt in der kritisch-konstruktiven Didaktik weiterhin eine wichtige Rolle. Das bedeutet, dass die Analysen der bildungstheoretischen (kritisch-konstruktiven – E.J.) Didaktik zum Wechselverhältnis von Inhalten und (Erkenntnis-)Methoden in ganz besonderer Weise, nicht nur zur Reflexion des thematischen Zuschnitts, sondern auch von geeigneten Aktivitäten der Lernerinnen und Lerner (beitragen). Die Konzentration auf die Bildungsinhalte ist insofern nur vermeintlich objektivlastig, als – im Gegenteil – die Auswahlprinzipien mit der Suche nach dem Bildungsgehalt der Subjektivität des jeweiligen Bildungsprozesses Rechnung tragen" (Arnold/Koch-Priewe 2010, 407).

2.3.5 Die Erweiterte Didaktische Analyse (EDA) als Integrationsmodell

Schulz und Klafki haben Mitte der 1970er Jahre die Differenzen zwischen ihren Modellen und den damit vertretenen didaktischen Positionen als gar nicht mehr so grundsätzlich beurteilt, was sie u.a. in einer gemeinsamen Publikation begründeten (Klafki et al. 1977). „In das Perspektivenschema bezog Klafki Medienentscheidungen (Zugänglichkeit, Darstellbarkeit) und Lernzielerreichung (Erweisbarkeit, Überprüfbarkeit) ein und berücksichtigte stärker methodische Entscheidungen" (ebd., 410). Schulz wandte sich gesellschaftskritischen Positionen zu und orientierte sein Didaktikverständnis an dem Erkenntnisinteresse einer emanzipatorischen Pädagogik. Außerdem gewannen Mitbestimmungs- und Partizipationselemente so sehr an Bedeutung, dass im heutigen Sinne von »Demokratiekompetenz« als zentrale Dimensionen in beiden Konzepten gesprochen werden kann. Aufgrund solcher und noch weiterer Analogien erscheint eine „komplementäre Verknüpfung beider Planungsmodelle" durchaus möglich, wie Arnold/Koch-Priewe (2010) meinen, und die deshalb explizit dazu eine weitere »didaktische Analyse« vorgeschlagen haben, die auf neuen Komponenten basiert.

„(1) Analyse der Schüler-, Schul- und Lehrpersonvoraussetzungen,
(2) Positionierung der Planungseinheit in den Planungshorizonten,
(3) Intentionen (allgemeinbildende Ziele, Orientierung an Schlüsselproblemen; inhaltsbezogene Richtziele,
(4) Inhaltliche und thematische Analyse (Gegenwarts- und Zukunftsbedeutung, exemplarische Bedeutung, thematische Struktur),
(5) Grob- und Feinziele sowie Verfahren zur Zielerreichungsfeststellung,
(6) Methodische Analyse,
(7) Medienwahl,
(8) Binnendifferenzierung,
(9) Sequenzierung des Unterrichtsverlaufs" (Arnold/Koch-Priewe 2010, 410).

Damit wird ein deskriptives Netz von Inhalts- und Strukturmomenten vorgelegt, die weniger komplementär als vielmehr additiv erscheinen, sodass überhaupt erst Aussagen dazu getroffen werden müssten, in welchem Implikationszusammenhang die jeweiligen Planungs- und Entscheidungsbereiche überhaupt zu sehen sind. Wesentlich stärker allerdings dürfte der Umstand ins Gewicht fallen, dass in die »Erweiterte Didaktische Analyse« zwei neue Strukturmomente aufgenommen werden, die so weder im Perspektivenschema der kritisch-konstruktiven Didaktik noch im Handlungsmodell didaktischer Planung im Hamburger Modell in Erscheinung treten. Dabei handelt es sich zum einen um die über die Richtziellinie hinausgehende weitere Lernzieldifferenzierung in Grob- und Feinziele. Zum anderen um die Orientierung der Unterrichtsplanung und -durchführung am generellen pädagogisch-didaktischen Prinzip der »Inneren Differenzierung des Unterrichts«.

Im ersten Fall geht es um die Frage, wie die Bildungsinhalte von der Richtzielebene auf die weiteren Ebenen heruntergebrochen werden sollen. Damit wird die grundsätzliche Problematik der Operationalisierung von Lernzielen berührt, die im Zusammenhang des Planungshandelns deshalb explizit der Klärung bedarf, weil unter »Operationalisierung« recht Unterschiedliches verstanden werden kann. Hilfreich sind die Klärungen, die Jank/Meyer (1990) dazu vorgelegt haben, und die hier herangezogen werden sollen, weil sie die Forderung nach Aufnahme von gradierten Lernzielen in die Erweiterte Didaktische Analyse mit den theoretischen Positionen der beiden didaktischen Ansätze in Einklang bringen können. Das ist deshalb hervorhebenswert, weil nämlich Schulz (1981) sich eigentlich gegen die „Operationalisierung" von Lernzielen ausgesprochen hat (ebd., 90f). Die These, „Unterricht *ohne* Ziele ist überhaupt nicht denkbar" (Jank/Meyer 1990, 324), ist zwar banal, aber trotzdem nicht obsolet. Es kommt nämlich darauf an, welche Ziele mit welcher Intention und welchen Interessen bzw. in wessen Interesse in der Schule verfolgt werden sollen (vgl. ebd.). Es ist deshalb nicht unerheblich, wenn zwischen Lehr- und Lernzielen unterschieden wird, weil das Lehren von anderen Interessen geleitet bzw. begleitet wird als Lernen. Außerdem wird ein Lehrziel nicht direkt, sozusagen eins zu eins, in ein Lernziel transformiert. Vielmehr ist das Lehren ein Angebot zu lernen (vgl. Helmke 2010, 71f). So verstanden sind Richt-, Grob- und Feinziele zuallererst Lehrziele, die Lernen, d.h. Schülerhandeln bewirken sollen. Ein Lernziel ist demnach die „sprachlich artikulierte *Vorstellung* über die durch Unterricht zu bewirkende gewünschte Verhaltensdisposition eines Lernenden" (Jank/Meyer 1990, 334), wohl wissend, dass allein die Schülerin oder der Schüler die Initiatoren und Produzenten ihres Lernens sind. Wenn dann trotzdem in einschlägiger Literatur nicht zwischen Lehr- und Lernzielen differenziert wird – Klafki (1996, 275) sich sogar vehement gegen diese Unterscheidung ausgesprochen hat –, dann sollte zumindest stets bewusst sein, dass mit einem Lehrziel präskriptiv ausgedrückt wird, was final angestrebt wird, das aber nicht automatisch mit dem gleichzusetzen ist, was letztlich beim Unterricht herauskommt und sich der Lernende aneignet.

Da die Richtziele, die im Hamburger Modell auf der Ebene der Perspektivplanung angesiedelt sind, auf einem hohen Abstraktionsniveau formuliert werden und deshalb große Interpretationsspielräume zulassen, bedarf es für die weitere Unterrichtsplanung (bspw. auf der Umrissplanungsebene) abgegrenzterer und exakterer Zielkonturen. Damit findet »Operationalisierung« im weiten Sinn statt, worunter der „Prozess des Kleinarbeitens einer unklaren abstrakten Zielformulierung hin zu einer möglichst eindeutigen Formulierung" verstanden wird (Jank/Meyer 1990, 334) und der mit der Definition von Feinzielen abgeschlossen wird. In der Planungslogik des Hamburger Modells würden diese der Prozessplanungsebene zugeordnet.

Obschon es sich beim weiten Begriffsverständnis des Operationalisierens lediglich um Konkretisierungsentscheidungen handelt, sollte die Aufnahme der beiden Konkretisierungsstufen Grobziele und Feinziele in das Konzept der Erweiterten Didaktischen Analyse (EDA) kompatibel mit den theoretischen Grundzügen beider Planungsmodelle sein. Die Lernzieldifferenzierung in Richt-, Grob- und Feinziele erweitert somit sinnvoll die Planung im Kontext der intentionalen Strukturierung der Thematik. Doch zu bedenken ist, dass „Ziel-, Inhalts- und Methodenentscheidungen in Wechselwirkung zueinander stehen" und deshalb „die Analyse und Planung von Unterricht auf allen (drei – E.J.) Abstraktionsebenen sowohl Ziel- als auch Inhalts- und Methodenüberlegungen einschließen" (Jank/Meyer 1990, 94).

Klafki (1996) hat noch eine andere Erklärung dafür geliefert, warum sich die „Operationalisierung von Lernzielen" als zweckmäßig erweisen kann (vgl. ebd., 271). Feinziele besitzen den höchsten Präzisionsgrad und ermöglichen deshalb eine genaue Festlegung der gewünschten Verhaltensdisposition bzw. Kompetenz (vgl. Jank/Meyer 1990, 335). Die beiden Planungsmodellen zugrunde liegende Zielvorgabe, durch Unterricht den Heranwachsenden zur Mündigkeit zu verhelfen, impliziert den autonomen Lerner. Doch Selbststeuerung und Selbstständigkeit sind wiederum nicht von der Mit- und Selbstbeurteilung von Lern- und Leistungsprozessen zu trennen (Sacher 2009, 231). Das bedeutet, Schülerinnen und Schüler sollen zunehmend mehr in die Lage versetzt werden, Prozesse der kontinuierlichen Rückmeldung über die eigene Lern- und Leistungsentwicklung selbst in die Hand zu nehmen. Das setzt allerdings voraus, dass sie über begründete Beurteilungshilfen verfügen (vgl. Sacher 2009, 235) und „dass die Schülerinnen und Schüler am Prozess der Bestimmung von Kriterien für erfolgreiche Lernprozesse schrittweise anspruchsvoller beteiligt werden" (Klafki 1996, 281). Und so schließt sich der Kreis, weil das wiederum hinreichend definierte Lernziele erfordert, was Kern der Operationalisierung ist.

Weil das »Recht auf Bildung« und Erziehung zur Mündigkeit durch schulischen Unterricht gesichert werden soll, hat das Konsequenzen für die Unterrichtsgestaltung und somit die Planung von Lernarrangements. Oder mit anderen Worten:

> „Wenn Unterricht jede einzelne Schülerin und jeden einzelnen Schüler optimal fördern will, wenn er jedem zu einem möglichst hohen Grad von Selbsttätigkeit und Selbstständigkeit verhelfen und Schülerinnen und Schüler zu sozialer Kontakt- und Kooperationsfähigkeit befähigen will, dann muss er im Sinne Innerer Differenzierung durchdacht werden" (Klafki 1996, 181).

Das der Erweiterten Didaktischen Analyse hinzugefügte Strukturmoment »Binnendifferenzierung« legitimiert sich aus den in beiden Modellen konkretisierten bildungstheoretischen Grundfähigkeiten, die bei Klafki Selbstbestimmung, Mitbestimmung und Solidarität und bei Schulz Autonomie, Kompetenz und Solidarität lauten. Klafki (1996) hatte sich allerdings schon zuvor in seinen Studien zur kritisch-konstruktiven Didaktik ausführlich der Inneren Differenzierung gewidmet und dargelegt, welche Beziehung zwischen allgemeinen Bildungszielen – wie der Mit- und Selbstbestimmung – und speziellen fachlichen und überfachlichen Lerninhalten und -zielen im Hinblick auf die Grundformen der Binnendifferenzierung besteht (ebd., 182ff). In diesem Zusammenhang ist er auch immer wieder auf die Wechselwirkungen zwischen Binnendifferenzierung und selbstständigem Lernen einerseits und sozialem Lernen andererseits zu sprechen gekommen (vgl. ebd., 181). Hauptsächlich sind es zusammenfassend zwei Thesen, die die Argumentation, warum Binnendifferenzierung ein Strukturmoment jeder Unterrichtsanalyse und -planung sein sollte, bestimmen:

1) Jeder Klassenverband ist eine heterogene Lerngruppe. Selbst die im gegliederten Schulsystem vorselektierten Hauptschul-, Realschul- und Gymnasialklassen sind keine homogenen Lerngruppen (vgl. Klafki 1996, 176).
2) Das Recht auf Bildung macht es bei gegebener Heterogenität unumgänglich, Binnendifferenzierung als didaktisches Grundprinzip zu installieren, „um die Lernmöglichkeiten und den Lernertrag für alle Schülerinnen und Schüler zu verbessern, (...); Sie ist (...) um der optimalen Förderung jedes einzelnen willens notwendig" (Klafki 1996, 203).

Im Grunde handelt es sich somit bei dem Strukturmoment »Binnendifferenzierung« gar nicht um ein neues Element, sondern lediglich um die zusätzliche Akzentuierung eines schon vorher erörterten „kritisch-konstruktiven", unterrichtstheoretischen Implikationszusammenhangs.

Der Versuch, die beiden „neuen" Elemente der Erweiterten Didaktischen Analyse in ein erweitertes und verändertes Perspektivenschema zur Unterrichtsanalyse und -planung einzubauen, könnte zu folgendem Schema führen:

Planung der Erweiterten Didaktischen Analyse (Interpretation von kritisch-konstruktiver Didaktik und Hamburger Modell).

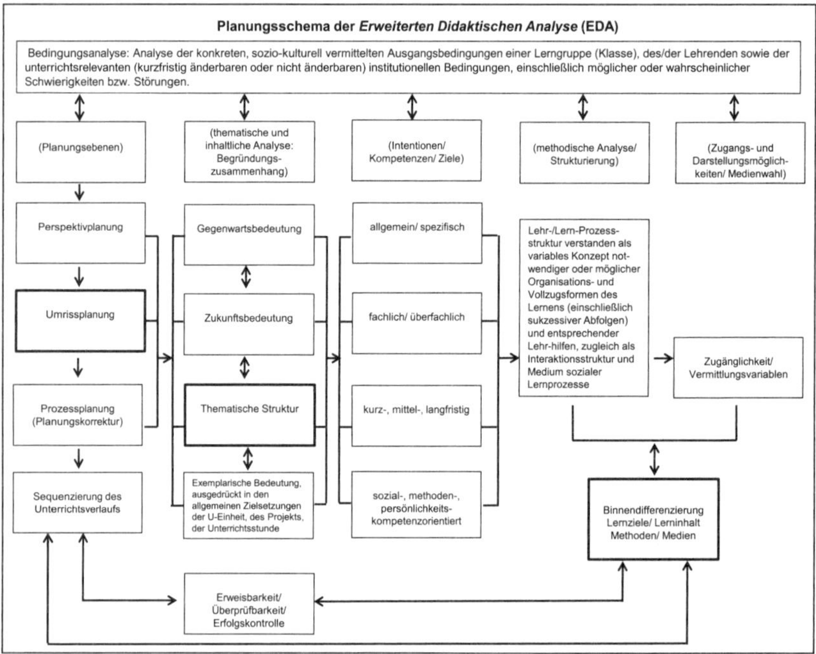

Abb. 15: Planungsschema der Erweiterten Didaktischen Analyse (EDA) (Integration von kritisch-konstruktiver Didaktik und Hamburger Modell)

Die kritisch-konstruktive Didaktik hat fraglos ihre Stärke in der zentralen Auseinandersetzung mit der Frage nach dem Verhältnis von Bildungsinhalten, wie sie u.a. als gesellschaftliche Erwartungen in den amtlichen Lehrplänen und (schulischen) Kerncurricula artikuliert vorliegen, und dem ihnen zu entnehmenden Bildungsgehalt im Hinblick auf die allgemeinen Bildungsziele von Selbstbestimmungs-, Mitbestimmungs- und Solidaritätsfähigkeit. Wenn auch nicht explizit so ausformuliert ist im Grunde das Hamburger Modell ebenfalls eine »bildungstheoretische« Didaktik (geworden). Schließlich steht Schulz ebenso wie Klafki in der „Tradition der Philosophie der Aufklärung" (Jank/Meyer 1990, 252), „Erziehung zur Mündigkeit" als individuelle und gesellschaftliche Verwirklichung des Aufklärungsgedankens, infolgedessen er zu seinen obersten allgemeinen Bildungszielen die Gewinnung von Autonomie, Kompetenz und Solidarität macht. Im Planungsschema der Erweiterten Didaktischen Analyse wird somit von bildungstheoretisch-normativen Begründungen ausgegangen, die als gesetzt gelten und keines weiteren Beweises bedürfen (vgl. Straka/Macke 2005, 221). Für die projektierten Lehr-Lernarrangements werden damit wichtige Weichenstellungen vorgenommen, weil alle zu inszenierenden Lehr-/Lernprozesse auf ihre Bedeutsamkeit für die leitenden Bildungsziele zu überprüfen sind. Vor diesem Hintergrund fungiert die Unterrichtsplanung als Analyse- und Entscheidungshandeln über die Auswahl von Lehr-/Lerninhalten.

> „Didaktisches Denken vollzieht sich (...) und wird zu Didaktik, wenn Erziehung durch Unterricht ergänzt wird. Allgemeine Didaktik als Wissenschaft untersucht dieses Denken systematisch und kritisiert es. Oft wird als didaktische Frage nur angesehen, *wie* etwas ‚beigebracht' werden kann. Aber die Allgemeine Didaktik fragt zuvor, *was* gelehrt werden soll. Beide Fragen ins Verhältnis miteinander zu setzen, ist eines der klassischen Probleme der Didaktik" (Diederich 1988, 7).

Doch die Frage nach dem »Was« wird in der Erweiterten Didaktischen Analyse auf besondere Weise mit der Methodik in Verbindung gebracht, und zwar über die begründete »exemplarische« Entscheidung zur Auswahl von Lehrplan- bzw. curricularen Inhalten.

> „Die Frage danach, was gelernt werden soll, ist nur ein Aspekt der Frage nach dem ‚Was'. Ein weiterer Aspekt (...) ist die Frage nach Kriterien, mit deren Hilfe begründet werden kann, warum das eine gelernt werden soll und das andere nicht (Problem der Auswahl von der Entscheidung zwischen Lehr-, Lern- und Bildungszielen)" (Straka/Macke 2005, 219).

Die pädagogische Verantwortung der Lehrkräfte liegt entsprechend der Erweiterten Didaktischen Analyse darin, die Lehrpläne und Curricula „kritisch im Sinne eines emanzipatorischen Begriffs" zu würdigen und spezifisch für die zu unterrichtenden Schülerinnen und Schüler zu konkretisieren und zu adaptieren (Arnold 2009b, 17), und zwar indem methodische Entscheidungen mit dem didaktischen Prinzip des exemplarischen Lernens verbunden werden.

> „Die Aufgabe der Unterrichtsmethode besteht darin, die immanent methodische Struktur des jeweiligen unterrichtlichen Themas an elementarisierten Beispielen zugänglich zu machen. Zugleich wird durch diese Methodenentscheidung ein zentrales Lehrplanproblem auf der Ebene des Unterrichts (...) lösbar gemacht: die Stofffülle der Bildungsinhalte kann vom exemplarisch unterrichtenden Lehrer reduziert werden",

ohne dass der Bildungsgehalt verloren geht, sondern in seiner Wertigkeit vollkommen erhalten bleibt (ebd.). Mit diesem Zugriff gelingt es, dem Implikationszusammenhang von Intentionen bzw. Zielen, Inhalten und Methoden Rechnung zu tragen (vgl. Jank/Meyer 2011, 56), ohne die Lehrkraft in ihrer „spezifisch pädagogischen Autonomie" (Arnold 2009b, 17) zu beschneiden. In ihrer Verantwortung liegt es darüber zu befinden, welche Bildungsgehalte aus den vorbestimmten Bildungsinhalten der Lehrpläne und Curricula gewonnen werden können bzw. sollen und wie bedeutsam diese sind für die schulische Allgemeinbildung auf dem Hintergrund von Selbstbestimmung, Mitbestimmung und Solidarität. Das darin durchscheinende „Primat der Zielentscheidungen" ist durchaus mit dem Hamburger Modell kompatibel, weil Schulz der Bestimmung von Richtzielen im Planungsprozess Priorität eingeräumt hat (Primat der Perspektivplanung). Mit der Übernahme der Planungsebenen aus dem Hamburger Modell in das Schema der Erweiterten Didaktischen Analyse werden Planungsentscheidungen für einen größeren zeitlichen Umfang getroffen als es das Perspektivenschema der kritisch-konstruktiven Didaktik bisher vorsah. Aber vor dem Hintergrund, dass sich schulisches Lernen über die Zeit ordnet, vernetzt und vervollständigt (Prinzip der Kumulativität), ist es durchaus didaktisch sinnvoll, nicht erst auf der Ebene der einzelnen Unterrichtseinheit (Umrissplanung) mit Planungsüberlegungen zu starten, sondern weit davor. Um die Kompetenzentwicklung über mehrere aufeinander aufbauende Unterrichtseinheiten überblicken zu können, bedarf es langfristiger Planungen, die sich über Halb- und Jahreszeiträume – mitunter noch länger – „im Sinne eines spiralförmigen Aufbaus des schulischen Curriculums" (Klafki 1996, 151) – erstrecken können. Trotz allem stimmen aber sowohl Klafki als auch Schulz darin überein, dass die einzelne Unterrichtseinheit das Zentralstück der Planung darstellt. Als Grundeinheit der didaktisch begründeten Unterrichtsplanung muss „die thematisch bestimmte Unterrichtseinheit oder das Unterrichtsprojekt" betrachtet werden, so der Standpunkt von Klafki (1996), weil erst „in diesem Rahmen der didaktische Ort einzelner Unterrichtsstunden oder Doppelstunden bestimmt werden (kann)" (ebd., 267-268). Mit der Aufnahme der Ebene der Planung in die Erweitere Didaktische Analyse werden prinzipielle Fragen zur Reichweite und Hierarchisierung der Lernziele aufgeworfen, die unmittelbar mit der Behandlung einer Unterrichtsthematik in Verbindung stehen. Richtziele – auf der Ebene der Perspektivplanung angesiedelt – dienen beispielsweise der vorläufigen Auswahl allgemeiner Orientierungspunkte, an denen sich durchgängig geltende inhaltliche Bezüge einer bestimmten Thematik zeigen. Daher tritt zwar zunächst die Auseinandersetzung mit der Thematik in den Vordergrund der Analyse und Planung, aber mit der Transformation der Richtziele im ersten Schritt in differenziertere und speziellere Grobziele und in noch differenziertere und noch speziellerer Feinziele im zweiten Schritt wird innerhalb des »Implementationszusammenhangs« die Brücke zu weiteren Handlungsmomenten didaktischen Planens geschlagen, u.a. den Methoden und Medien, den sogenannten Vermittlungsvariablen. Dadurch gewinnen methodenrelevante Planungsentscheidungen in ihrer Beziehung zu den Zielen und Inhalten des Unterrichts stärker an Bedeutung, so dass es auch in diesem Punkt zwischen dem Hamburger Modell und der kritisch-konstruktiven Didaktik zu einer strukturellen und konzeptionellen Annäherung kommt.

> Mit Begriffen wie »Autonomie« oder »Selbst- und Mitbestimmung« als oberste bildungstheoretische Leitziele werden Anforderungen an die Analyse und Planung von Unterricht gestellt, die auch das Verhältnis von Lehren und Lernen unmittelbar berühren. Sowohl Planungsprozesse als auch die konkrete Unterrichtspraxis müssen deshalb dafür genutzt werden, geeignete Partizipationsmöglichkeiten für die Schülerinnen und Schüler zu eröffnen, weil ansonsten der eigene Anspruch, die bildungstheoretische Grundidee einer Erziehung zur Selbstständigkeit zu implementieren, gar nicht erfüllt werden kann.

Dementsprechend finden sich sowohl im Hamburger Modell als auch in der kritisch-konstruktiven Didaktik grundsätzliche Aussagen dazu, unter welchen Bedingungen und welchen Implikationen die Verortung von Mit- und Selbstbestimmung im Sinne eines didaktischen Prinzips sinnvoll sein kann (vgl. zum Begriff des didaktischen Prinzips Jank/Meyer 2011, 306f). Für Schulz stellt sich die Beantwortung dieser Frage übrigens recht einfach dar, weil er von einer allumfassenden Einlösung gegenseitiger Teilhabe an den Analyse-, Planungs- und Durchführungsprozessen von Unterricht ausgeht. D.h. nicht nur Schülerinnen und Schüler und Lehrerinnen und Lehrer sollen gemeinsam auf allen Planungsebenen zusammenarbeiten, sondern an dem „demokratischen Diskurs" der Unterrichtsvorbereitung sollen auch die Eltern beteiligt werden. Das Hamburger Modell widersetzt sich somit einer „einseitigen Lehrerzentriertheit" und entwickelt die konkrete Utopie eines von Grund auf „schülerorientierten Unterrichts" (Jank/Meyer 2011, 252). Vor allem die Partizipation der Schülerinnen und Schüler an der Unterrichtsplanung wird zum entscheidenden Charakteristikum für die Entwicklung einer demokratischen Unterrichtskultur angesehen.

> „Der Grad, in dem es den Lehrerinnen und Lehrern als professionell didaktisch Handelnden gelingt, die Planung einer Unterrichtseinheit zum Bestandteil unterrichtsbezogener Interaktion zu machen, wird für mich immer mehr zum Indikator für die *emanzipatorische Relevanz* des Unterrichts; für die Ablösung der Arbeitsteilung zwischen Anordnen und Ausführen" (Schulz 1981, 64f).

Wenn auch Klafki in seiner Forderung nach Beteiligung der Schülerinnen und Schüler nicht so weit geht, die Zusammenarbeit zwischen ihnen und den Lehrkräften auf sämtliche Planungs- und Handlungsfelder der Unterrichts auszudehnen, stimmt er doch insofern mit der „Demokratisierungs- und Partizipationsthese" von Schulz überein, als auch er es als Aufgabe seines didaktischen Modells betrachtet, eine »schülerorientierte Schul- und Unterrichtskultur« zu entwickeln.

> „Im Lehr-Lern-Prozess muss das Selbst- und Mitbestimmungsprinzip in einer Folge wachsender Schwierigkeitsgrade, wachsenden Anspruchs verwirklicht werden: in der Form der *Mitplanung des Unterrichts bzw. einzelner Unterrichtsphasen seitens der Schülerinnen und Schüler, durch Unterrichtskritik* zusammen mit den Schülerinnen und Schülern, durch ‚*Unterricht über Unterricht*'; das sind Elemente dessen, was heute unter den Stichworten ‚*offener*' bzw. ‚*schülerorientierter Unterricht*' erfreulich lebhaft diskutiert wird" (Klafki 1996, 257).

Soll Unterricht Hilfe zum Aufbau und zur Anwendung von Mit- und Selbstbestimmungsfähigkeit sein, dann kann es gar nicht ausbleiben, mit Schülerinnen und Schülern in der Planung und Realisierung von Bildungsprozessen in der Weise zusammenzuarbeiten, dass ihnen echte Mit- und Selbstbestimmungsaktivitäten ermöglicht werden, d.h. Schülerinnen und Schüler als Subjekte ihres eigenen Lernens wahrgenommen (vgl. Standop 2008, 18f) und ihnen systematisch Planungs- und

Handlungsspielräume zugestanden werden, in denen sie Verantwortung für den Erfolg schulischen Lernens und Arbeitens übernehmen bzw. daran beteiligt werden können. Darin stimmen Klafki und Schulz überein. Autonomie sensu Selbstbestimmungsfähigkeit erlangt der Heranwachsende nämlich nicht nur durch seine Einbindung in unterrichtliche Planungsvorgänge, sondern ebenso, wenn nicht sogar sehr viel mehr, in schulischen Bildungskontexten, d.h. „in Aneignungs- und Auseinandersetzungsprozessen“ mit Bildungsinhalten im Rahmen schulischer Allgemeinbildung (vgl. Klafki 1996, 21).
Weil es sich bei der Erweiterten Didaktischen Analyse um ein Instrument handelt, mit dem Unterricht analysiert und geplant werden soll, der Bildungsprozesse zur Hervorbringung von Selbst-, Mit- und Solidaritätskompetenz beinhaltet, kann es nicht erwartet werden, dass diese allgemeinen Zieldimensionen gemeinsam als ein einziges Strukturmoment in diesem Planungsschema auftreten. Allerdings finden sie auf „Umwegen“ doch noch Eingang in die Erweiterte Didaktische Analyse, so dass sie indirekt im Implikationszusammenhang der verschiedenen Strukturmomente wirksam werden, und zwar über das Merkmal »Binnendifferenzierung«. Die Befähigung zur Selbst- und Mitbestimmung wird nämlich durch die Durchführung von Binnendifferenzierung gefördert, weil die Bewältigung heterogener Lernarrangements von den Schülerinnen und Schülern „einen hohen Grad von Selbsttätigkeit und Selbstständigkeit“ abverlangen (vgl. Klafki 1996, 181).
Mit der Erweiterten Didaktischen Analyse gelingt also eine substantielle Weiterentwicklung der beiden Vorgängermodelle zu einem „integrativen allgemeindidaktischen Planungsmodell“ (vgl. Arnold et al. 2007). Bemerkenswert an diesem Analyse- und Planungsschema sind:

- der bildungstheoretische Grundlagenbezug
- die Hervorhebung des Mündigkeitspostulats und der Stellenwert emanzipativer, demokratischer Erziehung
- die Schülerorientierung und die konstruktive Einbeziehung der Lernerperspektive
- die Betonung und Erschließung der Binnendifferenzierung als zentrales Element der Unterrichtsgestaltung

Außerdem ist es ein Stufenmodell. Für die Planungsarbeit ergeben sich daraus bestimmte Aufgaben, wie sie u.a. von Peterßen (2000) im Überblick zusammengestellt wurden. Als besonders aufschlussreich im Zusammenhang mit der Erweiterten Didaktischen Analyse ist wieder die Beachtung der »Lernerperspektive«.

> „Wenn auch auf jeder Planungsstufe besondere Aufgaben zur Lösung anstehen, so durchziehen den gesamten Planungsprozess doch gleichbleibende Aufgabenstellungen:
> – Eine ist darin zu sehen, dass der Lehrer die Planung zunehmend konkreter zu gestalten hat. Er muss seine planerischen Entscheidungen und vorbereitenden Maßnahmen zusehends präziser auf den zur Verwirklichung anstehenden Unterricht beziehen und

ausrichten. Seine Entscheidungen darüber, wie der Unterricht gestaltet werden soll, müssen von Stufe zu Stufe eindeutiger werden, bis am Ende unzweifelhaft ist, wie der Unterricht nach der Auffassung des Lehrers in allen Dimensionen aussehen soll. (…)

– Eine weitere Aufgabe besteht darin, bei der Konkretisierung die Kontinuität des Planungsprozesses sicherzustellen. Bei Übergang von einer Planungsstufe zur anderen muss die zentrale Aussage mit- und weitergetragen werden. Auf neuen Planungsstufen stehen zwar neuartige Entscheidungen an, aber diese sind immer auf die auf den vorgeordneten Planungsstufen getroffenen Entscheidungen und deren Implikationen zu beziehen. (…)
– Als letzte Aufgabenstellung sei hier die pädagogische Angemessenheit der gesamten Planung aufgeführt. Seine Aufgabe (die des Lehrers – E.J.) ist die pädagogische Vertretung der Interessen und Bedürfnisse von Schülern. Er hat sie auf jeder Stufe mit seinem ganzen Gewicht zu vertreten und darf den Planungsprozess nicht nur als Reihung technischer Akte sehen“ (Peterßen 2000, 205, 207).

Gerade die zuletzt genannte Aufgabe dürfte sich im Hinblick auf die »Binnendifferenzierung« als besonders herausfordernd darstellen. Geht es doch darum, Fragen der Differenzierung und Individualisierung über alle Planungsstufen hinweg zu behandeln und für bestimmte Arbeitsgruppen bzw. Einzelschülerinnen und -schüler Ziele, Inhalte und Methoden zu entwickeln bzw. anzubieten, und zwar unter der mehr oder weniger intensiven Beteiligung der Schülerinnen und Schüler. Innere Differenzierung ist nämlich nicht etwas, das sich allein aus selbstständigkeitstheoretischen Begründungen ergibt, sondern eine Reihe verschiedener Funktionen erfüllen soll, die sich vor allem auf das »Recht auf Bildung« und die aktuellen lerntheoretischen Befunde beziehen. Dementsprechend soll Binnendifferenzierung

„• *das Lernen effektiver* machen, indem es stärker auf die individuellen Lernvoraussetzungen und Interessen der Schülerinnen und Schüler zugeschnitten wird;
• den Unterricht *inhaltlich reicher* machen, indem nicht nur die eine, im Plenum erarbeitete Sichtweise, sondern vielfältige Perspektiven auf ein und dasselbe Thema erarbeitet werden;
• den Schülerinnen und Schülern durch die individuelle Schwerpunktbildung eine *fachliche Spezialisierung* in verschiedenen Leistungsgebieten ermöglichen;
• durch die Gruppen- und Tandembildung das *soziale Lernen* und die *Teamarbeit* fördern
• und ganz allgemein den *Umgang mit Heterogenität* pädagogisch gestalten“ (Jank/Meyer 2011, 79).

Planungstheoretisch führt die Umsetzung dieser Funktionen dazu, den Implikationszusammenhang der drei Strukturmomente »Ausgangslage der Lernenden«, »Unterrichtsziele: Intentionen und Themen und Vermittlungsvariablen« sowie »Methoden, Medien und unterrichtsorganisatorische Hilfen« in den Blick zu nehmen. Dass individuelle Förderung ohne Differenzierung bis hin zur »Individualisierung« des Unterrichts gar nicht realisiert werden kann, ist unumgänglich. Diese Tatsache impliziert aber ebenso selbstverständlich, dass die „Förderhaltung“ der Lehrkraft die Schülerorientierung unabdingbar voraussetzt, d.h. die Planung von

Unterricht aus Lernerperspektive zu erfolgen hat. Bessoth (1990) bemängelt, dass das nicht immer so ist. „Die Planung der Lehreraktivität im Unterricht ist dominant“, meint er sogar erkannt zu haben,

> „das eigentlich zentrale Element von Schule und Unterricht, nämlich Lernen, erscheint dagegen beinahe als nebensächlich. Das Lernen wird in der Regel weder präzise geplant, das setzt sehr hohe Kompetenzen für die Lernzielarbeit voraus, noch sorgfältig kontrolliert. Ohne Zielklarheit kann man auch keine präzise Lernevaluation durchführen“ (Bessoth 1990, 29).

Wenn auch von unserer Seite erhebliche Bedenken bestehen, dass das eine zutreffende Beschreibung gegenwärtiger didaktischer Analyse- und Planungskompetenz von Lehrerinnen und Lehrern ist, macht trotz allem diese Aussage noch einmal darauf aufmerksam, wie zentral für die Gestaltung »guten« Unterrichts die Beachtung der Lernerperspektive und des derzeitigen wissenschaftlichen Erkenntnisstandes zu den Lerntheorien ist (vgl. u.a. Lefrançois 2006; Krapp et al. 2001). Weil didaktische Planungstheorien, -modelle und -konzepte diesen Umstand berücksichtigen sollten, gelingt mit dem Konzept des Schüleraktiven (Offenen) Unterrichts ein tragfähiger Anschluss an die Erweiterte Didaktische Analyse. In diesem Unterrichtskonzept zentrieren sich die Planungsentscheidungen um das »Aktivitätsparadigma«, dem die „aktive Beteiligung der Lernenden“ bei der Wissensvermittlung in der Schule als Grundvoraussetzung zugrunde liegt (vgl. Mandl 2010; Niggli 2000). Die Didaktik zum Schüleraktiven Unterricht sollte sich auf einen „empirisch gestützten Begriff des Lernens“ beziehen (vgl. Jank/Meyer 2011, 199), der sich an lerntheoretischen Aussagen zum gemäßigten Konstruktivismus orientiert (vgl. Mandl 2010, 23) in Verbindung mit instruktional ausgerichteten Lehr-Lern-Theorien (ebd.; vgl. hier auch Jürgens 2010 und Oser/Spychiger 2005).

3 Planen und vorbereiten von Unterricht

Advance Organizer
Planung ist als ein unverzichtbares Werkzeug zu verstehen, um Unterricht rational begründet zu ermöglichen und qualitativ hochwertig umzusetzen. Das darin zum Ausdruck kommende Grundverständnis der Beziehung zwischen Planen, Durchführen und Reflektieren pädagogisch-didaktischer Lernarrangements erhält seinen Sinnkern durch die Frage nach dem »Wozu« von Unterricht (vgl. Peterßen 2003, 17), d.h. den intendierten Zielen.
Doch das Treffen von Planungsentscheidungen und das Berücksichtigen weiterer Planungsmöglichkeiten zwingt den Planenden nicht in ein starres Korsett der Handlungs- und Situationsbewältigung. Planung ist nicht der Gegenspieler von Freiheit, sondern dessen Pendant. Keiner hat es bisher besser auf den Punkt gebracht, als der Bauhaus-Architekt Walter Gropius: „Planen heißt nicht festlegen, sondern offenhalten von Möglichkeiten für die Zukunft" (zit. nach Peterßen 2000, 18). Danach geschehen Planungen als »Problemlöseprozesse« (vgl. Kiper/Mischke 2009, 36), die das Unvorhersehbare nicht ausschließen bzw. gar nicht ausschließen wollen, sondern – wenn überhaupt – als Planungsunsicherheit einkalkulieren.

3.1 Planen als unsicheres Durchdenken von Lernanlässen

Planung bietet keinen Schutz, vollständigen schon gar nicht, gegen Unvorhersehbares, Überraschendes. Gegen solcherart verfehlte Vorstellungen gilt es, das Planen zu bewahren. „Nicht gegen das Planen, sondern gegen einen falschen Geist dieses Planens und gegen ein Planen, dass das Unfassbare mit einbeziehen will, ist der Schutz notwendig" (Jaspers 1952, 73).

Weil sich geplanter Unterricht zwischen „Planungsabsicht und situationsadäquater Improvisation" vollzieht (Seel 1995, 2), lässt sich Unterrichtsplanung als ein Problemlösen verstehen, das dem Spannungsverhältnis zwischen Planungsabsicht und Durchführungsunsicherheit in besonderer Weise Rechnung trägt.

Abweichungen von der Planung sind zwar nicht zu vermeiden, aber die Reaktionen darauf sind durchaus nicht unabhängig von der Planungsqualität, wie in einschlägi-

ger Fachliteratur immer wieder hervorgehoben wird: „Die Fähigkeit zur Improvisation wächst … zweifellos durch variantenreiches Planen …“ (Glöckel 1977, 19). Planung überhaupt, doch umso mehr gute Planung ermöglicht es, sowohl auf störende, unvermutet auftretende Situationen konstruktiv eingehen zu können als auch auf sich zufällig ereignende „glückliche Umstände“, die das Geplante bereichern können, „nicht verzichten zu müssen“ (Peterßen 2000, 18). Weil sich nicht nur das Lernen und Arbeiten der Kinder und Jugendlichen, sondern ebenfalls die Organisation von Unterricht ebenfalls grundlegend von technischen Abläufen unterscheidet, muss „jede Planung generell von einer ›Ermöglichungsdidaktik‹ bestimmt sein, die … ein Abweichen einräumt“ (Gasser 2003, 147). In einer These zusammengefasst heißt das: *„Planung schafft jene Autonomie und Distanz, die für ein pädagogisch sinnvolles Handeln* – vor allem auch als Ausnutzung plötzlicher Ereignisse und spontaner Einfälle – *unerlässlich sind*“ (ebd.). Umgekehrt ist daraus nicht der Schluss zu ziehen, dass unterrichtsbezogenes Planen auf die Berücksichtigung von Eventualitäten verzichten sollte. Vielmehr hieße es im Sinne einer Offenheit der Planung, sie begründbar einzubeziehen wie weitere Vorab-Entscheidungen jeglicher Art zu treffen.
Planungsoffenheit ist somit weniger ein methodisches Vorgehen, sondern mehr eine Sache der Haltung und des Zugangs. Peterßen (2000) spricht gar von einer besonderen Einstellung dem Unvorhersehbaren gegenüber, „die sich in der Bereitschaft (und dem Können – Ergänzung E.J.) zeigt, sie (die unversehens auftretenden Ereignisse – E.J.) zu gegebener Zeit zuzulassen und … aufzufangen“ (ebd., 19). An dieser Auffassung wird deutlich, dass die Unterrichtsplanung als ein Mittel zu betrachten ist, mit dem das Spannungsverhältnis zwischen Öffnung bzw. Freiheit einerseits und Programmatik bzw. (Vor-)Festlegung andererseits aufgelöst wird zu Gunsten der generellen Geltung des Prinzips der „Planungsrevision und Planungsanpassung“ (Gasser 2003, 147).
Für die Planung Schüleraktiven Unterrichts ist sowohl die Fähigkeit erforderlich,

> „langfristig die Arbeit planen zu können, als auch die Kompetenz, kurzfristig Unterrichtssituationen für mehr Selbstständigkeit und Selbsttätigkeit der Schülerinnen und Schüler zu verändern. Dafür sind vielfältige *Strukturierungs-* und *Orientierungshilfen* mit dem Lernenden in Planungsphasen gemeinsam zu entwickeln: Arbeitspläne, Übersichten, thematische Landkarten, Unterrichtsfahrpläne, Projektverlaufspläne, Gedanken-Landkarten (mind-maps), Wandzeitungen u.a.“ (Wallrabenstein 1996, 30).

Mit der pädagogischen und didaktischen Hinwendung zu Prinzipien der Selbststeuerung und des Selbstmanagements wird es unerlässlich sein, das Planungsmonopol der Lehrerinnen und Lehrer einzuschränken. Wenn nämlich mit dem Konzept des Schüleraktiven Unterrichts beabsichtigt wird, Schülerinnen und Schüler in dem Sinne »aktiv« werden zu lassen, dass sie Lernen, d.h. die Bewältigung von »Angeboten«, zu ihrer eigenen Sache machen, dann lassen sich diese Aktivitäten nur schwerlich allein auf den Ausführungsteil beschränken. Schülerinnen und Schüler wollen und sollen aber wissen, wofür sie Verantwortung übernehmen. D.h.: sie sollen und wollen eingebunden werden in den Planungsprozess, um nicht nur von anderen Vorgeplantes »selbstständig« bearbeiten und umsetzen zu müssen, sondern um Mitverantwortetes und Mitbestimmtes zu Inhalten ihres eigenen schulischen Lernens machen zu können.

Doch wird die konsequente Verwirklichung des Anspruchs auf Mitwirkung und Mitverantwortung im Prozess des Schüleraktiven Unterrichts nur zu realisieren sein, wenn das Planungsmonopol der Lehrkraft relativiert wird, was zu einem veränderten Rollenverständnis führt und einem anderen Umgang mit eingespielten Denk- und Handlungsmustern.

> „Heute wissen wir, dass erst ein verändertes Denken und Handeln als Auflösung der in der Berufsrolle fixierten Denkmuster zum Abbau des Planungsmonopols der Lehrenden beiträgt, zur Mitgestaltung der Lernenden an der Planung, zur Klärung von unterschiedlichen Interessen und zur Schaffung von mehr Freiräumen für selbstgesteuerte Begegnungen der Schülerinnen und Schüler mit den Lerngegenständen" (Wallrabenstein 1996, 28).

Schüleraktive Formen des Lernens verändern allerdings nicht nur die Rolle von Lehrerinnen und Lehrern hinsichtlich des Umgangs mit dem Planungsmonopol, sondern ebenso die Rolle von Lehrkräften hinsichtlich ihres Verständnisses als Lehrender. „Sie können nicht vorrangig Wissensvermittler sein. Ihr professionelles Selbstverständnis muss sich in der neuen Rolle des ›Coaching‹, der Kompetenz von Lernberatern und Lernhelfern (learn-facilitators) ausdrücken ..." (Bildungskommission NRW 1995, 85). In diesem Sinne bewirkt das Aufbrechen des Planungsmonopols eine Erweiterung des Rollenspielraums bzw. die Zulassung eines größeren Rollenspektrums. Die Reduzierung der Planungshoheit, die den Schülerinnen und Schülern mehr Partizipationsmöglichkeiten eröffnet und der Lehrkraft die Gelegenheit bietet, ihre Rolle umzudefinieren und abzuändern durch die Wahrnehmung weiterer Aktivitäten in dem Bewältigen von Unterricht, hat selbstverständlich Konsequenzen für die Verwendung geeigneter Planungsmodelle und -konzepte. Die »schüleraktive« Unterrichtsplanung greift damit eine schon lange bestehende reformpädagogische Forderung auf, didaktisches Planungshandeln beim Lernenden ansetzen zu lassen, was vor allem bedeuten sollte, die zu ergreifenden Entscheidungen zuvor aus der Perspektive der Schülerin bzw. des Schülers zu beleuchten. Deren Erfahrungen, Fragen, Einstellungen und Interessen sollen durch diese Planungsperspektive stärker berücksichtigt werden als in herkömmlichen Planungskonzeptionen, in denen die Planung den Schüler bzw. die Schülerin vor allem als Objekt des Unterrichts bzw. des Unterrichtens wahrnimmt.

Hinzuweisen ist allerdings darauf, dass »schüleraktive« Unterrichtsplanung sich nicht durch eine neue Einseitigkeit auszeichnet, sondern durch die Integration von (fremdbestimmter) Planung und Schülerorientierung wie -mitbestimmung. Vor allem wird zu bedenken sein, dass Lehrerinnen und Lehrer die Verantwortung als »Fachleute für das Lehren und Lernen« für die Qualität des Unterrichts weiterhin tragen und sie über entsprechende bildungswissenschaftliche, fachwissenschaftliche und fachdidaktische Kompetenzen verfügen sollten, die diese Verantwortung rechtfertigen.

Von daher darf die Forderung nach Relativierung des Planungsmonopols nicht unkritisch verstanden werden, indem unterschätzt würde, wie groß die Anforderungen an die Schülerinnen und Schüler sein können, wenn von ihnen die Übernahme partizipativer Aufgaben in der Unterrichtsvorbereitung und -durchführung erwartet wird. Insbesondere ist die Entwicklung der Fähigkeit zur (Mit-)Planung als ein anspruchsvolles Erziehungs- und Bildungsziel zu betrachten, das nicht von heute auf morgen zu realisieren sein wird. Die sukzessive Auseinandersetzung mit dieser Entwicklungsaufgabe wäre aber nötig, um Schülerinnen und Schülern die konstruktive Einflussnahme zu ermöglichen, anstatt sie der Gefahr des Dilettantismus auszuliefern. Schüleraktive Unterrichtsplanung versteht sich als Ergänzung bzw. partieller Verschränkung von Lehrerplanung und Schüler(mit-)planung. Eine ausschließlich vorschreibende Planung soll es genauso wenig geben wie eine ausschließlich nicht vorschreibende (vgl. Thiemann/Wittenbruch 1975, 286). Dementsprechend muss im Kontext schüleraktiver Unterrichtsplanung stets gefragt werden, unter welchen Voraussetzungen und Rahmenbedingungen sowie zu welchen Zwecken sich die Planung mehr am Pol der Festgelegtheit oder mehr am Pol der Offenheit befinden soll. Die Entscheidung darüber wird von den Zielsetzungen, d.h. Bildungsintentionen, und den didaktischen Möglichkeiten, d.h. der Innen- und Außensicht auf Unterricht (vgl. Wiater 2011, 16-17), abhängen. Wie die Beteiligung von Schülerinnen und Schülern erfolgen und begründet werden kann, dazu hat Ulshöfer (1971) schon zu der Zeit einen »Stufenplan« vorgelegt, als in der Allgemeinen Didaktik und in entsprechenden allgemeindidaktischen Modellen Demokratisierungstendenzen vermehrt beachtet und Forderungen nach Partizipation weiterer Personenkreise an der Unterrichtsplanung aufgegriffen wurden (vgl. Jank/Meyer 2011, 230ff). Nach Ulshöfer (1971) gibt es drei Formen der Unterrichtsplanung, die er wie folgt differenziert:

„1. *Planung durch den Lehrer.* Dieser teilt der Klasse den vorbereiteten Plan mit, erklärt seine Absicht, weckt ihr Interesse, nennt die Lernziele, zeigt die zu bewältigenden Probleme und fordert zur Mitarbeit auf. Der Lehrer begründet seinen Plan mit den Erfordernissen des Lehrplans, der Notwendigkeit kontinuierlichen Fortschreitens am Fach und der Aktualität des Gegenstandes.
   Kann oder darf die Klasse keine Änderungswünsche vorbringen, so handelt es sich möglicherweise um eine autokratische, vermutlich aber um eine sachbedingte Form des lehrer-gesteuerten Planens. (…)
2. *Kooperative Planung unter Führung des Lehrers.* Dieser legt der Klasse den Plan vor. Die Klasse unterbreitet Änderungsvorschläge. Die Entscheidung wird gemeinsam getroffen. Eine Variante: die (anonyme) Erfragung der Schülerwünsche und -bedürfnisse bildet die Grundlage für den Plan, den der Lehrer ausarbeitet.

3. *Kooperative Planung, vorbereitet durch eine Schülergruppe (Expertengruppe).* Der Lehrer bittet die Klasse, sich an der Planung der Unterrichtseinheiten zu beteiligen. Planungsgruppen werden eingesetzt, die Entwürfe ausgearbeitet, mit dem Lehrer besprochen und der Klasse zur Stellungnahme vorgelegt" (Ulshöfer 1971, 39; Hervorhebungen E.J.)

Zu den Bedingungen, unter denen (schüleraktiver) Unterricht in heutiger Zeit bewältigt wird, zählen bekanntlich gesellschaftliche und gesellschaftspolitische Einflüsse, zu denen Erwartungen an die Schule zuzurechnen sind, die sich auf den Aufbau und die Förderung von Demokratiekompetenz beziehen. Allein aus dieser Perspektive verlangt Unterrichtsplanung die Beteiligung von Schülerinnen und Schülern am Planungsprozess, d.h. die Zubilligung von zumutbarer Mit-Verantwortung. Planungstheorien und Planungsmodelle haben dieser Entwicklung Rechnung zu tragen. Deshalb können Positionen, die in der Funktion der Unterrichtsplanung ausschließlich die Lehrkraft sehen, nicht mehr im derzeitigen pädagogisch-didaktischen Diskurs bestehen.

3.2 Planungstheorie

Bevor man zu einer Theorie der Unterrichtsplanung gelangt, scheint es angezeigt zu sein, sich überhaupt einmal mit Planungstheorie(n) auseinanderzusetzen, um Einblick in Prinzipien allgemeinen Planens zu erhalten. Bisher ist dieser Problematik in der Didaktik wenig Aufmerksamkeit geschenkt worden, was wohl auch damit zusammenhängen dürfte, dass es keine explizit pädagogische Planungstheorie gibt. Was jedoch vorliegt sind verschiedene theoretische Ansätze der Unterrichtsplanung (vgl. Peterßen 2000; Wiater 2011; Meyer 2007; Kiper/Mischke 2009; Plöger 2008). Deshalb wird hier der Versuch gemacht, den Grundriss einer Planungstheorie unter Bezugnahme auf theoretische Entwicklungen in anderen Fachwissenschaften nachzuzeichnen, um durch diese Vorgehensweise ein generelles Grundschema für Planungsprozesse zu erhalten, das auf die Unterrichtsplanung transformiert werden kann. Da sich schon des längeren die Planungswissenschaft interdisziplinär mit der Entwicklung von Planungstheorien beschäftigt, ist es nur konsequent, wenn sich auf den Stand des aktuellen Diskurses bezogen und deshalb dargestellt wird, bis zu welchen Modellvorstellungen inzwischen die Bemühungen gediehen sind, um auf dem Weg zu einem Theorieansatz voranzukommen, „der den Ansprüchen an Systematik und Integration der wesentlichen Aspekte des Planens genügt" (Schönwandt 1999, 25). Während es mit Planungsmodellen der ersten und zweiten Generation nicht gelungen ist, der „Vielschichtigkeit des Planungsprozesses relativ (...) weit gerecht (zu werden)" (ebd.), besteht die Hoffnung mit dem Planungsmodell der »dritten Generation« diesen Anforderungen einen großen, entscheidenden Schritt nähergekommen zu sein. Ausgangspunkt für dessen Entwicklung ist ein Grundschema des Planens, das aus dem Funktionskreis nach von Uexküll (1928/1973, 158) hervorgegangen ist, indem die dort bisher verwendeten Begriffe umformuliert werden, um sie für den sprachlichen Kontext planerischen Handelns gebrauchsfähiger zu machen. Als Resultat entsteht sodann das »Grundschema Planung« (vgl. Abb. 16).

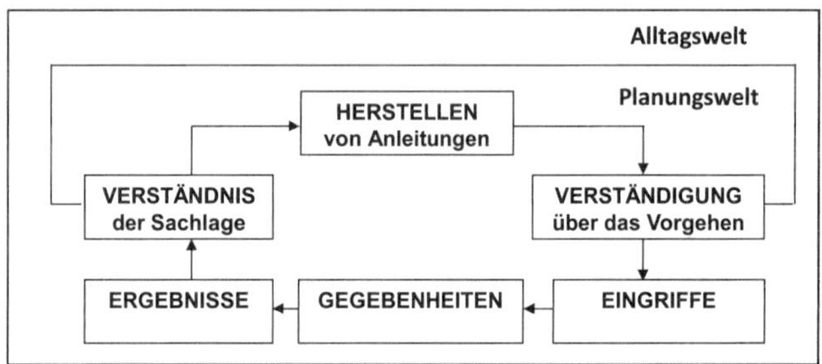

Abb. 16: Grundschema Planung (Heidemann 1992, 1995)

Der Rückgriff auf den von Uexküllschen Funktionskreis lässt sich damit begründen, dass Planung stets von Menschen unternommen wird, die zumeist Organisationen und Institutionen angehören, „in einem sozialen und kulturellen Umfeld leben und arbeiten und bestimmte Fähigkeiten, Fertigkeiten und Fehler bzw. Restriktionen haben“ (ebd., 27). Zu diesen einengenden Bedingungen zählt beispielsweise, „dass unsere Wahrnehmung prinzipiell nur selektiv bzw. ausschnitthaft ist und nicht kognitions- und damit theorieunabhängig stattfinden kann“ (ebd.). Deshalb ist auch einzukalkulieren, dass unser Denken und Wissen beschränkt sind; ebenso sind wir in unseren Handlungsmöglichkeiten eingeschränkt und haben nicht „die Macht, allen und jedes zu verändern. Ein Planungsmodell sollte diese Bedingungen und Begrenztheiten einschließen“ (ebd.).

Für die Entwicklung von Planungsentwürfen ist dieses Modell auch deshalb besonders geeignet, weil es sich voraussetzungslos auf jedes Planungshandeln bezieht, unabhängig davon, ob es sorgfältig vorbereitet „oder ohne langes Nachdenken“ zustande gekommen ist (ebd.). Aus dieser Nutzensprämisse ist nicht der Schluss zu ziehen, dass die Qualität des Planungsprozesses unabhängig von dem investierten Aufwand und dem aufgewendeten Wissen bestünde, sondern lediglich, dass Planungen gleichermaßen sowohl in der Beziehung zwischen Alltags- und Planungswelt als auch im vollständigen Durchlaufen der unbedingten Planungsschritte stattfinden.

Noch eine weitere Begleiterscheinung, auf die Schönwandt (1999) aufmerksam macht, scheint im Kontext des Planungshandelns aufschlussreich zu sein. Dabei bezieht er sich auf Erkenntnisse der Denkpsychologie, die es vor allem dann zu beachten gilt, wenn Planungsvorgänge unter zeitlichem Druck erfolgen und es dadurch zu reduzierter Planungsgründlichkeit und -reflektiertheit kommt. Diese „Denktendenzen“ bzw. „Denkfallen“ können auf den gesamten Planungsprozess und dessen Einzelkomponenten einwirken und können wie folgt beschrieben werden:

„Wir neigen dazu,
- Probleme zu ignorieren und vorwiegend reaktiv auf offensichtliche und unleugbare Schwierigkeiten hin zu handeln,
- die meisten der potentiell verfügbaren Informationen zu übersehen,
- primär nach solchen Informationen zu suchen, die wir finden wollen und Informationen zu unterdrücken, die unseren eigenen Annahmen widersprechen,
- die Situationsanalyse nur oberflächlich durchzuführen sowie die eigene Meinung auf der Basis weniger Schlüsselinformationen zu formen und auf dieser Grundlage ein trügerisches Gesamtbild hochzurechnen,
- davon auszugehen, dass sich Trends mehr oder weniger linear fortsetzen,
- den zeitlichen Ablauf von Prozessen unangemessen zu erfassen" (ebd., 29f).

Diese Fehlerquellen bzw. Fehlermöglichkeiten verlieren ihren folgenschweren Einfluss, je mehr die Vorgehensweise durch Systematik und Sachverstand geprägt ist, d.h. die Denk- und Arbeitsweisen des Planens sich von der eher »spontanen« hin zur eher »wissenschaftlichen« Seite bewegen. Verantwortungsvolle Planung zeichnet sich somit durch möglichst differenzierte Betrachtungen des Gegenstandsfeldes aus, in dem bzw. zu dem Pläne entwickelt werden sollen. Mit dem vorgeschlagenen Grundschema soll das ermöglicht werden, indem zwei „Welten" miteinander korrespondieren: die Planungs- und die Alltagswelt, die zudem den gemeinsamen Hintergrund für einen Zirkelprozess bilden (vgl. Abb. 16).
Planungswelt: Darunter wird der Bereich verstanden, in dem das Planen stattfindet bzw. Anleitungen generiert werden (vgl. Kap. 3.3). Die zentralen Fragestellungen zielen darauf ab, nach den geeigneten Ansätzen und Methoden Ausschau zu halten. Dabei geht es insbesondere darum, theoretische Wissenszusammenhänge und Modellvorstellungen auf ihre Brauchbarkeit für die Aufgabenstellung des intendierten Planens zu prüfen. Das stellt keine geringe Anforderung dar, weil von der Wahl des theoretischen Ansatzes das erwartbare Ergebnis abhängig ist. Somit sollten nicht nur alternative theoretische Begründungszusammenhänge und Modellvorstellungen bekannt sein, sondern auch Erkenntnisse über die Effektivität der wahlweise zur Verfügung stehenden Ansätze. Am besten wäre deshalb, wenn der Planende über eine Stärken-/Schwächen-Analyse zu den infrage stehenden Planungsansätzen verfügen könnte.

Planungshandeln ist keine persönlichkeitsneutrale Tätigkeit, sondern sie wird durchwirkt von subjektiven Haltungen und Einstellungen. Von daher sollte jede mit Planung befasste Person bewusst sein, dass letztlich schon „jede Planungsfragestellung mit bestimmten Weltsichten gekoppelt (ist), die das Fundament für das jeweilige Problemverständnis und die zu treffenden Bewertungen abgeben" (ebd., 30).

Alltagswelt: Die Planungswelt ist integriert in die Alltagswelt, die in dem Grundschema durch die drei Schritte »Eingriffe«, »Gegebenheiten« und »Ergebnisse« präsent wird. Da die Anstöße für Planungsprozesse nicht per se gegeben sind, sondern initiiert werden müssen, werden zwei weitere Begriffe eingeführt, und zwar »Agenda« und »Arena«. Als Agenda wird die Auswahl möglicher Planungsthemen bezeichnet, während in der Arena alle Planungsakteure auftreten. „Die jeweilige Agenda lässt sich jedoch nicht begreifen ohne die dazugehörenden Akteure, die einzeln oder in Verbänden agieren, mit ihren jeweiligen Interessen und Handlungsmöglichkeiten" (ebd., 31). Welche Themen auf die Agenda gesetzt werden, entscheidet sich demzufolge nicht nur auf der Sachebene, sondern ebenso auf der personalen Ebene, so dass die jeweilige Agenda nur zu verstehen und zu ergründen ist, wenn man die Motive und Sichtweisen aller beteiligten Akteure kennt, wenigstens es versucht. Daraus lässt sich schließen, dass Planungsvorgänge an einen Entwicklungsprozess gebunden sind, in dessen Verlauf die konkreten Planungsschritte wie »Verständnis der Sachlage«, »Herstellen von Anleitungen« und »Verständigung über das Vorgehen« ebenso systematisch bearbeitet werden wie die „in der Planungswelt verwendeten ›Ansätze‹ einschließlich der organisatorischen Rahmenbedingungen sowie darüber hinaus die Agenda und Arena der Arbeitswelt, die ihrerseits den Rahmen bzw. Hintergrund abgeben für das Geschehen in der Planungswelt" (ebd.). Im Grunde bedeutet das, bevor mit dem Planen begonnen wird, auch darüber nachzudenken, was die eigenen Motive, verbunden mit bestimmten eigenen Weltsichten und Einstellungen, sind, die dazu geführt haben, auf bestimmte Problemlagen mit den anvisierten Planungen reagieren zu wollen. Vor allem, wenn die Themen auf der Agenda allein von einer Person (in der Schule gewohnheitsmäßig die unterrichtende Lehrkraft) bestimmt werden, wird es umso wichtiger, selbstreflexiv danach zu fragen, welche persönlichen Interessen und Attitüden ausschlaggebend für oder gegen die eine oder andere Entscheidung waren.

Verständnis der Sachlage: Um das Planungsproblem exakt beschreiben zu können, wird es nötig, den darin abgebildeten Sachverhalt gründlich zu untersuchen, d.h. aus unterschiedlichen Perspektiven und Anwendungszusammenhängen zu befragen. Eigene Erfahrungen kommen dabei ebenso ins Spiel wie aus empirischer Forschung gewonnene wissenschaftliche Erkenntnisse und Theorien. Als ein besonderes Problem stellt sich dabei die Aufgabe, ein Planungsproblem so zu erfassen und zu beschreiben, dass es für die Alltagswelt relevant ist bzw. werden kann. Stets besteht nämlich die Gefahr, dass die in „der ›Planungswelt‹ erarbeiteten Problembeschreibungen die Problemlagen der ›Alltagswelt‹ nicht angemessen abbilden" (ebd., 31).

Herstellen von Anleitungen: Unter diesem Schritt fallen alle möglichen Varianten zur »planmäßigen« Steuerung von Vorhaben, für die geplant wurde. „Bei der Erarbeitung dieser Anleitungen gilt es (…) Wissensmängel, Unsicherheiten und Risiken so weit wie möglich zu berücksichtigen" (ebd.). Anleitungen beschreiben Interventionen, die dazu beitragen sollen, die anvisierten Ziele nach Möglichkeit auch zu erreichen.

Verständigung über das Vorgehen: Nachdem ein Planungsentwurf vorliegt, „geht es darum, sich mit den Betroffenen bzw. Beteiligten über das weitere Vorgehen zu verständigen, was gegebenenfalls eine Veränderung etwa der erarbeiteten Anleitung einschließt“ (ebd.). Als Ergebnis der Beratung mit der Zielgruppe des Geplanten wird es zu irgendeiner Form von Übereinkünften kommen, die dann zur verbindlichen Grundlage der Implementation des Planungsvorhabens werden und zugleich den Abschluss der »Planungswelt« anzeigen (vgl. Kap. 3.5.3).

Handlungsschritte in der Planungswelt:
Eingriffe: Unter den Begriff »Eingriffe« fallen sämtliche Maßnahmen, die die Umsetzung der Anleitung(en) in reale Handlungsvollzüge ermöglichen und regeln, und zwar unter Beachtung von Effizienz und Effektivität (vgl. Kap. 3.5.4).
Gegebenheiten: Als Gegebenheiten werden generell alle jene Fakten und Sachlagen bezeichnet, „an denen wir mit Planung etwas verändern oder die wir bewahren wollen. Konkret geht es um den Teil der Alltagswelt, der den Akteuren der Planungswelt für Aktionen und Beobachtungen zugänglich ist“ (ebd., 31). Besonders zu beachten ist dabei, dass es „in der Hand des Planers liegt (...), wie umfassend der in eine Planungsaufgabe einbezogene Ausschnitt aus der Alltagswelt letztlich ist ...“ (ebd.). Direkt daran schließt die Frage an, ob der gewählte Ausschnitt überhaupt mit der Planungsproblematik kompatibel ist bzw. vice versa die Planungsmaßnahme überhaupt zum gewählten Ausschnitt passt.
Ergebnisse: Zusammenfassend zeigt sich als »Ergebnisse« alles das, „was sich nach der Durchführung der geplanten Eingriffe an Resultaten eingestellt hat, wobei sie den ursprünglichen Intentionen entsprechen können oder nicht: im ersteren Fall reden wir von erfolgreicher Planung“ (ebd., 33). Die damit verbundene Frage nach der Beurteilung vom Erfolg einer Planung ist äußerst schwierig zu beantworten, denn es lässt sich kaum ein schlüssiger Nachweis dafür erbringen.

Erstens gilt es selbstverständlich zu klären, was überhaupt als Erfolg gewertet werden soll und zweitens in welchem Zeitraum sich der Erfolg manifestieren soll; schließlich können Planungen zu kurz-, mittel- und langfristigen Erfolgen führen. Zweitens bleibt es offen, ob die aufgetretenen Wirkungen tatsächlich auf die Planungsmaßnahmen ursächlich zurückzuführen sind. Gewisse Planungsfolgen können dafür oder dagegen sprechen, Sicherheit geben sie nicht, und zwar deshalb nicht, weil im Allgemeinen kein Vergleichsfall zur Verfügung steht. Andersherum ist die Hoffnung, dass sich gewünschte Erfolge schon zufällig und von allein, ganz ohne Planung, einstellen werden, nicht nur eine trügerische, sondern eine falsche Alternative. Die Güte, mit der Planungsaufgaben erledigt werden, hat großen Einfluss auf das Erreichen der intendierten Ziele.
Da mit dem vorliegenden Planungsmodell versucht wird, „die Übersicht in einem Planungsprozess zu bewahren“ und darüber hinaus es dazu beitragen soll, „die Komplexität von Planungsaufgaben handhabbarer und die Abläufe transparenter zu machen“ und die Verständigung unter den Beteiligten zu verbessern (ebd.),

scheint es durchaus für die Unterrichtsplanung geeignet, da sich der schulische Unterricht als ein hoch komplexes Gefüge darstellt, das in seiner Gesamtheit gar nicht, weder theoretisch noch praktisch, erfasst werden kann und deswegen das Erschließen von Unterrichtswirklichkeit stets nur komplexitätsreduziert erfolgen kann (vgl. Jank/Meyer 1990, 70). Außerdem ist es ein Planungsmodell, das die arbeitsgleiche oder arbeitsteilige Zusammenarbeit mehrerer Akteure vorsieht, um zu gemeinsam abgestimmten Planungsvorhaben zu gelangen. Aus diesem Selbstverständnis heraus gelingt es mit diesem Schema, die Beschneidung des Planungsmonopols sowohl struktur- und inhaltslogisch als auch partizipationstheoretisch zu begründen. Noch ein weiterer Grund spricht dafür, sich auf dieses Planungsmodell zu beziehen. Es legt nämlich den Akteuren der Planungswelt nahe, den Schritt »Herstellen von Anleitungen« als »Entscheidungen unter Unsicherheit« aufzufassen (vgl. Wiater 2011, 54). Aufgrund des Technologiedefizits (Luhmann/Schorr o. J.; zit. nach Wiater 2011, 54) der Unterrichtsdurchführung handelt es sich dabei um eine Planungsbedingung, die das pädagogisch-didaktische Entscheidungshandeln von Lehrerinnen und Lehrern im Rahmen der Unterrichtsplanung permanent begleitet und deshalb in Unterrichtsplanungsmodellen besondere Beachtung zukommen sollte.
In einem nächsten Schritt wird es nun darauf ankommen, die Überlegungen zur Planungstheorie der »Dritten Generation« in ein Unterrichtsplanungsmodell zu transformieren. Das ist dann zu vergleichen mit entwickelten Planungsmodellen der Erweiterten Didaktischen Analyse, um darüber entscheiden zu können, wie tragfähig es für die Unterrichtsplanung sein kann und ob es konstruktive Begründungen dafür gibt, es durch Modifikationen weiterzuentwickeln, damit es als leitendes Planungsmodell für die Planung Schüleraktiven Unterrichts gelten kann.
Da es die übergeordnete Leitidee ist, einen Unterricht zu planen, der dem pädagogisch-didaktischen Prinzip des eigenverantwortlichen Lernens und Arbeitens entspricht, wird die modellhafte Heuristik des schüleraktiven Unterrichts dem »Orientierungsrahmen didaktischer Planung« als theoretische Ausgangslage zugrunde gelegt, gleichsam als Hintergrundfolie zur Legitimation der einzelnen Segmente der Unterrichtsplanung. Von daher ist es schlüssig, an dieser Stelle dieses Modell den weiteren Ausführungen voranzustellen.

3.3 Heuristik Schüleraktiven Unterrichts

Strukturell betrachtet handelt es sich um ein vierphasiges Gefüge: Erkenntnistheoretische, lerntheoretische, Inhalts- und Ziel- so wie die konzeptionelle Ebene.

3.3.1 Inhalts- und Zielebene

Auf dieser Ebene gerät der Erziehungs- und Bildungsauftrag des öffentlichen Schulwesens in den Blickpunkt. Da Bildung auch künftig die übergeordnete

Zielperspektive der Arbeit in der Schule sein wird, ist es nur vernünftig, wenn didaktische Modelle von dieser „zentrierenden Kategorie" ausgehend entwickelt werden (vgl. Jank/Meyer 2011, 212). Allerdings ist es notwendig, dass der Schule ein Bildungsbegriff zugrunde liegt, der materiale und formale Bildung dialektisch miteinander verknüpft, um Einseitigkeiten in die eine oder andere Richtung zu vermeiden, die der »allseitigen« Bildung als Befähigung zur Mündigkeit entgegenstehen würden (vgl. ebd., 213). Das Bildungsziel »Persönlichkeitsbildung« ist im Kontext des Mündigkeitspostulats ein wichtiges Element schulischer Allgemeinbildung. Geht es doch darum, der Wechselbeziehung zwischen individueller Identitätsentwicklung und der Aneignung von Kultur gemäß schulischer Bildungspläne gerecht zu werden. Schule als Lern- und Arbeitsstätte wird geprägt von einer Vielzahl von Begegnungsmöglichkeiten und sozialen Kontakten, vor allem zwischen Lernenden und Lehrenden. Dies schließt die besondere Rolle des pädagogischen Bezugs ein, da beispielweise die „gegenseitige Wertschätzung von Lehrenden und Lernenden die Basis der Entwicklung und Förderung von Selbstachtung, Lernbereitschaft und Leistungsfähigkeit (ist)" (Bildungskommission NRW 1995, 81). Da Selbstständigkeit und Mündigkeit als Voraussetzungen einer demokratischen Gesellschaft gelten, versteht es sich von selbst, dass der Erziehungs- und Bildungsauftrag der Schule von diesen beiden Begriffen maßgeblich bestimmt wird.

Tab. 2: Zusammenhang von funktioneller und produktiver Selbstständigkeit

Funktionale Selbstständigkeit	**Produktive Selbstständigkeit**
• Verhaltens- und Fähigkeitsrepertoire, um optimal eigenständig im Rahmen der bestehenden gesellschaftlichen Ordnung handeln zu können • Schlüsselqualifikationen: Lernen lernen, Bereitschaft zum lebenslangen Lernen • Fähigkeit, auf neue Situationen aus sich heraus flexibel zu reagieren	• Gebrauch der kritischen Vernunft, die das Bestehende nicht als abgeschlossen oder unveränderbar hinnimmt • Prozesse eigenen, kritischen Reflektierens • Ideologiekritische Haltung • Kreative, den gesteckten Rahmen auch überschreitende Aktivitäten

Damit ist unbestritten, dass Schulbildung die notwendige Voraussetzung ist und zugleich die allgemeine Grundlage dafür schafft, sich selbstständig zu verhalten. Doch bezüglich des Begriffs Selbstständigkeit ist unbedingt eine Differenzierung angebracht, weil einerseits zwischen funktioneller und produktiver Selbstständigkeit Unterschiede bestehen und andererseits Schulbildung beide Seiten berücksichtigen und in Verbindung miteinander vermitteln sollte.

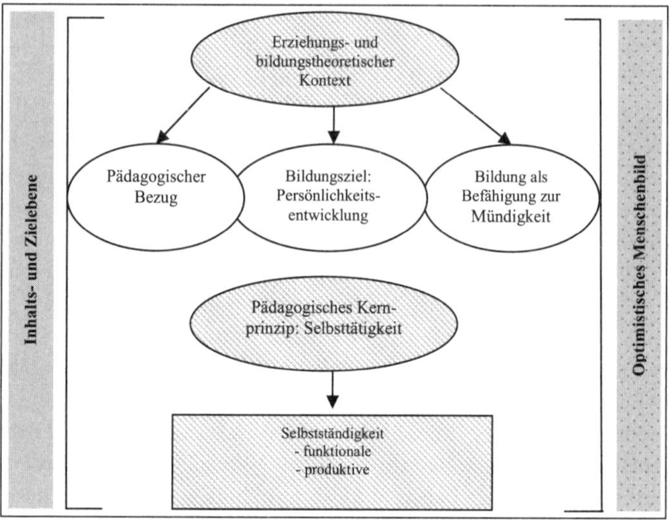

Abb. 17: 1. Ebene der Heuristik Schüleraktiven Unterrichts

3.3.2 Erkenntnistheoretische Ebene

Auf dieser Ebene sind drei wissenschaftliche Befunde zu finden, zu denen u.a. umfangreiche und prägnante empirische Studien vorliegen und die als bedeutsam für die Gestaltung und Durchführung von Unterricht allgemein und schüleraktivem im Besonderen eingeschätzt werden (vgl. Standop 2002; Spitzer 2004; Deci/Ryan 1993; Mandl 2010).

Innerhalb der triadischen Konstellation nimmt der theoretische Ansatz zur Komplementarität von Instruktion und Konstruktion eine Schlüsselrolle ein (vgl. Reinmann-Rothmeier/Mandl 2001; Mandl 2010), und zwar für das gesamte Modell Schüleraktiven Unterrichts. Das hat seinen Hauptgrund darin, dass sich letztlich jene Lernmodelle am nützlichsten für die Erklärung menschlichen Lernens erweisen werden, die verschiedene Lernzugänge und -formen integrieren (vgl. Lefrançois 2006, 351). „Die gemäßigt konstruktivistische Auffassung von Lernen versucht die Prinzipien von *Instruktion* und Konstruktion miteinander zu verbinden“ (Reinmann-Rothmeier/Mandl 2001, 626f). Dafür sprechen zwei Gründe:

> „Aus *pragmatischer* Sicht erscheint es zum einen weder möglich noch sinnvoll, im Unterricht ständig fertige Wissenssysteme nach feststehenden Regeln vermitteln zu wollen: auf der anderen Seite hätte es wenig Sinn, allein auf die Konstruktionsleistungen der Lernenden zu vertrauen“ (Reinmann-Rothmeier/Mandl 2001, 626f; Hervorhebung E.J.).

Damit setzt sich die lerntheoretisch begründete Erkenntnis durch, dass zeitgemäßer Unterricht von den Möglichkeiten der Verknüpfung von Instruktion und Konstruktion zum Aufbau von Lernkompetenz Gebrauch machen sollte (grundlegend wird auf das Verhältnis von Instruktion und Konstruktion im Kontext der Planung und Vorbereitung von Unterricht in Kap. 3.8. eingegangen).

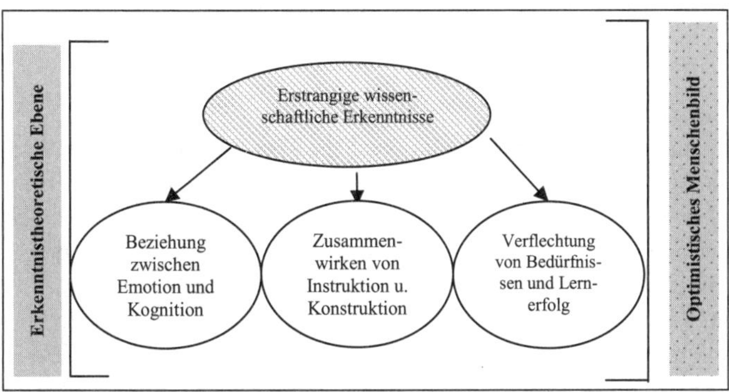

Abb. 18: 2. Ebene der Heuristik Schüleraktiven Unterrichts

3.3.3 Lerntheoretische Ebene

Die Bewältigung von Aufgabenstellungen auf der Grundlage gültiger (Kern-)Curricula erfolgt gemäß dem hier vertretenen lerntheoretischen Ansatz durch die Gestaltung von Lernumgebungen, in denen Konstruktion und Instruktion gleichzeitig, abwechselnd und nacheinander auftreten (vgl. Mandl 2010, 23); d.h. Lernen als aktiver Prozess neben sichtbaren Instruktionen in unterschiedlichen Ausprägungen und Schwerpunktsetzungen wie beispielsweise in Konzepten des handlungs- oder lehrgangsorientierten Unterrichtens.

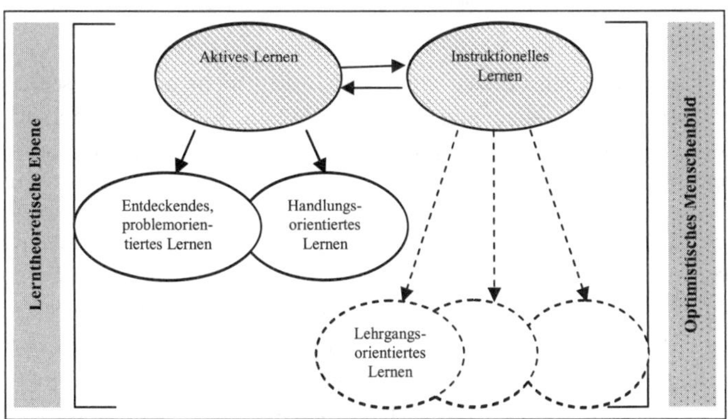

Abb. 19: 3. Ebene der Heuristik Schüleraktiven Unterrichts

In Analogie zu Prozessen der Fremd- und Selbststeuerung können instruktive und konstruktive Handlungsverläufe als auf einem Kontinuum angelegt gedacht werden, und zwar „mit dem Ziel, jeweils passend zur Zielsetzung des Lernens sinnvolle Varianten von fremdgesteuertem und selbstgesteuertem Lernen (bzw. von Instruktion und Konstruktion – Ergänzung E.J./J.S.) auswählen zu können“ (Kiper/Mischke 2008, 60).

3.3.4 Konzeptionelle Ebene

Das Aktivitätsparadigma durchzieht sämtliche Formen, Prinzipien und Methoden schüleraktiven Unterrichts. Schüleraktive Lernarrangements bzw. Lernumgebungen werden als systematisch geplante und strukturierte Angebote entwickelt. Alle Lernsituationen sollten deshalb so geplant und offeriert werden, dass möglichst viele Wahlmöglichkeiten zwischen divergenten Aufgaben gegeben sind, um der »natürlichen« Heterogenität innerhalb einer Lerngruppe gerecht werden zu können. Differenzierende und individualisierende Arbeitsformen eröffnen zudem vielfältige Gelegenheiten, an den unterschiedlichen individuellen Lernbedürfnissen anzusetzen und auf diese sowohl fordernd als auch fördernd einzugehen.
Für das durch den Erziehungs- und Bildungsauftrag zu sichernde Recht auf Bildung bedarf es der Verankerung der pädagogisch-didaktischen Universalprinzipien Passung und Adaptivität in den Planungsprozessen Schüleraktiven Unterrichtens.

> Daneben gehören sechs weitere Komponenten zu einer gelungenen Planung und Strukturierung schüleraktiver Unterrichtsarrangements:
>
> 1) Medien- und Materialgebot,
> 2) Aufgabenkultur,
> 3) Adaptive Pädagogische Diagnostik,
> 4) »Symmetrische« Kommunikation,
> 5) Feedbackkultur und Lernberatung,
> 6) Lernortgestaltung.
>
> Sämtliche erdenkliche Lernarrangements sollen nicht nur diese sechs pädagogisch-didaktischen Teilaufgaben berücksichtigen, sondern ebenso soll kritisch geprüft werden, wie das Zusammenspiel zwischen diesen ziel- und gegenstandsspezifisch verwirklicht werden kann.

Wenn die Erfahrung von Selbstständigkeit in das Zentrum schulischen Kompetenzerwerbs gestellt wird, so bedeutet das, Lernarrangements im Medium der (relativen) Eigenverantwortlichkeit von Schülerinnen und Schülern durchzuführen. Allerdings ist die Gewährung von Frei(heits)räumen nicht allein eine didaktische Anforderung, sondern ist auch abhängig von berufsethischen Überzeugungen. Diese spielen immer eine Rolle, wenn Unterricht stattfindet. Denk- und Einstellungsmuster, die sich auf den Heranwachsenden in seiner Eigenschaft als Schüler beziehen, können zu einem Menschenbild verdichtet werden (vgl. Standop 2014, 51ff).

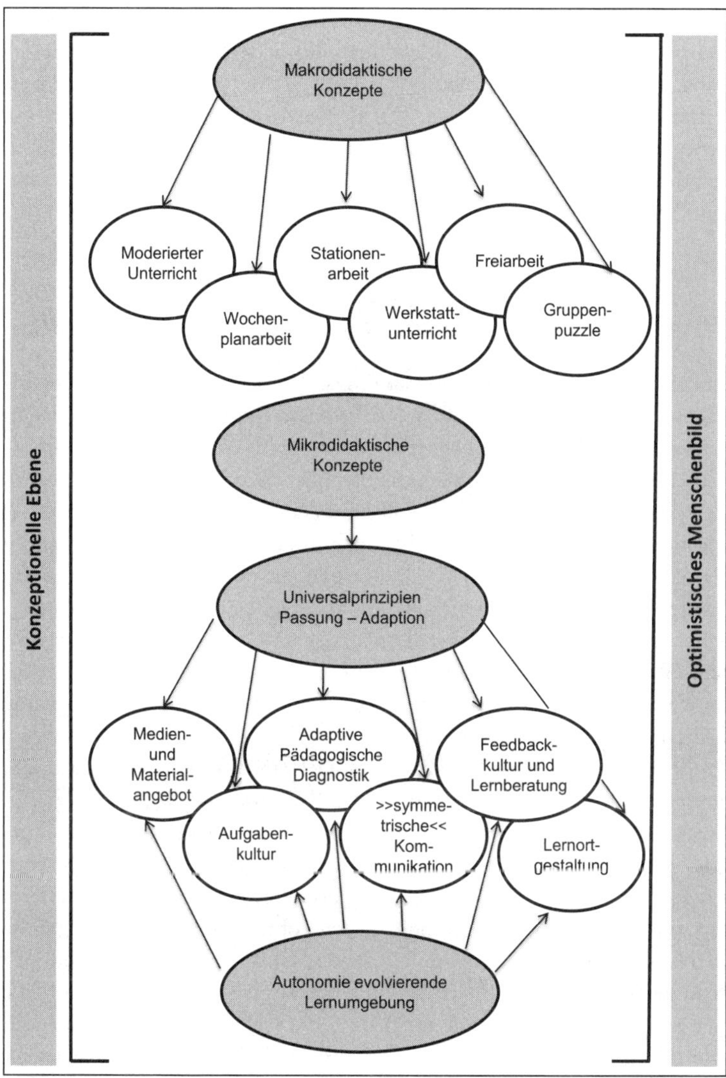

Abb. 20: 4. Ebene der Heuristik Schüleraktiven Unterrichts

Trotz noch vorhandener Unsicherheit über die begriffliche Eingrenzung und geringer Forschungen zu dieser Thematik ist die Annahme gerechtfertigt, dass derartige „Überzeugungssysteme" für die Planung und Gestaltung von Unterricht folgenreich sind (vgl. Helmke 2005, 53). Diese Ansicht teilen wir und gehen davon aus, dass zwischen dem Eintreten für autonomes Lernen und der Position, Unterricht als schüleraktiv zu verstehen, einerseits, und der Bündelung von pädagogischen Überzeugungen zum »optimalen Menschenbild« andererseits ein positiver Zusammenhang besteht. Nach Auffassung von Fend (1998) wird nämlich das optimistische (Schüler-)Menschenbild u.a. durch Einstellungen geprägt, denen zufolge Schülerinnen und Schüler als vernunft- und einsichtsfähige Personen betrachtet werden, denen Vertrauen entgegengebracht und Freiheit zugestanden werden kann (Jürgens 2010, 77).

3.4 Planungsmodell: Orientierungsrahmen didaktischer Planung

Unterrichtsplanung wird gemeinhin als didaktisches Handeln bezeichnet (vgl. Wiater 2011; Kiper/Mischke 2009), wobei gewisse Probleme entstehen, wenn der zugrunde liegende Handlungsbegriff eng und unreflektiert verwendet wird. Peterßen (2001) hat sich dieser Problematik ausführlich angenommen und sich dabei von dem »psychologischen Modell vollständigen Handelns« nach Hacker (2005) inspirieren lassen. Auch Kiper/Mischke (2009) beziehen sich auf den handlungstheoretischen Ansatz von Hacker. Demgemäß stellt sich für sie „Planen als eine spezifische Handlung mit Auswirkung auf künftige Handlungen" dar. Besonderes Gewicht wird dabei Problemlöseprozessen zugemessen und den zugehörigen Heuristiken. „Professionelle Planung erfolgt unter Anwendung von domänenspezifischem Wissen und nutzt so die empirisch ermittelten Zusammenhänge und die durch Erfahrung gewonnene Vorstrukturierung des Feldes" (Kiper/Mischke 2009, 9). Handeln lässt sich durch Merkmale der Zielgerichtetheit, Bewusstheit und der „hierarchisch sequentiellen Relation" unter Rückgriff auf Wissen kennzeichnen (vgl. Wahl 1991, 23f) und kann dementsprechend als eine motivational gesteuerte, zielbewusste Aktivität verstanden werden. Planen als didaktisches Handeln heißt demzufolge zunächst nichts anderes, als eine von Motiven geleitete, zielgerichtete und wissensbasierte Planungsaktivität vorzunehmen. Über die Reichweite und den Gegenstandsbereich des didaktischen Planungshandelns wird damit noch nichts ausgesagt, so dass es notwendig wird, den Begriff des didaktischen Handelns genauer zu bestimmen. Um von vornherein die Gefahr einer missverständlichen Reduzierung didaktischen Handelns ausschließlich auf den „Unterrichts*vollzug*" (Peterßen 2001b, 242) zu vermeiden, soll das Modell vollständigen Handelns in ein Modell vollständigen didaktischen Handelns umgeschrieben werden (ebd., 242ff). Nach Hacker (2005) muss jedes Handeln, um als vollständig gelten zu können, stets drei Phasen aufweisen bzw. durchlaufen. So beginnt jedes Handeln „mit einer *Planung*, die in *Ausführung* übergeht und schließlich durch eine *Kontrolle* vorläufig abgeschlossen wird" (ebd., 243). Das Spezifische an diesem regelkreisförmigen Zusammenhang ist, dass das Handeln zwar seinen Scheitelpunkt im konkreten Ausführungshandeln erfährt, aber zum vollständigen Handlungsablauf bedarf es stets noch des „vorherigen *Planungs*- und des nachfolgenden *Kontroll*handelns“ (ebd., 242). In Analogie dazu fokussiert sich didaktisches Handeln im konkreten Unterricht als didaktisches Ausführungshandeln, jedoch als vollständiger Prozess kann didaktisches Handeln nur unter Einbezug vorhergehender Planung und nachfolgender Kontrolle aufgefasst werden. Im Grunde unterliegt somit didaktisches Handeln dem gleichen Steuerungsmechanismus und der Schrittfolge, wie es das psychologische Modell vollständigen Handeln vorsieht. Doch Peterßen fügt seinem Schema vollständigen Unterrichthandelns eine vierte Phase hinzu, die sich auf die Vorbereitung des geplanten Unterrichts bezieht. Damit wird explizit und sichtbar ausgedrückt, dass keine Planung unmittelbar in die Unterrichtsdurchführung mündet, sondern vorbereitender Aktivitäten als Zwischenschritt bedarf. „Eine umsichtige und vorausschauende Unterrichtsplanung (eventuell unter Durchdenken von alternativen Verlaufsprozessen) und eine darauf basierende Vorbereitung des Unterrichts (Herstellen von Materialien, Zusammenstellen geeigneter Medien, Verfassen von Arbeitsaufträgen) stellt eine solide Grundlage für gelingenden Unterricht dar“ (Kiper/Mischke 2009, 163). Allerdings ist es die Frage, ob die Umsetzung eines Plans in die Wirklichkeit nicht immer mehr oder weniger umfangreiche Vorarbeiten erfordert, so dass dieser Schritt in jedem Fall in irgendeiner Form erfolgt, unabhängig davon, ob in die Ausführung integriert wird oder als eigenständige Etappe ausgewiesen wird. Geht man somit von einem Vierphasenschema vollständigen Unterrichtshandelns aus und vergleicht es mit dem psychologischen Modell vollständigen Handelns, dann kommt es zu folgender Konstellation:

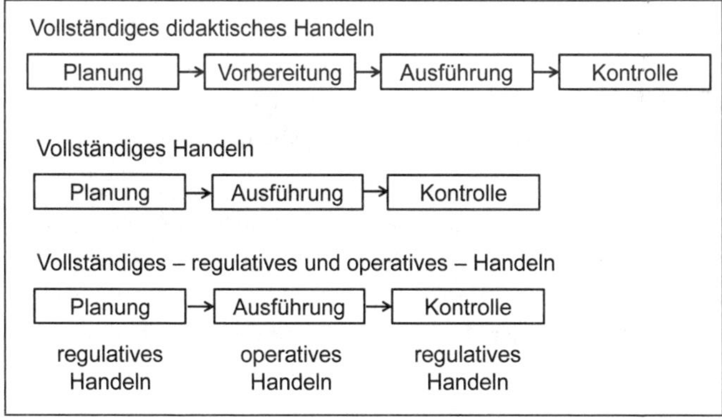

Abb. 21: Vollständiger didaktischer Handlungsprozess

Im Unterschied zum psychologischen Modell enthält das Schema vollständigen didaktischen Handelns zwei Teilphasen des Ausführungshandelns (Vorbereitung und Implementation von Unterricht). Entscheidend ist allerdings, dass grundsätzlich theoriebasierte didaktische Unterrichtspraxis aufgrund vollständigen didaktischen Handelns stattfindet, das als regulatives und operatives Format auftritt. Planung als didaktisches Handeln beinhaltet in Übereinstimmung mit dem psychologischen Modell vollständigen Handelns nicht nur regulatives Handeln in Form von Denkoperationen, sondern geht darüber hinaus, indem es operatives Handeln in Form von Vorbereitungs- und Ausführungshandeln ebenso enthält wie eine weitere Etappe regulativen Handelns der Kontrolle und Evaluation. Deshalb wird es unter diesen Voraussetzungen darauf ankommen, das »Grundschema des Planens« der 3. Generation mit dem des vollständigen Handelns zu verbinden, um dadurch über ein Modell verfügen zu können, das einerseits den aktuellen planungstheoretischen und -wissenschaftlichen Diskurs aufgreift und abbildet wie andererseits es ermöglicht, der täglichen Planungspraxis von Lehrerinnen und Lehrern eine der Komplexität der Planungssituation adäquate Grundstruktur zu geben.

Um mit der hohen Komplexität von Unterricht zurechtzukommen, findet sich häufig in einschlägiger Literatur der Vorschlag zur Komplexitätsreduktion (vgl. Meyer 2007, 13f). Doch solch eine Maßnahme wirft Probleme auf und hat ihre Grenzen, so dass geeignete Planungsmodelle nicht unterkomplex sein dürfen, sondern gegenstandsangemessen. Der Rückgriff auf breites didaktisches Theoriewissen hilft dabei. „Eine Voraussetzung für die Entwicklung von Unterrichtsplanungen besteht darin, dass genügend Wissen über die Komplexität von Unterricht vorhanden und das Wissen angemessen geordnet und strukturiert ist (vgl. Hacker 1992)" (Kiper/Mischke 2009, 45).

> Die Güte von Unterrichtsplanungen ist demnach davon abhängig, ob Modelle vorliegen, die die aufgaben- und problemspezifische Komplexität aufweisen, und ob Lehrerinnen und Lehrer über das nötige Wissen verfügen, um mit den komplexen Sachverhalten professionell umgehen zu können.

Durch Verknüpfung des Modells »Vollständiges didaktisches Handeln« mit dem »Grundschema Planung« wird der Versuch unternommen, ein Planungsmodell mit dem Ziel vorzulegen, die entscheidenden Planungsansätze, Planungsfelder und Planungsschritte zur Gestaltung von (schüleraktivem) Unterricht angemessen zu berücksichtigen. Dazu werden die bisher im »Grundschema Planung« verwendeten Begriffe »unterrichtstheoretisch« interpretiert und den Begrifflichkeiten didaktischen Planungshandelns angepasst.

Das Planungsmodell: Orientierungsrahmen didaktischer Planung (ODP) erfüllt die Bedingung vollständigen didaktischen Handelns, indem es alle vier Phasen – von der Planung über die Vorbereitung und Ausführung bis zur Kontrolle des Unterrichts – aufweist. Allerdings wurde die Kontrollkomponente explizit dem ursprünglichen Modell hinzugefügt. Außerdem lässt sich der »Orientierungsrahmen didaktischer Planung« in Einklang bringen mit gängigen Vorstellungen zu differenzierbaren Phasen und Aufgaben der Unterrichtsplanung (vgl. Abb. 22), so dass die Grundstruktur des vorliegenden Modells dieses anschlussfähig an den aktuellen Diskurs didaktischen Planungshandelns macht.

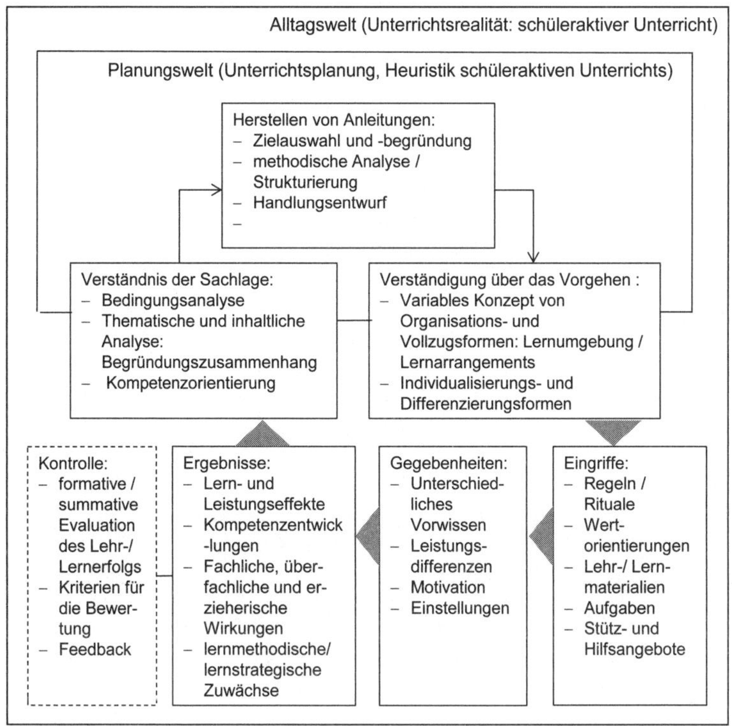

Abb. 22: Planungsmodell: Orientierungsrahmen didaktischer Planung

Doch darüber hinaus wird die Anpassung der Begrifflichkeiten des »Grundschemas Planen« (vgl. Abb. 16) an den unterrichtstheoretischen und -didaktischen Diskussionsstand eine Besonderheit zeigen, die dieses Modell von den bisherigen abgrenzt, und in Bezug auf die Planung von (aktivierenden) Lernumgebungen und -arrangements eine Weiterentwicklung darstellt. Die unterscheidbaren Handlungsfelder sowohl in der Planungswelt als auch in der Alltagswelt orientieren sich inhaltlich nicht nur an bekannten Planungs- und Handlungsaufgaben aus der Unterrichtsdidaktik, sondern ebenso an den Komponenten der Erweiterten Didaktischen Analyse (EDA), die aus der Verschmelzung des Perspektivenschemas der kritisch-konstruktiven Didaktik (Klafki) mit den Kernprinzipien des Hamburger Modells (Schulz) hervorgegangen ist (vgl. Abb. 15, S. 104).

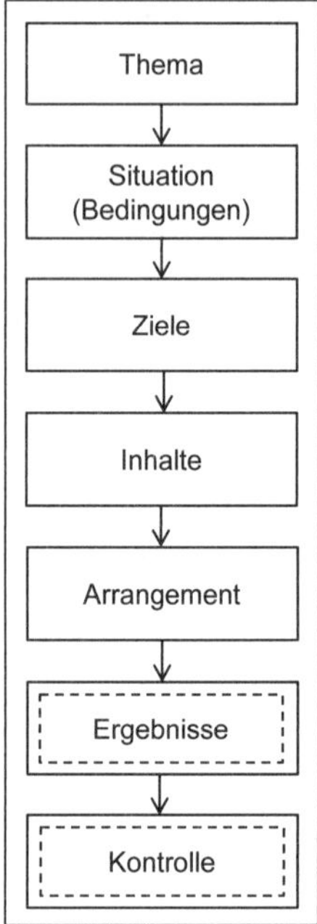

Abb. 23: Planungsfelder und Planungsaufgaben (erweiterte Darstellung in Anlehnung an Peterßen 2003, 12)

3.5 Anwendung und Ausgestaltung des Orientierungsrahmens didaktischer Planung

Eine der wichtigsten Voraussetzungen für die Entwicklung von Unterrichtsplanungen besteht darin, die Rahmenbedingungen des Unterrichts, insbesondere die institutionellen, sachlichen und individuellen, zu analysieren und zu reflektieren (vgl. Planungsschema der Erweiterten Didaktischen Analyse Abb. 15, S. 104).

3.5.1 Verständnis der Sachlage

Die Sache, um die es geht, ist der Unterricht, der für eine bestimmte Gruppe von Schülerinnen und Schülern in einer spezifischen Situation unter bestimmten Voraussetzungen und Bedingungen stattfindet. Jeder Unterricht ist anders und unterliegt einer besonderen Intention. Unterrichtliches Handeln ist ein durch und durch pädagogisch-didaktisch geprägtes Geschehen. Und weil damit vor allem Entscheidungen für konkrete Maßnahmen verbunden sind, erfordert das eine möglichst genaue „Erfassung und Analyse aller in der besonderen Lehr- und Lernsituation möglicherweise wirksamen Voraussetzungen und Bedingungen“ (Peterßen 2000, 15). Hinsichtlich der Rahmenbedingungen ist es immer eine Frage, wie weit für die jeweilige Planung der Kreis gezogen werden soll. Selbstverständlich sind institutionelle Rahmenbedingungen zu berücksichtigen, wie zum Beispiel die Schulform, das sozio-kulturelle und sozio-ökonomische Umfeld der Schule bzw. der Klasse; aber auch die Jungen- und Mädchen-Problematik zählt dazu oder die sozio-strukturelle Zusammensetzung einer Klasse. Um zu Klärungen über gesellschaftliche Rahmenbedingungen der Schule zu gelangen, ist es nützlich, sich durchaus genereller mit aktuellen Zeitströmungen und Zeitsignaturen zu beschäftigen, wie beispielsweise dem Wandel gesellschaftlicher Lebensverhältnisse und der Familienkonstellationen (vgl. Bildungskommission NRW 1995, 23ff). Derartige Faktoren nicht in die Unterrichtsplanung einzubeziehen, hieße nach Jank/Meyer (2011), den Unterricht „untheoretisch“ zu geben. „Man muss die Situation auch zum Theoretikum erheben“ (ebd., 269). Ohne Kenntnis des Umfeldes von Unterricht, d.h. der Elaboration gesellschaftlicher Faktoren und individueller Erfahrungsfelder kann es keine akzeptable Unterrichtsplanung geben. Diese im Bedingungsfeld anfallenden Planungserfordernisse lassen sich nach Peterßen (2000) in langfristige und kurzfristige, situative Entitäten unterscheiden:

> „Manche Bedingungen können wegen ihrer Eigenart langfristig erfasst und in Rechnung gestellt werden, z.B. Zeitströmungen, Schultyp, Klassenraum u.Ä.; andere Bedingungen hingegen sind für jede Situation, d.h. für jede Unterrichtsstunde, neu auszumessen, z.B. der Zustand der Schülerinnen und Schüler, die Tageszeit u.a.“ (Peterßen 2000, 65).

Neben der Analyse und Reflexion der Bedingungsproblematik sind am Anfang aller Planungsentscheidungen Überlegungen zum Sachgegenstand zu machen. Genauer gesagt geht es darum, eine thematische Entscheidung zu fällen und mit »Sachfragen« zu verbinden (vgl. Meyer 2008, 19ff; Kiper/Mischke 2009, 70). Die Themenwahl ist zu begründen; dabei helfen die Grundfragen der Erweiterten Didaktischen Analyse. Vor allem die Erschließung der Struktur eines Sachverhalts setzt die Auseinandersetzung mit fachlichen bzw. fachwissenschaftlichem Wissen und Sichtweisen voraus. Jedoch führt sachanalytisches Vorgehen nicht zwingend dazu, eine „vorpädagogische-fachwissenschaftliche“ Sachverhaltsklärung durchzuführen, die ohne Umwege über die Absolvierung weiterer Schritte didaktischen Planungshandelns direkt zu methodischen Fragestellungen überleitete. Um dieser Gefahr von vornherein zu entgehen, wandte sich sowohl Klafki als auch Schulz gegen eine isolierte vorpädagogische Sachanalyse, um die „spezifisch pädagogische Sicht“ des Unterrichthandelns nicht aus dem Fokus der Unterrichtsplanung zu verlieren (Jank/Meyer 2011, 233; Kiper/Mischke 2009, 71).

Die Meinungsverschiedenheit über den Sinn oder Unsinn der Durchführung einer vorpädagogischen Sachanalyse ist keineswegs trivial. Es geht nämlich überhaupt nicht darum, die fachwissenschaftliche systematische Ergründung der Gliederung eines Unterrichtsgegenstands gering zu schätzen oder als zweitrangig zu betrachten. Im Gegenteil: Fragen zum Sachverhalt sollen gründlich und fachwissenschaftlich korrekt gestellt und beantwortet werden. Kritisch allerdings wird ein Vorgehen gesehen, bei dem pädagogisch-didaktische Fragen, die sich im Zusammenhang mit dem sachanalytischen Geschehen nolens volens einstellen, auszublenden versucht werden. Zwar deshalb, weil damit zusammen Gedachtes künstlich auseinanderdividiert würde.

> „Denn in der konkreten Unterrichtsvorbereitung gehen Lehrerinnen und Lehrer (…) immer schon von Anfang an mit ihrem Bild der Klasse, mit ihrem Bild der wünschenswerten Unterrichtsziele, mit ihrem Bild von dem, ›was dabei herauskommen soll‹, mit ihrem Bild des Kenntnisstands der Schülerinnen und Schüler im Hinterkopf an die Arbeit. *Unterrichtsvorbereitung ist*, auch wenn man sich dessen nicht immer bewusst ist, *immer ein ganzheitlicher Akt* – und es wäre unsinnig, Lehrerinnen und Lehrern zu verbieten, während einer Phase der Konzentration auf didaktische Fragen u.U. – sozusagen in einem Seitenstrang – einer unterrichtsmethodischen Frage oder einer klärungsbedürftigen Sachfrage nachzugehen!" (Jank/Meyer 1990, 171f.; Hervorhebungen E.J.).

Fachwissenschaften haben bildungs- und unterrichtstheoretisch betrachtet keine unabhängige, selbstreferentielle, sondern vermittelnde Wertigkeit. „Die Fachwissenschaften haben also im Rahmen der Didaktischen Strukturierung keine determinierende, sondern ‚nur' eine regulative Funktion, die sie erfüllen, indem sie helfen, die didaktischen Perspektiven auf das Thema fachlich korrekt zu formulieren" (Jank/Meyer 2011, 226). Als »didaktische Strukturierung« wird die interdependente Verflechtung von Sach-, didaktischer und methodischer Analyse verstanden (Meyer 2008, 198).

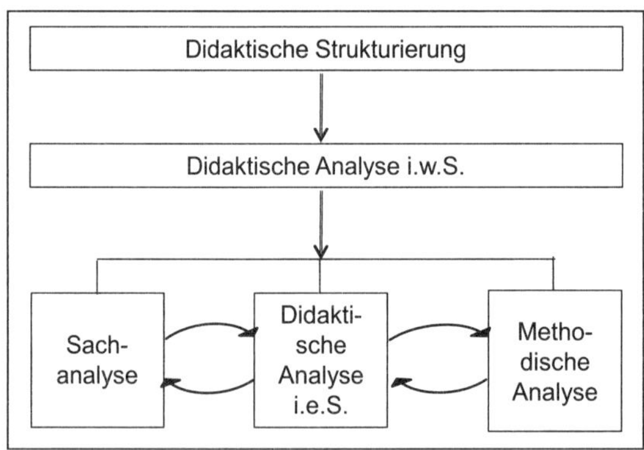

Abb. 24: Didaktische Strukturierung

Mit der Verwendung des Begriffs »Didaktische Analyse im weiten Sinn (i.w.S.)« soll handlungs- und strukturlogisch sichtbar gemacht werden, dass Sach- und Methodenfragen in den didaktischen Begründungszusammenhang integriert sind. Jank/Meyer (2011) gehen soweit zu behaupten, das sich seit 50 Jahren die Allgemein- und Fachdidaktiker im deutschsprachigen Raum darüber einig sind, „dass die Auswahl und Strukturierung der Unterrichtsinhalte nicht aus fachwissenschaftlichen

Vorgaben abgeleitet werden kann, sondern von Beginn an aus einem didaktischen Begründungszusammenhang heraus erfolgen muss“ (ebd., 198). Vor diesem Hintergrund fällt die didaktische Strukturierung eines Unterrichtsinhalts als Aufgabe vollkommen der Didaktischen Analyse (i.w.S.) zu. Das schließt aber nicht aus, im Verlauf des Planungsprozesses schwerpunktmäßig sach-, methoden- und ziel- bzw. gegenstandsanalytische Fragestellungen zu bearbeiten und miteinander zu verzahnen, ohne dabei eine bestimmte Reihenfolge einhalten zu müssen.
Spätestens an dieser Stelle scheint es angezeigt, Begriffe wie *Thema*, *Inhalt* und *Unterrichtsgegenstand*, die im Kontext der Didaktischen Strukturierung eine zentrale Bedeutung haben, genauer zu beschreiben, um sie deutlich unterscheidbar zu machen.

> Als *Thema* kann ein „bestimmter Sach-, Sinn- oder Problemzusammenhang“ deklariert werden (vgl. Meyer 2007, 190), der sich in der Regel, aber nicht notwendigerweise, auf geltende Lehrpläne oder bildungsstandardbasierte, fachliche oder überfachliche (Kern-)Curricula bezieht. Mit der Wahl des Themas wird bestimmt, was der *Gegenstand* des Unterrichts sein soll. Das Thema ist vom *Inhalt* zu unterscheiden. „Das *Thema* wird gestellt, der *Inhalt* wird erarbeitet“ (ebd., 197). So gesehen ist der Unterrichtsinhalt das Produkt der unterrichtlichen Bewältigung des Themas.

Einen möglichst sowohl in der Breite als auch in der Tiefe angemessenen Informationserwerb zu den relevanten Rahmenbedingungen und Komponenten der Ausgangslage des zu planenden Unterrichts ist das Ziel der Klärung der Ausgangslage. Für diese Phase des didaktischen Handelns sind die folgenden Aspekte konstitutiv (vgl. Abb. 25).

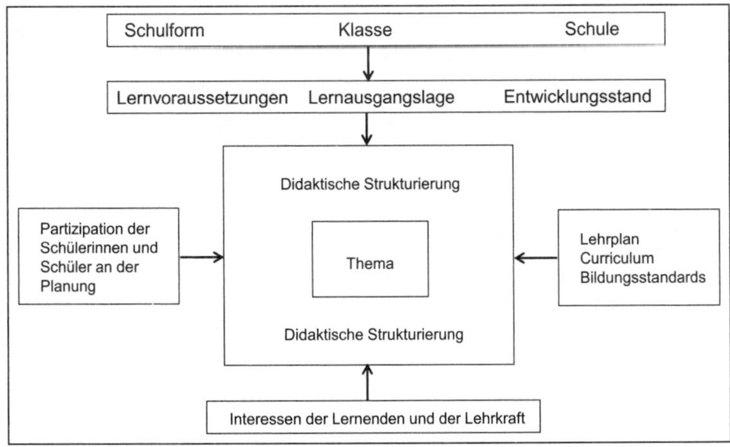

Abb. 25: Klärung der Sachlage: Bedingungsanalyse und thematischer Begründungszusammenhang

Als Rahmenbedingungen treten kulturelle und soziostrukturelle Faktoren auf, die bei der Unterrichtsplanung zu berücksichtigen sind. Schulen unterscheiden sich in der soziostrukturellen Zusammensetzung ihrer Schülerschaft entsprechend ihrem Einzugsgebiet. Gymnasien haben beispielsweise alle dieselbe Schulform, aber dennoch werden sie vermutlich unterschiedlich heterogene Schülerschaften haben. Vergleichbares gilt für die Klassenzusammensetzungen in ein und derselben Schule. Auch in der Verteilung von Jungen und Mädchen oder der sozio-ökonomischen Schichtung dürften sich selbst Parallelklassen voneinander unterscheiden, ebenso im Klassenklima und in der Gruppendynamik.

Zu den klasseninternen und individuellen Bedingungen, die für die Unterrichtsplanung relevant sind, sind das fachliche und überfachliche Vorwissen bzw. die fachlichen und überfachlichen Kompetenzen bzw. deren Niveaus zu zählen. Innerhalb der Gruppe der Lernvoraussetzungen wird dem Vorwissen eine eminent wichtige Rolle zugeschrieben, insbesondere wenn es darum geht, Lernen erfolgreich zu gestalten, indem expansive Lernfortschritte erzielt werden. Gemäß einer empirisch belastbaren Befundlage kann deshalb relativ sicher behauptet werden, „dass *fachspezifisches Vorwissen* das Lernen am stärksten fördert, noch stärker als die allgemeine Intelligenz: Wer schon mehr Kenntnisse auf dem fraglichen Gebiet mitbringt, wird leichter und rascher Neues dazulernen als andere“ (Klauer/Leutner 2007, 91). In die gleiche Richtung, allerdings vor dem Hintergrund der Bedeutsamkeit von Methodenkompetenz für das Lernen, weist ein weiterer Befund, mit dem festgestellt wird, dass „die wichtigste Voraussetzung für kumulative und anspruchsvolle Lernprozesse gerade nicht *formale Schlüsselqualifikationen (sind)*, sondern *eine solide und gut organisierte Wissensbasis* ist“ (Helmke 2010, 41). Der Erwerb von Wissen ist somit abhängig von der Qualität des Vorwissens. „Umfang, Organisation, mentale Repräsentation und Abrufbarkeit machen die Qualität des Wissensbestandes aus. Bei steigender Schwierigkeit und Komplexität von Aufgaben und Problemstellungen nimmt die Bedeutung des spezifischen Vorwissens für deren erfolgreiche Bearbeitung zu“ (Bund-Länder-Kommission (BLK), 1997, 17).

In Bezug auf die Lernvoraussetzungen zeigt sich das sachverständige Vorwissen zwar als besonders relevant für den Lernerfolg, jedoch ist daraus nicht der Schluss zu ziehen, dass alle weiteren Lernvoraussetzungen marginal wären und demnach unbeachtet bleiben könnten. Welche weiteren Lernvoraussetzungen neben der kognitiven Lernausgangslage noch zu beachten sind, dazu vermittelt die folgende Zusammenstellung einen komprimierten Überblick (vgl. Wiater 2011, 199ff).

1) Die kognitive Lernausgangslage
   Von welchem Vorwissen und Könnensstand ist bei den Schülerinnen und Schülern auszugehen? Genauer: über welches bereichs- und gegenstandsspezifische Vorwissen verfügen im Einzelnen die Schülerinnen und Schüler? Über welche Bandbreite erstreckt sich das Vorwissen innerhalb der Lerngruppe bzw. Klasse? Welche fach- und problemspezifische Mindestkompetenz ist für die erfolgrei-

che Bewältigung des Unterrichts erforderlich? (Als problemspezifische Mindestkompetenz sind fachspezifische metakognitive und methodische Techniken und Strategien zu verstehen. Darüber hinaus gilt es selbstverständlich überfachliche metakognitive und methodische Techniken und Strategien in der Unterrichtsplanung zu beachten).

2) Emotionale und soziale Lernausgangslage
Die hier gewählte Kombination ist so nicht häufig. Öfter findet sich die Verbindung von »Arbeits- und Sozialverhalten«. Die Beachtung des emotionalen Verhaltens hat jedoch durchaus ihre didaktische Berechtigung, gerade auch in der Relation zum sozialen Verhalten. Jank/Meyer (1990) haben im Kontext der Störungsanfälligkeit von Unterricht darauf hingewiesen, dass vielfach in Schule so getan werde, „als ob die Schülerinnen und Schüler ihre Körper nur als Prothesen ihrer Köpfe in den Unterricht mitzubringen haben" (ebd., 401) Im Grunde leiden beide darunter: Die Schülerinnen und Schüler unter der Nichtwahrnehmung ihrer Emotionen und die Lehrerinnen und Lehrer unter den Reaktionen der Schülerinnen und Schüler, mit denen sich diese gegen die Nichtbeachtung als »ganze« Person zur Wehr setzen, u.a. mit dem Abschweifen in Nebentätigkeiten (ebd., 402). Dabei ist zu bedenken, dass ein Unterricht, der den Emotionen der Lernenden kaum oder keine Beachtung schenkt, schlichtweg die neuesten wissenschaftlichen Erkenntnisse zum Konnex von Emotionen und Kognitionen (vgl. Roth 2006; Spitzer 2002; Braun/Meier 2006) und damit ein zentrales Legitimationsaxiom des Schüleraktiven Unterrichts unterschlagen würde.
Einige der wichtigsten Fragen hinsichtlich der emotional-sozialen Lernausgangslage könnten diese sein:
Welche Anknüpfungspunkte an die subjektiven Lerninteressen sind gegeben? Welche Zugänge zur Weiterentwicklung von Schülerinteressen und zum Aufbau von Zuversicht und Kontrollüberzeugungen passen zu den Schülerinnen und Schülern? Verfügt der Schüler/die Schülerin über Selbstsicherheit, Lernfreude und Vertrauen in die eigenen Möglichkeiten? Aber auch Fragen wie diese gehören dazu: „Verhält sich der Schüler/die Schülerin selbstständig? Ist der Schüler/die Schülerin bereit zum Zusammenarbeiten mit anderen? Wie ist sein Kontaktverhalten in der Klasse/Lerngruppe? Wie agiert bzw. reagiert der Schüler/die Schülerin in schwierigen Situationen und Konflikten?" (Wiater 2011, 201).

3) Sprachliche und kulturelle Lernausgangslage
Verfügen alle Schülerinnen und Schüler über die nötigen sprachlichen und kommunikativen Kompetenzen? Mit welchen sprachlichen Schwierigkeiten muss gerechnet werden und wie kann darauf reagiert werden? Welche kulturellen Spezifika und Hintergründe erfordern ein besonders sensibles Umgehen? Weil gegenseitige Wertschätzung eine wichtige Gelingensbedingung für Unterricht ist und zur Entwicklung und Förderung von Selbst- und Fremdachtung,

von Vertrauen und Lernbereitschaft beiträgt, ist auch die Einbeziehung von Wertorientierungen in die Analyse der Lernvoraussetzungen bedeutsam. Außerdem gewinnen sprachliche und kommunikative Kompetenzen gewinnen im Schüleraktiven Unterricht deshalb noch zusätzlich an Einfluss, weil das zunehmende Selbstmanagement der eigenen Lerntätigkeit den aufgabenadäquaten Umgang mit Sprache voraussetzt.

4) Metakognitive und arbeitsstrukturelle Lernausgangslage
Weil „der Einsatz von Lernstrategien insbesondere dann bedeutsam (ist), wenn vom Lerner erwartet wird, dass er sein Lernen selbst plant, kontrolliert und steuert" (Wild et al. 2006, 245), was zwar als wichtiges Ziel heute generell für die Schule gilt, jedoch vorzugsweise den Schüleraktiven Unterricht prägt, unterstützt die Entwicklung und Aktivierung von Lernstrategien das Prinzip der autonomen Handlungsfähigkeit. Demgemäß sind für die Analyse der Lernvoraussetzungen mit dieser Schwerpunktsetzung Fragen wie diese hilfreich: Sind die erforderlichen Lernstrategien bzw. überfachlichen Kompetenzen vorhanden? Sind die Schülerinnen und Schüler in der Lage, ihr Lernen zu planen, die Lernprozesse effektiv durchzuführen und die eigenen Lernschritte zu kontrollieren, d.h. metakognitiv zu steuern? Welche »Stützstrategien« (Anstrengungsbereitschaft; Aufmerksamkeit bzw. Konzentrationsfähigkeit; Zeitmanagement; Gestaltung der individuellen äußeren Lernumgebung bzw. des Arbeitsplatzes; Nutzung von Informationsquellen: vgl. Wild et al. 2006, 246f) liegen in welchem Ausmaß vor?
Metakognitive Lernvoraussetzungen korrespondieren mit Lern- und Arbeitstechniken, so dass sich hieran Fragen wie die folgenden anschließen: Kann der Schüler/die Schülerin Informationsquellen selbstständig und aufgabenspezifisch heranziehen? Welche Lern- und Arbeitstechniken (vgl. Kron et al. 2014, 187) werden vorausgesetzt? Dieses führt zur differenzierteren Aufschlüsselung: „Verfügt er/sie über Gedächtnistechniken und Entspannungstechniken? Ist er/sie in der Lage zu abstrahieren, Gelerntes zu präsentieren, zu transferieren und praktisch anzuwenden?" (Wiater 2011, 203).

5) Motivationale Lernausgangslage
Neben Intelligenz und Vorwissen wird die Motivation als ein wichtiger Wirkfaktor für das schulische Lernen gesehen. Weil außerdem davon auszugehen ist, dass sich diese drei Faktoren gegenseitig beeinflussen, liegt es nahe, in der Planung von Unterricht motivationale Überlegungen einzubeziehen. Unabhängig von der allgemeinen Bedeutung von Motivation für das Lernen (vgl. Klauer/Leutner 2007; Rheinberg 2005) soll sich mit motivationalen Bedingungen des Lernens auseinandergesetzt werden, weil mit der »motivationalen Mitbestimmungstheorie« (Ryan/Deci 2000) eine Theorie vorliegt, die einerseits speziell Lernmotivation und Selbstbestimmung im Zusammenhang betrachtet und deshalb im Schüleraktiven Unterricht ein besonders fruchtbares Anwendungs-

feld finden sollte. Und andererseits weil die motivationale Selbstbestimmungstheorie auf anthropologischen Bedürfnissen fußt, was diese Theorie besonders anschlussfähig an die Heuristik Schüleraktiven Unterrichts macht, in der der Zusammenhang zwischen menschlichen (Grund-)Bedürfnissen und Lernerfolg erkenntnistheoretisch ein wichtiger Bezugspunkt ist (vgl. Jürgens 2010, 70ff).
Die »motivationale Theorie der Selbstbestimmung« beruht auf drei grundlegenden menschlichen Bedürfnissen, deren situationales Erleben sich motivationsfördernd auswirkt. Im Einzelnen handelt es sich um die Bedürfnisse, (a) sich als autonom und (b) kompetent zu erleben, sowie (c) sich sozial eingebunden zu fühlen (Wild et al. 2006, 217). Je stärker Schülerinnen und Schüler ihr Handeln im Unterricht als selbstbestimmt, je häufiger sie persönlichen Lernfortschritt erkennen können (Kompetenzzuwachs) und je mehr sie sich sozial eingebunden und von den Mitschülern und Lehrkräften akzeptiert fühlen, umso mehr steigt ihre Lernmotivation (ebd., 231).
Hinsichtlich der motivationalen Lernausgangslage interessieren dann Fragen wie diese:

- Bietet der Unterricht genügend Freiräume für die Schülerinnen und Schüler, um sich „als ›Verursacher‹ ihrer Lernaktivitäten erleben zu können“ (ebd.)?
- Wie kann erreicht werden, dass alle Schülerinnen und Schüler sich von der Thematik angesprochen und mitgenommen fühlen?
- Welche Gründe kann es dafür geben, dem Thema desinteressiert bzw. gleichgültig gegenüberzustehen?
- Welche Schülerinnen und Schüler fühlen sich in der Klasse bzw. Lerngruppe nicht hinreichend integriert bzw. von ihren Mitschülerinnen und Mitschülern nicht genügend akzeptiert?
- Wie stellt sich das Verhältnis zwischen der Lehrkraft und der Klasse bzw. den einzelnen Schülerinnen und Schülern dar?

Auf dem Hintergrund der vorangegangenen Erörterungen versteht es sich, dass sich Fragestellungen zu den Lernvoraussetzungen grundsätzlich auf jeder der Planungsebenen, d.h. der Perspektiv-, Umriss- und Prozessplanung in vergleichbarer Weise wiederholen. Außerdem sollte noch darauf hingewiesen werden, dass zwar den genannten Schwerpunktsetzungen für den Planungsprozess zentrale Bedeutung zugemessen wird, aber dennoch noch weitere Schwerpunkte mitbedacht werden können bzw. sollten, wie beispielsweise entwicklungsbedingte Lernvoraussetzungen. Weil „viele Fähigkeiten erst mit dem Erreichen eines bestimmten physiologischen und psychologischen Entwicklungsstandes möglich (werden)“ (Jank/Meyer 1990, 190) und weil viele Entscheidungen und Maßnahmen im Unterricht auf „Prognosen der weiteren Entwicklung“ fußen (Montada 2008, 15) ist es fraglos einsichtig, wenn entwicklungsbedingte Lernvoraussetzungen in die Bedingungsanalyse zur Unterrichtsplanung einfließen. Dieser Auffassung wird auch gefolgt. Doch im Unterschied zu anderen Planungsformaten wird dem Entwicklungsstand eine eigene

Rubrik zugestanden (vgl. Abb. 25). Dafür ausschlaggebend ist die Gegenstandsbestimmung von »Entwicklung«, die sich nach wie vor am Lebensalter orientieren lässt. „Entwicklung bedeutet Veränderung, die sinnvoll auf die Zeitdimension Lebensalter bezogen werden kann" (Montada 2008, 47). Daraus ergibt sich die Erkenntnis, dass es altersspezifische Entwicklungsaufgaben und -probleme geben kann. Auf der Suche nach Erklärungen für das Erlernen alterskorrelierter Fähigkeiten findet sich beispielsweise immer wieder die Annahme der Existenz biologisch bedingter Zeitfenster (vgl. Scheunpflug 2001). In diesen sogenannten »sensiblen Phasen« soll der Mensch „für bestimmte Erfahrungen in besonderer Weise aufgeschlossen (sein). Werden Lernerfahrungen nicht in dem für ihn optimalen Zeitfenster ermöglicht, so kann (nach dieser Theorie – E.J.) die entsprechende Fähigkeit später nur mehr mit erhöhtem Aufwand" und noch dazu häufig mit dauerhaften Mängeln behaftet „erlernt werden" (Jank/Meyer 1990, 197).
Da Entwicklung und die Rolle von Erfahrungen und von Lernen eng miteinander zusammenhängen, scheint es berechtigt, den Entwicklungsstand des Heranwachsenden in besonderer Weise zu beachten.
Für die Planung von Unterricht, vor allem über längere Zeitspannen der Perspektivplanung, sollten deshalb Fragen wie diese hilfreich sein: „Welche Kompetenzen, Einstellungen, Interessen darf man (in einem bestimmten Lebensalter – E.J.) voraussetzen? Welche Anforderungen sind angemessen, in welcher Hinsicht ist Schutz oder Schonung geboten? In welchen Entwicklungsperioden hat man mit welchen typischen Risiken, mit welchen Krisen oder Problemen zu tun?" (Montada 2008, 15).
Nach einem klärenden Nachdenken über die Rahmenbedingungen erfolgt die weitere nunmehr fokussierte Auseinandersetzung mit dem Thema und dessen Eingliederung in den größeren Zusammenhang der Didaktischen Strukturierung (vgl. Abb. 25). „Themen entstehen aus pädagogischen Überlegungen über Sachen" (Peterßen 2003, 28). Kurzum: Themen werden gesetzt. Doch derartige Festlegungen werden begleitet von pädagogischen Überlegungen, und zwar erstens ob etwas dafür oder dagegen spricht, das Thema für eine Unterrichtseinheit oder eine konkrete Unterrichtsstunde zu wählen (Legitimation) und zweitens, „wozu es im Unterricht behandelt werden sollte (Zielsetzung)" (ebd.). Die Begründung der Themenwahl erfolgt in der Erweiterten Didaktischen Analyse, u.a. anhand der Gegenwarts- und Zukunfts- sowie anhand der exemplarischen Bedeutung (vgl. Klafki 1991, 273ff). Pädagogische und didaktische Handlungsabsichten und Intentionen müssen sich immer daran messen lassen, was sie zur Bildung der Heranwachsenden beitragen und welche Entwicklungen durch sie befördert werden sollen.
Das gilt sowohl auf deren Gegenwart als auch Zukunft bezogen. Gegenwartsbedeutung lässt sich durch Anknüpfung des Themas an Alltagserfahrungen und aktuelle kulturelle und gesellschaftliche Aufgaben herstellen, während die Zukunftsbedeutung auf die Frage eine Antwort zu geben versucht, ob das heute Gelernte noch

künftig eine Bedeutung für das Individuum haben kann und wenn ja, in welchem vermuteten Wirklichkeitszusammenhang (vgl. Kap. 2.2). Die Exemplarität eines Themas zeigt sich darin, dass sich an diesem „allgemeinere Zusammenhänge, Beziehungen, Gesetzmäßigkeiten, Strukturen, Widersprüche, Handlungsmöglichkeiten erarbeiten lassen" (Klafki 1991, 275). Themen und Zielformulierungen gehen vermutlich ineinander über. Wer ein Thema sucht oder ein Thema wählt, wird gleichsam automatisch überlegen, welche Intentionen damit verfolgt bzw. welche Lernziele damit erreicht werden sollen (vgl. Peterßen 2003, 18). Präziser müsste es eigentlich heißen: Die durch ein Thema vermittelbaren Inhalte und die Frage nach den damit im Zusammenhang stehenden Zielentscheidungen sind in einem interdependenten Abhängigkeitsverhältnis miteinander verbunden (vgl. Klafki 1991, 259). Generell sind vier Schritte nötig, um den Lernzielplanungsprozess zu strukturieren und zu kontrollieren:

„(1) Sammeln der verschiedenen Lernziele;
(2) Beschreiben der einzelnen Lernziele;
(3) Ordnen (Gewichten) der Lernziele;
(4) Entscheiden, welche Lernziele zur Planung verwendet werden" (Kron et al. 2014, 103).

Aufgrund der Tatsache, dass Themen u.a. vor dem Hintergrund der Bedingungsanalyse und den Kernfragen der Erweiterten Didaktischen Analyse, nach der Gegenwarts-, Zukunfts- und exemplarischen Bedeutung zu begründen sind, ergibt sich für die infrage kommenden Lernziele eine analoge Vorgehensweise. Auch diese sind zu legitimieren. Hilfen bieten zwar Lehrpläne, Richtlinien oder modular aufgebaute Curricula und Kompetenzmodelle. Letztendlich aber muss die Entscheidung über Lernziele von der »pädagogischen Verantwortung« getragen werden, die alle Lehrkräfte für ihre Schülerinnen und Schüler haben (vgl. Peterßen 2003, 18). Das schließt allerdings nicht die Partizipation der Heranwachsenden an der Planung aus (vgl. Abb. 24). Es können selbstverständlich auch in dieser Phase des Planungsprozesses verschiedene Formen der Mitbestimmung genutzt werden, u.a. wenn es beispielsweise darum geht zu rechtfertigen, warum die Lernziele für die Gegenwart der Schülerinnen und Schüler bedeutend sind (vgl. Kap. 2.2). Überhaupt bietet der Themenwahl- und Zielfindungsprozess vielfältige Ansätze zur Schülerbeteiligung als ein Klären „durch gemeinsames Aushandeln" (Zumsteg et al. 2007, 17). Werden zum Beispiel große Spielräume zur Mitbestimmung gewährt, können Schülerinnen und Schüler an der Themenwahl beteiligt werden oder „eigene bedeutsame Themen finden bzw. den Themen ihre persönliche Bedeutung beimessen" (ebd.). Daraus erwächst für die Lehrkraft die Aufgabe zu prüfen, ob und wieweit das von den Schülerinnen und Schülern vorgeschlagene Thema für den Unterricht fruchtbar gemacht werden kann, d.h. „sinnstiftend und produktiv" in diesen integriert werden kann (ebd.). Können oder sollen jedoch nur kleine Spielräume zur Partizipation eröffnet werden, kann gemeinsam mit den Schülerinnen und Schülern der Sinn der vorgegebenen Themen und dazu passender Lernformen erkannt und begründet werden (vgl. ebd.).

Gemäß dem ganzheitlichen Lernkompetenzmodell (vgl. Bildungskommission NRW 1995, 82; Jürgens 2006, 35; Peterßen 2003, 164; und Abb. 30) lassen sich vier Lernzieldomänen unterscheiden: fachliche, soziale, methodische und persönliche Lernziele. Allerdings existieren auch Lernzieltaxonomien, die eine Dreigliedrigkeit der Lernzielbestimmung vorschlagen: Kognitiver, psycho-motorischer und affektiver Bereich (vgl. Kron et al. 2014, 104).

> Aufgrund der bildungspolitischen Erwartung und kulturadministrativen Weisung, Bildungsstandards über kompetenzorientiertem Unterricht zu implementieren, ist es naheliegend, das infrage kommende Spektrum an Lernzielen im Vier-Komponenten-Modell von Methoden-, Selbst-, Sach- und Sozialkompetenz zu verorten (vgl. Paechter et al. 2012), um daran anschließend gegebenenfalls über weitere Zuordnungen nachzudenken.

Darüber hinaus können sich Lernziele in ihrem Verallgemeinerungs- bzw. Spezialisierungsgrad (Abstraktions- vs. Konkretisierungsproblematik) unterscheiden.

Der begründete interaktive Zusammenhang von Ziel-, Inhalts- und Methodenentscheidungen ist Gegenstand der Didaktischen Analyse im weiten Sinn (i.w.S.), die für die Didaktische Strukturierung den handlungstheoretischen Überbau bildet (vgl. Abb. 25, S. 133) und die direkt auf die Erweiterte Didaktische Analyse Bezug nimmt. Hingegen fokussiert die didaktische Analyse im engen Sinn (i.e.S.) auf die Frage nach den unterrichtlichen Zielen und Intentionen, die in enger Abstimmung mit und in wechselseitiger Abhängigkeit von sach- und methodenanalytischen Fragestellungen erfolgt (vgl. Abb. 25, S. 133). Nach Meyer (2007, 175) handelt es sich bei der Didaktischen Strukturierung um den „wichtigsten Teil der Unterrichtsplanung", und zwar deshalb, weil mit diesem Schritt die entscheidenden Weichenstellungen für das von den Schülerinnen und Schülern nutzbare Unterrichtsangebot vorgenommen werden.

Der zweite Planungsschritt: Herstellen von Anleitungen (vgl. Abb. 22, S. 129) knüpft an den Kernfragen der Didaktischen Strukturierung an, mit dem der erste Planungsschritt: Verständigung über die Sachlage (vgl. Abb. 22, S. 129) abgeschlossen wurde: Was soll im Unterricht Gegenstand des Lernens sein? (Inhaltsaspekt); wozu soll der Unterricht dienen? (Zielaspekt) und wie soll der Inhalt umgesetzt und die Ziele vermittelt werden? (Methodenaspekt)

3.5.2 Herstellen von Anleitungen

Unter Anleitungen sind pädagogisch-didaktische Maßnahmen und Vorkehrungen zu verstehen, damit das geplante »Unterrichtsangebot« allen Schülerinnen und Schülern ermöglicht, auf den ihnen gemäßen persönlichen Lernwegen selbst- und/ oder fremdgesetzte Ziele zu erreichen. Entsprechend der konstruktivistischen Auffassung, dass Lehren nicht gleich Lernen ist, hängt die Wirksamkeit des Unterrichts für das Schülerlernen wesentlich davon ab, ob die Schülerinnen und Schüler zu den

Maßnahmen einen individuellen Bezug herstellen können und diese sie zur Aufnahme von Lernaktivitäten anregen, d.h. motivationale, emotionale und rationale Prozesse auslösen (Helmke 2010, 74).

Von daher sollte die Lernerperspektive im Vordergrund stehen und darüber nachgedacht werden, was ein Lernangebot für die Schülerinnen und Schüler persönlich so attraktiv macht, dass es sich lohnt, sich damit auseinanderzusetzen. Damit wird sofort auch die gegenteilige Problematik als Frage aufgeworfen: Wodurch kann verhindert werden, dass ein Lernangebot gemacht wird, das von den Schülerinnen und Schülern als persönlich unattraktiv wahrgenommen wird und deshalb nicht zu den gewünschten motivationalen, emotionalen und rationalen Prozessen führt, sondern zu Widerständen.

Im Kontext der Unterrichtsplanung gehört es deshalb dazu, die »Zugänglichkeit« des Themas (vgl. die Erweiterte Didaktische Analyse: Abb. 15, S. 104) zu durchdenken und Situationen zu antizipieren, die sich als störend oder negativ herausstellen könnten. Nach Klafki (1991) ist die Zugänglichkeit von einer Reihe von Kriterien abhängig, doch das zentrale Augenmerk gilt den Situationen und Aufgaben (vgl. Kron et al. 2014, 77). Für motiviertes und expansives Lernen bedarf es Handlungssituationen, die durch das dynamische Zusammenwirken der Komponenten von Lernarrangements als Interaktionsprozesse entstehen und wiederum größtenteils durch den Einsatz von Aufgaben beeinflusst werden (vgl. Meyer 1987, 116). Aufgrund der großen Bedeutung von Aufgaben für das Unterrichtsgeschehen finden sich sogar Auffassungen, zwischen Situation und Aufgabe inhaltlich nicht weiter zu unterscheiden. Bekanntlich setzt Unterrichtsplanung für den kompetenzorientierten Unterricht (vgl. Slepcevic-Zach/Tafuer 2012) notwendigerweise voraus, die in den Bildungsstandards formulierten Könnens-Erwartungen in unterrichtliche Anforderungen zu transformieren, d.h. geeignete Handlungssituationen zu konstruieren. Der Einfachheit halber wollen Esslinger-Hinz et al (2013, 66) solche unterrichtlichen Handlungssituationen schlicht „Aufgaben oder Lernaufgaben" nennen. Diese Synonymik kann man teilen, weil alle unterrichtlichen Situationen direkt oder indirekt mit expliziten oder impliziten Aufgabenstellungen zusammenhängen dürften. Allerdings ist grundsätzlich im Zuge des Kompetenzaufbaus zwischen zwei Situationsmustern zu differenzieren, was dem unbedingten Auseinanderhalten von Lernen und Leisten geschuldet ist (vgl. Bildungskommission NRW 1995, 87; Kiper/Mischke 2009, 91f).

> „Wenn wir Situationen im Unterricht unterscheiden in solche, die stärker der Vermittlung des Lerninhalts und dem Lernen verpflichtet sind, und solche, die der Leistungsüberprüfung dienen, sind Aufgabenstellungen im Kontext des Lehrens und Lernens (Lernkultur) und des Überprüfens von Lern- und Leistungsergebnissen (Erfolgskontrolle) zu unterscheiden." (Kiper/Mischke 2009, 91).

Lernaufgaben sind also klar von Testaufgaben abzugrenzen. Allerdings hinsichtlich der Kontrolle von Lern- und Leistungsergebnissen ist noch eine Präzisierung notwendig. Lernsituationen sind zwangsläufig fehlerbehaftet (vgl. Kap. 4.5 zur Fehlertheorie), so dass Lernprozesse und -ergebnisse zwar auf Feedback angewiesen sind, aber nie zu Prüfungssituationen gemacht werden dürfen, d.h. schlussendlich stets zensurenfrei bleiben.

> „In Lehr- und Lernprozessen müssen die Schülerinnen und Schüler die Möglichkeit haben, Fragen zu stellen, Unklarheiten zu artikulieren, Fehler zu machen, aus diesen zu lernen und sich Hilfe zu holen. (…) Der Prozess des Lernens ist – in Form von Monitoring – zu begleiten, zu überwachen und zu unterstützen durch Gewähren von Rückmeldungen, durch Hilfen zur Selbstkontrolle des Lernprozesses, durch gemeinsames Nachdenken über Genese und innere Logik von Fehlern“ (Kiper/Mischke 2009, 92).

Demgegenüber geht es in Leistungssituationen, die der Prüfung und Bewertung von Lernanstrengungen in der Form von Leistungen dienen, um die möglichst fehlerfreie bzw. fehlerarme Demonstration von Wissen und Können. Dem zu Folge soll sich schwerpunktmäßig auf Lernaufgaben konzentriert werden. Nicht weil Testaufgaben gering geschätzt würden, im Gegenteil, auch sie gehören fraglos zu einer qualitativ anspruchsvollen Unterrichtsplanung. Sondern deshalb, weil das Lernen im Zentrum des Unterrichts und des Kompetenzerwerbs steht und sich Aufgaben sowohl formativer als auch summativer Diagnostik aus den Lernaufgaben gewinnen lassen. Testaufgaben sind eher summativ angelegt, wenn auch nichts dagegen spricht, Tests prozessbegleitend einzusetzen, d.h. diese für die formative Evaluation und Diagnostik heranzuziehen. Weil für das Lernen das individuelle Vorwissen von großem Einfluss ist – worauf schon weiter oben hingewiesen wurde – sind eingangsdiagnostische Aufgaben für die Klärung und Überprüfung der Lernausgangslage besonders nützlich. Auch diese sind als pädagogische und didaktische Evaluationsmaßnahmen mitzuplanen.

Aufgabenentscheidungen

> Mit Blick auf das Auslösen von Lernaktivitäten sollen (Lern-)Aufgaben als „besondere Lerngelegenheiten“ verstanden werden, bei denen es sich um „absichtsvoll konstruierte, thematisch-fachlich akzentuierte, didaktisch-methodische eingebettete Anforderungssituationen handelt, die den Schülerinnen und Schülern Kompetenzerwerb und Kompetenzerleben ermöglichen sollen.
> Lernaufgaben gehören demnach zu den zentralen Qualitätsmerkmalen eines kompetenzorientierten Unterrichts“ (Esslinger-Hinz 2013, 71).

Kurz gesagt: Mit einer Aufgabe wird definiert, was der Lernende tun soll, und zwar bezogen auf das Thema und die generierten Lernziele unter Angabe konkreter Anforderungen.

Genauso wie Lernziele differenziert werden nach Funktionen und Gegenstandsbereichen, ergeben sich auch für Lernaufgaben eine Reihe wichtiger Maßnahmen zur Qualitätssicherung. Eine erste grundlegende Orientierung bietet dazu eine kultusadministrative Handreichung zum Umgang mit schulischem Kompetenzerwerb:

> „Gute Lernaufgaben
> - sind herausfordernd auf unterschiedlichem Anspruchsniveau
> - fordern und fördern inhalts- und prozessbezogene sowie übergreifende Kompetenzen
> - knüpfen an Vorwissen an und bauen das zu erwerbende Wissen kumulativ (vernetzt) auf
> - sind in sinnstiftende Kontexte eingebunden
> - sind vielfältig in den Lösungsstrategien und Darstellungsformen
> - stärken das Könnensbewußtsein durch erfolgreiches Bearbeiten“ (Ministerium für Schule und Weiterbildung Nordrhein-Westfalen (NRW) 2008, 13f)

Selbstverständlich ist eine solche Rahmenvorlage interpretations- und ergänzungsbedürftig, weil jede einzelne Anforderung relativ abstrakt bleibt und deshalb eine detaillierte Aufschlüsselung noch zu leisten ist. In der einschlägigen Fachliteratur finden sich dazu sehr geeignete Merkmalskataloge, u.a. zur differenzierten Funktionsbeschreibung (Esslinger-Hinz 2013, 72f) und didaktischen Artikulation in einer *förderlichen* Unterrichtskultur (Kiper/Mischke 2009, 91). Ebenfalls liegen dort auch Fragenkataloge zur Qualitätsprüfung von Lernaufgaben vor, obwohl selbstverständlich jede Anforderung zugleich schon eine Güteprüfung impliziert. Erwähnenswert ist sicherlich in diesem Zusammenhang die Tatsache, dass Kiper/Mischke (2009) extra Prüffragen für den Fall entwickelt haben, dass Lehrerinnen und Lehrer Aufgaben aus Schulbüchern für ihren Unterricht verwenden wollen (vgl. ebd., 92). Insgesamt erweisen sich die Prüfkataloge als relativ umfangreich, was hauptsächlich damit zu erklären ist, dass Lernaufgaben für den Unterrichtserfolg, d.h. für die wirksame und nachhaltige Umsetzung von Zielen und Intentionen, eine zentrale Bedeutung zukommt (vgl. Meyer 2007, 182). Dementsprechend werden an die Qualität von Lernaufgaben hohe Anforderungen gestellt. Darüber hinaus tangieren Aufgabenstellungen alle Kernmomente der Didaktischen Strukturierung, was dazu führt, aus unterschiedlichen Perspektiven über die Aufgabenformulierung nachzudenken. Doch nicht nur mit Blick auf den Schüleraktiven Unterricht, sondern allgemein auf eine Unterrichtskultur, die einerseits auf dem Hintergrund von Chancengleichheit und des Umgangs mit Heterogenität dem individuellen Förderprinzip verpflichtet ist (vgl. Schulgesetz NRW in der Fassung von 2012) und andererseits auf eine Erziehung und Bildung im Fokus des Mündigkeitspostulats abzielt, bilden zwei übergeordnete pädagogisch-didaktische Prinzipien gleichsam eine Klammer, mit der sich alle weiteren Details von Lernaufgaben zusammenhalten lassen: das Passungs- bzw. Adaptivitätsprinzip einerseits und das Selbststän-

digkeitsprinzip andererseits. So fordern Kiper/Mischke (2009) zum Beispiel, dass Aufgaben unter dem Gesichtspunkt überprüft werden sollten, „welche fachlichen und überfachlichen Anforderungen (mit Blick auf Textverständnis, Gedächtnis, Konzentration, aber auch *Selbststeuerung*, Kooperation, soziale Kompetenz) sie stellen“ (ebd., 90). Zur Verankerung der Selbstständigkeit sollten die Prozesse der „Aufgabenbearbeitung und Aufgabenlösung“ selbstgesteuertes Lernen ermöglichen und den Einsatz von Lerntagebüchern und Portfolios für die „Selbstüberwachung“ oder das „Selbstmonitoring“ befördern (ebd., 91). In eine vergleichbare Richtung zielt die Aufforderung, Lernaufgaben mit offenen Fragestellungen bereitzustellen, die „die Schülerinnen und Schüler zum Entwickeln von eigenen Fragen, eigenen Hypothesen und eigenen Lösungswegen bringen und so Strategien zur Lösung komplexer Probleme entstehen lassen“ (Wiater 2011, 216).
Selbstständigkeit als Entwicklungsaufgabe ist an selbstständiges Lernen gebunden, das wiederum „undenkbar ohne Entscheidungsfreiheiten der Lernenden [ist]“ (Bräu 2005, 137). Wenn es zutrifft, dass Selbstständigkeit ein durchgängiges schulisches Erziehungsziel sein soll, dann wird es darauf ankommen, auf allen Unterrichtsebenen die Erfahrung von Selbstständigkeit möglich zu machen. Deshalb gehört die Beachtung von Selbstständigkeit zu den vorrangigen Anforderungen an die Qualität von Lernaufgaben.
Eine unter pädagogischen und didaktischen Gesichtspunkten vergleichbare zentrale Rolle nimmt das Passungsprinzip ein, wie u.a. Aussagen wie diese belegen:

> „Neben der Auswahl, Anpassung und Konstruktion von Aufgaben wird von den Lehrkräften die *sinnvolle Sequenzierung* der Lernaufgaben mit Blick auf den systematischen Wissensaufbau erwartet. Dabei müssen sie – im Prozess des Unterrichtens – jeweils *die Aufgaben an die Lerner/-innen, ihren Entwicklungs- und Lernstand und den Lernprozess* anpassen und Lernhilfen anbieten“ (Kiper/Mischke 2009, 91).

Ganz im Sinne der Idee, Lernerfolg für alle durch Differenzierung und Individualisierung zu sichern, sollen die Schülerinnen und Schüler Lernaufgaben erhalten, die anschlussfähig sind an deren individuelle Lernausgangslagen und in ihren Anspruchsniveaus die Heranwachsenden zwar fordern, jedoch nicht überfordern.
Aufgabenstellungen sind somit darauf hin zu prüfen und zu planen, ob und in welcher Weise sie selbständiges und »passendes« (adaptives) Lernen begünstigen, und zwar über die Grenzen der Unterrichtsfächer hinweg. Lernaufgaben sollen somit so angelegt sein, dass sie die Lernenden emotional, kognitiv und motivational aktivieren und das Erleben von Erfolg ermöglichen. Geeignete Lernaufgaben sind solche, die dem Kompetenzaufbau dienen, indem die Schülerinnen und Schüler lernen, „Phänomene, Sachverhalte, Texte, Informationen schrittweise systematischer, mit Hilfe fachspezifischer und fächerübergreifender Kategorien zu befragen“ (Bildungskommission NRW 1995, 94). Einen zur Begründung von Aufgabenstellungen qualifizierten Fragenkatalog haben Esslinger-Hinz et al. (2013) entworfen, aus dem jene Aspekte entnommen werden sollen, die für die Planung Schüleraktiven Un-

terrichts besonders bedeutsam zu sein scheinen. Eingerahmt vom Passungs- und Selbstständigkeitsprinzip betrifft dies Fragen wie diese:

> „Wie ist die Lernaufgabe formal und thematisch gestellt? Mündlich, schriftlich, bezogen auf weitere Materialien und Medien? Sind wesentliche Informationen und Instruktionen vorhanden oder erschließbar?
> Hat die Lernaufgabe einen Bezug zum Verstehenshorizont der Schülerinnen und Schüler?
> Um welches Aufgabenformat handelt es sich?
> Offen: eigenständige, vielfältige wenig gebundene Bearbeitungs- und Lösungsmöglichkeiten (freie mündliche oder schriftliche Darstellung, Begründungen, gestalterische oder darstellende Bearbeitungsmöglichkeiten)" (Esslinger-Hinz et al. 2013, 73)

Daneben werden noch halboffene (z.B. Vervollständigung eines Lückentextes) und geschlossene (z.B. vorgegebene Antwortalternativen) Aufgabenformate genannt. Es versteht sich von selbst, dass offene Aufgabenstellungen im Schüleraktiven Unterricht eine vorrangige Rolle einnehmen, vor allem auch deshalb, weil sie lernpsychologisch mit dem Aktivitätsparadigma in Verbindung gebracht werden. „Aufgaben sind umso anspruchsvoller, je weniger eine einzige, vorher definierte Lösung feststeht und je weniger der Lösungsweg bekannt ist. Wissensinhalte, die in diesem Sinne reflektiert angeeignet werden, werden in der Lernpsychologie als ›intelligentes‹ Wissen bezeichnet." (Bildungskommission NRW 1995, 92).

> „Was kann, wenn die Lernaufgabe so gestellt wird, als Bearbeitungsspektrum durch die Schülerinnen und Schüler erwartet werden?
> Welche spezifischen Voraussetzungen der Schülerinnen und Schüler sind zur Bearbeitung der Lernaufgabe erforderlich?
> Was sind die nötigen Bearbeitungsschritte? Sind sie in der Lernaufgabe explizit ausgedrückt, oder müssen die Schülerinnen und Schüler sie erschließen und eigenständig befolgen?
> Ist der Zusammenhang zwischen der ›nahen‹ konkreten Lernaufgabe und dem abstrakten, ›fernen‹ Kompetenzverständnis des Bildungsplans erkennbar und schlüssig? Ermöglicht die Lernaufgabe die Weiterentwicklung und Generalisierung von Kompetenzen?" (Esslinger-Hinz et al. 2013, 73ff)

Lernaufgaben gehen aus der Themenstellung hervor; mit ihnen wird der Unterrichtsgegenstand in Form von Zielen und Anforderungen konkretisiert. In der Planung von Lernaufgaben werden permanent fach- und sachliche Fragen mit lern- und bildungsbezogenen Fragen verbunden. In der Hervorhebung der beiden Prinzipien der Passung und Selbstständigkeit ist das besonders deutlich geworden. Doch die Implementation von Lernaufgaben ist darüber hinaus vor allem daran gebunden, wie sie in der gesamten Unterrichtschoreographie mit weiteren relevanten Faktoren der Unterrichtsgestaltung verbunden sind und wie sie methodisch, d.h. verfahrensadäquat, realisiert werden sollen. Damit wird der dritte Schwerpunkt innerhalb der »Didaktischen Strukturierung« angesprochen, der die *methodische Analyse* beinhaltet (vgl. Abb. 24, S. 132).

Methodenentscheidungen

Bevor dazu auf Planungsanforderungen näher eingegangen wird, sollen einige Vorbemerkungen zur Begrifflichkeit der Methode bzw. unterrichtlicher Methodik gemacht werden, um zu klären, warum sich im Rahmen dieser Ausführungen dafür entschieden wird, eine weitere Begriffsdefinition zu verwenden.

Selbstverständlich ist es nicht falsch, Methoden als Aktivitäten zu verstehen, die Lernende und Lehrende aufnehmen, „um sich mit den ausgewählten Informationen zu befassen und so zu den vorentschiedenen Lernzielen zu gelangen" (Peterßen 2003, 27). Doch besteht bei dieser Begriffsbestimmung die Gefahr, methodische Entscheidungen vom unterrichtlichen Kontext zu trennen. U.a. weisen Esslinger-Hinz et al. (2013) auf dieses Risiko hin. „Entgegen einem verbreiteten Irrtum sind Methoden aber nichts, was als ›technisches‹ Verfahren isoliert existiert und je nach Belieben eingesetzt werden kann. Methodenentscheidungen müssen passen zum Bedarf der Lerngruppe, zum Thema und zum Unterrichtskonzept" (Esslinger-Hinz et al. 2013, 76). Darin kommt der bekannte Wechselbezug zwischen Zielen, Inhalten und Methoden zum Ausdruck, allerdings ohne eine Aussage dazu zu treffen, ob das »Unterrichtskonzept« selbst eine Methode, ein Teil einer Methode oder etwas davon Getrenntes ist. Kiper/Mischke 2009 umgehen diese Frage bzw. bieten eine Lösung an, indem sie generell Lehr- und Lernverfahren als Methoden bezeichnen und demzufolge z.B. zwischen »darbietenden« und »entdecken lassenden« Verfahren unterscheiden (ebd., 96). Es wird also eine Differenzierung vorgenommen, die sich nach dem Grad der Fremd- und Selbststeuerung richtet, so dass es schwerfällt, den Begriff des Unterrichtskonzepts ebenfalls darunter zu verorten. Jedoch erweist sich diese exkludierende Vorgehensweise als voreilig, zumindest wenn man die Aussagen von Meyer (1987) bzw. Jank/Meyer (2011) heranzieht. Danach sind nämlich Unterrichtskonzepte so etwas wie methodische Programme bzw. methodische Grundausrichtungen. „Unterrichtskonzepte sind Gesamtorientierungen methodischen Handelns, in denen explizit ausgewiesene oder implizit vorausgesetzte Unterrichtsprinzipien, allgemein- und fachdidaktische Theorieelemente und Annahmen über die organisatorisch-institutionellen Rahmenbedingungen und die Rollenerwartungen an Lehrer und Schüler integriert werden" (Meyer 1987, 208). Die pädagogisch-didaktischen Prinzipien geben den Unterrichtskonzepten die Richtung, in die sich der Unterricht entwickeln soll bzw. wonach sich das Handeln der Lehrenden und Lernenden maßgeblich formieren kann. Pädagogisch-didaktische Prinzipien sind eher als strukturelle Regulative denn als präskriptive Gesetzmäßigkeiten des Lehrens und Lernens zu verstehen (vgl. Jank/Meyer 1990, 306). Wenn etymologisch »Methode« wortwörtlich meint, »der Weg dahin« (vgl. Plöger 2008, 180), dann sind sowohl Unterrichtskonzepte als auch die diesen inhärenten pädagogisch-didaktischen Prinzipien im weiten Sinn »Methoden«. Mitunter durchdringen Prinzipien ein Unterrichtskonzept dermaßen, dass dessen namentliche Kennzeichnung mit der des Prinzips übereinstimmt. Beispielsweise trifft das für den handlungsorientierten Unterricht (Prinzip der Handlungsorientierung),

offenen Unterricht (Prinzip der Offenheit) oder den problemorientierten Unterricht (Prinzip der Problemorientierung) zu. Daneben existieren genauso gut Prinzipien, die charakteristisch sind für verschiedene Unterrichtskonzepte, wie beispielsweise das Prinzip der Selbsttätigkeit, der Exemplarität oder der Differenzierung.
Außerdem können sich in einem Unterrichtskonzept mehrere pädagogisch-didaktische Prinzipien nebeneinander befinden. Das wird mehr die Regel als die Ausnahme sein. Im handlungsorientierten Unterricht, dessen Konzept u.a. den Schüleraktiven Unterricht prägt, treten beispielsweise nebeneinander die Prinzipien Subjektorientierung, Selbsttätigkeit, Erfahrungsbezug und Eigenverantwortung auf. Damit kann man zusammenfassend zu der Erkenntnis kommen, dass Unterrichtskonzepte und die darin verankerten pädagogisch-didaktischen Prinzipien Handlungssituationen und -strukturen ermöglichen, um passend zu Ziel- und Inhaltsentscheidungen effektiven Unterricht zu vermitteln. Insoweit trägt die Überlegung, von einem »weiten« Methodenbegriff auszugehen. Doch das Gegenstandsfeld der Unterrichtsmethodik ist damit zwar ausgedehnt, aber nicht unbedingt klarer umrissen worden (vgl. Wiechmann 2009, 161). Ursächlich liegt das daran, dass sich das methodische Planen und Handeln – schließlich umfasst „der pädagogische Begriff der Methoden (…) sowohl die vorangehende Planung als auch die praktische Realisierung des Unterrichts" (ebd., 161) – auf verschiedene Dimensionen bezieht, die miteinander und bezüglich der Ziele und des Inhalts des Unterrichts wechselseitig miteinander verzahnt sind. Die Orientierung an Dimensionen der Unterrichtsmodellierung führt nach Meyer (1987) zu Planungsentscheidungen in drei strukturellen Schwerpunkten. Innerhalb der *Beziehungsstruktur* sind Entscheidungen zu den Sozialformen (z.B. Einzel-, Partner- oder Gruppenarbeit) zu treffen, innerhalb der *Handlungsstruktur* zu den Handlungsmustern (z.B. Rollenspiel, Lehrervortrag oder Schülerreferat) und innerhalb der *Prozessstruktur* zum zeitlichen und methodischen Ablauf (z.B. Rhythmisierung des Unterrichts, formativer Lernbegleitung, Übungs- und Wiederholungsphasen) (vgl. Gonschorek/Schneider 2010, 248). Wenn man diesen strukturellen Ansatz methodischen Handelns zusammenbringt mit der hier vertretenen Position, Unterrichtskonzepte zu den Methoden zu zählen, dann hieße dies folgendes:

> Methoden sind als Lehr-/Lern-Formen und konzeptionelle Verfahrensweisen zu verstehen, nach denen Unterricht gestaltet bzw. arrangiert werden soll.

Zwei Vorteile besitzt diese Definition. Zum einen wird klar zum Ausdruck gebracht, dass Methodenentscheidungen davon abhängig sind, welche »Unterrichtsphilosophie« vertreten wird, d.h. welches grundlegende Verständnis von Unterricht vorliegt. Schüleraktiver Unterricht wird beispielsweise geprägt vom Aktivitätsparadigma, so dass vorrangig unterrichtskonzeptionelle Formen und Verfahren in Frage kommen sollten, die aktives Lernen ermöglichen. Zum anderen wird die Unterscheidung von Methoden entlang der „Polarität Lehrerlenkung und Selbststeuerung des Lernens" (Wiechmann 2009, 163) überwunden, weil eine Reihe von Unterrichtskonzepten

zur Verfügung stehen, in denen von einer Komplementarität oder Wechselbeziehung zwischen den beiden lerntheoretischen Grundannahmen ausgegangen wird. Nicht nur das: Das heuristische Modell des Schüleraktiven Unterrichts selbst fußt auf der These, dass ein moderner Unterricht, der sich auf die gegenwärtige lerntheoretische Befundlage bezieht, gar nicht daran vorbeikommt, Lernarrangements anzubieten, die einer Balance zwischen Instruktion (Lehrerlenkung) und Konstruktion (Selbstgesteuertes Lernen) Rechnung trägt. Von daher ist jede Einseitigkeit in die eine oder andere Richtung keine sinnvolle methodische Option.
Als Ergebnis des bisher Gesagten lässt sich der folgende strukturelle Zusammenhang methodischen Handelns konstruieren:

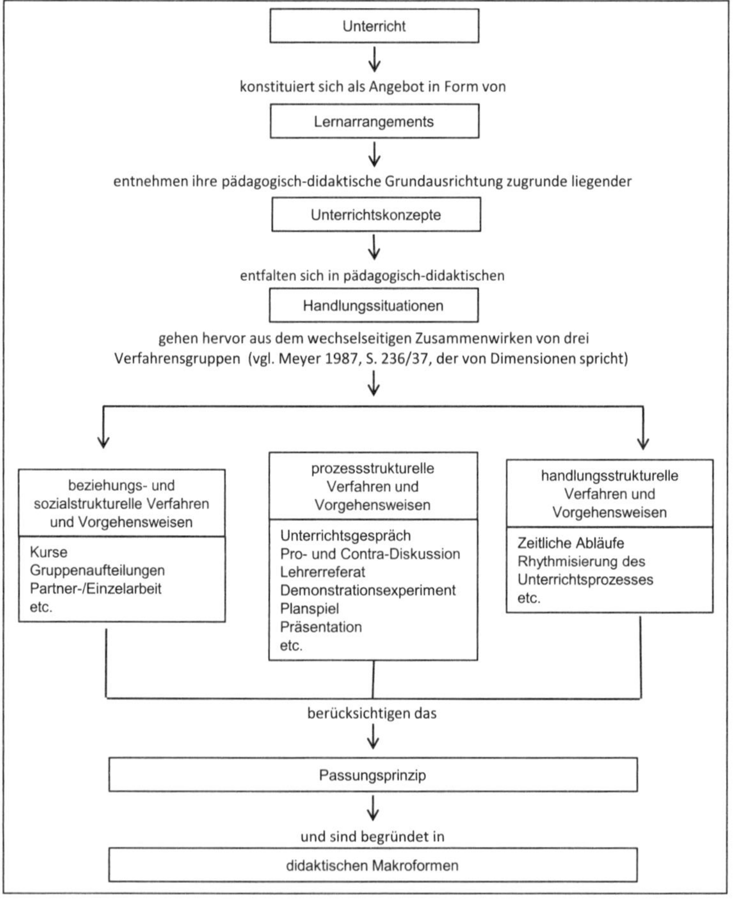

Abb. 26: Strukturschema methodischer Planungstätigkeit

Als didaktische Makroformen des Schüleraktiven Unterrichts lassen sich Projektmethode, Stationen- und Werkstattarbeit, Freiarbeits- und Wochenplanunterricht, Gruppenpuzzle, moderierter Unterricht u.a.m. verstehen (Jürgens 2010, 76). Kiper/Mischke (2009) zufolge handelt es sich hierbei um »aktivierende« Verfahren, die den »darbietenden« Lehrverfahren gegenübergestellt werden (ebd., 96ff). Solche dichotome Kontrastrierung ist häufig in Versuchen anzutreffen, mit denen die Vielfalt und Vielzahl methodischer Handlungsmöglichkeiten geordnet werden soll (vgl. Wiater 2011, 170; Kiper/Mischke 2008, 96f; Gasser 1999, 128). Da dabei das Prinzip der Komplementarität unberücksichtigt bleibt, das von der sinnvollen Ergänzung zwischen instruktiven Lehrverfahren und konstruktiven Lernformen ausgeht, wird in unserem Strukturschema methodischen Handelns dieser lerntheoretischen »Ganzheitlichkeit« im Feld der »handlungsstrukturellen Verfahren und Vorgehensweisen« Rechnung getragen. Die darunter subsumierten Methoden werden innerhalb des Schüleraktiven Unterrichts als relationale Kategorien betrachtet, d.h. lehrergelenkte Verfahren sind nur zusammen mit lernergesteuerten Vorgehensweisen zu betrachten wie ebenso andersherum. Darbietende Verfahren sollen danach stets darauf geprüft werden, wieviel Partizipation und Schüleraktivität sie zulassen wie umgekehrt wieviel Lehrersteuerung und Instruktion beim Einsatz aktivierender Verfahren sinnvoll und nötig ist.

Eine Weichenstellung innerhalb des methodischen Planungshandelns nehmen fraglos Entscheidungen ein, die sich auf die Wahl passender Unterrichtskonzepte beziehen. Für motiviertes und aktives Lernen bedarf es eines größtmöglichen Repertoires interaktiver Lernarrangements bzw. Lernumgebungen mit hohen Anteilen an lernsituativen und aufgabenbezogenen Wahlmöglichkeiten, individualisierenden Arbeitsformen und der Erfahrung von Selbstverantwortung und Selbstwirksamkeit. Derartige Kontexte sind an didaktische Grundorientierungen gebunden, wie sie unterrichtsperspektivisch mit der Entscheidung für ein bestimmtes Unterrichtskonzept hergestellt werden. Hinsichtlich des Schüleraktiven Unterrichts gehören insbesondere konzeptionelle Ansätze der »Entdeckung« und »Handlungsorientierung« zu den favorisierten methodischen Zugriffen. Beiden Unterrichtskonzepten gemeinsam ist der kontinuierliche Umgang mit Freiräumen sowie die Verfügbarkeit und Bewältigung selbsttätiger, partizipativer Entfaltungsmöglichkeiten.

Entdeckender, problemorientierter Unterricht

Moderne Lerntheorien verstehen unter aktivem Lernen kein »Irgendwie Beschäftigt-Sein«; die Aktivität ist nämlich keine allein äußere Entität (vgl. Gudjons 2006, 65). Es geht darum, dass sich Schülerinnen und Schüler mit den Lerninhalten und mit den Lernsituationen aktiv auseinandersetzen und ihr eigenes Wissen konstruktiv aufbauen (Weinert 1997, 13). Anschließend an diese zentrale Aussage fasst Neber (2008) verschiedene Versionen aktivierender bzw. aktiver Lernvorgänge unter der pädagogisch-didaktischen Chiffre des entdeckenden, problemorientierten Unterrichts zusammen. „Für den Ablauf und die Ergebnisse des Lernens sind dabei stets eigene Denkprozesse bzw. durch Denken gesteuertes Handeln (nicht Aktionismus) der Schülerinnen und Schüler entscheidend" (ebd., 145). Ausschlaggebend ist demnach für entdeckendes Lernen, dessen Begriff auf Arbeiten von Bruner (1981) basiert, die pädagogische Intention, Schülerinnen und Schülern das Wissen über die Erarbeitung eigenständiger Problemlösungen zu „vermitteln".

> „Die Lernenden sollen die Zusammenhänge und Sachverhalte selbst entdecken und dabei in die Verwendung von Problemlöseheuristiken eingeübt werden durch sorgfältige Analyse eines Problems, die Formulierung von Hypothesen, die Wahl von Verfahren zur Prüfung der Hypothesen und das Verwerfen oder Akzeptieren der Hypothesen" (Kiper/Mischke 2009, 97).

Somit treffen in diesem Ansatz zwei Formen des Lernens zusammen: Lernen als eigenständig erarbeitete Entdeckung (bzw. Nach-Entdeckung) kultureller Phänomene (sprich Bildungsinhalte) und Lernen als selbst ausfindig gemachte Problemlösung. Der Vorteil des entdeckend problemorientierten Unterrichtskonzepts liegt somit darin, dass Wissensaneignung und Erkenntnisgewinn über (selbst entwickelte) Problemstellungen zu abstrakterem Wissen verarbeitet werden (vgl. Neber 2008, 145). Entdeckung bzw. Nach-Entdeckung von Phänomenen, Zusammenhängen, Sachverhalten, Kausalitäten, Gesetzmäßigkeiten etc. ist an die Entstehung einer aufgeschlossenen, kritischen Fragehaltung gebunden und an die Entwicklung der Fähigkeit, (selbstständig) Problemstellungen und Problemlösungen zu finden durch schrittweise aufgeschlüsseltes und spezifisches Fragen. Das hat Konsequenzen für die Lernarrangementgestaltung.

> „Die gegebenen Bedingungen müssen das zu Entdeckende auch relativ zum Erkenntnisvermögen der Schülerinnen und Schüler gut sichtbar resp. auffindbar enthalten und sie müssen bei den Lernerinnen und Lernern die Nutzungsmöglichkeiten aufbauen, das prinzipiell Erkennbare auch zu finden, z.B. durch die Anleitung zum epistemischen Fragen (Neber 2004)" (Kiper/Mischke 2009, 98).

Auf diese Weise wird der Erwerb „anwendungsorienterten Wissens" unterstützt, das „zu Transferleistungen befähigt", ein Vorteil, der im Kontext kompetenzorientierten Unterrichts von großer Relevanz ist (Neber 2008, 147). Entsprechend vielfältig sind die Variationsmöglichkeiten entdeckend, problemlösender Lehr- und Lernaktivitäten. Neber (2008) nennt beispielsweise vier Grundformen: Entdeckend, problemorientierte Aktivitäten durch „Konfliktinduktion und -lösung, durch Beispiele und Erklären, durch Explorieren und Experimentieren sowie durch Konstruieren und Erfinden" (ebd., 148). Aus der Kombination dieser Formen lassen sich weitere Arrangements entwickeln.

Handlungsorientierter Unterricht

Auch beim handlungsorientierten Unterricht geht es um mehr als „aktiv etwas zu machen. Eigentätigkeit ist gut, aber Handeln ist mehr. Schüler und Schülerinnen sollen nicht beschäftigt werden, sondern Handlungskompetenzen aufbauen" (Gudjons 2006, 67). So stehen auch nicht materielle Produkte im Vordergrund; schon gar nicht kommt es allein auf diese an. Auch wenn zu konstatieren ist, dass der Begriff der »Handlungsorientierung« und damit einhergehend der des »handlungsorientierten Unterrichts« theoretisch noch wenig klar bestimmt ist (vgl. Gudjons 2006, 61), so besteht dennoch Einigkeit darüber, dass handlungsorientierter Unterricht ein »ganzheitlicher«, d.h. viele Sinne umfassender Prozess ist, der die eigentätige und handelnde Auseinandersetzung mit unterrichtlichen Aufgabenstellungen zum Gegenstand hat (vgl. Meyer 1987, 214; Gudjons 2006, 61).

> „Mit dem Begriff ›handlungsorientierter (…) Unterricht‹ wird ein Unterrichtskonzept bezeichnet, das den Schülerinnen und Schülern einen handelnden Umgang mit den Lerngegenständen und -inhalten des Unterrichts ermöglichen soll. Die *materiellen Tätigkeiten* der Schülerinnen und Schüler bilden dabei den *Ausgangs*punkt des Lernprozesses" (Enzyklopädie Erziehungswissenschaft 1986, 600; Hervorhebungen E.J.).

> Handlungsorientierter Unterricht ist keine Beschäftigungstherapie und er zielt nicht auf das „praktische Tun", sondern „auf Kognition, auf Denken, Verstehen und Planen" (Gudjons 1997, 65).

Es geht um den Aufbau von Handlungskompetenzen. Dazu ist es nötig, das Handeln zu lernen, was aber impliziert, Denkoperationen „als Metatätigkeit" dem konkreten Handeln voranzustellen bzw. zur Seite zu stellen (vgl. ebd.). Handeln bzw. handeln können und das Ordnen, Strukturieren und Abrufen von Wissen werden zusammen gebracht und aufeinander bezogen. Erworbenes (Schul-)Wissen erweist sich erst als fruchtbar, wenn es zum konkreten Handeln befähigt. Das wird am besten dadurch erreicht, „wenn es handelnd erworben wurde" (ebd., 68). Materielle Tätigkeiten (äußeres Handeln) und immaterielle Denk- und Reflexionstätigkeiten (inneres Handeln) werden im handlungsorientierten Unterrichtskonzept mit dem Ziel der Handlungsfähigkeit zusammengefügt, was u.a. lern- und handlungstheoretisch begründet wird (vgl. Aebli 1983) und von der Annahme ausgeht, Lernen als Handeln zu verstehen. Das führt zwingend zu einer didaktischen Vorbedingung: Zwischen Lernen und Handeln bestehen enge Bezüge. Diese zu ignorieren würde deshalb bedeuten, Bedingungen des Lernens zu ignorieren (vgl. Jank/Meyer 2011, 322; Jürgens 2010, 67; Tulodziecki et al. 2009, 78; Kron et al. 2014, 124; Gudjons 2006, 64).

Als „Reinform" handlungsorientierten Unterrichts ist – nach Ansicht von Gudjons (2006) – „das Lernen in Projekten" anzusehen (ebd., 68), doch sollte darüber nicht aus den Augen verloren werden, dass generell Unterricht „unter der Leitidee eines

sachgerechten, selbstbestimmten und kreativen Handelns in sozialer Verantwortung“ erfolgen sollte (Tulodziecki et al. 2009, 82), wenn gemäß dem schulischen Erziehungs- und Bildungsauftrag die Inhalte der Lehrpläne und Curricula den Schülerinnen und Schülern dargeboten werden.
In der Ausweitung des handlungsorientierten Unterrichts liegt eine große Chance, Lernprozesse als Handlungsprozesse zu verstehen und damit das Verständnis von Lernen als aktiver Umgang mit Kultur (Enkulturationsfunktion schulischer Bildung) weiter zu stärken und in seinem Potenzial für die innere Schulreform wahrzunehmen. Danach ist das handlungsorientierte Unterrichtskonzept nicht in Konkurrenz zu lehrgangs- bzw. instruktionsorientierten Unterrichtskonzepten zu sehen, „stattdessen (sollte) eine curriculare Integration angestrebt werden“ (Jank/Meyer 1990, 421). Verständlicherweise entspricht das auch der lerntheoretischen Grundposition des Schüleraktiven Unterrichts.

3.5.3 Verständigung über das Vorgehen

Wenn es ein übergeordnetes Bildungsziel von Schule ist, Kinder und Jugendliche zur Mit- und Selbstbestimmung zu befähigen, dann stellt sich die Frage, an welchen Stellen und in welchen Kontexten das überhaupt realisiert werden soll. Sowohl Klafki (1995) als auch Schulz (1981), auf die sich in der Erweiterten Didaktischen Analyse explizit bezogen wird, vertreten dazu eine eindeutige Position: Die Unterrichtsplanung ist ein Feld, auf dem die Partizipation von Schülerinnen und Schülern sinnvoll und möglich ist.

> „Im Lehr-Lern-Prozess müssen die Prinzipien der Selbstbestimmung, Mitbestimmung (…) in einer Folge wachsender Schwierigkeitsgrade, wachsenden Anspruchs verwirklicht werden: in der Form der Mitplanung des Unterrichts bzw. einzelner Unterrichtsphasen durch die Schülerinnen und Schüler, durch Unterrichtskritik zusammen mit den Schülerinnen und Schülern, durch ›Unterricht über Unterricht‹“ (Klafki 1991, 257).

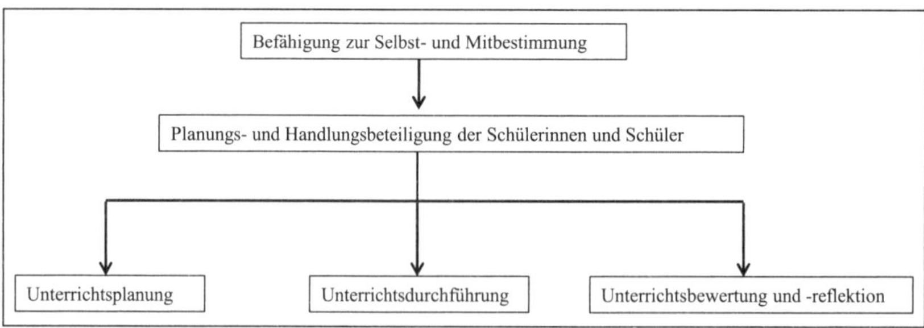

Abb. 27: Unterricht als partizipatives Arbeitsbündnis zwischen lehrenden und lernenden Akteuren

Das Plädoyer von Klafki ist relativ simpel. Wenn ein dem generellen Ziel der Selbst- und Mitbestimmung dienender Unterricht das sozial und interaktiv handelnde »Subjekt« voraussetzt, dann wird es schwer begründbar sein, dieses »Subjekt« von Planungs- und Vorbereitungsentscheidungen zur Gestaltung von Unterricht bzw. von Lernarrangements auszuschließen. Für Schulz (1981) ist die Planungsbeteiligung der Schülerinnen und Schüler ein zentrales Indiz für die Seriosität einer auf Mündigkeit abzielenden Bildungsarbeit, die sich auch in der „Ablösung der Arbeitsteilung zwischen Anordnen und Ausführen“ (ebd., 65f) zeigen müsste. Doch die darin zum Ausdruck gebrachte Widersprüchlichkeit wird nicht immer in vergleichbarer Klarheit so gesehen, wie beispielsweise eine Aussage wie diese belegt:

> „Solange der Lehrer plant, sind die Schüler *Objekte seiner Planungstätigkeit*, sobald er den Unterricht mit ihnen zusammen inszeniert, werden sie zu Subjekten der Planung, die den Lehrer zwingen, seine Planungen fortwährend den neu entstandenen Bedingungen und den mit den Schülern getroffenen Vereinbarungen anzupassen“ (Jank/Meyer 2011, 95).

Demgegenüber wäre es für Klafki und Schulz unglaubwürdig, die »Subjektrolle« den Schülerinnen und Schülern erst auf der operativen Ebene, d.h. mit Beginn des Unterrichtsprozesses, zuzugestehen, weil damit Zusammengehörendes künstlich getrennt würde (vgl. Abb. 21, S. 127) mit der Folge, ein wichtiges Übungsfeld der Mündigkeitserziehung auszuklammern. Das ist auch deshalb nicht verständlich, weil einerseits Zielvorstellungen wie Mitgestaltung, Mitplanung und Mitbestimmung etc. schrittweise angebahnt werden müssen und deshalb gar nicht davon auszugehen ist, dass Schülerinnen und Schüler am gesamten Planungs- und Vorbereitungsprozess in allen seinen Facetten beteiligt werden könnten, selbst wenn man es befürwortete. Wahrscheinlicher wird es sein, dass es ungeachtet vom Alter, Entwicklungsstand und den konkreten Planungsverhältnissen rational begründete Vorbehalte von Seiten der Lehrkraft gibt, Schülerinnen und Schüler an bestimmten (Grundsatz-)Entscheidungen zu beteiligen, u.a. auch einfach deshalb, weil es gar nichts zu entscheiden gibt. Das betrifft beispielsweise weitgehend lehrplangebundene, thematische und inhaltliche Vorgaben. Doch darüber hinaus gibt es ebenfalls Sachverhalte, die entweder ebenfalls nicht verhandelbar sind oder von der Lehrkraft gesetzt werden (müssen), weil sie für die Ausgestaltung der Lernarrangements grundlegend sind, aber in ihrer Bedeutsamkeit und Reichweite für den Unterrichtsprozess von den Heranwachsenden gar nicht, auch nicht annähernd, sachkundig eingeschätzt werden können.

Planungskompetenz ist sicherlich lernbar. Als Voraussetzung dafür bedarf es der Verfügbarkeit und reflektierten Verarbeitung von Informationen, die für die Bewältigung von Planungsaufgaben vonnöten sind. Das ist eine pädagogisch-didaktische anspruchsvolle Aufgabe, die sich auf kleine Schritte einzustellen hat. Das bedeutet jedoch zugleich, genau auszuloten, wie und wo die Mitplanung und Mitgestaltung der Lernenden in der konkreten Situation stattfinden kann. Grundsätzlich gibt es dafür keine präskriptive Regelung.

Das belegt auch die differenzierte Gegenstandsbeschreibung von Klingberg (1990):

> „Didaktische Kompetenz der Lernenden heißt: Lernende als mitgestaltende, mitentscheidende und mitverantwortende Akteure in das Unterrichtskonzept einzubeziehen, ihre *Subjektposition* in allen Funktionen des Unterrichts in Ansatz zu bringen und zu respektieren: bei der Planung (insbesondere bei komplexen Lernvorhaben), bei der Unterrichtsgestaltung selbst und bei der kritischen Begleitung und Reflexion didaktischer Prozesse. *Der dialogische Charakter* (Hervorhebung E.J.; alle weiteren Hervorhebungen im Original) des Unterrichts *schließt auch das Gespräch* von Lehrenden und Lernenden *über Inhalte, Methoden,* Organisationsformen und Resultate des Unterrichts ein" (Klingberg 1990, 78).

Deshalb gibt es einerseits keine bildungs- und unterrichtstheoretisch überzeugenden Argumente, das Feld der Unterrichtsplanung von der Mündigkeitserziehung auszunehmen. Andererseits ist partizipative Einbindung von Schülerinnen und Schülern in didaktische Planungsaufgaben an eine Reihe wichtiger Voraussetzungen und Rahmenbedingungen gebunden, so dass die Beteiligungsmöglichkeiten selbst wieder Gegenstand des durch die Lehrkraft verantworteten Planungsprozesses sein müssen. Da die schülerseitige Planungskompetenz nicht als gegeben betrachtet werden kann, benötigen die Schülerinnen und Schüler methodische Instruktionen, um sich konstruktiv beteiligen zu können. Am besten erfolgt das über die Orientierung an Schlüsselfragen, die zum Beispiel den Arbeitsschritten der Erweiterten Didaktischen Analyse entlehnt sein können (vgl. Abb. 15, S. 104).

1.	Thematik / Unterrichtsgegenstand: Was soll bearbeitet werden / wollen wir bearbeiten?
2.	Thematische / inhaltliche Strukturierung / Schwerpunktsetzungen: Welche Teilaspekte sollen behandelt werden / sind uns wichtig?
3.	Intentionen / Ziele: Was soll erreicht werden / wollen wir anstreben?
4.	Aufgaben / Anforderungen: Welche Aufgaben sind vorgesehen / Fragen haben wir?
5.	Lehr-/Lernarrangements: Welche Methoden bieten sich an / können wir wählen?
6.	Zugänglichkeit: Was ist zur Bearbeitung der Aufgabenstellung wichtig bzw. zu bedenken / sollten wir schon wissen und können?
7.	Prozess- / Zeitstruktur: In welcher Reihenfolge soll wann was gemacht werden / können bzw. wollen wir wann was machen?
8.	Interaktive Struktur: Welche Sozialformen stehen zur Auswahl / wünschen wir uns?
9.	Differenzierung / Individualisierung: Welche Gelegenheiten zur Fremd- / Selbstdifferenzierung sind vorgesehen / unterstützen unsere Lernprozesse?
10.	Evaluation: Welche Verfahren sollen zur individuellen Lernbegleitung, -dokumentation und -kontrolle eingesetzt werden / sind uns zugänglich und können von uns problemlösend eingesetzt werden?

Abb. 28: Heuristik zur Planungsbeteiligung von Schülerinnen und Schülern

Die niedrigste Stufe der Partizipation der Schülerinnen und Schüler besteht in der rationalen Begründung des Planungsvorhabens ihnen gegenüber. Höhere Stufen führen zu einer intensiveren Mitplanung auf unterschiedlichen Planungsebenen und in unterschiedlichen Planungssegmenten. Je mehr partizipative Einflussmöglichkeiten den Schülerinnen und Schülern geboten werden, desto demokratischer gestaltet sich letztlich das Arbeitsbündnis zwischen Lehrkräften und den Heranwachsenden.

3.5.4 Eingriffe

Unter diese Rubrik fallen sämtliche Aktivitäten, die eingeplant werden, damit der erfolgreiche Verlauf des Unterrichts gesichert werden kann. Es handelt sich um prospektive Maßnahmen. „Die kleinste unterrichtsmethodische Einheit, die man bei der Planung durchdenken kann, ist eine einzelne Handlung des Lehrers und/oder der Schüler. Jede Handlung ist in sich zielorientiert und in eine bestimmte Handlungssituation gebettet" (Meyer 2008, 203f). Dazu zählen beispielsweise Überlegungen zum Unterrichtsbeginn, zum Themeneinstieg, zur unterrichtlichen Verlaufsstruktur, „dem methodischen Gang", der die „Prozessstruktur des Unterrichts" beschreibt (ebd., 204) und die Integration von Schlüsselfragen sowie die Vereinbarung und Einhaltung von Regeln und Ritualen (vgl. Groeben 2000; Gerdes 2008). Der geplante Einsatz von Medien gehört ebenfalls dazu; u.a. die Festlegung einer Wiederholungs-, Übungs- und Festigungsphase einschließlich der Bereitstellung benötigter Materialien. Auch die Beachtung lern- und kommunikationsförderlicher Klimafaktoren (vgl. Standop 2002, 192ff) findet sich in diesem Maßnahmenkatalog. Eine sehr hilfreiche Anregung, in der allerdings die Lehrerperspektive dominiert und deshalb unbedingt diese in reziproker Umkehrung der Verhältnisse durch die Schülerperspektive zu ergänzen ist, geben Zumsteg et al. (2007), aus der einige Aspekte zum Zweck der Veranschaulichung hier wiedergegeben werden sollen:

> Die Lehrerinnen und Lehrer sollen die Eingriffe in das Unterrichtsgeschehen aus einer zweifachen Sicht, zum einen selbstbezüglich auf sich und zum anderen auf die Handlungen der Schülerinnen und Schüler, betrachten:
> Die Lehrkraft beschreibt, „wie sie den gesamten Unterricht organisieren und steuern sowie Inputs gestalten" will.
> Die Lehrkraft beschreibt präzise, „wie sie die Lernenden zu Lernaktivitäten anregen, ihr Lernverhalten beobachten, Schwierigkeiten diagnostizieren und die Lernenden gezielt unterstützen. Dafür plant (die Lehrkraft) mögliche Hilfestellungen ein" (ebd., 27).

> Daneben wird dem Unterricht eine angemessene Phasenstruktur unterlegt mit jeweils „geschätzter Zeitdauer". Dabei soll sich nach „den Zielen und an den vorgesehenen Lehr-Lern-Arrangements" gerichtet werden (ebd.).

> Ebenfalls sollen die „Bereitstellung und der Einsatz von Medien und Materialien" bedacht werden. „Dies umfasst alle materiellen Vorbereitungen und ihren Einbezug in den Unterricht. Gerade bei Konzeptionen mit *hoher* Schüler/innen-Aktivität ist die materielle Vorbereitung entscheidend (z.B. bei der Umsetzung von Freibearbeitungskonzeptionen – Ergänzung E.J.)" (ebd.; Hervorhebung E.J.).

Nicht zuletzt zur Sicherung von Effizienz und Effektivität wird hervorgehoben, dass sich die Aktivitäten der Lehrerinnen und Lehrer und der Heranwachsenden in einer permanenten Wechselwirkung aufeinander beziehen, die durch entsprechende Eingriffe zur „Passung" gebracht und „als Lernbegleitung" eingeplant werden sollten (vgl. ebd.). Deutlich wird, dass die zur Umsetzung der »Anleitungen« notwendigen didaktischen Interventionen zwar einerseits genau geplant sein sollten, dass aber andererseits eine sich im konkreten Unterrichtsvollzug ergebende Änderung des Unterrichtsverlaufes situationsangepasstes Umdenken erforderlich macht, was selbstverständlich auch das Ergreifen improvisierter Maßnahmen nach sich zieht.
Eine andere Variante, die ebenfalls dazu dient, die pädagogischen und didaktischen »Eingriffe« im Zuge des Unterrichtsprogramms übersichtlich zu markieren und die explizit auf die Realisierung Schüleraktiven Unterrichts zugeschnitten werden kann, ist das sogenannte »Verlaufsfries« (vgl. Esslinger-Hinz et al. 2013, 100ff). Dem als Flussdiagramm darstellbaren Unterrichtsverlauf ist entnehmbar, „dass Unterricht als langzeitiger, differenzierter und gemeinsamer (partizipativer) Arbeitsprozess konzipiert ist. Selbstständige und selbstorganisierte Phasen sind ebenso darstellbar wie konzentrierte Lern- und Übungssequenzen (die übrigens auch selbstorganisiert stattfinden können – Anmerkung E.J.)" (ebd., 100).
Das Verlaufsfries besteht aus einer horizontalen Anordnung der unterrichtlichen Phasierung und vertikalen Detailangaben zu den einzelnen Unterrichtsetappen. Zusätzlich können noch quasi als komprimierte Merkposten die für die Planung entscheidenden Daten eingetragen werden wie u.a.:

„• Inhaltsbezug: Experimente zu…
• Kompetenzerwartungen (nach Niveau differenziert)
• Zeitrahmen
• Material und Medien etc." (Esslinger-Hinz et al. 2013, 100)

Beispielhaft könnte ein Verlaufsfries die folgende Form annehmen.

Impulsplenum	Teamarbeit	Untergruppen	Plenum mit Vortrag	Gesprächskreis
• Einführungsphase • Basistexte lesen • Rundgang zu Experimentalstationen	• Teamarbeit • Experimente • Forschungsaufgaben durchführen	• Präsentationen vorbereiten • Arbeitsprozesse und Ergebnisse besprechen • Präsentationen gestalten	• Präsentationen vor dem Plenum	• Reflexion • Klassengespräch

Abb. 29: Exemplarisches Verlaufsfries (in Anlehnung an Esslinger-Hinz et al. 2013, 100f)

Vor allem die vertikalen Ergänzungen, die dabei helfen, die einzelnen Unterrichtsschritte mit Hilfe geplanter Aktivitäten zu präzisieren und in eine inhaltsangemessene Arbeits- und Handlungslogik zu bringen, können nach Bedarf erweitert oder verändert werden.

3.5.5 Gegebenheiten

Unterrichtsplanung ist immer konkret und bezieht sich auf eine Lerngruppe, mitunter auch auf einzelne Schülerinnen und Schüler in einer bestimmten Bildungssituation unter bestimmten Bedingungen. Jeder Unterricht dient der Absicht, bestimmten Kindern oder Jugendlichen Möglichkeiten zu eröffnen, sich mit gewissen Bildungsinhalten auseinanderzusetzen und sich auf diesem Wege »Kultur« anzueignen, d.h. sich zu bilden. Daraus ist zu schließen, dass jeder Unterricht einen bestimmten Wirklichkeitsausschnitt zum Gegenstand hat, in welchem die nötigen Handlungen erfolgen, um anhand eines bestimmten Themas unter konkreten Zielsetzungen in geeigneten Lehr-Lernarrangements gewisse Einsichten und Könnenserfahrungen gewinnen zu können. Das Gelingen von Unterricht hängt somit auch davon ab, wie groß der Wirklichkeitsausschnitt gewählt wird und wie genau die diesen kennzeichnenden spezifischen Bedingungen in der Planung berücksichtigt werden. Unter dem Aspekt »Gegebenheiten« sind deshalb die wichtigsten Basisinformationen zu bündeln, um auf diesem Weg eine Übersicht darüber zu haben, ob die Planung und die gewählte Unterrichtseinheit bzw. -passage überhaupt zusammenpassen. Das setzt Kenntnisse über die Situation voraus, und zwar über die Schulart, Schule, Klasse, Ort, Zeit, Fach und (lehrplangebundene oder -freie) Thematik. Darüber hinaus ggfs. über soziokulturelle und kultur-historische Rahmenbedingungen. Im Grunde geht es darum, die Handlungsfelder der Erweiterten Didaktischen Analyse durchgängig auf Einhaltung des Adressatenbezug, auf den Sinn und die Bedeutung der Thematik für die Umsetzung des Rechts auf Bildung und auf die Klärung der lern- und arbeitsrelevanten Voraussetzungen der Schülerinnen und Schüler zu beziehen. Zusammenfassen lässt sich das Gemeinte in zwei allgemeinen Prüfkriterien:

1) Sind die geplanten Lehr-/Lernarrangements adressatengerecht und ermöglicht die Passung zwischen den Planungsfeldern eine genaue Beschreibung der intendierten Erziehungs- und Bildungserwartungen?
2) Berücksichtigt der Planungsentwurf genügend Planungsalternativen, falls situative Ereignisse Änderungen erforderlich machen oder Vorannahmen sich als unzutreffend herausstellen sollten?

Unterrichtsplanung versteht sich als ziel- und adressatengenaues Durchdenken jener Anforderungen, die an Bildung und Erziehung, Wissen und Können junger Menschen zu gegebener Zeit und unter bestimmten Bedingungen gestellt werden. Das macht es erforderlich, eine genaue Beschreibung und Eingrenzung des unterrichtlichen Handlungsfeldes zu leisten. Um einerseits vollständige Lehr-/Lernarrangements zu „sichern" und andererseits für den Aufbau von individueller, fachlicher und überfachlicher Handlungskompetenz »passende« Angebote machen zu können, ist es durchaus hilfreich, auf Instrumente zurückzugreifen, die der Qualitätssicherung dienen. Ein in dieser Hinsicht empfehlenswerter Vorschlag findet sich bei

Esslinger-Hinz et al. (2013). Dabei handelt es sich um einen Katalog mit „Prüffragen zum konkreten Lehr-Lern-Setting" mit Leitfragen zu Unterrichtsvorbereitung und -durchführung (vgl. ebd., 124). Solche Kataloge sind nie vollständig und nie »kritiklos« anwendbar, aber es sind wichtige Reflexionshilfen, wie exemplarisch eine Frage wie „Denke ich auch vom Schüler aus?" verdeutlichen kann.

3.5.6 Ergebnisse (Kontrolle)

Für professionelles Planungshandeln sollte es selbstverständlich sein, die Ergebnisse konkreter Handlungsentwürfe zu evaluieren und zu reflektieren. Schließlich erfolgt die kompetente Unterrichtsplanung mit dem Ziel, Lehr-/Lernarrangements in Form und Inhalt so anzubieten, dass die Schülerinnen und Schüler optimal lernen und größtmöglichen Nutzen aus der Bewältigung der vermittelten Aufgabenstellungen für ihre Kompetenzentwicklung ziehen können.

Unter den Handlungsschritt »Ergebnisse« wird grundsätzlich alles gefasst, was durch den konkreten Unterricht gelernt worden ist. Demzufolge wird anerkannt, dass einerseits geplante Ergebnisse eingetreten sein können, aber genauso gut nur teilweise oder sogar überhaupt nicht, was sicherlich selten sein dürfte. Auf der anderen Seite dürfte im Unterricht einiges gelernt worden sein, was nicht mit der Planung intendiert war, weil es nicht auf explizit operationalisierten Lern- und Kompetenzzielen beruhte. Das allerdings kann die Lehrkraft selbst bei bester Unterrichtsplanung nicht verhindern. „Der ‚heimliche Lehrplan' bezeichnet die ganze Bandbreite sozialer, emotionaler, organisatorischer u.a. Erfahrungen, die die Schülerinnen und Schüler durch und in der Schule machen" (Gonschorek/Schneider 2010, 119). Darüber hinaus könnten Lernergebnisse zu verzeichnen sein, die sich zwar ebenfalls auf den Unterrichtsinhalt beziehen, aber nicht von vornherein erwartbar waren, weil sie auf ad hoc realisierten Planungsänderungen beruhten, die sich durch situatives Handeln im Unterrichtsprozess aufgrund neu generierter Lernziele ergeben haben.

Für die Qualität des Unterrichts und damit ebenso für die Qualität des Planungshandelns ist es deshalb von Belang, die „Reflexion der Zusammenhänge von Planung und Erfolg" (Kiper/Mischke 2009, 8) als konstantes Element der professionell wahrgenommenen Planungskompetenz anzuerkennen und routiniert zu nutzen.

Entscheidend ist, Evaluation als einen selbstverständlichen Schritt zur Qualitätssicherung und -entwicklung des Unterrichts, d.h. des Lehrens und des Lernens, zu verstehen. Eine gewinnbringende Evaluation nutzt deshalb den doppelten Blick auf die Unterrichtsergebnisse, die stets das Resultat des wechselseitigen Zusammenspiels von Planung und Durchführung, von Aufgabenstellungen und Aufgabenlösungen, von Lehr- (und) Lern-Arrangements sind. Da das Erreichen (geplanter) Unterrichtsziele auf der koproduktiven Handlungsergänzung zwischen Lehrkräften und Schülerinnen und Schülern basiert und dieses Verhältnis zwar ganz unterschiedlich von beiden Seiten gestaltet werden kann, aber trotz allem unaufhebbar ist, kann die Erfassung, Bewertung und Reflektion von Unterrichtsergebnissen weder einseitig lehrerzentriert auf Lernleistungen der Heranwachsenden beschränkt bleiben noch können andererseits Evaluationen überhaupt ausschließlich fremdgesteuert *oder* selbstgesteuert erfolgen. Sowohl die partizipative Beteiligung von Schülerinnen und Schülern am Planungsprozess als auch die Stärkung autonomen Lernens und Arbeitens lässt in logischer Konsequenz nichts anderes zu, als formative wie ebenso summative Evaluationen teils in die Verantwortung von Schülerinnen und Schülern zu geben. Und umgekehrt ist es naheliegend, Schülerinnen und Schüler an der Unterrichtsevaluation zu beteiligen und deren Fremdperspektive für die Rückmeldung über den Erfolg des Unterrichts zu nutzen (Buhren 2015). Exemplarisch lassen sich die Anforderungen an ergebnisbezogene Vergewisserungen in drei Thesen bündeln:

- Ergebnisse des Unterrichts werden gesichert, beurteilt und rückgemeldet durch fremd- *und* selbstinitiierte Lehr- und Lernevaluationsformen.
- Maßgebliches Ziel der Evaluation der Unterrichtsergebnisse ist die Qualitätssorge für das Schülerlernen und das Lehrerhandeln.
- Eine reflektierte differenzierte sowohl individuelle als auch gemeinsame Evaluation schließt die systematische Erfassung von Ergebnissen auf der Meta-Ebene ein, um eine demokratische Gesprächs- und Feedbackkultur über die Unterrichtsarbeit möglich zu machen.

Unterrichtsergebnisse geben nicht nur Auskunft über das Erreichen bzw. Nichterreichen geplanter Ziele, sondern ebenso zu nicht geplanten, positiven oder negativen Effekten, die als Orientierung für weitere Planungsaktivitäten relevant sein können.

3.6 Unterrichtsprinzipien

Didaktik als Unterrichtstheorie ist das Fundament aller Unterrichtsplanung. Zu Beginn der Suche nach einer möglichst umfassenden Unterrichtstheorie wurden als erste Annäherungen zumeist praxisnahe Prinzipien definiert (Gonschorek/Schneider 2010). Diese sollten Richtlinien zur Planung von Unterricht darstellen. „Didaktische Prinzipien sind allgemeine Grundsätze der inhaltlichen und organisatorischen-methodischen Gestaltung des Unterrichts, die aus den Zielen und den objektiv wirkenden Gesetzmäßigkeiten des Unterrichts abgeleitet sind" (Klingberg 1974, 252). Hierzu zählen beispielsweise das Prinzip der Schülerorientierung, das Prinzip der Veranschaulichung oder auch das Prinzip der flexiblen methodischen Gestaltung (vgl. Kap. 3.6.2, 3.6.3). Dabei steht weniger der Unterrichtsablauf im Fokus, vielmehr geht es um die Darbietung und Aneignung der jeweiligen Lerninhalte.

Unterrichtsprinzipien bzw. didaktische Prinzipien sind allgemeine Grundsätze zur Organisation von Erziehung und Unterricht, bzw. zur methodischen Gestaltung unterrichtlichen Lehrens und Lernens sowie des immanent erzieherischen Geschehens. Sie orientieren sich am Lernenden, am Lehrenden und dem Lerngegenstand, während sie einem geschichtlichen Wandel unterliegen (vgl. Hell/Olbrich 1993). So wird aus einer „Sache" durch didaktische Transformation im Rahmen der didaktischen Reflexion ein Unterrichtsgegenstand. Auch wenn die Unterrichtsprinzipien aufgrund ihres hohen Verallgemeinerungsgrades in unterschiedlichsten Bereichen anwendbar sind, sind sie nach Gonschorek/Schneider (2010) nichtsdestotrotz „keine letzte Instanz für pädagogische Entscheidungen" (ebd., 292).
Als Bestimmungsfaktoren des Unterrichts beziehen sich didaktische Prinzipien nach Schröder (1995) auf die Modalitäten oder Wege, mittels derer die jeweils ausgewählten Inhalte den Heranwachsenden zielorientiert vermittelt werden sollen. Unterrichtsprinzipien können daher als generalisierte Verfahrensweisen verstanden werden, deren regulative Funktion in der Ermöglichung, Steuerung und Optimierung von Lernprozessen liegt (vgl. ebd.). Als Grundsätze unterrichtlichen Handelns sind didaktische Prinzipien allerdings nur als „Richtlinien und nicht als Muss-Vorschriften für pädagogisch-didaktische Entscheidungen" (Apel 1992, 15) anzusehen. Unterrichtsprinzipien gelten generell und betreffen bei differenzierter Schwerpunktsetzung alle Unterrichtfächer sämtlicher Unterrichtstufen und aller Schularten (Schröder 1995). Neben dem Begriff „Unterrichtsprinzipien" werden in der Fachliteratur gleichbedeutend die Begriffe Unterrichtsgrundsätze, Prinzipien effektiver Unterrichtsgestaltung, Bildungsprinzipien, didaktische Prinzipien, Prinzipien guten Unterrichts, Grundsätze unterrichtlichen Handelns etc. verwendet.
Die Suche nach übergeordneten, die Planung und Lenkung des Unterrichts bestimmenden Richtlinien hat Tradition. Bereits 1657 wurden von Comenius die ersten Prinzipien für das didaktische Handeln von Lehrenden im Umgang mit Heranwachsenden formuliert:

- eine Tätigkeit ist durch eigenes Handeln zu erlernen
- Lernen durch Tat und Beispiel ist dem Lernen nach Vorschrift überlegen
- Erlerntes ist durch weitere Übung zu festigen
- beim Gegenstand ist zu verweilen, bis dieser gänzlich begriffen ist
- Lehren erfolgt durch sinnliche und natürliche Veranschaulichung (Comenius 1657, Tomus III, Sp. 71f; vgl. Kap.1).

Im Verlauf der geschichtlichen Entwicklung wurden, entsprechend der jeweiligen Zeitsignatur, die Eckpunkte des didaktischen Dreiecks „Lehrende-Lernende-Sache" unterschiedlich stark betont (Hell/Olbrich 1993). Ein Unterrichtsprinzip stellt, auch bei durchaus unterschiedlicher Schwerpunktsetzung, im Einzelnen eine grundsätzliche Forderung an schulischen Unterricht dar, die

„• in jedem Unterrichtsfach, jeder Jahrgangsstufe und jeder Schulart Gültigkeit hat
• dem heutigen Bild vom lernenden Menschen entspricht und dem gegenwärtigen schulischen Erziehungs- und Bildungsziel der mündigen Schülerpersönlichkeit dient
• sich mit wissenschaftlichen Argumenten begründen lässt und auf realanalytische Aussagen (d.h. auf in der Praxis erprobte und überprüfte Wenn-Dann-Aussagen) zurückgeführt werden kann" (Wiater 2001, 5f).

Aus dem Vorhergehenden herleitend definiert Wiater (ebd.):

> „Unterrichtsprinzipien sind für alle Fächer geltende Grundsätze oder Handlungsregeln der Unterrichtsgestaltung. Ihre Beachtung vergrößert und sichert die Effizienz und die Qualität des Unterrichts".

Unterrichtsprinzipien stellen das Ergebnis eines abstrakten und komplexen didaktischen Argumentationsstranges dar. Vor dem Hintergrund ihrer didaktischen Theorie und den jeweils zugrunde liegenden didaktischen Modellen werden einige Unterrichtsprinzipien anderen gegenüber bevorzugt, während generelle didaktische Prinzipien, beispielsweise die Motivation betreffend, grundsätzlich einbezogen werden (Seibert 2006). Unterrichtsplanung betrifft Inhalte, die durch hohe Komplexität und starke Eigendynamik gekennzeichnet sind und richtet sich an Lernende, deren Lernvoraussetzungen nicht identisch sind. Darüber hinaus soll sie heterogene, gelegentlich unvereinbare Erwartungen erfüllen (soziales und kognitives Lernen ermöglichen, den verschiedenen Funktionen der Schule entsprechen, eine Unterrichtsstunde strukturieren, die Störanfälligkeit des Unterrichts reduzieren usw.). Für die erfolgreiche Bewältigung dieser Ansprüche braucht die Lehrperson neben einem begründeten, systematisch aufgebauten Zielkonzept handlungsleitende Unterrichtsprinzipien, an denen sie sich orientieren kann, hinsichtlich der Konkretisierung der Leitziele, der geeigneten Inhalte und der Methodenwahl (vgl. Beyer 2014). Hierfür müssen die aus grundsätzlichen bildungstheoretischen und didaktischen Reflexionen hervorgegangenen Unterrichtsprinzipien das pädagogische Selbstverständnis der Lehrperson in präzisen Grundsätzen zusammenfassen. An diesen kann sie sich im Unterrichtsalltag umgehend orientieren, ohne jeweils erneut die grundsätzlichen Reflexionen durchführen zu müssen. Vor dem Hintergrund ihrer offensichtlichen Bedeutung ist es erstaunlich, dass sich in der aktuellen Didaktik zwar zahlreiche Veröffentlichungen zu einzelnen Unterrichtsprinzipien (z.B. Prinzip „Offenheit") oder zu Kombinationen bestimmter Didaktikkonzepte (z.B. „schülerorientierter Unterricht") finden,

> „sich aber kaum Publikationen zu einer systematisch angelegten Prinzipienlehre finden lassen. Hinzu kommt, dass die in der Literatur jeweils vorgeschlagenen Prinzipien zwar mehr oder minder gut begründet, aber oft in einer undialektischen Weise erörtert werden (Klafki 1994, 166f), so dass der Eindruck entstehen kann, sie besäßen uneingeschränkte Gültigkeit und dass ihnen auf diese Weise ein Stellenwert zugeschrieben wird, der ihnen der Sache nach nicht zukommt" (Beyer 2014, 3).

3.6.1 Zentrale Elemente einer wissenschaftlichen Prinzipienlehre des Unterrichts

Unterrichtsprinzipien benennen – auf der Grundlage von Werturteilen – Normen zur Verwirklichung einer bestimmten Unterrichtsqualität. Sie umfassen daher immer eine Sachkomponente (Bezeichnung einer bestimmten Unterrichtsqualität, z.B. schüleraktiver Unterricht), eine Wertungskomponente (schüleraktiver Unterricht ist wertvoll) und eine normative Komponente (die Schüleraktivität des Unterrichts ist anzustreben). Aufgrund ihrer relativen Geltung werden die Werturteile nicht von allen Betroffenen geteilt und somit die entsprechenden Normen nicht von allen anerkannt und befolgt. Daher sind auch die auf Werturteilen beruhenden Unterrichtsprinzipien lediglich für denjenigen Lehrenden gültig, „der den sie fundierenden Werturteilen und den durch sie formulierten Normen zustimmt und deshalb bereit ist, seine Entscheidungen und Handlungen von dem jeweiligen Prinzip her zu regulieren“ (Beyer 2014, 8).
Die den Unterrichtsprinzipien entsprechenden Normen können auf verschiedenen Abstraktionsstufen verallgemeinert werden und sich auf unterschiedliche Unterrichtsdimensionen beziehen. Betreffen sie den gesamten Unterricht, unterliegen alle resultierenden sich auf den Unterricht beziehenden Entscheidungen und zu verwirklichende Maßnahmen dem jeweiligen Prinzip. Andere didaktische Prinzipien sind hingegen in ihrer Reichweite eingeschränkt und betreffen vor allem bestimmte Gestaltungselemente des Unterrichts, z.B. die Motivation oder Selbsttätigkeit (vgl. ebd.). Der mit einem didaktischen Prinzip verbundene Gültigkeitsanspruch kann an bestimmte Bedingungen (z.B. an das Entwicklungsalter der Lernenden) des Unterrichts gebunden und dadurch eingeschränkt gültig sein. „Didaktische Prinzipien unterscheiden sich also nach der Reichweite der in ihnen formulierten Normen. Je abstrakter ein didaktisches Prinzip ist, desto größer ist der unterrichtliche Entscheidungs- und Handlungsbereich, für den das Prinzip Gültigkeit beansprucht“ (Beyer 2014, 8). Oftmals beziehen sich Unterrichtsprinzipien auch nicht auf ein einzelnes Unterrichtselement, sondern zeitgleich auf mehrere, so z.B. auf Motivation, Problemorientierung und Selbsttätigkeit (vgl. Wiater 2001).
Die Rechtfertigung von Unterrichtsprinzipien verlangt demnach regelmäßig einen Rückgriff auf entsprechende Begründungen hin zu den basalen Erwartungen an den Unterricht. Diese können ihrerseits nicht mehr binnendidaktisch begründet werden, sondern erfordern ökonomische, politische, weltanschaulich motivierte, aber auch bildungstheoretische Rechtfertigungen (Beyer 2014). Insofern sind die von einer didaktischen Theorie oder einer Lehrperson favorisierten Prinzipien zugleich Ausdruck der eigenen Selbst- und Weltsicht, und die Akzeptanz unterrichtlicher Prinzipien ist somit immer auch auf die Zustimmung zu dem sie begründenden Weltbild verwiesen. Eine fundierte Didaktik sollte daher zwingend die von ihr vertretenen Prinzipien nicht nur umfassend begründen, sondern darüber hinaus das ihr zugrundeliegende pädagogische Grundverständnis explizieren. In Unter-

richtsprinzipien werden nicht nur Normen, verstanden als qualitative Ansprüche an den Unterricht, formuliert, ebenso ist die zugrunde liegende pädagogische Überzeugung normativ. Ihre Überprüfung muss daher den jeder Normenkritik vorausgehenden Diskurs durchlaufen, durch welchen die Bedeutungsansprüche von Normen auf ihre Berechtigung hin geprüft werden. Abgesehen von der Kontrolle ihrer Theoriegebundenheit gehört zur kritischen Behandlung didaktischer Prinzipien wiederum die Kontrolle ihres Arbeitswertes (vgl. ebd.).
Die Beurteilung der Einsetzbarkeit didaktischer Prinzipien in der Unterrichtspraxis selbst und damit verbunden die Höhe ihrer Akzeptanz von den Lehrenden, beruhen insbesondere auf ihrem „Arbeitswert" (Höffding 1977, 213; zit. nach Beyer 2014, 11).

> „Die Frage nach dem Arbeitswert eines Prinzips kann in quantitativer Hinsicht als Frage nach seinem Regulierungswert verstanden werden. In welcher Breite und mit welcher Genauigkeit werden durch das Prinzip Entscheidungen und Handlungen des Lehrers reguliert? Die Antwort auf diese Frage hängt vom Abstraktionsgrad des Prinzips ab: Hochabstrakte Prinzipien haben einen breiten Gültigkeitsanspruch, aber nur eine sehr allgemeine Regulierungsgenauigkeit; mit zunehmender Konkretisierung nimmt dagegen die Gültigkeitsbreite ab, die Genauigkeit der Regulierung jedoch zu" (Beyer 2014, 11).

Bezogen auf die Qualität verweist der Arbeitswert oder der Zweck eines Unterrichtsprinzips auf dessen inhaltsbezogene Tauglichkeit zur Regulierung notwendiger unterrichtlicher Maßnahmen und Handlungen. Als Normen, die Forderungen an die Unterrichtsqualität stellen, verkörpern Unterrichtsprinzipien Leitlinien zur Unterrichtsgestaltung, indem sie die jeweilig zu treffenden Entscheidungen und die entsprechend folgenden Handlungen beeinflussen.
Unterrichtsplanungen können nicht ausschließlich auf einem einzelnen Prinzip gründen; dies trifft vor allem auf Unterrichtsprinzipien zu, „die insofern in einem antinomischen Verhältnis zueinander stehen, als sie auf Werten beruhen, deren Beachtung im Unterricht als unverzichtbar anzuerkennen ist, deren Normen sich aber explizit widersprechen" (ebd., 14). Eine einseitige Prinzipienbefolgung würde folgerichtig gegen Erwartungen verstoßen, die durch das jeweils andere Prinzip benannt werden. Lehrende müssen sich daher bemühen, diese anscheinend unvereinbaren Ansprüche in ihrem Unterricht miteinander zu versöhnen. Die Entlastungsfunktion didaktischer Prinzipien realisiert sich nach Beyer (2014) durch das Zusammenwirken folgender Aspekte:

> „- Didaktische Prinzipien bilden (…) den Extrakt der in einer wissenschaftlichen Theorie oder in der subjektiven Theorie des Lehrers begründeten normativen Anforderungen an den Unterricht, als sie deren ‚pädagogisches Selbstverständnis' (Plöger/Anhalt 1996, 620) widerspiegeln.
> - Aus dem Abstraktionscharakter der Prinzipien ergibt sich ihr situationsübergreifender Anspruch: Sie gelten je nach Allgemeinheitsgrad für mehr oder weniger viele Unterrichtssituationen.

- Aufgrund ihrer ‚kritischen' Funktion (Unterscheidungsfunktion) eröffnen und verschließen sie Handlungsspielräume, so dass bei der Planung des Unterrichts nicht mehr alle nur denkbaren Handlungsmöglichkeiten geprüft werden müssen, sondern nur noch diejenigen, die innerhalb des durch die Prinzipien gedeckten Handlungsspielraumes liegen" (Beyer 2014, 13f).

Das gemeinsame Wirken der Prinzipien kann die Lehrperson unterstützen und ermöglicht eine ökonomische Unterrichtsplanung und -gestaltung, da Theoriegrundlage und Handlungsmöglichkeiten nicht permanent erneut reflektiert und festgelegt werden müssen. Gleichzeitig zeigen die Prinzipien ausreichend Offenheit, so dass für die Lehrperson ausreichend Gestaltungsräume in den zahlreichen unvorhergesehenen Unterrichtssituationen erhalten bleiben. Der situationsübergreifende Gültigkeitsanspruch kann motivieren, die legitimierten Prinzipien auch in anderen, späteren Handlungszusammenhängen zu beachten.

> „Wer einmal von der Bedeutung der Selbsttätigkeit der Schüler im Unterricht überzeugt ist, wird versuchen, in allen seinen Entscheidungen und Handlungen diesem didaktischen Prinzip so weit wie möglich gerecht zu werden und damit die Kontinuität, Konsequenz, Einheitlichkeit seines Unterrichts zu sichern" (Beyer 2014, 14; vgl. Schröder 2002).

Unterrichtsprinzipien lassen sich einerseits als feste Grundsätze und somit als Definitionskriterium von Unterricht auslegen, andererseits können sie als unverbindliche Orientierung verstanden werden.

> „Grundsätze sind relativ allgemeine Aussagen, in knappster Form ausgedrückte Handlungsanweisungen, deren tiefere Begründung als bekannt vorausgesetzt wird und die weitreichende, nicht notwendig absolute Geltung für bestimmte Handlungsbereiche beanspruchen" (Glöckel 1992, 274; vgl. Seibert 2006).

Flexibler als Regeln und unverbindlicher als Gesetze verlangen Prinzipien situationsadäquate Entscheidungen. Aber auch wenn sie stichhaltige Sonderfälle zulassen, sind Urteile nach Gutdünken ausgeschlossen, denn Unterrichtsprinzipien korrespondieren mit professionellem Urteilsvermögen und verantwortlichem Berufshandeln. Da Lehrende auch dann nach allgemeinen Grundsätzen handeln würden, wenn sie diese nicht oder unzureichend reflektiert hätten, dürfen sie nach Glöckel (1992) schon deswegen solche grundlegenden Erwägungen nicht unterlassen:

> „Sinn und Grenzen einer didaktischen Prinzipienlehre
>
> 1. In der Aufstellung einer didaktischen Prinzipienlehre verwirklicht sich ein bestimmtes Erkenntnisinteresse. Die Suche nach einer umfassenden und zugleich handhabbaren Unterrichtstheorie.
> 2. Unterrichtsgrundsätze sind historisch entstanden und dem historischen Wandel unterworfen.
> 3. Unterrichtsgrundsätze haben ‚polemischen' Charakter, sie weisen auf Mängel hin und warnen vor Gefahren.
> 4. Unterrichtsgrundsätze sind Handlungsanweisungen von hohem Allgemeinheitsgrad und weitreichendem Geltungsanspruch.

5. Unterrichtsgrundsätze haben unterschiedliche Grade der Allgemeinheit und verschiedene Geltungsbereiche.
6. Die Zahl der Unterrichtsgrundsätze ist offen.
7. Unterrichtsgrundsätze lassen sich nicht in ein geschlossenes System fügen.
8. Unterrichtsgrundsätze sind keine letzten Gründe für pädagogische Entscheidungen" (Glöckel 1992, 306ff).

Für Meyer (2009) stellen Prinzipien kategorisierendende Schlagwörter für die besondere Akzentuierung eines bestimmten Unterrichtskonzeptes dar und sind entsprechend Grundsätze zur Unterrichtsoptimierung. Aufgrund ihrer Zeitgebundenheit dienen sie zur Handlungsorientierung, wenn sie unter Rückbezug auf eine didaktische Theorie die gesellschaftlichen und kulturellen Rahmenbedingungen, Sach- und Schülerorientierung, die Lern- und Klassensituation, die Fach-, Sach- und Sozialkompetenz der Lehrenden sowie fachdidaktische und -wissenschaftliche Ansprüche in Betracht ziehen. Grundlage der unterrichtlichen Konkretisierung stellt somit die Theorie eines didaktisch reflektierten Grundsatzes dar (vgl. Seibert 2006, 253). Sofern Unterricht stets erziehender Unterricht ist, sind mit der Entscheidung für Unterrichtsprinzipien zugleich Erziehungsziele und Werthaltungen zu bedenken. Aufgrund der Normativität didaktischer Prinzipien transportiert die methodische Unterrichtsgestaltung Werthaltungen, die transparent zu machen sind (s.o.). Kritisch anzumerken bleibt, dass die vielfältigen, teils gegenläufigen Erläuterungen und Meinungen über die wichtigsten Prinzipien sehr unterschiedliche Reichweiten sowie Geltungsbereiche aufweisen und Kritiker terminologische Unschärfen sowie ideologische Überfrachtungen anmahnen.
Obwohl ein Unterrichtsprinzip eine Grundlage für erfolgreiches und qualitätsvolles Unterrichten sein soll, können alle in der Schulpädagogik hergeleiteten Prinzipien zur Unterrichtsgestaltung für Lehrende letztlich nur gut begründete Handlungsanregungen sein. Denn als ein Interaktionsgeschehen ist Unterricht und seine erfolgreiche Umsetzung weder durchgängig planbar noch garantiert initiierbar. Die Berücksichtigung der Prinzipien erhöht jedoch die Wahrscheinlichkeit, dass die beabsichtigten Unterrichtsziele, die Qualität des Unterrichts im Sinne der didaktischen Gütekriterien sowie der Lernerfolg der Heranwachsenden an den vorgeplanten Unterrichtsinhalten mit Hilfe der verwendeten Unterrichtsmethoden und -medien auch wirklich erreicht werden (Wiater 2001).
In der Regel umfassen Unterrichtsprinzipien nach Wiater (2001) vier unterschiedliche Klassen von Grundsätzen:

„- Solche, die allgemein oder auch konkret die Unterrichtsgestaltung in allen Schulfächern betreffen,
- solche, die fachdidaktische oder methodische Besonderheiten bestimmter Schulfächer bezeichnen,
- solche, die einzelne Unterrichtsmethoden zum Prinzip erheben, und
- solche, die als grundsätzliche Aufgaben oder Bildungsanliegen der Schule in allen Fächern berücksichtigt werden sollen" (Wiater 2001, 4).

Hinsichtlich einer möglichen Rangordnung der Unterrichtsprinzipien sei auf Horney verwiesen werden, wonach es sich hierbei um

> „eine über die Zuständigkeit der Methodik hinausgehende pädagogische Aufgabe [handelt], die vom Lehrer in jedem Einzelfalle in eigener Verantwortung gelöst werden muss. Die allgemeinen Unterrichtsgrundsätze wollen nicht nur theoretisch gewusst und eingesehen werden, sie müssen zu einer pädagogischen Haltung werden, aus der heraus der Lehrer wie selbstverständlich handelt" (Horney 1960, 411).

Unter Heranziehung dieser Gütekriterien differenziert Wiater konstitutive Unterrichtsprinzipien (Schülerorientierung, Sachorientierung und Handlungsorientierung), denen er wiederum Prinzipien der methodischen Unterrichtsgestaltung zuordnet. Bezüglich des Gleichgewichts der die Artikulations-, Kommunikations-, Sozial-und Aktionsformen des Unterrichts beeinflussenden methodischen Leitlinien favorisiert er aufgrund ihres unterschiedlich engen Bezugs eine Vernetzung der verschiedenen Prinzipien (vgl. Wiater 2001; vgl. Seibert 2004).

3.6.2 Konstitutive Unterrichtsprinzipien

Um bei den Heranwachsenden eine bildende Auseinandersetzung mit der im Unterricht behandelten Sache zu initiieren, sind von den Lehrenden notwendigerweise didaktische und pädagogische Überlegungen vorzunehmen und umzusetzen. Voraussetzung ist dabei, dass die Lehrperson

- zielgruppengemäß, d.h. an den Lernenden orientiert, unterrichtet;
- sachorientiert unterrichtet, d.h. die Sachverhalte fachwissenschaftlich korrekt und sachgerecht präsentiert;
- handlungsorientiert unterrichtet, d.h. den handelnden Umgang der Heranwachsenden mit der Sache berücksichtigt, da Lernen immer selbstgesteuert erfolgt.

Für Unterricht sind somit Lernende, Sache und Handlung elementar, zugleich sind sie aufeinander verwiesen. Nach Wiater (2001) ist ihre Berücksichtigung daher eine

> „übergeordnete grundsätzliche Forderung. Denn Schülerorientierung, Sachorientierung und Handlungsorientierung machen erst Schulunterricht zu dem, was er sein soll. Infolgedessen sind diese drei Grundsätze allen Unterrichtsprinzipien, die bei der konkreten Planung von Unterrichtsstunden zu beachten sind, vor- und übergeordnet. Sie bilden deren Grundlage, sind für diese fundierend" (Wiater 2001, 7).

Schülerorientierung im Unterricht trägt dem Anspruch Rechnung, dass für ein sachangemessenes Verständnis alle Informationen adressatengerecht aufzubereiten sind. Die Lernenden sollen als aktiv und konstruktiv lernende Subjekte auf einer bestimmten Entwicklungsstufe mit einer individuellen Lebens- und Lerngeschichte wahrgenommen werden, deren Lernen einerseits auf die bisherigen Erfahrungen und Erlebnisse, auf persönliche Betroffenheit und Sinnhaftigkeit bezogen ist, andererseits eng mit ihren mittelbaren wie unmittelbaren individuellen Bedürfnissen, Erwartungen und Interessen zusammenhängt (ebd., 7f). Das bedeutet

- Anerkennung der Persönlichkeit des Lernenden, indem die „ihn als Mensch auszeichnenden Wesensmerkmale im Schulunterricht didaktisch und pädagogisch respektiert und bedacht werden“ (ebd., 8). Betroffen ist hierdurch auch die Art und Weise des Umgangs, die gegenseitige Achtung der Würde sowie eine offene und vertrauensvolle Partnerschaft.
- Berücksichtigung der jeweiligen Entwicklungsstufe. Während der Ausbildung ihrer Identität weisen Heranwachsende verschiedene Eigenarten und Eigenheiten auf und zeigen i.d.R. altersgemäße Strukturen des Denkens, Fühlens, Könnens und Wollens. Für eine gelungene Entwicklung benötigen sie die Erfüllung ihrer elementaren Bedürfnisse. Diese Beachtung in didaktischer und pädagogischer Hinsicht bezieht sich sowohl auf die erreichte Stufe der Denkentwicklung, als auch auf Bedürfnisse nach Zugehörigkeit und Selbstwerterleben, nach Wissen und Verstehen sowie nach lebensalterstypischen Herausforderungen, Kompetenz und Autonomie, nach Hilfe bei Lebenskrisen sowie Verständnis, Vertrauen, Schutz u.a.m.

Hierfür notwendig ist die
Anerkennung der Individualität der Schülerinnen und Schüler. Denn diese sollen in der Schule die Möglichkeit erhalten, im Kontakt mit anderen ihre Individualität zu entwickeln. Das Ergründen und Entfalten der eigenen Fähigkeiten und Potenziale ist nicht zuletzt darauf angewiesen, im Unterricht eigene inhaltlichen Interessen einbringen und eine individuelle Lernweise umsetzen zu können, aber auch die Förderung der eigenen Begabungen und Schwächen zu erleben (ebd.).

> „Schülerorientierter Unterricht meint (...), die Lehrerzentriertheit zugunsten eines Unterricht aufgeben, der vom Schüler her, mit dem Schüler zusammen und auf den Schüler hin geplant und gestaltet ist“ (ebd., 10).

Neben der Beachtung der Lern-, Bedürfnis-, Interessens und Lebenslagen der Heranwachsenden bedeutet dies, die Kinder und Jugendlichen an der Unterrichtsplanung und -gestaltung aktiv zu beteiligen, des weiteren unterschiedliche Lernwege zu ermöglichen. Die Schülerinnen und Schüler sollen möglichst eigenaktiv, eigenverantwortlich und selbstentdeckend arbeiten können. Abgesehen von dem Erwerb vielfältiger Lernstrategien für die Ausbildung einer eigenen Lernerpersönlichkeit, ist ein durch Akzeptanz und Offenheit geprägter Kommunikations- und Interaktionsstil notwendig, ebenso wie Metakommunikation und Selbstevaluation wichtige Instrumente für eine hohe Unterrichtsqualität sind.
Ein weiteres konstitutives Unterrichtsprinzip ist die *Sachorientierung.* Das verbindende Miteinander von Lehrenden und Lernenden beruht im Unterricht nicht primär auf ihrer unmittelbar persönlichen Beziehung, sondern ist orientiert an einer Sache, dem Lehr- und Lerninhalt. Wiater arbeitet prägnant heraus, dass der vorgegebene Unterrichtsstoff zwar zunächst als etwas „Objektives, Statisches, das

Schüler zu erlernen, d.h. in ihrem Wissensfundus aufzunehmen haben" erscheint (ebd., 11), es letztlich aber nicht als eine „Sache an sich" existiert. Abgesehen von der Strategie, einen Unterrichtsinhalt als in sich abgeschlossenen und strukturierten Sachverhalt anzusehen, durch welchen die Heranwachsenden sich Kompetenzen aneignen können, ermöglicht dieser den Blick der Menschen auf sich selbst und ihrer Auseinandersetzung miteinander.
Ein Unterrichtsinhalt sollte daher aus drei Perspektiven wahrgenommen werden, und zwar bzgl. seines sachlichen Wahrheitsgehalts, im Hinblick auf seine Genese und hinsichtlich seines Gegenwartsbezugs.

> „Sachorientierung besagt, dass die Unterrichtsthemen sachgerecht behandelt werden müssen sowie beim Schüler zu Sachverstand und zu einer sachlichen Einstellung führen sollen" (Wiater 2001, 11).

Hierfür ist auf Sachgerechtigkeit zu achten im Sinne einer fachlich korrekten, aktuellen wissenschaftlichen Erkenntnissen entsprechenden Präsentation sowie einer dem Gegenstand selbst und dem Nutzen anderer angemessenen Sachbehandlung. Darüber hinaus bedarf jeder Unterrichtsstoff hinsichtlich seiner Erscheinungsweise eines sachgemäßen und -gerechten Umgangs; aufgrund seiner Mehrperspektivität und Mehrwertigkeit ist dieser niemals unmittelbar zugänglich, sondern vielmehr auf mediale Vermittlung angewiesen. Schließlich meint Sachorientierung die Einbeziehung fachlicher wie überfachlicher Kompetenzen sowie Aspekte des sozialen und humanen Miteinanders, Wertebezüge ebenso wie virtuelle Welten. Unerlässlich ist die Objektivität in der Darstellung, die eine notwendige Voraussetzung für erfolgreiches schulisches Lernen und gelingendes Miteinanderleben ist (vgl. ebd.).
Das abschließende konstitutive Unterrichtsprinzip ist die *Handlungsorientierung.* Lernen ist ein Handlungsprozess und somit das Ergebnis selbstgesteuerter Aktivitäten des lernenden Subjekts, das in diesen Prozess ganzheitlich involviert ist (vgl. Kap. 3.5.2). Neue Erfahrungen integriert der Lernende in bereits vorhandene Denk-, Gefühls-, Könnens- und Wollensstrukturen. Denken wiederum ist letztlich „verinnerlichtes Tun" (Aebli 1980, 1981). Menschlichen Tätigkeiten liegt eine subjektive Logik zugrunde, sie sind für den Handelnden stimmig und schlüssig. Intentionale, konsequent und sinnvoll durchgeführte Handlungen erfolgen sowohl zielbewusst und reflektiert, als auch unbewusst und spontan. Erfolgt die Handlungsanregung durch andere (z.B. in der Regel im Schulunterricht), ist die jeweilige Situationswahrnehmung durch das Subjekt maßgeblich. Aus dieser heraus werden Emotion, Kognition, Volition und Aktion initiiert. Schätzt das Subjekt eine Handlung als sinnhaft ein und offeriert diese die Befriedigung von Neugier oder seinem Bedürfnis nach Aktivität, Gemeinschaft, Anerkennung oder Selbstthematisierung, wird es voraussichtlich diese Tätigkeit aufnehmen. Hierbei strukturiert es sein Tätigkeitsfeld und greift auf bereits vorhandene Kompetenzen zurück. Zugleich erweitert bzw. verändert es mit dem Tätigsein durch die neu gewonnenen

Erfahrungen seine inneren Strukturen (vgl. Holzkamp 1995). Notwendig ist daher ein möglichst hoher Anteil an Schülerselbsttätigkeit. Handlungsorientiertes bzw. ganzheitliches Lernen ermöglicht die Entwicklung von Sinnhaftigkeit und persönlicher Bedeutsamkeit hinsichtlich der unterrichteten Inhalte bei den Lernenden (vgl. Wiater 2001). Die Gelegenheit, Fragen zu stellen, Hypothesen zu bilden und Handlungen zu planen, verbunden mit deren Umsetzung und der anschließenden Überprüfung durch die Lernenden selbst regt eine andere Lernhaltung an. Durch fächerübergreifendes, am Gemeinwesen orientiertes Lernen haben die Heranwachsenden die Chance, Verantwortung für ihr eigenes Handeln zu erleben (z.B. im sogenannten Service Learning; vgl. Sliwka/Frank 2004). Soziales, kooperatives und kommunikatives Handeln, verbunden mit gemeinsamen, praktischen und reflektierenden Tätigkeiten, wird systematisch trainiert und aufgeschlüsselt.

> „Die Handlungsorientierung des Unterrichts beachtet, dass Lernen eine aktive, selbstgesteuerte Tätigkeit des individuellen Schüler/der individuellen Schülerin ist“ (Wiater 2001, 13).

Glöckel (1992) wiederum bezeichnet als konstitutive Bedingungsbereiche des Unterrichts bzw. als „fundierende Unterrichtsprinzipien“ die Sachgemäßheit, Schülergemäßheit sowie Zielgemäßheit. Ergänzt werden diese um „regulierende Unterrichtsprinzipien“.

Tab. 3: Systematik der Unterrichtsprinzipien nach Glöckel (1992, 276ff)

Fundierende Unterrichtsprinzipien	**Regulierende Unterrichtsprinzipien**	**Weitere Prinzipien**
• Sachgemäßheit • Schülergemäßheit • Zielgemäßheit	• Anschauung • Selbsttätigkeit • Motivation • Elementarisierung • Erziehender Unterricht • Ökonomie • Erfolgssicherung …	• Kooperation • Exemplarisches Lehren • Lebensnähe • Planmäßigkeit • Situationsgemäßheit …

Neben dieser Systematisierung werden im Folgenden die wichtigsten, resp. am häufigsten in der schulpädagogischen Literatur behandelten grundlegenden Unterrichtsprinzipien dargestellt, um eine für die Unterrichtsplanung orientierte Ordnung zu geben. Auf eine umfassende wissenschaftliche Begründung für das jeweilige Prinzip im Sinne der anthropologischen, psychologischen, pädagogischen und sozial-gesellschaftlichen Argumente wird an dieser Stelle verzichtet und auf die entsprechende, im Text benannte Primärliteratur verwiesen. Sowohl Wiater (2001) als auch Schröder (1995, 2002) haben jeweils eine sehr fundierte und sachgerechte Beweisführung unternommen.

3.6.3 Grundlegende bzw. regulierende Unterrichtsprinzipien

- *Prinzip der Motivierung*
  Im schulischen Unterricht meint Motivierung das Hervorrufen sowie die Erhaltung und Beachtung von Lern- und Leistungsbedürfnissen der Schülerinnen und Schüler durch Maßnahmen der Lehrenden. Dabei ist Motivation zu verstehen als latentes Konstrukt aller hierfür vorhandenen Elemente der Verhaltensbeeinflussung (vgl. Schröder 2002, 162f). Da ein Unterricht, der selbsttätig, differenziert, anschaulich, ganzheitlich und strukturiert ist, mit hoher Wahrscheinlichkeit motivierend wirkt, besteht nach Wiater (2001) zwischen den entsprechenden Unterrichtsprinzipien ein enger Verbund. Auch der problem- und der phänomenorientierte Unterricht stellen Konzeptionen mit besonderer Berücksichtigung der Motivierung dar.
- *Prinzip der Differenzierung*
  Differenzierung bezeichnet nach Schröder (2002, 183) „die Auflösung des heterogenen Klassenverbandes zugunsten homogener Gruppen in Bezug auf die Leistungsfähigkeit oder Interessenrichtung der Schüler", um die lern- und leistungsbezogene Heterogenität der Lernenden entsprechend berücksichtigen zu können. Damit die Lernenden ihrem aktuellen Lern- und Entwicklungsstand angemessen gefördert werden können, soll die Differenzierung ein maximales Passungsverhältnis zum Lernenden aufweisen, weshalb häufig auch auf Individualisierung verwiesen wird. Die innere Differenzierung bzw. Binnendifferenzierung erfolgt innerhalb eines Klassen- oder Gruppenverbandes, beispielsweise nach Schwierigkeitsgrad, Art des Lernangebots, Zusatzangeboten u.a.m. Äußere Differenzierung hingegen bezeichnet die interschulische Differenzierung nach Schulart bzw. intraschulisch die jeweilige Schulstruktur, z.B. einen Ausbildungszweig wie die kooperative Gesamtschule oder die kooperative Realschule plus. Differenzierung weist eine enge Beziehung zu anderen Unterrichtsprinzipien auf, insbesondere zu Selbsttätigkeit, Veranschaulichung, Motivation und Ergebnissicherung (vgl. Wiater 2001).
- *Prinzip der Veranschaulichung*
  Die Veranschaulichung im Unterricht intendiert eine Darbietung der Inhalte, die es den Lernenden ermöglicht, diese „mit Hilfe ihrer Sinnesorgane und entsprechend ihrer Auffassungsfähigkeit umfassend und zutreffend erkennen [zu] können" (Schröder 2002, 167). Anschaulichkeit bedeutet, dass das Wahrgenommene bezüglich seiner Einzelheiten in sich schlüssig und als Gesamtes widerspruchsfrei mit den eigenen Vorerfahrungen in Übereinstimmung gebracht werden kann, so dass eine genaue Vorstellung und eine sachgemäße Kenntnis des Stoffes vorliegt. Insbesondere im jüngeren Lebensalter steigert Anschaulichkeit die Lerneffektivi-

tät und Gedächtnisleistung. Dabei ist die Veranschaulichung nicht mit Medieneinsatz gleichzusetzen. Veranschaulichung hängt zugleich eng mit Motivation, (medialer) Differenzierung und Ganzheit zusammen (vgl. Wiater 2001). Daher wird nicht nur im medienorientierten Lernen dieses Prinzip berücksichtigt, sondern gleichermaßen auch beim erfahrungs- und erlebnisorientierten sowie beim entdeckenden Lernen.

- *Prinzip der Ganzheit*
  Das Unterrichtsprinzip Ganzheit bzw. Ganzheitlichkeit setzt auf eine mehrperspektivische Behandlung von Unterrichtsinhalten, um Heranwachsenden ein „bedeutungsvolles Lernen mit Kopf, Herz und Hand zu ermöglichen" (Wiater 2001, 61). Konträr zum zufälligen Nebeneinander oder einer additiven Ansammlung verweist Ganzheit auf originäre Geschlossenheit. Im Vordergrund steht dabei „die Vorstellung, dass ‚das Ganze mehr ist als die Summe seiner Teile' (W. Wundt) und dass zufällig und unverbunden vorhandenes Einzelnes noch kein Ganzes ausmacht. Diese Vorstellung hat (...) neue Aktualität bekommen, da die Persönlichkeitstheorie von behavioristischen Ansätzen abwich und sich eher kognitivistischen und humanistischen Konzepten zuwandte" (ebd., 60). Aus dieser leitet sich die Bedeutung der integrierten Bereiche ab, zugleich ist sie durch einen unauflösbaren Wirkzusammenhang gekennzeichnet. Mit dem Unterrichtsgrundsatz der Ganzheit korrespondieren z.B. die Prinzipien Veranschaulichung, Motivation und Selbsttätigkeit.
- *Prinzip der Strukturierung*
  Eine Struktur stellt den inneren Zusammenhang eines Bereichs dar, in welchem sich Teilbereiche ausdifferenzieren lassen, die sich zugleich aufeinander beziehen. Aufgrund dieser gegenseitigen Berührungspunkte lassen sich die Teilbereiche kriterienbezogen nach Rangstufen gliedern (z.B. inhaltlich, chronologisch oder räumlich). Im Rahmen der Unterrichtsgestaltung hilft die Strukturierung bei der Elementarisierung und Rhythmisierung. „Das Unterrichtsprinzip Strukturierung fordert, dass sich der Erwerb von Wissen, Einstellungen und Verhaltensweisen beim Schüler in der Form eines geordneten Aufbaus vollziehen soll. Dazu müssen die Struktur des Lerninhalts, die Struktur des Lernenden und die Struktur der Methode zusammenpassen" (Wiater 2001, 79). Trotz einer gewissen Ähnlichkeit beider Grundsätze bezieht die Strukturierung sich im Gegensatz zum Prinzip der Ganzheit vor allem auf die Auswahl der Inhalte und auf die methodische Gestaltung.
- *Prinzip der Aktivierung*
  „Aktivierung heißt den Schüler anzuregen und ihm die Möglichkeit zu geben, im tätigen Unterricht mit den Dingen Lernerfahrungen zu erwerben" (Schröder 2002, 204; vgl. Dewey 1911 und Kerschensteiner 1912). Es ist intendiert, bei den Lernenden Selbsttätigkeit hervorzurufen, d.h. die Schülerin oder der Schüler

lernt zielorientiert aus eigenem Anlass mit eigenständig gewählten Mitteln und in sozialem Bezug. Bei der Möglichkeit, aus eigenem Handeln zu lernen, hat auch die Fehlerakzeptanz eine wichtige Bedeutung (vgl. Oser/Spychiger 2005).

- *Prinzip der Erfolgssicherung („Prinzip der Festigung")*
  Unterricht trägt der Erfolgssicherung insofern Rechnung, als durch entsprechende Maßnahmen der Lernzuwachs einer Unterrichtseinheit bei den Heranwachsenden längerfristig erhalten bleiben soll (vgl. Schröder 1995, 194). Der Lernerfolg soll möglichst dauerhaft bestehen bleiben, das erworbene Wissen und Können also vor dem Vergessen bewahrt werden. Um dies zu erreichen, werden Strategien wie Üben, Wiederholen, das Anwenden des Erlernten sowie der Transfer auf andere Bereiche eingesetzt. Notwendig für eine erfolgreiche Sicherung des Gelernten ist jedoch auch eine weitgehend objektive Lernstandserhebung, orientiert an den ursprünglichen Zielvorgaben. Erst auf der Grundlage der Versicherung, dass die bisherigen Zielsetzungen wirklich erreicht wurden, kann das weitere unterrichtliche Vorgehen zielführend geplant werden.
- *Prinzip der Erfolgsbestätigung*
  Die Erfolgsbestätigung ist ein wichtiger Bestandteil des Lehrens und Lernens. „Erfolgsbestätigung heißt, dem Schüler Kenntnisse über den Erfolg oder Misserfolg seines Lernverhaltens zu vermitteln, um weitere Lernerfolge anzubahnen" (ebd., 199). Sie hat vorrangig die Funktion, Auskunft über den aktuellen Lernstand des Lernenden zu geben, den weiteren Lernprozess festzulegen sowie die Lernbereitschaft zu erhalten bzw. zu optimieren. Zielführend sind hierbei vor allem sachliche Auskünfte, ebenso haben aber auch subjektive Einwirkungen, z.B. die gerechte Verteilung von Anerkennung und Kritik großen Einfluss auf das Arbeitsklima und den Lernwillen. Insbesondere die Erkenntnisse der Lernpsychologie verdeutlichen die Verwiesenheit des Lernerfolgs auf emotionale wie auf sachlich differenzierte Rückmeldungen. Um einen weiteren erfolgreichen Lernverlauf zu ermöglichen, sollte dem Lernenden ein Feedback über den Erfolg oder Misserfolg seiner Lernbemühungen vermittelt werden, das weitgehend durch Tatsachen belegt, konkret sowie sachbezogen ist und sich nicht auf Superlative und/oder Allgemeinplätze beschränkt.

Weitere Prinzipien der Unterrichtsgestaltung sind nach Wiater (2001):

- Die *Selbsttätigkeit*, durch welche „Schülerinnen/Schülern Gelegenheit gegeben werden soll, einen Sachverhalt mit Hilfe ihrer individuellen Lern- und Handlungsmöglichkeiten zu bearbeiten, damit sie dabei ihre Selbstständigkeit, Selbstbestimmung und Selbstidentität entwickeln können" (ebd., 15). Aktuell besonders beachtet, steht die Selbsttätigkeit zugleich mit einer Reihe weiterer Prinzipien, wie Motivation, Ganzheit, Differenzierung u.a.m. in Beziehung.
- Ein grundlegend notwendiger Parameter zur Entscheidungsfindung bei der Unterrichtsgestaltung ist das Prinzip der *Zielorientierung* bzw. *-verständigung*, um

dem Lehr-Lern-Trugschluss (vgl. Holzkamp 1995) wirksam zu begegnen, nach dem die Lehrziele der Lehrperson zwangsläufig die Lernziele der Heranwachsenden werden. „Das Unterrichtsprinzip Zielorientierung/Zielverständigung verlangt, die Ziel-Inhalts-Dimension des Unterrichts an schrittweise zu erreichenden Zielen auszurichten, diese aber mit den Schülern kommunikativ zu verhandeln" (Wiater 2001, 70). Enge Zusammenhänge ergeben sich mit den Prinzipien der Strukturierung und Motivierung.

- Wesentliches Ziel jeder Unterrichtstunde ist die Aneignung, Diagnose und Festigung von Lern- und Leistungsergebnissen. Entsprechend fokussiert das Unterrichtsprinzip *Ergebnissicherung* auf didaktische Maßnahmen, „damit Schülerinnen und Schüler die im Unterricht erworbenen beabsichtigten und förderlichen Lerneffekte systematisch verinnerlichen und im Gedächtnis verankern" (ebd., 88). In einem engeren Verhältnis steht es zu den Prinzipien Strukturierung, Motivierung, Selbsttätigkeit, Differenzierung und Zielorientierung/Zielverständigung (ebd.).

Tab. 4: Vereinfachte Übersicht über die genannten Unterrichtsprinzipien in Anlehnung an Wiater (2001) und Schröder (1995, 2002)

Konstitutive Unterrichtsprinzipien	
Schülerorientierung	Unterricht wird von den Lernenden aus, mit den Lernenden gemeinsam und auf diese bezogen geplant.
Sachorientierung	Sachangemessene Themenbehandlung verbunden mit einer sachgerechten Haltung auf Seiten der Lernenden.
Handlungsorientierung	Individuelles Lernen verläuft eigenaktiv und selbstgesteuert.
Grundlegende Unterrichtsprinzipien	
Prinzip der Motivierung	Herbeiführung, Erhaltung und Berücksichtigung der Lern- und Leistungsbedürfnisse bei den Lernenden.
Prinzip der Differenzierung	Bildung homogener Gruppen im Hinblick auf Leistungsfähigkeit oder Interessen der Lernenden.
Prinzip der Veranschaulichung	Inhaltspräsentation erfolgt so, dass Details wie die Gesamtheit eindeutig und sachgemäß sowie widerspruchsfrei zu den eigenen Vorerfahrungen wahrgenommen werden können.
Prinzip der Ganzheit	Mehrperspektivische Befassung mit den Unterrichtsthemen zur Erfahrung der originären Geschlossenheit des Gegenstands.
Prinzip der Strukturierung	Berücksichtigung des inneren Zusammenhangs eines Themas im Aufbau einer Unterrichtsstunde/-einheit.
Prinzip der Aktivierung	Unterstützung des eigenaktiven, selbstgesteuerten und zielorientierten Lernens.

Prinzip der Erfolgssicherung (Prinzip der Festigung)	Einsatz von Strategien des Übens und Wiederholens auf der Grundlage von objektiven Lernstandsdiagnosen.
Prinzip der Erfolgsbestätigung	Auf der Grundlage eines sachlichen Feedbacks über den aktuellen Lernstand und der fairen Verteilung von Anerkennung und Kritik kann der weitere Lernprozess geplant und die Lernbereitschaft stabilisiert bzw. optimiert werden.
Weitere Prinzipien	
Selbsttätigkeit	Lernende arbeiten auf der Grundlage ihrer individuellen Lern- und Handlungsmöglichkeiten an einem Sachverhalt.
Zielorientierung/-verständigung	Der unterrichtliche Ziel-Inhalts-Bezug wird an sukzessiv zu erreichenden, mit den Lernenden abgesprochenen Zielen ausgerichtet.
Ergebnissicherung	Didaktische Maßnahmen zur systematischen Verinnerlichung und gedächtnismäßigen Abspeicherung der Lerninhalte.

Um den Diskurs in seiner Vielfalt abzubilden, seien abschließend drei weitere prominente Zugänge zu Unterrichtsprinzipien dargestellt:
Meyer (2009) beispielsweise differenziert lediglich zwischen fünf Prinzipien, die er entgegen den bisherigen Ausführungen stärker dem methodischen Handeln zuordnet. Diese können im Kontext unterschiedlicher Unterrichtskonzepte Geltung beanspruchen:

- Das Prinzip der Offenheit des Unterrichts
- Das Prinzip der Entwicklungsgemäßheit des Lernangebots
- Das Prinzip der dialogischen Gestaltung der Lehrer-Schüler-Interaktion
- Die Orientierung an den Bedürfnissen und Interessen der Schüler
- Der Grundsatz der Individualisierung der Bildungsgänge usw. (vgl. ebd.)

Dabei sind Unterrichtskonzepte „Gesamtorientierungen methodischen Handelns, in denen explizit ausgewiesene oder implizit vorausgesetzte Unterrichtsprinzipien, allgemein- und fachdidaktische Theorieelemente und Annahmen über die organisatorisch- institutionellen Rahmenbedingungen und die Rollenerwartungen an Lehrer und Schüler integriert werden" (ebd., 208; vgl. Kap. 2.5). Auch die von Meyer systematisch zusammengestellten zehn Merkmale für guten Unterricht (vgl. Kap. 2) lassen sich im didaktisch-methodischen Bereich durchaus in der Anwendung von fundierenden und regulierenden Unterrichtsprinzipien wiederfinden. Allerdings werden sie als solche nicht explizit ausgewiesen.
Die von Hell/Olbrich beschriebenen wesentlichen Unterrichtsprinzipien (1993; vgl. Hell/Olbrich 1981) sind umfassender angelegt. Sie werden an dieser Stelle mit ihren inhaltlichen Bezügen aufgeführt, um die differenzierte Zugangsweise überblicksartig deutlich zu machen:

- *Prinzip der Beachtung psychologischer Erkenntnisse:* Angemessenheit des Schwierigkeitsgrades – Berücksichtigung altersangemessener Interessen – individuelles Lerntempo
- *Prinzip der Berücksichtigung schul- und unterrichtshygienischer Voraussetzungen*: Schulhaushygiene – Arbeits- und Psychohygiene – Schulweghygiene – Lehrerhygiene (Sprach- und Sprechpflege)
- *Prinzip der wissenschaftlichen Fundierung*: Kenntnis des Unterrichtsgegenstandes und der Lehrplaninhalte – Beachtung fachdidaktischer Erkenntnisse – richtige Darstellung
- *Prinzip der Orientierung am Lehrplan*: Kenntnis der Präambeln und Fachvorbemerkungen – Beachtung des Verbindlichkeitscharakters – Nutzung vorn Freiräumen
- *Prinzip der Zeitgemäßheit*: Problemorientierte Stundenthemen – Behandlung von aktuellen Inhalten – lebensnahes Aufgabenmaterial – Projektarbeit
- *Prinzip der flexiblen methodischen Gestaltung*: Alternativen in der Unterrichtsplanung – Wechsel von Methodenkonzeptionen, Aktions- und Interaktionsformen – Differenzierung
- *Prinzip der Ansprechbarkeit und Hinführung*: Darbietung von Unerwartetem – aktuelle Problemstellung – Differenzierung/Individualisierung – Kontraste – Originale Begegnung
- *Prinzip der Handlungsorientierung*: interaktive Arbeitsformen – entdeckende Lernverfahren – mehrkanaliges Lernen – projektorientierte Arbeitsweisen
- *Prinzip der klaren und anschaulichen Darstellung:* Verwendung realer Gegenstände – Einbezug von Modellen etc. – übersichtliche Tafelbild-, Arbeitsblatt- und Eintraggestaltung
- *Prinzip der Stoffsicherung und Erfolgskontrolle*: Beachtung der Lernzielstufen – übersichtliche Tafelbild-, Arbeitsblatt- und Eintraggestaltung – abwechslungsreiche Leistungssicherung
- *Prinzip des angemessenen Lehrerverhaltens*: Angemessene Erwartungen an die Schüler – sinnvolle Interaktionsgestaltung – angenehmes Lernklima – klare Lehrersprache
- *Prinzip der rationellen Planung und Durchführung*: Zielorientierte Unterrichtsvorbereitung und -durchführung – Anlage eines Materialarchivs (ebd., 48f).

Beyer (2014) wiederum formuliert beispielsweise zentrale didaktische Prinzipien, in denen verschiedene Unterrichtsaspekte jeweils zusammengefasst werden:

- Primär auf die *Leitziele des Unterrichts* bezogene Prinzipien. Hierzu gehören nach Beyer (ebd.) Bildungsorientierung, Kompetenzorientierung, Selbst- und Weltverständnis, Ich-Identität, Vernunftsteigerung.
- Vorrangig auf *zentrale Teilziele des Unterrichts* bezogene Prinzipien umfassen kategoriale Bildung, emotionale Bildung, Selbstkonzept, Selbständigkeit und Diskussionskultur.

- Zu den primär auf die *Inhalte des Unterrichts* bezogenen Prinzipien gehören Erfahrungsbezug, Problembezug, Handlungsbezug, Wissenschaftsbezug, Wertbezug und Theorie-Praxis-Bezug.
- Die *Lernprozesse der Schülerinnen und Schüler* betreffenden Prinzipien sind Schülerzentrierung, Zielorientierung, Lernförderliches Unterrichtsklima, Optimale Passung, Nachhaltigkeit, Motivierung, Exemplarisches Lernen/Orientierungslernen, soziales Lernen und individuelle Förderung.
- Vor allem auf die *formale Organisation des Unterrichts* bezogen sind die Prinzipien Methodenwahl, Klassenführung, Strukturiertheit/Transparenz, Offenheit (Beyer 2014).

Ergänzend soll an dieser Stelle noch für ein weiteres, in Verbindung mit den bisher aufgezeigten zu betrachtendes Unterrichtsprinzip plädiert werden, und zwar für das Prinzip der *Effektivität von Lehr- und Lern-Prozessen* bzw. der Wertschätzung der Zeit der Lernenden. Gemeint ist hiermit, dass die Wahl der Methode in einem adäquaten Verhältnis zur kulturellen Bedeutsamkeit sowie zu Komplexität des Lerninhalts zu stehen hat, ebenso wie zum Lernstand der jeweiligen Schülerin bzw. des jeweiligen Schülers. So ist es sinnfrei, eine Methode als „Allheilmittel" für sämtliche Inhalte und Lernziele betrachten zu wollen (vgl. Wellenreuther 2012). Die Lebenszeit der Heranwachsenden zu würdigen bedeutet vor diesem Hintergrund, ihnen eine sinnvolle Verwendung ihrer Lernzeit zu ermöglichen, indem auf ein Passungsverhältnis zwischen Methode, Inhalt und Lernenden geachtet wird. Gemeint ist damit u.a. die Berücksichtigung der Frage, ob ein Inhalt in der zu planenden Unterrichtssituation tatsächlich grundlegender gelernt wird, wenn er selbstentdeckend von den Schülerinnen und Schülern bearbeitet wird, oder ob es zielführender ist, einen neuen Inhalt instruktiv vorzustellen und die Heranwachsenden anschließend vertiefend damit arbeiten zu lassen. Es erscheint unsinnig, wichtige kulturelle Inhalte in langen Unterrichtszeiten von Schülerinnen und Schülern nachentdecken zu lassen, wenn dies keinen zusätzlichen Lernwert für sie mit sich bringt.

3.7 Methoden und Verfahrensweisen

Meyer (1987) bezeichnet Unterrichtsmethoden als „die Formen und Verfahren, in und mit denen sich Lehrer und Schüler die sie umgebende natürliche und gesellschaftliche Wirklichkeit unter institutionellen Rahmenbedingungen aneignen" (ebd., 45). Nach Peterßen (1999) sind Methoden klar und deutlich begrifflich abzugrenzen und darzustellen. Als eigenständige Komponente des Unterrichts klärt die Lehrperson die Methodenwahl im Planungsvorgang. Zwar können Methoden mit den verschiedensten Zielsetzungen und Inhalten kombiniert, auf keinen Fall aber können sie isoliert betrachtet werden. Die Wechselwirkung von Zielen, Inhalten und Methoden, von Blankertz (1975) als Implikationszusammenhang bezeichnet, konkretisiert, dass Methoden stets wechselseitig auf das jeweilige didaktische Konzept verwiesen sind. Der Lehrende ist somit in der Entscheidung über die jeweilige Auswahl u.a. durch den interdependenten Kausalzusammenhang sämtlicher didaktischen Entscheidungen eingeschränkt. Neben der Beachtung der von der einzelnen Methode ausgehenden strukturellen Einwirkungen auf z.B. Zielsetzungen und Inhalte, hat er wiederum die von diesen ausgehenden Einflussnahmen auf die Methode in Betracht zu ziehen. Wenn beispielsweise das Erlernen von Selbsttätigkeit ein Ziel des Unterrichts ist, sollte die Methode des frontalen Unterrichtens weniger bzw. keine Berücksichtigung finden. Zugleich lassen sich Methoden hinsichtlich ihrer inneren Komplexität unterscheiden (vgl. Peterßen 1999). „Es gibt einfache, klar strukturierte Methoden, wie z.B. die ›Vier-Stufen-Methode‹, daneben aber auch höchst komplex zusammengesetzte bzw. zusammensetzbare Methoden, wie z.B. die ›Freiarbeit‹" (ebd., 29).

Vollständiges Lernen zeichnet sich dadurch aus, dass ein geplantes Unterrichtsziel komplett erreicht wird. Methoden sind darauf zu prüfen, ob sie eine lückenlose Zielerreichung im Unterricht zulassen. Diesen Anspruch erfüllen nur wenige Methoden umfassend, und daher sollten die jeweiligen Anteile einzelner Methoden am vollständigen Erreichen des Ziels verdeutlicht werden. Damit einher geht die Herausforderung, das „idealtypische Ziel allen Unterrichts nicht in monolithischer Blockform, sondern in differenzierter Art vorzugeben" (ebd., 12). Peterßen setzt auf die ganzheitlich-integrative Handlungsfähigkeit als das die Unterrichtsplanung leitende Lernziel und greift hierfür auf Ansätze aus der kognitivistischen Lernpsychologie und aus der Didaktik für die berufliche Erstausbildung zurück sowie auf die von Hacker (1986) für den westlichen Lebensraum überarbeitete östliche Tätigkeitspsychologie. Dabei wird als handlungsfähig verstanden, „wer imstande ist, selbstständig mit möglichst vielen Situationen fertig zu werden, in die sein Leben ihn hineinführt, weil er die darin vorfindbaren Probleme eigenständig zu lösen fähig ist" (ebd., 12; vgl. auch Kap. 1.3). Definiert als ganzheitlich-integratives Potential oder Können, umfasst Handlungsfähigkeit die Komponenten Sach-, Sozial-, Methoden- und Moralkompetenz als unverzichtbare Bestandteile. (Schulisches) Lernen zielt letztlich auf Handlungsfähigkeit und unterstützt die hierfür notwendigen Komponenten. Damit ist nicht gemeint, dass die vier Kompetenzen regelmäßig im Unterricht in einem ausgewogenen Verhältnis berücksichtigt werden sollen. Vielmehr ist vor dem Hintergrund der jeweiligen Lerninhalte zu klären, welche der Bestandteile unterrichtlich in besonderem Maße angesprochen werden. Für diese Entscheidung sind vor allem die Methoden relevant, die eine je besondere Formqualität (Heimann) haben. Denn von dieser hängt ab, welche Kompetenzen mit einer bestimmten Methode besonders gefördert werden können. Für die Einschätzung von Methoden unter der Zielperspektive des Lernens sind „solche Methoden vorzuziehen und nach Möglichkeit der Unterrichtssituation zu praktizieren, die alle oder wenigstens mehr als bloß eine der integrierenden Bestandteile von Handlungsfähigkeit zu fördern imstande sind" (ebd., 15).

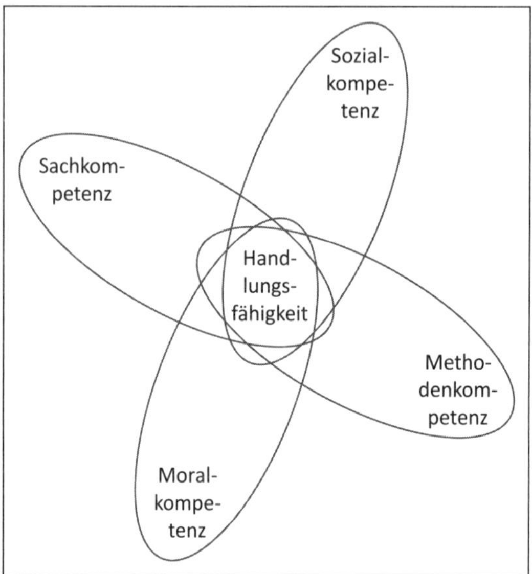

Abb. 30: Ganzheitlich-integrative Handlungskompetenz nach Peterßen (1999, 16)

Das Modell erlaubt nach Peterßen eine „abgestufte Bewertung" von Methoden, er gesteht dieser Vorgehensweise allerdings eine große Subjektivität zu. Zugleich benennt er strategische Hinweise auf der Grundlage der Überlegung, dass Methoden integratives Lernen ermöglichen sollen. Damit ist gemeint, die Kompetenzen nicht aneinandergereiht zu vermitteln,

> „sondern in einem integrativ verlaufenden Prozess. Dafür wird es
> - zum ersten darauf ankommen, die entsprechende integrative Potenz einzelner Methoden so gut zu nutzen, wie das möglich ist;
> - zum zweiten aber auch den Methoden-Mix erfordern, bei dem einzelne Methoden synchron oder auch diachron zusammengefasst werden;
> - zum dritten die Notwendigkeit geben, in die einzelnen Methoden spezielle Techniken des Lehrens und Lernens inhalts- und zielgerecht einzubauen". (Peterßen 1999, 14-15).

Die Unterstützung der von Peterßen als „vollständig" bezeichneten Lernprozesse umfasst folgende Phasen:

1) *Initiativphase*
   Alles Lernen muss angestoßen werden – ob von außen oder innen, ist zunächst einmal unerheblich. Wo aber die Handlungsfähigkeit ganzheitlich gefördert werden soll, sind vonseiten der Lernenden eingebrachte Initiativen wirkungsvoller.
2) *Informationsphase*
   Das Lernproblem als solches muss von den Lernenden präzise erkannt werden.

3) *Planungsphase*
   Ein Lösungsvorschlag für das Lernproblem, für die Lernaufgabe muss erstellt werden: Wo liegt das Problem? Wie will man es angehen? (…)
4) *Ausführungsphase*
   Der Plan wird umgesetzt. Die hier anstehende inhaltliche Aufgabe sowie die konkreten Aktivitäten sind entscheidend dafür, welche Komponenten der Handlungsfähigkeit besonders gefördert werden.
5) *Evaluationsphase*
   Soll und Ist der Problemlösung, Aufgabe und Ergebnis sind zu vergleichen.

Im lerntheoretischen Verständnis handelt es sich hierbei eher um Arbeits- und nicht um Lernprozesse (vgl. Lefrançois 2006). Darüber hinaus sollte in Ergänzung zu den Ausführungen von Peterßen nach Phase 4 eine *Durchhalte- bzw. Korrekturphase* eingeplant werden, in der Rückschläge und falsche Wege erkannt und Korrekturen vorgenommen werden können. Motivierende Impulse sichern währenddessen die fortlaufende Handlung.
Es ist nicht notwendig, dass die Lernenden alle Phasen durchlaufen. Bedeutsamer ist es, dass sie die aufgeführten Lernschritte bzw. Aktivitäten in den einzelnen Phasen möglichst *eigenständig* durchführen können. Da durch die Methode die Aktivitäten der Lehrenden Aufmerksamkeit erhalten, werden folgende Phasen von Peterßen (1999) ergänzt:

a) die *Beratungsphase*: Diese wird vom pädagogisch verantwortlichen Lehrenden zwischen die Planungs- und die Ausführungsphase integriert. Die Schülerinnen und Schüler sollen ihre Vorstellungen und Pläne verbalisieren;
b) die *Bewertungsphase*: In dieser didaktisch notwendigen Phase geben die Lehrenden Rückmeldung über das Lernverhalten im beobachteten Lernprozess (vgl. ebd., 19ff).

Für methodische Entscheidungen sind grundlegende Überlegungen notwendig, denn einerseits sind Methoden Teil des interdependent wahrgenommenen Zusammenhangs aller Entscheidungen zur Unterrichtsplanung und daher mit der Auswahl von Zielen, Inhalten und Medien abzustimmen. Darüber hinaus sind die methodischen Überlegungen in Beziehung zu aktuell wirksamen Bedingungen zu setzen, d.h. die jeweilige konkrete Unterrichtssituation (die Lehrenden und Lernenden, das Fach und Thema, den Schulort sowie die Schulart, Zeitsignaturen und Ressourcen etc.) ist zu berücksichtigen. Eine Lehrperson kann sich somit nicht abschließend für die Methode „ihrer Wahl" entscheiden und mit ihr sämtlichen Unterricht durchführen (ebd.). Aufbauend auf das System von Flechsig (1996) wurde beispielsweise von Baumgartner (2011) ein Konzept für den Aufbau einer „Taxonomie von Unterrichtsmethoden" entworfen. Mit seiner theoretischen Typologie versucht er ein Gliederungssystem für eine systematische Einordnung sämtlicher Unterrichtsmethoden zu erschaffen. Dabei geht es ihm nicht darum, Vollständigkeit in der Methodendarstellung zu erreichen. Vielmehr strebt er ein System an, mit dem sich alle gebräuchlichen Methoden einteilen und beschreiben lassen.

3.8 Das unterrichtliche Verhältnis von Instruktion und Konstruktion

Lernen wird getragen von sehr unterschiedlichen, vielfältig geplanten Kontextbedingungen. Unterrichtliche Lernumgebungen wiederum sind charakterisiert durch ein Arrangement von Unterrichtsmethoden und -techniken, Lernmaterialien sowie Medien (Reinmann/Mandl 2006). Unterschiedliche Lerninhalte und -ziele bedürfen nach Ansicht von Bransford, Brown und Cocking (1999) *differenzierter Unterrichtsformen* sowie letztlich *unterschiedlich gestalteter Lernumgebungen.*

3.8.1 Die Perspektiven auf den Einsatz von Instruktion und Konstruktion im schulischen Unterricht

Die Schulzeit vieler Lernender ist geprägt von der Erfahrung, dass die Lehrperson im Unterricht den aktiven Part und der Lernende eine passive Rolle innehat, begleitet von einem systematisch-schrittweisen Vorgehen, Frontalunterricht, strengen Fächergrenzen und strikten Lernerfolgskontrollen. Einem solchen gegenstandszentrierten Unterricht ist allgemein die Auffassung von Lernen als einen streng regelhaft ablaufenden Informationsverarbeitungsprozess immanent, der „sich eindeutig beschreiben und damit auch erfolgreich steuern lässt. Aus dem Blickwinkel einer solchen Position sind Lernumgebungen dann optimal, wenn die im Lehrplan festgehaltenen Inhalte möglichst systematisch und organisiert dargeboten werden können“ (Reinmann/Mandl 2006, 627). Diese technizistisch geprägte Form des Unterrichtens soll „den Gegenstand des Lehrens und Lernens als fertiges System (…) vermitteln, weshalb auch von gegenstandszentrierten Lernumgebungen gesprochen werden kann“ (ebd.). Im Lehr-Lern-Prozess will der Lehrende objektive Inhalte auf eine solche Weise vermitteln, dass die Schülerinnen und Schüler zum Ende der Unterrichtseinheit über den vermittelten Inhalt möglichst in ähnlicher, optimal: in annähernd identischer Weise verfügen, wie er selbst. Das Vorgehen in gegenstandzentrierten bzw. geschlossenen Lernumgebungen ist grundsätzlich folgerichtig geplant, wird im Unterricht aufeinanderfolgend aufgebaut und abschließend evaluiert. Die „technologische Position“ ist also geprägt von dem Bestreben, die Instruktion immer weiter zu verbessern sowie von der

> „Frage (…), wie Unterricht geplant, organisiert und gesteuert werden muss, damit Lernende die präsentierten Wissensinhalte in ihrer Systematik verstehen und sich die Inhalte entsprechend dieser Struktur zu eigen machen. Der Lernerfolg kann im Sinne vorher definierter Lehr-Lern-Ziele relativ eindeutig bestimmt und ‚gemessen‘ werden. Inst-

> ruktionalistische Lernumgebungen sind von daher vor allem ‚knowlegde-centered' und ‚assessment-centered'. Entsprechend dieser Konzentration auf die instruktionalen Aktivitäten übernimmt der Lehrende die Rolle des ‚didactic leader' (Leinhardt 1993). Er hat die Funktion, Wissensinhalte zu präsentieren und zu erklären sowie die Lernenden anzuleiten und ihre Lernfortschritte zu überwachen" (Reinmann/Mandl 2006, 627).

Von Antenbrink (1973) wurden drei „Handlungsempfehlungen" für Lehrerinnen und Lehrer formuliert, deren Umsetzung den Lernenden Hinweise liefern soll:

- zur Bewirkung einer möglichst optimalen, schnellen, vollständigen und individuellen Kodierung von neuen Lerninhalten;
- zur Eröffnung einer möglichst optimalen, schnellen und vollständigen integrativen Kodeassoziierung der individuellen Kodierung an bereits vorhandene Schemata;
- zur Erreichung einer möglichst optimalen, schnellen und vollständigen Kodeassoziierung abstrakter Schemata aus schon bestehenden Schemata (vgl. ebd., 78, zit. nach Jürgens 2006).

Das Fundament der unterrichtskonzeptionellen Realisierung „direkter Instruktion" stammt aus der Instruktionspsychologie sowie den mit dieser einhergehenden lernpsychologischen Erkenntnissen (vgl. Hilgard/Bower 1966; Reinmann/Mandl 2006). Geteiltes Charakteristikum der hieraus abgeleiteten Modelle zur Instruktion ist die auf die Lehrperson zentrierte Organisation und die Kontrollierung des Lernens von Schülerinnen und Schülern. Allerdings ist die Vorgehensweise, inhaltlich zusammengehörende Einheiten in einzelne Komponenten zu fragmentieren und separat zu unterrichten, aus theoretischer Perspektive nicht unbedenklich. Denn ein solch reduktionistisches Verfahren (Winn 1993) ignoriert, dass ein Verständnis bislang unbekannter Lerninhalte auf das Durchdringen des zugehörigen umfassenden Wissensgefüges angewiesen ist (vgl. Schulmeister 2004). Darüber hinaus erweist es sich als durchaus problematisch, bei Lernenden Wissen hervorrufen zu wollen, indem sie auf angeordnete Verstehens- und Lernwege genötigt werden. Die passive, vorwiegend rezeptive Rolle der Schülerinnen und Schüler führt leicht zu einer Reduktion von Eigeninitiative und Selbstverantwortung. Zugleich droht die Gefahr, dass Schülerinnen und Schüler in steigendem Maße entmutigt werden und lediglich extrinsisch motiviert sind. Die damit einhergehende Interesselosigkeit und geringe Motivation korrespondieren mit Lustlosigkeit, Leistungsverwehrung bzw. Disziplinschwierigkeiten (Reinmann/Mandl 2006). Schließlich bestehen zwischen dem in geschlossenen Lernarrangements erworbenem Wissen, das fremdgesteuert bearbeitet und sachlogisch gegliedert wurde und den vielschichtigen, unstrukturierten alltäglichen Ansprüchen und Erkenntnissen wenig Überschneidungen (Resnick 1987). In Konsequenz verfügen die Heranwachsenden vor allem über „träges" Schulwissen, das sie nur unzureichend auf alltägliche Handlungssituationen übertragen können (Renkl 1996).

In Reaktion auf diese gegenstandsorientierten Lernarrangements (instructional design) wurden konstruktivistisch geprägte Forschungsansätze und Theorierichtungen entwickelt, deren Fürsprecher die konstruktive Selbsttätigkeit der Lernenden sowie den Kontextbezug beim Lernprozess betonen und die sich dafür einsetzen, Lernumgebungen entsprechend offen und im sozialen Kontext eines situiertes Lernens zu gestalten. Dabei haben verschiedene theoretische Positionen durchaus gemeinsame Argumentationslinien, z.B. ist

- gesellschaftliches Wissen „geteiltes Wissen", denn es wird von Individuen im Rahmen sozialer Austauschprozesse gemeinsam entwickelt und diskutiert;
- das konkrete Denken und Handeln eines Individuums einzig vor dem Hintergrund des konkreten (sozialen) Kontextes nachvollziehbar;
- Lernen situiert, da es immer mit den inhaltlichen und sozialen Erfahrungen der Lernsituation verbunden ist;
- Wissen aktiv konstruiert (Law/Wong 1996; Resnick 1991; Reinmann/Mandl 2006, 636).

„Wir sind der Meinung, dass alle neuen Inhalte des geistigen Lebens durch Konstruktion aus einfacheren Elementen hervorgehen" (Aebli 1983, 389). An Piagets Vorstellung vom Denken als Beziehungsstiftung und operatorische Mobilität anschließend entwickelte bereits Aebli unter dem Leitkonzept des problemorientierten und auf Verständnis gerichteten Operations- und Begriffsaufbaus die zentralen Gedanken seiner Theorie der konstruktivistischen Didaktik (Messner/Reusser 2006, 65). In dieser übernimmt die „erziehliche Hilfe von Menschen, die (dem Kind) die Handlungs- und Denkformen, die Gestimmtheiten und die Ausrichtungen in einer erwachsenen und reifen Form vorleben und die ihm helfen, die entsprechenden Ordnungen in seinem eigenen Denken, Handeln, und Erleben aufzubauen" (Aebli 1983, 392) eine wichtige Funktion. Der psychologisch begründete Didaktikansatz von Aebli interpretiert Unterricht systematisch aus der Perspektive der bei den Lernenden herbeizuführenden Lernprozesse (vgl. Messner 1975, 66ff). Die grundlegende Zielsetzung des Konstruktivismus besteht darin, die Lernenden aus dem ihnen überaus geläufigen Zuhörerpart in die Rolle eines aktiv Lernenden zu begleiten (Gabler/Schroeder 2003). Tragend ist hierbei die These Bruners, dass „Lernende Wissen für sich selbst aufbauen müssen – (…) sie ›Bedeutung schaffen‹" (Lefrançois 2006, 204). Auch die Theorie Wygotskis thematisiert die „Schaffung von Bedeutung" im menschlichen Bewusstsein, die nach seiner Ansicht wesentlich durch Aspekte außerhalb des Individuums, also Kultur und soziale Interaktion beeinflusst ist. Auf die Entwicklung der Kognition hat Interaktion mit der Kultur einen wesentlichen Einfluss, indem grundlegende mentale Funktionen in höhere transformiert werden. Die jeweilige Kultur gibt vor, welche Kompetenzen konkret für eine erfolgreiche Umweltanpassung erforderlich sind, was gelernt wird und letztlich das erfolgreiche Entwicklungsergebnis kennzeichnet. Die mentalen Funktionen des Menschen werden somit unausweichlich kulturell geprägt. „Jede

Funktion in der kulturellen Entwicklung des Kindes tritt zweimal auf", schreibt er, „zunächst auf sozialer Ebene und später auf individueller Ebene, zunächst zwischen Menschen (innerpsychologisch) und dann innerhalb des Kindes (intrapsychologisch). Das gilt gleichermaßen für willkürliche Aufmerksamkeit, für logisches Gedächtnis und für die Ausbildung von Konzepten" (Wygotski 1978, 5, zit. nach Lefrançois 2006, 225). Die Theorie Wygotskis hat in den vergangenen Jahrzehnten zunehmend an Einfluss auf die Schulpädagogik, konkret auf die Unterrichtstheorie (vgl. Standop 2009; Gibbons 2009 u.a.) gewonnen. Insbesondere seinen Ausführungen über die „Zone der nächsten Entwicklung" bzw. die „Zone proximalen Wachstums" als Entwicklungspotential des Heranwachsenden ist viel Aufmerksamkeit geschenkt worden, da ihr für die Unterrichtsplanung maßgebliche Bedeutung zugesprochen wird. Grundlegend hierbei ist die Beziehung zwischen der Lehrperson und dem Lernenden. „Das heißt der Lehrer lernt etwas vom und über das Kind, sogar während das Kind etwas aufgrund der Handlungen des Lehrers lernt. Diese Beziehung wird in Wygotskis Konzept der Zone proximalen Wachstums am besten zusammengefasst" (Lefrançois 2006, 225). Etwas konkreter fasst es Davydov (1995), der das Verhältnis zwischen Lehrendem und Lernendem verdeutlicht: „Alles, was das Kind anfangs nur zusammen mit Erwachsenen und Gleichaltrigen tun kann und danach unabhängig von ihnen tun kann, liegt genau in der Zone proximaler psychologischer Entwicklung" (ebd., 18).

Im pädagogisch-psychologischen Verständnis des Konstruktivismus ist Wissen nach Reinmann/Mandl (2006, 636; vgl. Knuth/Cunningham 1993; Kandel et al. 1995) keine Kopie der Realität; vielmehr handelt es sich um eine individuelle Konstruktion des Menschen. Somit kann Wissen auch nicht mehr als eine äußerliche Sache verstanden werden, die im Sinne eines Staffelstabs von der Lehrperson zu den Lernenden weitergegeben wird, vielmehr wird individuell Wissen konstruiert. Ist Lernen ein aktiver, selbsttätiger Vorgang in einem konkreten Handlungszusammenhang, ergibt sich allerdings in Konsequenz die Notwendigkeit, den Lernenden entsprechend situierte Lernarrangements zur Verfügung zu stellen, die eigentätige Konstruktionsleistungen und kontextgebundenes Lernen ermöglichen. Insbesondere über situiertes Lernen sollen Schülerinnen und Schüler sich selbstorganisiert neue Kenntnisse und Fertigkeiten aneignen, darüber flexibel verfügen können und an diesen Problemlösefähigkeiten sowie weitere kognitive Strategien lernen (ebd.). Das bedeutet für die Lehrenden, sich zunächst mit der Überlegung auseinanderzusetzen, „wie Wissen konstruiert wird und in welcher Verbindung Wissen zum Handeln steht (Gerstenmaier & Mandl 1995)" (ebd.). Zugleich organisieren sie für die Lernenden Problemsituationen und „Werkzeuge" zur Aufgabenbearbeitung und unterstützen diese bei Bedarf (Leinhardt 1993). Auf der Seite der Schülerinnen und Schüler hingegen ist eine aktivere Haltung als im gegenstandorientierten Unterricht erforderlich sowie die eigenverantwortliche Steuerung und Kontrolle ihrer Lernprozesse. Die vielen Freiheiten der Lehrerinnen und Lehrer bei der

Ausgestaltung der Lernarrangements stellen ein Risiko theoretischer Beliebigkeit und praktischer Ineffektivität dar. Zugleich kann eine defizitäre oder unvollständige Unterweisung und Hilfestellung der Schülerinnen und Schüler in situierten Lernumgebungen bei diesen Unverständnis oder Überförderung zur Folge haben (Gräsel/Mandl 1993; Leutner 1992). Dies trifft vor allem auf Heranwachsende mit ungünstigen Lernvoraussetzungen zu. Zugleich ist situiertes Lernen für Lehrpersonen und Lernende gleichermaßen (zeit-)aufwändig.
Die Forderung an schulischen Unterricht, sich nicht auf die Vermittlung reproduzierbaren Faktenwissens zu beschränken und die bestehende Lücke zwischen Kenntnissen und Handeln zu verringern, verweist auf eine stärkere Förderung fächerübergreifender Fähigkeiten und Handlungskompetenzen (Renkl 1994). Sollen die Lernenden darüber hinaus zu verantwortungsbewusstem Denken und Handeln in der Gesellschaft befähigt werden, ist bei ihnen auch ein Verständnis für die Unterrichtsinhalte erforderlich. Schülerinnen und Schüler sollen Zusammenhänge zwischen unterschiedlichen Wissensbausteinen herstellen können, diese sinnvoll in ihr bereits vorhandenes Wissen einbauen und in die Lage versetzt werden, das Gelernte in der Realität zu nutzen. Hierfür ist zugleich notwendig, dass die Heranwachsenden sowohl allein als auch gemeinsam mit anderen in der Lage sind, eigenständig Probleme zu lösen.

> „Aus dem entwicklungsbiologischen Prinzip der Selbstorganisation wird pädagogisch auf die Selbstregulation im Sinne eines Lernens ohne strukturierte Inputs und Anleitung geschlossen. Der doppelte Fehlschluss besteht dabei darin zu meinen, konstruktivistisches Lernen bedeute im Prinzip ein Lernen ohne wesentliche soziale Inputs und Anleitung durch Lehrpersonen, und umgekehrt, dass direkte Instruktion kein konstruktivistisches Lernen auslösen könne" (Reusser 2006, 159).

Nach Reinmann/Mandl (2006) sollte daher „Lernen als ein Prozess gestaltet werden, der den Prinzipien einer gemäßigt konstruktivistischen Auffassung entspricht (Lowyck & Elen 1991)" (ebd., 638). Der so verstandene wissensbasierte Konstruktivismus versteht Lernen als *persönliche Bedeutungskonstruktion.* Diese ist auf eine angemessene Wissensgrundlage angewiesen, für deren Aneignung *instruktionale* Unterweisung und Förderung notwendig ist (ebd.). Folgende Prozessmerkmale sind hierfür kennzeichnend (vgl. Reinmann-Rothmeier/Mandl 1997):

1) Da Lernen ein aktiver Prozess ist, gelingt dieser effektiv nur durch aktive Beteiligung der Lernenden; indem diese zum Lernen motiviert sind und für die zu bewältigende Aufgabe wenigstens ein situatives Interesse entwickeln können (Krapp 1998a, 1998b).
2) Lernen ist ein selbstgesteuerter Prozess und der Lernende daher für die Steuerungs- und Kontrollprozesse selbstverantwortlich. Diese sind zwar je nach Situation unterschiedlich stark ausgeprägt, ohne jedwede Selbststeuerung ist Lernen jedoch kaum möglich.

3) Als konstruktiver Prozess baut Lernen auf vorhandene Kenntnisse und Fähigkeiten auf. Eine langfristige, kognitionsbasierte Erweiterung des Wissens und Könnens ist auf einen ausreichenden Erfahrungs- und Kenntnishintergrund sowie auf eigene Konstruktionsleistungen angewiesen (De Corte 2003).
4) Leistungsbezogene und soziale Emotionen beeinflussen das Lernen erheblich und sind somit auch für die Lernmotivation bedeutsam.
5) Da Lernen sich situativ entwickelt, verläuft es stets in charakteristischen Zusammenhängen. Diese geben den Interpretationsspielraum für die inhaltliche Bewertung vor und ermöglichen bzw. begrenzen konkrete Lernlebnisse.
6) Als sozialer Prozess wird Lernen vielfältig durch soziale Komponenten beeinflusst. Einerseits ist der Lernende grundsätzlich soziokultureller Beeinflussung ausgesetzt, andererseits findet Lernen nahezu immer in Interaktionen statt (nach Reinmann/Mandl 2006, 638).

Aus anwendungsbezogener Perspektive ist weder die ausschließliche unterrichtliche Vermittlung „fertiger Wissenssysteme" nach feststehenden Regeln sinnvoll bzw. möglich, noch erscheint es zielführend, das Erreichen unterrichtlicher Zielsetzungen einzig den Konstruktionsleistungen der Schülerinnen und Schüler zu überlassen. Denn erfolgreiches Lernen ist einerseits auf Motivation, Interesse sowie Eigenaktivität bei Schülerinnen und Schülern angewiesen, zugleich soll Unterricht ihre Konstruktionsleistungen initiieren wie zulassen. Andererseits benötigt erfolgreiches Lernen Orientierung bzw. Information, Unterweisung und Unterstützung. Die gemäßigt konstruktivistische Auffassung von Lernen versucht daher eine Balance zwischen der ausdrücklichen Instruktion durch die Lehrperson und der konstruktiven Lernaktivität der Heranwachsenden herbeizuführen (Linn 1990, nach Reinmann/Mandl 2006, 639).
Nach Weinert lässt sich „Instruktion […] sich als der Inbegriff jener Handlungen und Maßnahmen umschreiben, die darauf gerichtet sind, die Bedingungen, Prozesse und Ergebnisse des Lernens kollektiv, differentiell oder individuell zu optimieren" (1996, 3). Instruktion lässt sich somit charakterisieren als ein didaktisches, auf einem lerntheoretisch begründeten Methodenarrangement beruhendes Prinzip, das an unterschiedlich große Lerngruppen wie an einzelne Schülerinnen und Schüler (Individualinstruktion) angepasst werden kann. Dieses besitzt damit auch schülerzentrierte Kennzeichen, da

> „die Prozessmerkmale direkter Instruktionen nicht nur erlauben, sondern es für deren Realisierung und Effektivität durchaus konstitutiv ist, wenn adaptive Lehrsituationen entstehen, indem das konkrete unterrichtliche Vorgehen an die Bedürfnislage, den Vorkommnissen und Fähigkeiten des bzw. der Lernenden angepasst wird. Nach Weinert (ebd.) ist dieser Anspruch sogar einer der Kerngedanken direkter Instruktion, die sich als variables Instrument der Führung und Vermittlung des Schülerlernens erweisen soll: ‚Die Festlegung der Instruktionsziele erfordert die Berücksichtigung interindividueller Differenzen des kognitiven Entwicklungsstandes, des Vorwissens, der Lernmotivation und der Handlungskontrolle'" (ebd., zit. nach Jürgens 2006, 24f).

Allerdings ist zu konstatieren, dass obwohl der Konstruktivismus ein ansprechendes, empirisch verankertes Lernparadigma generiert und die Wahrnehmung der Lernwelten von den Lernenden vertieft hat, zugleich die Konsequenzen für das unterrichtliche Handeln sowie die Rolle der Lehrerinnen und Lehrer bis jetzt nicht entsprechend konsequent optimiert wurden. Zwar generiert die Unterrichtsforschung seit wenigen Jahren zunehmend Erkenntnisse zum eigenaktiven, problemorientierten Schülerlernen und Lehrerhandeln; bislang sind diese allerdings kaum über eine allgemeine Beschreibungen hinaus in eine Theorie des Lehrens eingegangen (vgl. Reusser 2006).
Die Annahme, Kulturwissen, das im Laufe von Jahrhunderten gewonnen wurde, ließe sich im Unterricht in kurzer Zeit eigenständig ohne entsprechende Instruktion von Schülerinnen und Schülern nachentdecken bzw. erarbeiten, erscheint naiv. Reusser mahnt daher an, dass im Gegensatz zu „einer Erweiterung des Rollenverständnisses in Richtung einer größeren Adaptivität von Lehrerhandelns und Lernhilfe anzustreben, (…) häufig eine Defunktionalisierung der Lehrperson als zentrale Steuerungsinstanz im Unterricht das Wort geredet" wird (Reusser 2006, 158).

> „Je aktiver und selbstmotivierter, je problemlösender und dialogischer, aber auch je bewusster und reflexiver Wissen erworben resp. (ko-)konstruiert wird, desto besser wird es verstanden und behalten (Transparenz, Stabilität), desto beweglicher kann es beim Denken und Handeln genutzt werden (Transfer, Mobilität) und als desto bedeutsamer werden die mit dessen Erwerb verbundenen Lernerträge erfahren (Motivationsgewinn, Zugewinn an Lernstrategien, Selbstwirksamkeit)" (Reusser 2006, 159).

Die konstruktivistisch geprägte Wahrnehmung von Lehrinhalten will die fachlichen Wissensinhalte analog zum strukturgenetischen Ansatz Piagets in ihrer Konstruktion, d.h. in ihrem Werden bzw. Gewordensein verstehen. Vor dem Hintergrund dieses Verständnisses ist das Interesse am Wissenszuwachs bereits bei der Problemstellung relevant, da hier die möglichen sinnvermittelnden Ziele und Lernkonventionen etabliert werden, nicht erst bei den sich abschließend ergebenden Lösungsprodukten. Die strukturgenetische Perspektive auf Lernen thematisiert eine Aufbereitung der Wissensinhalte hinsichtlich einer stoffbezogenen Interaktivität bzw. entsprechender Aufgaben- und Handlungsmöglichkeiten. Angestrebt wird eine selbständige und idealtypisch problemlösende Nachkonstruktion. Ein strukturgenetischer Zugang zum Lehrinhalt impliziert letztlich die Auseinandersetzung mit möglichen inhaltlichen Verständnisproblemen und Schwierigkeiten sowie die Diagnose der subjektiven Lernausgangslagen und inhaltlichen Voraussetzungen, die die Lernenden mitbringen. Ein wesentliches Moment eines inhaltlich differenzierten, Fachverstehen und Selbständigkeit anstrebenden Unterrichts liegt in der Herbeiführung eines harmonischen Gleichgewichts zwischen „dem *Singulären und Regulären, Individuellen und Sozialen, Subjektiven und Intersubjektiven*" (ebd.).

3.8.2 Problemorientierung im schulischen Unterricht

Der Begriff „Problemorientierung" fasst unterschiedliche Vorgehensweisen des Lehrens und Lernens zusammen. So kann diese insbesondere die Aneignung von Anwendungswissen und entsprechenden Fertigkeiten fördern, ohne zugleich die Zunahme von Fachwissen zu hemmen (Dochy et al. 2003).
Reinmann/Mandl (2006) schlagen drei Kategorien von Problemorientierung vor:

- Case-based-Learning: Die Arbeit an Fällen.
- Problem-based-Learning: Kleingruppen setzen sich mit authentischen Problemstellungen auseinander; die Lernumgebung stellt tutorielle Unterstützung bereit.
- Project Learning: Aufgabenstellungen erfordern ausschließlich konstruktive Lösungsstrategien; die Lernumgebung hält Fundstellen sowie Werkstoffe bereit, die die Problembearbeitung unterstützen können; die erforderlichen Kenntnisse sind eigenständig anzueignen (ebd.).

In „learner-centered" Lernarrangements werden für die Schülerinnen und Schüler beziehungsreiche authentische Problemstellungen bereitgehalten. Darüber hinaus finden sich Aspekte von „community-centered environments", d.h. im Rahmen des problemorientierten Lernens ist die Problemanalyse und -lösung in den Sozialbezug einer (Klein-)Gruppe eingebettet ist. In dieser werden unter tutorieller Anleitung lösungsrelevante Vorkenntnisse bzw. vorhandene Wissenslücken im Hinblick auf die Aufgabenstellung festgestellt, und anschließend zusätzlich erforderliche Kenntnisse u.a. mittels des vorhandenen Lernmaterials, Expertengesprächen, themenspezifischer Veranstaltungen angeeignet bis die Fragestellung erfolgreich bearbeitet werden kann. Folgende Leitlinien stellen Reinmann/Mandl (2006) für problemorientierten Unterricht auf, mit denen sie verdeutlichen, dass konstruktivistisches, problemorientiertes Arbeiten sowie Instruktion und Überprüfung aufeinander verwiesen sind:

1) Situiert und anhand authentischer Probleme lernen
2) In multiplen Kontexten lernen
3) Unter multiplen Perspektiven lernen
4) In einem sozialen Kontext lernen
5) Mit instruktionaler Unterstützung lernen (ebd., 640f)

Personen, die die Heranwachsenden in ihrem Lernen/ihrer Entwicklung begleiten, sollten für die Lernenden Aufgaben auswählen, die innerhalb der Zone proximalen Wachstums liegen, d.h. „Aktivitäten, die definitionsgemäß – nicht so leicht sind, dass das Kind sie prompt ausführen kann, aber auch nicht so schwierig, dass sie auch mit Hilfe nicht ausgeführt werden können" (Lefrançois 2006, 225). Hierfür ist eine Begleitung erforderlich, die sich dem Lernstand des Heranwachsenden anpasst. Das Scaffolding beschreibt eine solche Unterstützung, bei der die Erwachsenen ein Gerüst für die Lernenden schaffen, „indem sie erzählen, demonstrieren, zeigen, korrigieren, hinweisen, drängen, Modelle sind, Prozeduren erklären, Fragen stellen, Objekte identifizieren usw." (ebd.). Interessanterweise entsprachen bereits die Überlegungen Aeblis einer solchen Vorgehensweise. „Die entscheidenden Fortschritte des Kindes vollziehen sich in Situationen des geleiteten Lernens" (Aebli 1978, 625), in welchem der Lernprozess des Heranwachsenden in der unmittelbaren Lernsituation aktiv durch die Lehrperson angeleitet und reguliert wird, mittels soziokulturell vorstrukturierten Problemen, Anweisungen, Materialien und zentralen Fragestellungen (Aebli 1967). Höhere kognitive Strukturen wie (wissenschaftliches) Entdecken und (lehrender) Aufbau kognitiver Strukturen werden nach Aebli stets im Rahmen sozialer Interaktionen durch Prozesse instruktionaler Unterstützung oder Co-Konstruktion errichtet (u.a. Aebli 1967; Kozulin 1998; Mehan 1998; vgl. Salonen/Vauras 2006, 208).

Als Lernmodell schrittweiser Steigerungen (Hogan/Pressley 1997), das zugleich die Wichtigkeit der Interaktion zwischen Lernenden und Lehrendem hervorhebt, ermöglicht Scaffolding den Schülerinnen und Schülern, Aufgaben zu bewältigen, die außerhalb ihrer Fähigkeiten wären, wenn sie diese ohne Unterstützung bewältigen müssten (Fernandez et al. 2002). Für Lehrerinnen und Lehrer ist hierbei das Wissen über die Entwicklung des Lernens im Kindes- und Jugendalter unerlässlicher Bestandteil ihrer Professionalität; denn die von ihnen bereit zu stellenden, Halt gebenden Gerüste müssen sich genau innerhalb der jeweiligen Zone proximalen Wachstums befinden und die Aufgabenschwierigkeit in einem optimalen Unterricht von ihnen mittels Scaffolding sensibel und situationsadäquat angepasst werden. Durch Bereitstellung minimal notwendiger Hilfe bleibt die Aufgabenstellung anspruchsvoll, zugleich wird die Unterstützung mit der Zunahme der Fähigkeiten des Lernenden, die gestellten Anforderungen eigenständig zu bewältigen, zunehmend reduziert (Salonen/Vauras 2006, 209). Forschungserkenntnisse bestätigen die positiven Einflüsse des Scaffolding auf die Zunahme der kindlichen Denkkomplexität wie auf Lernen und Entwicklung (z.B. Gregory et al. 2003; Lefrançois 2006).

Eine generelle und starre Kategorisierung nach aktivierenden, lernförderlichen Methoden und solchen, die nur träges Wissen produzieren, muss nach Wellenreuther (2012) jedoch fehlschlagen,

> „weil die gleiche Methode – z.B. das Lesen von Lehrtexten – in bestimmten Situationen zu aktivem Konstruieren führt, während sie unter anderen Bedingungen nur träges Wissen produziert. So zeigt sich z.B. das Durchlesen von Instruktionstexten als sehr lernwirksam, wenn sich die Lernenden vorher um eine selbstständige Lösung bemüht hatten und dabei gewahr wurden, dass noch ‚Wissenslücken' bestehen. Wichtig war auch, dass die Lerner die ursprüngliche Problemlösung nach dem ‚Informationsinput' zu überarbeiten hatten. Auch Lösungsbeispiele sind nur in einer bestimmen Lernphase effektiv, und zwar dann, wenn die zur Problemlösung notwendigen Schemata noch aufgebaut werden müssen. Danach lernen Schüler mehr durch zunehmend komplexere Anwendungsaufgaben, die nun von den Schülern selbstständig zu lösen sind, und durch anschließendes inhaltliches Feedback" (Wellenreuther 2012, 60).

Die Wahl einer erfolgreichen Unterrichtsmethode steht in engem Zusammenhang mit dem Lern- und Leistungsstand der Lernenden, auf den die Lehrperson entsprechend adaptiv reagieren sollte. In diesem Sinn hat z.B. Weinert bereits (1999, 33) darauf aufmerksam gemacht:

> „Direkte Instruktion wird zwar vom Lehrer gesteuert, ist aber schülerzentriert! Der Lehrer legt unter Berücksichtigung der in seiner Klasse verfügbaren Kenntnisse die Lernziele fest. Er (oder sie) stellt Fragen unterschiedlicher Schwierigkeit, organisiert, strukturiert, kontrolliert, korrigiert und evaluiert die Lernfortschritte der Schüler beständig und sorgt dafür, dass Fehlinformationen und Kenntnislücken vermieden oder schnell beseitigt werden."

Zusammenfassend gibt Wellenreuther (2012, 59f) z.B. folgende Hinweise für die Gestaltung lernförderlicher Lernsettings:

- Für die erste Aneignung komplexer Wissensinhalte lernförderlich ist Modelllernen in Verbindung mit dem logischen Begründen von Aufgabenlösungen (vgl. Klahr/Nigam 2004; Zohar/David 2008). Das Durcharbeiten von Lösungsbeispielen unterstützt Schülerinnen und Schüler bei der Bildung von Schemata, die sie zum Lösen von Problemstellungen in die Lage versetzen. Demgegenüber ist ein sehr frühzeitiges selbständiges Lösen von Aufgabenstellungen weniger lernunterstützend (vgl. Paas/van Merrienboer 1994).
- Die Unterstützung der Anwendung und des Transfers gelingt durch Lernsettings, durch die den Lernenden ihre Wissensgrenzen deutlich und sie aktiviert werden, sich ein weiteres Mal konzentriert und nachhaltig mit den Lerninhalten zu befassen. Notwendig ist hierbei die Diskussion konkreter Problemlösungen in Verbindung mit eventuellen Fehlern, die später erneut überarbeitet werden (vgl. VanLehn et al. 2007).
- In der Anwendungsphase ist das Trachten nach eigenständigem Problemlösen unentbehrlich (vgl. MacKenzie/White 1982).

Relevant ist, inwieweit durch das Lernarrangement die notwendigen kognitiven Prozesse bei den Lernenden stattfinden.

> „Das Lernarrangement soll (1) die Aufmerksamkeit auf die relevanten Aspekte der eingehenden Informationen lenken, (2) Hilfen für eine Integration dieser eingehenden Informationen in eine kohärente kognitive Struktur geben und (3) die neuen Informationen mit dem schon vorhandenen Wissen vernetzen (vgl. Mayer 2009, 188). Im Langzeitgedächtnis werden die Inhalte dann fest verankert, wenn später selbständige Rekonstruktionen von Problemlösungen und ihre Begründungen gefordert werden" (MacKenzie/White 1982, 60).

4 Gestalten und arrangieren von Unterricht

Advance Organizer

Konzentrationspunkt des Unterrichts ist das Lernen. Von diesem Ziel ausgehend ergibt sich die Notwendigkeit, die unterrichtlichen Lern- und Arbeitsformen so vorzubereiten und weiterzuentwickeln, dass Lernkulturen entstehen können, die es allen Schülerinnen und Schülern ermöglichen, individuelle und soziale Erfahrungen gezielt zu machen und ihre Fähigkeiten, Interessen und Bedürfnisse optimal zu entfalten.

Die Hauptkomponenten, auf die sich die konkrete Ausgestaltung von schulischen Unterrichtsprozessen bezieht, sind folgende:

- Entwicklungslinien und Gestaltungsformate von Lernumgebungen und Lernarrangements
- Komplementarität und Balance zwischen offenen und geschlossenen Unterrichtssituationen
- Stellenwert und methodische Zugangsweisen von Kommunikation und sozialer Interaktion
- Bedeutsamkeit von Classroom Management für die Gewährung von Lernchancen und Unterrichtserfolg
- Konstruktiver Umgang mit Fehlern und das Lernen aus Fehlern im Unterricht als Zeichen einer ermutigenden Didaktik
- Feedback und Beratung als Aufgaben praktischer Unterrichtsarbeit, damit Lernenden in allen Fächern und schulischen Bildungskontexten ermöglicht wird, zu erkennen, wie sie Einsichten in das eigene Lernen gewinnen, produktiver lernen und Schwierigkeiten überwinden können
- Zielbezogene Überprüfung von Prozessen und Produkten unterrichtlicher Lerntätigkeiten. Dabei soll ein breites Repertoire von Selbst- und Fremdkontrollformen genutzt werden.

4.1 Formen der Organisation: Lernumgebung und Lernarrangement

Mit dem Begriff der Lernumgebung wird zum Ausdruck gebracht, dass das schulische Lernen auf durchdachte Unterstützung angewiesen ist, um erfolgreich durchgeführt werden zu können. Sacher (2009, 88) spricht in diesem Zusammenhang von der »Hilfe« zum Lernen, die es systematisch zu gestalten gilt und deshalb eine wichtige Planungsaufgabe für die Lehrkräfte darstellt. Bezogen auf die Schülerinnen und Schüler unterscheidet er drei Varianten der Hilfestellung: Direkte Interventionen (u.a. im Sinne des Prinzips der minimalen Hilfe) und indirekte Unterstützungen, die beide hauptsächlich durch die Lehrerinnen und Lehrer gewährt werden sowie die Einrichtung einer „vorbereiteten" Umgebung. Innerhalb dieser Gruppe nimmt die Lernumgebung eine vorrangige Stellung ein, u.a. deshalb, weil die beiden anderen Unterstützungsangebote durchaus in die Lernumgebung integriert werden können, je nach deren didaktischer Ausgestaltung und pädagogischer Ausrichtung. Von daher ist es naheliegend, wenn im Kontext der Planung schüleraktiven Unterrichts der Lernumgebung als didaktischem Gegenstand größere Aufmerksamkeit zugestanden wird. Zumal außerdem Sacher (2006) darauf hinweist, dass der Begriff der Lernumgebung „zum angestammten Wortschatz der Didaktik" gehört und in diesem Kontext als eine seiner historischen Wurzeln, die „vorbereitete" Lernumgebung von der Reformpädagogin Maria Montessori erwähnt (ebd., 89). Allerdings wird die Auseinandersetzung mit den Begriffsbestimmungen zeigen, dass die Vorstellungen darüber, was unter einer Lernumgebung zu verstehen ist, mitunter weit auseinander gehen. Deshalb soll an erster Stelle Bezug genommen werden auf Definitionen, die den Zusammenhang zwischen »Lehren« und »Lernen« hervorheben.

Nach Reinmann/Mandl (2006) wird mit dem Begriff der Lernumgebung ausgedrückt, dass das Gelingen schulischen Lernens von planvoll gestalteten Kontextbedingungen abhängig ist. Dazu zählen u.a. „Unterrichtsmethoden, Lernmaterialien und Medien" (ebd., 615). Ausschlaggebend ist die Intention, durch didaktisch geeignete Maßnahmen Rahmenbedingungen herzustellen, die das Lernen voranbringen. Ähnlich wird das in einer weiteren Definition gesehen. „Lernumgebungen basieren auf einem bestimmten pädagogisch-didaktischen Design und bestehen aus einem Arrangement von Lernmaterialien und Lehr-Lern-Methoden, die die Lernprozesse anregen, fördern und unterstützen. Sie sind eingebettet in räumliche, zeitliche, soziale und situative Kontexte" (Tenorth/Tippelt 2007, 482). Im Unterschied zur vorherigen Erläuterung wird die Rahmung der Lernumgebung genauer aufgeschlüsselt. Auf diesen Umfeldcharakter konzentriert auch Sacher (2006) seine Definitionen, wenn er unter einer „Lernumgebung ein Gefüge von Faktoren in der sachlich-materiellen und personell-sozialen Umwelt eines Lerners" versteht, „welches das Potenzial hat, sein Lernen anzuregen und zu fördern" (ebd., 89). Wichtig ist das Aufeinanderverwiesensein der beiden Umweltbereiche. Eine Ansammlung allein von Lernmaterialien und Lernmedien macht demnach noch keine Lernumgebung aus, erst in Verbindung mit der Inanspruchnahme sozial-struktureller Organisationsformen entsteht diese. „Ebenso wie von den Materialien und Medien gehen nämlich auch von der sozialen Struktur wichtige Stimuli und Förderimpulse für das Lernen aus" (ebd.).

Folgt man dieser Auffassung, dann sind Lernumgebungen allgemein als arrangierte Lehr- und Lernsituationen aufzufassen, die „positive Effekte auf die Entwicklung der kognitiven, sozialen und methodischen Kompetenzen der Schülerinnen und Schüler" (und sicherlich auch der Selbstkompetenz) haben sollen (Meyer 2004, 121), was aber nicht unabhängig vom kulturellen Kontext, in dem Unterricht stattfindet, geschieht. „Deshalb sind die konkreten Ziele des Unterrichts stets in gesellschaftlich und historisch bedingte Bildungs- und Erziehungsziele eingebettet (Terhart 1994; Aebli 1987), deren Begründung letztlich auf allgemeinen bildungstheoretischen Überlegungen beruht" (Reinmann/Mandl 2006, 616). D.h. die Gestaltung der Lernumgebungen ist stets auf die Bildungsfrage zu fokussieren (vgl. Kap. 4.1).

Da aber eine derartig weitgefasste, unspezifische Definition für die Planung von Unterricht wenig produktiv ist, liegt es nahe, Lernumgebungen nach bestimmten Kriterien zu unterscheiden.

Ein bekanntes Modell von Bransford; Brown und Cocking (1999) geht beispielsweise von den Lerngegenständen und -intentionen aus, um daran zu demonstrieren, welche Konsequenzen sich daraus für die passenden Unterrichtsformen ergeben und welche Lernumgebungsvarianten vorteilhafte Voraussetzungen dafür bieten. „Dabei unterscheiden sie vier Perspektiven", auf die man sich bei der Entwicklung von Lernumgebungen konzentrieren sollte: „den Lernenden, das zu erlernende Wissen, die Lernerfolgsüberprüfung und die Lerngemeinschaft" (Reinmann/Mandl 2006, 618). Davon ausgehend entscheiden sie sich für vier Kristallisationspunkte:

> „›Learner-centered environments‹ sind Umgebungen, die den Lernenden und sein Vorwissen sowie seine Vorerfahrungen, Einstellungen und Interessen in den Vordergrund stellen und die Lehrmethoden darauf ausrichten.
>
> • ›Knowledge-centered environments‹ sind Umgebungen, die sich auf den zu vermittelnden Gegenstand und seine Strukturen konzentrieren und die Auswahl und Ausgestaltung der Lehrmethoden darauf ausrichten, Kenntnisse, Verstehen und (metakognitive) Fähigkeiten zu fördern.
>
> • ›Assessment-centered environments‹ sind Umgebungen, die verschiedenen Prüf- und Bewertungsverfahren sowie Feedbackmöglichkeiten eine große Aufmerksamkeit schenken, um das Erreichen der Lehr-Lern-Ziele sicherzustellen.
>
> • ›Community-centered environments‹ sind Umgebungen, die besonderen Wert auf die Entwicklung von (Lern-)Gemeinschaften legen, womit auch eine Öffnung z.B. des Klassenzimmers oder der Schule (als Institution) in die sie umgebende Umwelt gemeint ist." (Reinmann/Mandl 2006, 618)

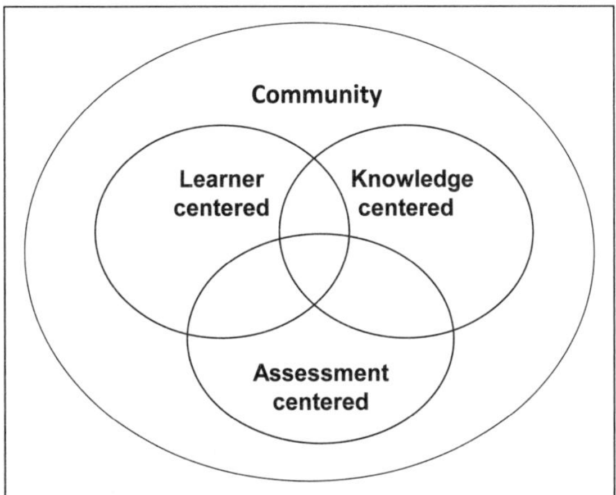

Abb. 31: Gestaltungsschwerpunkte von unterrichtlichen Lernumgebungen (in Anlehnung an Bransford et al. 1999; nach Reinmann/Mandl 2006, 618)

Auffällig an diesem Schema ist die Zentrierung des Lehrens und Lernens auf das Passungsprinzip, wobei einerseits stärker aus der Sicht des Lernenden, andererseits stärker aus der Perspektive der curricularen Inhalte das Lernen optimiert werden soll. Weil es sich hierbei um ein äußerst wichtiges Merkmal für die Gestaltung von Unterricht handelt, hat ebenso Sacher (2006) es in seinen Überlegungen zur Entwicklung günstiger Lernumgebungen in angemessener Weise einfließen lassen. Allerdings hat er darüber hinaus noch vier weitere allgemeine Merkmale beschrieben, die zusammen als Schwerpunkte für die Modellierung erfolgsversprechender Lernumgebungen gelten können.

„- *Günstige Lernumgebungen sind überdeterminiert*. D.h. es kommen vielfältig Medien oder sinnvolle Kombinationen von originalen Gegenständen und Medien zum Einsatz. Gegenstände sind mehrfach in unterschiedlichen Darstellungen repräsentiert. (…)
- Sie sind infolgedessen *multifunktional nutzbar* für unterschiedliche didaktische Intentionen und Lernabsichten mit verschiedenen Methoden in variierenden sozialen Kontexten und Kommunikationsformen. Sie unterstützen vielfältige Lernstile und unterschiedliche Lernprozesse.
- Sie sind *interaktiv*, d.h. sie gestatten einen dialogartigen Austausch zwischen Lerner und Lernumgebung und provozieren und unterstützen Verständigungsprozesse.
- Sie sind *adaptiv* oder doch wenigstens *adaptierbar*. D.h. sie können dem Lerner angepasst werden (Adaptierbarkeit) oder sich ihm sogar selbst anpassen (Adaptivität). Die Anpassung kann bestehen in der Zuweisung verrschiedener Lernzeiten, Präsentationsmodi und Lehr- und Lernstrategien, Anforderungsniveaus, Hilfestellungen und unterschiedlicher Arten und Mengen von Information.
- Sie ermöglichen die *Kontrolle* des Lernweges und des Arbeitsniveaus. Dabei sind Kontrollmöglichkeiten für die Lerner selbst von besonderer Bedeutung“ (Sacher 2006, 96f).

Eine weitere Unterscheidung trifft Sacher hinsichtlich der Aktivierung der Schülerinnen und Schüler durch die Darbietung anspruchsvoller, lebensnaher und explorativer Aufgabenstellungen. Diese sogenannten starken Lernumgebungen sind gegenüber schwachen eindeutig zu präferieren.
Als starke Lernumgebungen sind solche zu verstehen, „in deren Mittelpunkt konkrete und authentische Problemsituationen stehen, die ausgeprägten Realitätsbezug und hohe Relevanz für die Lerner haben und deshalb auch ein hohes Potenzial zu ihrer Aktivierung und zur Anregung von Lernhandlungen besitzen" (Mandl 1998). Sie ermöglichen am ehesten die Realisierung moderner Lernkonzepte wie Anchored Instruction, Cognitive Apprenticeship und Situated Learning.

> „Dem ‚Anchored-Instruction-Ansatz' gemäß werden Lernprozesse in einer problemhaltigen, realitätsnahen und motivierenden Begebenheit verankert, die möglichst anschaulich (z.B. durch ein Video) präsentiert wird. ‚Cognitive Apprenticeship' orientiert sich am Vorbild der Handwerkslehre und versucht, kognitive Lernprozesse mit Unterstützung eines Meister-Modells zu organisieren und zu immer größerer Selbständigkeit zu führen. Situiertes Lernen ist Lernen in realitätsbezogenen Kontexten und konkreten Anwendungssituationen" (Sacher 2006, 99).

„Starke Lernumgebungen enthalten Probleme, die nur teilweise vorstrukturiert sind und oft überhaupt erst genauer definiert werden müssen. Zu ihrer Lösung benötigt man häufig noch zusätzliche Informationen. Oft gibt es auch mehrere Lösungen und Lösungswege" (ebd.). Aufgaben dieses Typs werden auch als »anspruchsvolle« Aufgaben bezeichnet. „Aufgaben sind umso anspruchsvoller, je weniger eine einzige vorher definierte Lösung feststeht und je weniger der Lösungsweg bekannt ist. Wissensinhalte, die in diesem Sinne reflektiert angeeignet werden, werden in der Lernpsychologie als ›intelligentes Wissen‹ bezeichnet." (Bildungskommission NRW 1995, 90).

> „Unter intelligentem Wissen ist ein wohlorganisiertes, disziplinär, interdisziplinär und lebenspraktisch vernetztes System von flexibel nutzbaren Fähigkeiten, Fertigkeiten und Kenntnissen und metakognitiven Kompetenzen zu verstehen. Sowohl Voraussetzung als auch Resultat ist ein sachlogisch aufgebautes, systematisches, inhaltsbezogenes Lernen, das grundlegende Kenntnislücken, Verständnisdefizite und falsche Wissenselemente vermeidet." (Helmke 2010, 43).

Zudem wird intelligentes Wissen als Wissen dargestellt, „das anschlussfähig sein soll für lebenslanges Lernen" (Helmke 2010, 42). Weiterhin wird es charakterisiert als Wissen, „das bedeutungshaltig und sinnhaft ist" (ebd.). Besonders hervorzuheben ist die Transferfähigkeit, die universelle und flexible Verwendbarkeit, die Wissen zu intelligentem Wissen macht und die die Grundlage des Verstehens bildet. Intelligentes Wissen stellt den Gegensatz zu trägem Wissen dar (vgl. Mandl 2010, 22).
Außerdem wird offensichtlich Lernen in starken Lernumgebungen in besonderem Maße in Verbindung gebracht mit Eigenaktivität und explorativer Erkenntnishaltung. Beides sind unverkennbar lerntheoretische Prinzipien, die mit dem Ver-

ständnis des Lerners und den leitenden Kategorien der Wissensverarbeitung und -aneignung im Schüleraktiven Unterricht korrespondieren. Damit bestätigt sich die Aussage, dass die Gestaltung von Lernumgebungen u.a. von den jeweils zugrunde liegenden Lerntheorien abhängt (Arnold/Schüßler 1998, 92). Das ist auch der Punkt, an dem Reinmann/Mandl (2006) ansetzen. Hinsichtlich der Gestaltung der Lehr-/Lernprozesse im Schüleraktiven Unterricht wird – wie weiter oben ausgeführt wurde (vgl. Kap. 3.3) – davon ausgegangen, dass Vorgänge des Instruierens und Konstruierens sich nicht gegenseitig ausschließen, sondern im Gegenteil auf das Engste miteinander verknüpft werden (vgl. Shuell 1993).
Mit dem Schüleraktiven Unterricht (vgl. Kap. 3.3) liegt somit ein lerntheoretisch begründetes »integratives« Unterrichtsmodell vor. Reinmann/Mandl (2006) bezeichnen die daraus resultierende Orientierung als die Einnahme einer „praxisorientierten Position“, weil alles andere zu lerntheoretischen Vereinseitigungen und nachteiligen extremen Sichtweisen führen würde (vgl. ebd., 617).

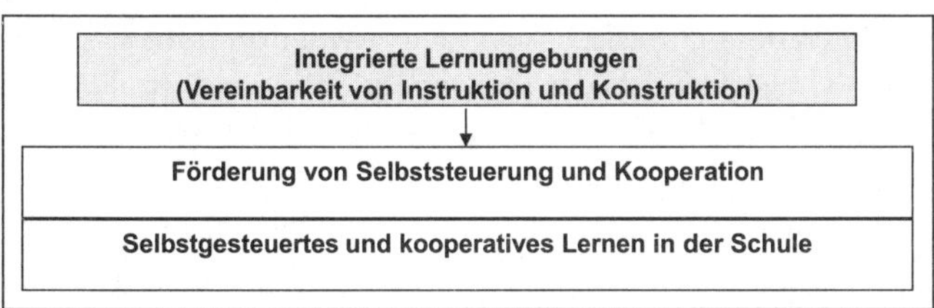

Abb. 32: Praxisorientierte Position der Lernumgebungsgestaltung im Schüleraktiven Unterricht

Als pädagogisch-didaktische Leitziele integrierter Lernumgebungen werden Selbststeuerung und Kooperation angegeben, was sich wiederum mit anerkannten bildungstheoretischen Zentralbegriffen des (Schüleraktiven) Unterrichts trifft. Die Entwicklung der Selbststeuerungsfähigkeit des Individuums ist somit neben weiteren Faktoren (wie beispielsweise den durch Öffnung des Unterrichts gewährten Entscheidungs- und Handlungsfreiheitsgraden oder den individuellen Lernvoraussetzungen und der sozialisationsbedingten individuellen Lernhaltung) entscheidend von der dem schulischen Unterricht und seiner Planung zugrunde gelegten Lerntheorie abhängig. Auf diesen Zusammenhang verweisen auch Arnold/Schüßler (1997) und entwickeln Kriterien für Lernumgebungen, die sich ebenfalls auf konstruktivistische Positionen gründen und für das selbstgesteuerte Lernen günstige Voraussetzungen und flankierende pädagogische Unterstützungsmaßnahmen bieten,

> „wenn
> - Lernende eigene Handlungsprobleme formulieren können und das Lernen ihren Zwecken dient,
> - der Problemlösungsprozess vollständig in den Händen des Lernenden liegt und der Lehrende diesen lediglich begleitet und Hilfen bereitstellt,

- Fehler zugelassen werden und daraus neue Lernmöglichkeiten initiiert werden,
- die Kooperation zwischen den Lernenden aktiviert wird und durch den Aufbau multipler Perspektiven Differenzerfahrungen geschaffen werden,
- an das Vorwissen der Lernenden angeknüpft wird und Reflexionsmöglichkeiten in den Lernprozess einbezogen werden,
- die Wirklichkeitsinterpretationen des Lernenden ebenso respektiert werden wie die des Lehrenden,
- der Lernende als kompetenter und autonomer Lernpartner behandelt wird,
- eine Verständigung über die gemeinsamen Situationsinterpretationen stattfindet, was über eine transparente Prozessplanung und einen gemeinsamen Lernvertrag unterstützt werden kann“ (Arnold/Schüßler 1997, 92)

Der Versuch, Bedingungen zu definieren, wie „konstruktivistisch“ geprägte Lernumgebungen beschaffen sein sollen, damit selbstgesteuerte Formen des Lernens ermöglicht werden und daran gekoppelte Anwendungs- und Aneignungssituationen entstehen können, ist ein weiterer Beleg dafür wie vieldeutig und dynamisch das Verhältnis von Lehren und Lernen oder Geschlossenheit und Offenheit ist, das immer im Hintergrund mitbedacht sein sollte, wenn man nicht auf Positionen des unfruchtbaren Gegeneinanders der Extrempositionen von Instruktion und Konstruktion zurückfallen will. Die damit verbundenen Klärungsbemühungen zeigen sich dann auch noch in weiteren Analyse- und Verständigungsprozessen, wie beispielsweise die Unterscheidung von offenen und geschlossenen Lernumgebungen.

> „Offene Lernumgebungen haben eine explorative Struktur, d.h. sie sind zwar geordnet, überantworten die Sequenzierung der Lernhandlungen und die Bemessung von Lernzeiten aber dem Lerner selbst. Sie weisen ein geringes Maß an Fremdkontrolle und Vorstrukturiertheit auf und enthalten Wahlmöglichkeiten hinsichtlich der Ziele, Inhalte, Methoden, Lernwege und der Zusammensetzung der Lerngruppe. D.h. es sind Lernumgebungen mit einem sogenannten ‚weichen Treatment‘ im Unterschied zu (...) geschlossenen Lernumgebungen, die durch ein ‚hartes Treatment‘ (Weidenmann 2001, 90ff.) mit vielen Vorabfestlegungen charakterisiert sind“ (Sacher 2006, 98ff).

Aufgrund weiterer Unterscheidungen, die Sacher (2006) ebenfalls vorgenommen hat und auf die schon weiter oben Bezug genommen wurde, gibt es zwischen „offenen“ und „starken“ Lernumgebungen große Schnittmengen, so dass man schlussfolgern kann, je stärker eine Lernumgebung ist, desto offener ist sie und umso mehr stellt sie eine günstige Lernumgebung für selbstgesteuertes und kooperatives Lernen dar.
Außerdem sind starke und gleichsam auch offene Lernumgebungen „überdeterminiert“, ein Begriff der schon im Zusammenhang mit der Beschreibung günstiger Lernumgebungen eine wichtige Rolle spielte. „Starke Lernumgebungen machen vielfältige Lernangebote, bieten reichhaltige Lernmöglichkeiten und eröffnen unterschiedliche Lernwege, wobei sie allerdings die Lerner zugleich auch auf ebenso vielfältige Weise unterstützen“ (Sacher 2006, 99). In offenen Lernumgebungen

können das beispielsweise sein: Arbeits- und Verhaltensregeln (vgl. Jürgens 2006, 15); Unterrichtsrituale (Meyer 2004, 37); Lernstrategien und metakognitive Strategien (vgl. Astleitner 2008; Pintrich 2000; Boekarts 1997); strukturierte Arbeitsmaterialien und Vorgaben zur Realisierung vollständiger Lernprozesse.
Für die Förderung selbstgesteuerten Lernens haben sich besonders „indirekte Förderansätze“ bewährt, die wiederum in einigen Grundsätzen der Gestaltung Offener Lernumgebungen ähneln, was aber nicht überraschen dürfte. So wird etwa die Lernumgebung zur Verwirklichung eines indirekten Förderansatzes so gestaltet, dass die Aufgaben *nur* durch selbstgesteuerte Formen des Lernens zu bewältigen sind. Außerdem gerät vor allem in den Blickpunkt der Prozess zur Anregung und Durchführung selbstgesteuerten Lernens. „Den Lernenden werden bewusst Spielräume für eigene Entscheidungen eingeräumt, angefangen beim Lerntempo (...) über Sequenzierung der Lerninhalte, die Art der verwendeten Lernmaterialien bis hin zur Auswahl und Gewichtung der Inhalte (Zielformulierung)“ (Reinmann/ Mandl 2007, 617). Zusammenfassend lässt sich daraus schließen, dass die für starke Lernumgebungen geforderten vielfältigen Unterstützungsmaßnahmen sich (überwiegend) auf »indirekte Förderansätze« beziehen sollten.

> Nach dem bisher Gesagten wird Schüleraktives Lernen offensichtlich begünstigt durch gemäßigt konstruktivistisch geprägte, starke und offene Lernumgebungen. Die in diesem Zusammenhang beschriebenen Lernumgebungen betonen die Eigenaktivität des Lerners und die aktive Rolle des Lernens, ohne die Bedeutsamkeit des Instruierens (Lehrens) für die erfolgreiche Bewältigung des Wissensaufbaus und der Wissensanwendung zu unterschlagen. Aus diesem Blickwinkel betrachtet sind schüleraktive Lernumgebungen »integrierte« oder hybride Gebilde, die die Wechselseitigkeit des Lehrens und Lernens anerkennen, und zwar nicht *obwohl*, sondern *weil* das Aktivitätsparadigma im Zentrum dieses Modells steht.

In das Spannungsfeld zwischen Interaktion und Konstruktion sind auch Methoden des wechselseitigen Lehrens und Lernens (WELL) einzuordnen, die einerseits das selbständige, selbstgesteuerte Lernen und andererseits das kooperative Lernen fördern (vgl. Wahl 2013, 178ff). Phasen der Vermittlung wechseln sich mit Phasen der eigenaktiven Auseinandersetzung mit dem Lerngegenstand (Teilthema) ab, d.h. für einen genau bestimmten Teilbereich eines umfassenderen Lerninhalts bzw. Themas oder Themengebiets werden Expertinnen und Experten ausgebildet, die sich anschließend gegenseitig das Gelernte vermitteln.

> „Entscheidend ist dabei eine Gleichberechtigung der Rollen in drei Lernphasen: (1) In einer Aneignungsphase wird das Expertenwissen erworben. Alle Lernenden ohne jede Ausnahme eignen sich einen Teil der Inhalte an. Es gibt so viele Expertinnen und Experten, wie es Lernende gibt. (2) In einer Vermittlungsphase werden die Inhalte wechselseitig vermittelt. Dabei werden im Wechsel die jeweils komplementären Rollen von Experte

> und Novize bzw. Novize und Experte eingenommen. Dadurch ergibt sich eine insgesamt symmetrische Kooperation. (3) In einer Verarbeitungsphase wird die subjektive Auseinandersetzung mit den angeeigneten und vermittelten Inhalten noch einmal besonders akzentuiert, um nachhaltige Effekte zu erreichen“ (Wahl 2013, 161).

Um diese Methode erfolgreich in der Schule zu implementieren, bedarf es umfangreicher erfolgssichernder Maßnahmen, vor allem auch der Integration von fachübergreifenden und spezifischen Lernstrategien. Aber darauf soll nicht weiter eingegangen werden, weil an dieser Stelle das WELL-Konzept lediglich als ein weiteres Beispiel für die Nützlichkeit der Synthese von Instruieren und Konstruieren herangezogen und daran gezeigt werden soll, wodurch selbstgesteuertes und kooperatives Lernen beeinflusst werden kann und worauf bei der Gestaltung von Lernumgebungen für WELL-Situationen geachtet werden sollte. Wahl (2013) schlägt dafür „sandwichartige Lernumgebungen“ vor, die sich darin auszeichnen, dass permanent ein Wechsel zwischen „Phasen der Vermittlung mit Phasen der subjektiven Auseinandersetzung systematisch“ erfolgt (ebd., 163). In Analogie zu Offenen Lernumgebungen sollten sandwichartige Lernumgebungen zur Umsetzung des WELL-Konzeptes immer umfassender Lernende in die Lage versetzen, „autonomer, reflexiver und (meta-)kognitiver zu handeln“ (ebd., 213). Dabei werden sie insbesondere angeleitet und unterstützt, die zur Optimierung der Lernprozesse geeigneten Lernstrategien zu verwenden.

Um Lernumgebungen zu generieren, die günstige Rahmenbedingungen dafür bieten, dass Lernende im Zuge wechselseitigen Aufeinanderverwiesensein von Lehren und Lernen immer mehr zu autonomen Lernern werden, eignet sich der Ansatz von Boekarts (1997) als tragfähiges Strukturmodell. Es handelt sich um ein empirisch unterlegtes theoretisches Drei-Ebenen-Schema zum selbstgesteuerten Lernen (sensu selbstreguliertes Lernen; vgl. Reinmann/Mandl 2006, 465).

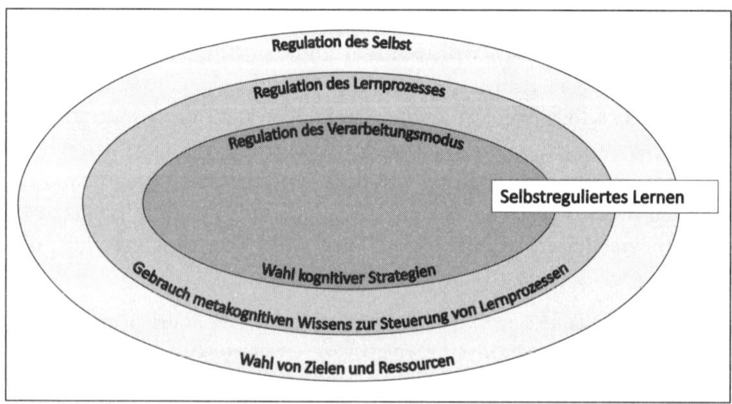

Abb. 33: Drei-Ebenen-Modell selbstregulierten Lernens (Boekarts 1999, 448)

Bezüglich der Gestaltung von Lernumgebungen bietet es sich an, die Handlungsschritte genauer zu betrachten, die es dem Heranwachsenden ermöglichen, auf dem Ziel der Selbststeuerungsfähigkeit voranzukommen. Gemäß diesem Modell sind Entscheidungen zu drei Anforderungen zu treffen: (1) Wahl von Zielen und Ressourcen (Regulation des Selbst); (2) Gebrauch metakognitiven Wissens zur Steuerung von Lernprozessen (Regulation des Lernprozesses) und (3) Wahl kognitiver Strategien (Regulation des Verarbeitungsmodus).

Unterrichtsplanung zum schüleraktiven Lernen impliziert somit die systematische Gestaltung von Lernumgebungen auf der Grundlage des Umstands, dass Selbststeuerung einerseits Ziel und andererseits Methode ist (vgl. Reinmann/Mandl 2006, 645). Fraglos ist das selbstgesteuerte Lernen ein generelles Kernziel schulischen Unterrichts und innerhalb des Modells zum Schüleraktiven Unterricht zudem ein spezifisches Prinzip der Mit- und Selbstbestimmungsmöglichkeit in der Organisation und Durchführung von Unterrichtsprozessen. Unter diesen Voraussetzungen wird selbstgesteuertes Lernen stets als Ziel und Methode zugleich betrachtet. Selbstverständlich müssen die für selbstgesteuertes Lernen „erforderlichen motivationalen Dispositionen und Strategien neben dem fachlichen Wissen und Können systematisch entwickelt werden“ (siehe Modell von Boekarts 1999; Abb. 33), aber besonders gut gelingen kann das in einem Unterricht und in Lernumgebungen, in denen das „Prinzip der Selbststeuerung als einer didaktischen Methode“ systematisch betrachtet wird und zunehmend mehr Möglichkeiten inhaltlicher, methodischer und sozialer Offenheit erprobt werden können.

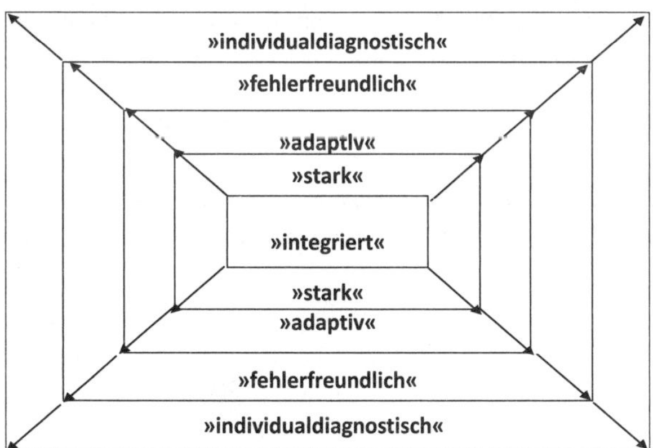

Abb. 34: Rahmenmodell zur Gestaltung Schüleraktiver Lernumgebungen

Selbststeuerung als didaktische Methode schüleraktiven Unterricht einzusetzen, heißt demnach, Lernarrangements und Lernumgebungen so zu gestalten, dass Selbststeuerung erlernt und weiterentwickelt werden kann, indem den Schülerinnen und Schülern Angebote gemacht werden, Initiative und kompetentes Handeln zu demonstrieren.

Zusammenfassend lässt sich konstatieren, dass die Planung von Lernumgebungen davon abhängig ist, auf welche Lerntheorie bzw. welchen lerntheoretischen Kontext Bezug genommen werden soll. Im Modell des Schüleraktiven Unterrichts, der didaktisch auf der zusammengeführten Weiterentwicklung zwischen dem Hamburger Modell und dem Modell der kritisch-konstruktiven Didaktik basiert, ist das eindeutig die gemäßigt konstruktivistische Position des Lernens. Doch weil in vielen Lernsituationen Anleitung, Unterstützung und Beratung sinnvoll und notwendig werden, wird im schüleraktiven Unterricht von der Interdependenz von Instruieren und Konstruieren ausgegangen. Das bedeutet, dass Lernumgebungen, die günstige Voraussetzungen für schüleraktive Lernprozesse ermöglichen, „integriert" sind (vgl. Abb. 34). Im Grunde ist damit der Kern markiert, um den sich alle weiteren spezifischen Möglichkeiten und Komponenten zur Planung von »schüleraktiven« Lernumgebungen verteilen. Aufgrund der vorangegangenen Argumentation wurde sich schließlich für fünf Merkmale entschieden: *integriert*, *stark*, *adaptiv*, *fehlerfreundlich* und *individualdiagnostisch*. Sie sind deshalb ausgewählt worden, weil es sich um essentiell-spezifische Kriterien handelt, die unverzichtbar für die Entwicklung schüleraktiver Lernumgebungen sind.

1) *Integrierte Lernumgebungen*: Synthese von Instruktion und Konstruktion, Förderung von Selbststeuerungs- und Kooperationsfähigkeit,
2) *Starke Lernumgebungen:* anspruchsvolle Aufgabenstellungen, vollständige Lernprozesse, authentische realitätsnahe Lernprobleme, geringe Vorstrukturiertheit, mehrere Lösungen,
3) *Adaptive Lernumgebungen*: Anpassung an die Voraussetzungen und Bedürfnisse der Lernenden, differenzierte Hilfen,
4) *Fehlerfreundliche Lernumgebungen*: verstehensorientiert, produktiver Umgang mit dem Fehler, Fehleranfälligkeit als lernprozessinhärente Gegebenheit begreifen, Aufbau negativen Wissens,
5) *Individualdiagnostische Lernumgebungen*: lernwegbegleitend, selbstreflexiv, fremd- und selbstkontrollierend, modifikationsstrategisch, multifunktional und mehrperspektivisch.

Auf diese insgesamt fünf Merkmale zur Gestaltung günstiger Lernumgebungen für schüleraktives Lernen kann sich bei der Unterrichtsplanung bezogen werden, ohne auszuschließen, dass noch mehr Kriterien begründeter Weise herangezogen werden könnten. Ergänzungen lassen sich fraglos auch schon mit den zuvor unternommenen Darlegungen rechtfertigen.

Wenn der Begriff »Lernumgebung« verwendet wird, kommt es mitunter zu inhaltlichen Überschneidungen mit dem Begriff Lernarrangement bzw. Arrangement. Mitunter geht sogar der Begriff (Lern-)Arrangement im Begriff Lernumgebung auf, indem mit diesem erklärt wird, was eine Lernumgebung ist. Beispielsweise verfahren Reinmann/Mandl (2006) so, wenn sie davon sprechen, dass eine durch Unterricht hergestellte Lernumgebung aus einem *Arrangement* besteht „von Unterrichtsmethoden, Unterrichtstechniken, Lernmaterialien, Medien" (ebd., 615). Apel (2007) übernimmt diesen Vorschlag und nennt Lernumgebungen „Arrangements von Medien, Materialien und Arbeitsanweisungen" (ebd., 278). Schon dieses beispielgebende Vorgehen belegt, dass es schwierig werden wird, die Begriffe Lernumgebung und Lernarrangements voneinander abzugrenzen, zumal es einerseits unverkennbar Tendenzen gibt, sich überhaupt nicht darum zu bemühen, zwischen beiden Begriffen klar zu unterscheiden und dementsprechend definitorische Abgrenzungen vorzunehmen. Gelegentlich wird sich damit beholfen, jeweils nur den einen oder anderen Begriff allein (vgl. Kiper/Mischke 2009, 84ff) zu verwenden oder die Begriffe einfach undefiniert zu lassen (vgl. Kiper et al. 2008). Andererseits finden sich in der wissenschaftlichen Fachliteratur auch Beispiele dafür, Grenzlinien zwischen den Begriffen von Lernumgebung und Lernarrangements zu ziehen (vgl. Sacher 2006, 81ff). Grob kann man somit zu folgender Differenzierung gelangen: Zum einen gibt es die Gruppe, in der die Begriffe wahllos verwendet werden, ohne überhaupt eine definitorische Klärung in der einen oder anderen Weise zu versuchen. Dann gibt es die andere Gruppe, in der sich die Verwendung des Begriffs Lernarrangement inhaltlich nicht oder kaum vom Begriff der Lernumgebung unterscheidet, so dass es sich lohnt, der Frage nachzugehen, ob sich der synonyme Gebrauch beider Termini rechtfertigen lässt. D.h. entweder beide Begriffe synonym gebraucht werden können, oder der Begriff Lernumgebung durch Verwendung des Begriffs Lernarrangement inhaltlich substituierbar wird. Zur zweiten Gruppe zählen die schon erwähnten Musterbeispiele von Reinmann/Mandl (2006) und Apel (2007). Weiter kann auch die Definition von Kiper/Mischke (2009) zu dieser Gruppe gerechnet werden, die sich ebenfalls auf den terminologischen Vorschlag von Reinmann/Mandl (2006) bezieht. „Bei der Planung von Unterricht sind geeignete *Lernarrangements* (Materialien, Aufgabenstellungen, Arbeits- und Sozialformen) zu durchdenken" (Kiper/Mischke 2009, 86), heißt es dann auch einleitend, um anschließend noch zu deklarieren, dass unter Lernarrangements „die Gesamtheit der lernrelevanten Merkmale einer Unterrichtssituation" verstanden werden sollen (ebd.).

Unterrichtstheoretisch wird auf den Begriff Lernarrangements zurückgegriffen, um auf dem Hintergrund der schulischen Aufgabe Kompetenzen bei den Schülerinnen und Schülern zu entwickeln, u.a. über das Bewältigen von fachlichen und überfachlichen Lernzielen, „Wege zum Erreichen dieser Ziele gedacht werden müssen, die sich sowohl auf das Lernen (Tiefenstruktur des Unterrichts) als auch auf die Oberflächenstruktur des Unterrichts beziehen sollen" (ebd., 86).

Als Oberflächenstrukturen werden die planbaren, manifesten Lehr- und Lernhandlungen des Unterrichts bezeichnet (vgl. Meyer 2007, 132), zu deren Anregung und Durchführung auf geeignete Materialien, Medien, Aufgabenstellungen und Methoden zugegriffen wird. In diesem Zusammenhang stellen sich nahezu von selbst „Fragen der Passung zum Lehr- und Lernprozess" wie auch „Fragen der Schaffung und Erhaltung der Aufmerksamkeit der Schülerinnen und Schüler" (Kiper/Mischke 2009, 86). Ebenso gilt es „dramaturgische Aspekte" zu beachten, obwohl hingegen Lernen ein innerer, unsichtbarer Prozess ist und somit die Tiefenstruktur des Unterrichts, d.h. das Lernen als individueller Verarbeitungsprozess, ebenso dem Beobachter verborgen bleibt, können über die Anwendung lernpsychologischer Erkenntnisse auf der Oberflächenstruktur Lernprozesse beeinflusst werden. Zumindest behaupten das Oser/Baeriswyl 2001), die den Versuch unternommen haben, 12 Basismodelle des Lernens zu definieren. Als ein Basismodell wird die determinierte Abfolge von Teilschritten, die unbedingt absolviert werden sollte, um eine Lernhandlung erfolgreich durchführen zu können, z.B. „Begriffe klären" (Basismodell Nr. 4) (vgl. Meyer 2008, 133; Kiper/Mischke 2009, 86f). Lernarrangements sind von der Lehrkraft geplante und erstellte Lernangebote, mit deren Hilfe der Unterricht seine zentrale Ablaufstruktur erhält (vgl. Abb. 35).

Inhalt	
Material / Medien	
Aufgabenstellung(en)	
Sozialform	
Methode	
Oberflächenstruktur:	sichtbare Lehr- und Lernaktivitäten
Tiefenstruktur:	Schritte gemäß den Basismodellen des Lernens

Abb. 35: Komponenten eines Lernarrangements (Kiper/Mischke 2009, 87)

Was diesen Lernarrangementbegriff mit dem Lernumgebungsverständnis vor allem verbindet, ist die Gestaltung des Lernangebots gemäß dem Grundsatz der Adaptivität, womit logischerweise impliziert ist, dass frontale Unterweisungsmuster nicht als »Lernarrangements« zu verstehen sind. Hinzu kommt die lerntheoretische Zuspitzung auf das Aktivitätsparadigma. In zwei weiteren Definitionen, die hier angeführt werden sollen, wird das sehr klar ausgedrückt.

> „Bei einem Lernarrangement handelt es sich im die inhaltliche und/oder systematische An- und Zuordnung von Thema und Aufgaben, Impulsen, Materialien im Unterricht, die auf einen definierten Lernfortschritt ausgerichtet sind (...) Sie [die Inhalte] orientieren sich an der Lebenswelt der Schülerinnen und Schüler und sind deshalb für das Lernen bedeutsam. In ihrer Anlage ermöglichen sie *unterschiedliche Lernerfahrungen* und sprechen in *verschiedenen Fähigkeitsniveaus unterschiedliche Lernbedürfnisse* der Kinder in einer Klasse an. Die Methoden sind daran orientiert, das *selbstregulierte, eigenständige* (...) *Lernen* sowohl in Einzel- oder Gruppenarbeit als auch in unterschiedlichen Lernpartnerschaften und Teams zu stärken" (Bildungsportal NRW 2014).

Unübersehbar weist diese Definition eine deutliche Affinität zur Beschreibung Offener Lernumgebungen auf (vgl. Arnold/Schüßler 1998, 92; Sacher 2006, 92). Noch stärker und enger bezieht Niggli (2000) den von ihm verwendeten Lernarrangementbegriff auf das »offene« Lernen. Damit unterscheidet er zwei Kategorien von Lernarrangements:

> „(1) *Lernarrangements als Programme* für individualisierten, selbst verantworteten Unterricht (Wochenplanunterricht, Unterricht nach Arbeitsplan, Stationenlernen/Werkstattunterricht);
> (2) *Lernarrangements zum kooperativen Lernen* (Gruppenpuzzle, Gruppenrallye, handlungsorientierte Arrangements“ (Niggli 2000, 46).

Entscheidend ist die Frage, wie Themen bzw. Unterrichtsinhalte vermittelt werden sollen, d.h. ob gelernt werden soll durch überwiegende oder ausschließliche Lehrersteuerung oder durch Partizipation der Schülerinnen und Schüler an den Unterrichtsprozessen und die Übernahme von Verantwortung in Planung, Durchführung und Reflexion (Rückmeldung) von Lernsituationen.
Zwischen Prinzipien von Lernarrangements und Lernumgebungen gibt es auffällige Kongruenzen, die es als gerechtfertigt erscheinen lassen, beide Begriffe synonym zu verwenden. Ebenso übereinstimmend dürfte hervorzuheben sein, dass Lernarrangements von Lehrgängen zu unterscheiden sind (Niggli 2000, 40), da diesen das Merkmal der Adaptivität fehlt und die Frage nach der Passung, die unabdingbare Voraussetzung für Differenzierung und Individualisierung ist, gar nicht gestellt wird. Daraus ergibt sich die Konsequenz, die Begriffe Lernarrangement und Lernumgebung im Kontext des Einsatzes frontaler Unterweisungsmuster nicht zu verwenden, sondern zu reservieren für Lehr-/Lernkulturen, die selbstreguliertes, kooperatives Lernen zum Ziel und Gegenstand haben. Im Sinne der Definition von Reinmann/Mandl (2006) kann es auch so formuliert werden: Eine (integrierte) Lernumgebung wird durch ein (integriertes) Lernarrangement bzw. eine Folge oder Gruppe von (integrierten) Lernarrangements erzeugt.

4.2 Offenheit und Geschlossenheit: Dynamik der Schüleraktivierung

Historisch betrachtet gibt es eine Reihe „unterschiedlicher Erklärungen für Lernen und daher eine Vielfalt unterschiedlicher Modelle des Lernenden“ (Lefrançois 2006, 351). Das hat zur Konsequenz, dass keine Theorie allein das menschliche Phänomen „Lernen vollständig erklären kann“ (vgl. Steiner 2007). Allerdings lässt sich auch feststellen: „Idealisiert dargestellt ist der lernende Mensch eher flexibel als starr, eher offen als geschlossen, eher erfinderisch als rezeptiv, eher veränderlich als festgelegt und eher poetisch als prosaisch. Modelle des Lernenden und resultierende Theorien sollten dies reflektieren“ (ebd.). Als Tendenz lässt sich daraus schließen, dass eine lernpsychologisch fundierte Didaktik aktivierende Lernformen vorzugsweise zu berücksichtigen hat und deshalb die Fokussierung der veränderten („neuen“) Lernkultur auf das Aktivitätsparadigma u.a. auch darin seine Begründung findet. Mandl (2010) entwirft auf der Grundlage der derzeitigen theoretischen Entwicklungslinien der modernen Lernpsychologie sein Modell des Zusammenwirkens instruktiver und konstruktiver Prozesse im Ansatz des „problemorientierten“ Lernens (Reinmann/ Mandl 2006; vgl. Abb. 33). Das Entscheidende an diesem Modell ist der Wechselbezug zwischen Instruktion und Konstruktion. Es entspricht dem neuesten Erkenntnisstand der Lernpsychologie, indem es einerseits den theoretischen Stellenwert des gemäßigten Konstruktivismus würdigt sowie die aktive Rolle des Lerners betont und andererseits dem Beitrag der Instruktion zur Durchführung und Entfaltung von unterrichtlichen Lehr- und Lernprozessen Rechnung trägt.

Wenn wir vom schüleraktiven (offenen) Unterricht sprechen, dann ist damit die lebendige didaktische Verknüpfung dieser beiden lernpsychologischen Prinzipien von Instruktion und Konstruktion gemeint (vgl. Kap. 3.8). Zweifellos ist davon auszugehen, dass in aktivierenden Lernformen unter den je gegebenen inhaltlichen, situativen und personalen Bedingungen ein wie immer geartetes Zusammenspiel von instruktiven und konstruktiven Komponenten erfolgt. Doch davon abgesehen bieten die »aktivierenden« Lehr- und Lernformen unterschiedliche Möglichkeiten zur Auftretenswahrscheinlichkeit instruktiver und konstruktiver Anteile. Somit gehört es zu den Planungsaufgaben, Entscheidungen darüber zu treffen, welche Freiheitsgrade mit der Auswahl welcher Lehr-/Lernformen den Schülerinnen und Schülern zugemutet werden sollen, um größtmögliche Passung zwischen Intentionen und Anforderungen einerseits und individuellen Lernvoraussetzungen andererseits zu gewährleisten. Als Planungshilfe kann die dialektische Relation zwischen den Polen »Offenheit« und »Geschlossenheit« herangezogen werden. Auf beiden Seiten der Pole erfolgt jeweils eine Hierarchisierung der zugeordneten Lehr- und Lernformen nach dem Grad der Fremdsteuerung (Lehrerzentriertheit) und Selbststeuerung (Schülerzentriertheit), so dass die zu konstruierenden Lernarrangements in diesem Feld verortet werden können.

Mit Verwendung des Begriffs der »Offenheit« begibt man sich in einen schwierigen und mitunter widersprüchlichen Diskurs. Die Geschichte des Offenen Unterrichts ist deshalb auch eine Geschichte der Auseinandersetzung um die Definition und das Verständnis von Offenheit. Der Rückgriff auf theoretische Positionen zu konzeptionellen Eingrenzungen und Beschreibungen Offenen Unterrichts kann allerdings dabei helfen zu verstehen, was es mit dem Begriff der Offenheit im Kontext schüleraktiven Unterrichts im weitesten Sinn und im Kontext von Instruktion und Konstruktion im engeren Sinn auf sich hat. Als dafür klärend kann auf Überlegungen von Jürgens (2007) zurückgegriffen werden, in dessen Rahmenkonzepten zum Offenen Unterricht die Begriffe »Offenheit« und »Geschlossenheit« sowohl in Verbindung mit Schülerzentrierung und Lehrerzentrierung gebracht werden als auch das Aktivitätsparadigma lern- und handlungstheoretisch besondere Aufmerksamkeit erfährt. Von daher kann dieser rahmenkonzeptionelle Problemaufriss durchaus als eine Vorläuferversion der Heuristik zum Schüleraktiven Unterricht betrachtet werden (vgl. Kap. 3.3).

1. *Schülerverhalten:*
   - eigene Entscheidungen über Arbeitsformen und -möglichkeiten, soziale Beziehungen, Kooperationsformen treffen
   - Selbst- bzw. Mitbestimmung bei der Auswahl von Unterrichtsinhalten, der Unterrichtsdurchführung und des Unterrichtsverlaufs
   - Selbstständigkeit bei der Planung, Auswahl und Durchführung von Aktivitäten
2. *Lehrerverhalten:*
   - Zulassung von Handlungsspielräumen und Förderung von (spontanen) Schüleraktivitäten
   - Preisgabe bzw. Relativierung des Planungsmonopols
   - Orientierung an den Interessen, Ansprüchen, Wünschen und Fähigkeiten der Schülerinnen und Schüler
3. *(Lern-)methodisches Grundprinzip:*
   - entdeckendes, problemlösendes und handlungsorientiertes sowie selbstverantwortliches Lernen
4. *Lern-/Unterrichtsformen:*
   - Freie Arbeit
   - Arbeit nach dem Wochenplan
   - Werkstattarbeit
   - Projektunterricht
   - Stationenarbeit

Abb. 36: Rahmenkonzeption zum Offenen Unterricht (Jürgens 2009, 45f)

Offensichtich wird, dass »Offenheit« resp. Offener Unterricht ein schülerzentrierter, die Aktivität des Lernenden fördernder Unterricht ist. Nach Bohl (2010) entwickelt Jürgens seinen Offenen Unterricht im Spannungsfeld verschiedener Pole, und zwar über die Gegensätzlichkeit von Schüler- und Lehrerzentrierung hinaus, zwischen „Aktivität und Rezeption, Individualisierung und Standardisierung" bzw. Konformität. Außerdem hebt Bohl (2010) die „veränderte Beziehungsstruktur (Pädagogischer Bezug – Ergänzung E.J.) zwischen Lehrenden und Lernenden, einen erweiterten Lernbegriff und eine veränderte Lernorganisation" hervor (ebd., 14). Daran wird erkennbar, dass das Aktivitätsparadigma zwar seinen Kern im lerntheoretischen Verständnis des gemäßigten Konstruktivismus hat, aber die Umsetzung eines derartigen Lernverständnisses weitere relevante Qualitätsmerkmale des (guten) Unterrichts beeinflusst bzw. voraussetzt. So steht »Offenheit« zwar für Ermöglichung von Lernen als aktiver, selbstgesteuerter Prozess, aber darüber hinausgehend für eine gesamte Lernkultur, in der sich »Offenheit« auf die Sach-, Beziehungs-, Methoden- und Organisationsebene bezieht, wie es Hanke (2005) in ihrem Schema der »Offenheit« beschreibt, dem sie vier Kernmerkmale zugrunde legt:

„• Offenheit für die Vielfalt und Verschiedenheit der individuellen Lernbedürfnisse und Lernmöglichkeiten der Schülerinnen und Schüler als pädagogischer Leitgedanke.
• Offenheit für ein ›neues‹ – ein gemäßigt konstruktives – Verständnis von Lernen.
• Offenheit hinsichtlich der Entfaltung einer Beziehungskultur.
• dialektisches Verständnis von Offenheit in der Lernorganisation“ (Bohl/Kucharz 2010, 16ff).

Der zuletzt genannte Aspekt geht zurück auf Bemühungen, Offenheit als ein sich ständig im Fluss befindliches „Ereignis“ theoretisch zu begründen (vgl. Hallitzky 2002; Jürgens 2006). Hanke hat deshalb den Versuch gemacht, diese Dialektik genauer zu operationalisieren:

lineare Strukturen	....	vernetzte (offene) Strukturen
Mindeststandards als Entwicklungsdimension	....	flexible Lernziele und -inhalte
Konstruktionen im Kontext angeleiteter Instruktion	....	selbstgesteuerte Konstruktion
vorstrukturierte, anspruchsvolle (niveaudifferenzierte) Aufgaben-formate	....	offene, anspruchsvolle Aufgabenformate
in der Aufgabe vorstrukturierte Sozialform	....	flexible Sozialform
vorstrukturierte Zeitplanung	....	flexible Zeitplanung

Abb. 37: Dialektik linearer und offener Strukturen im Offenen Unterricht (Hanke 2005, 42)

Weil Offenheit im Verhältnis zur Geschlossenheit vice versa Geschlossenheit im Verhältnis zur Offenheit in jeder Unterrichtssituation bzw. -arrangement immer wieder neu artikuliert und justiert werden müssen, ist die konstruktive und produktive gegenseitige Durchdringung von lehrer(an)geleiteten und schüler(an)geleiteten Handlungsmöglichkeiten ein dynamisches Grundprinzip schüleraktiven Unterrichts. Dabei gilt, dass dieses Prinzip sowohl für die didaktische Konzeptebene (Umrissplanung) als auch für die Realisierungsebene (Prozessplanung) gilt. Mit dieser Feststellung soll vermieden werden, schüleraktiven Unterricht allein durch die Konzentration auf besonders gewichtete didaktische Makroformen wie beispielsweise Arbeitsplan-, Freiarbeits-, Werkstattunterricht etc. implementieren zu wollen:

Vielmehr sind sämtliche Lehr- und Lernformen in der schüleraktiven Lernkultur vom dynamischen Grundprinzip der Verschränkung von »relativer« Offenheit und »relativer« Geschlossenheit durchdrungen.

> „Die gegenseitige, unterrichtszweckmäßige Komplementarität von ›Geschlossenheit‹ und ›Offenheit‹ kann nur gelingen, wenn beide Prinzipien ›dynamisch‹ aufgefasst werden, d.h. einerseits graduell unterschiedlich geschlossene bzw. offene Lernarrangements geplant und durchgeführt werden und sich andererseits der jeweilige ›Grad der Geschlossenheit‹ kompatibel zu einem entsprechenden ›Grad der Offenheit‹ verhält" (Jürgens 2006, 129).

Kurzum: Ein rigides, lehrerzentriertes Unterrichtsarrangement eröffnet nur wenige Gelegenheiten, um aus der rezeptiven in eine aktive Rolle wechseln zu können. Wie das dynamische Grundprinzip zunehmender Öffnung von Unterricht und der Wechselbezug von Offenheit und Geschlossenheit im Kontext der Planungsaufgabe zu verstehen ist und zur Vorbereitung von Lernumgebungen genutzt werden kann, dazu bietet das nachfolgende Schema exemplarische Anregungen (vgl. Abb. 37).

Abb. 38: Schüleraktive Unterrichtsformen zwischen den Polen: Lenkung und Selbststeuerung, Aktivität und Rezeptivität, Individualisierung und Standardisierung (die Aussagen zu »Konstruktion« und »Instruktion« sind Mandl 2010, 23 entnommen)

Anhand des makrodidaktischen Konzepts des (Wochen-)Arbeitsplans lässt sich demonstrieren, was es mit dem dynamischen Aspekt von Offenheit einerseits und Geschlossenheit andererseits auf sich hat. Die Entwicklungsdynamik verläuft von Fremdsteuerung, Rezeptivität, Standardisierung etc. hin zu Selbststeuerung und Selbstbestimmung, Aktivität und Differenzierung bzw. Individualisierung. Die Arbeits- und Aktionsformen (sogenannte Grundformen) des Arbeitsplankonzepts stellen sozusagen logische Zwischenschritte dar zur Generierung zunehmender Schüleraktivierung. Definieren lässt sich diese Entwicklung wie folgt:

1) Geschlossener Arbeitsplan
Die geschlossene Variante enthält ausschließlich von der Lehrkraft vorgegebene Pflichtaufgaben, die sich auf den gültigen Lehrplan bzw. das fachliche Kerncurriculum und optional zu ergänzende überfachliche Aufgabenstellungen beziehen. Aktivierende Elemente ergeben sich aus der Selbstwahl der Reihenfolge der Bearbeitung der Aufgaben, der Auswahl von Methoden, der Kooperationsfreiheit und der eigenen Zeiteinteilung. Eventuell auch aus dem Einsatz von Selbstbeurteilungsverfahren.
2) Differenzierter Arbeitsplan
Der differenzierten Spielart liegen Pflicht-(Fundamentum), Wahlpflicht- und Wahl-bzw. Zusatzaufgaben (Additum) zugrunde. Methodisch, organisatorisch und inhaltlich gestaltet sich dieser Arbeitsplantyp »schüleraktiver«, weil dem Lernenden mehr eigene Entscheidungen zugemutet werden. Durch das differenzierte Lernangebot im Wahlpflicht-, Wahl- und Zusatzbereich können unterschiedliche Lernvoraussetzungen und Entwicklungsstände berücksichtigt werden. Das vergrößert die Planungsspielräume für die Schülerinnen und Schüler, sie werden schrittweise in die eigentätige Bewältigung und Kontrolle von Aufgabenstellungen einbezogen.
3) Individueller Arbeitsplan
Die individuelle Version ermöglicht es, ein auf die einzelne Person oder eine kleine Gruppe abgestimmtes Aufgabenpensum bereitzustellen, z.B. in Anlehnung an einen Förderplan. Dieses Instrument wird zur individuellen Förderung eingesetzt, ist aber nicht „auf die Entwicklung fachlicher Kompetenzen beschränkt, sondern (nimmt) die Gesamtentwicklung, die personale Kompetenz ebenso wie die soziale Kompetenz von Lernenden in den Blick“ (Haag/Streber 2014, 178). Damit sind Förderpläne besonders dem Passungsprinzip verpflichtet, wodurch die Lernerzentriertheit des individuellen Arbeitsplans noch zusätzlich offensichtlich wird. Die Aktivität des Heranwachsenden begrenzt sich nicht auf die Erfahrung von aktivem, selbstgestaltetem und selbstgesteuertem Lernen, sondern erstreckt sich darüber hinaus auf die „Übernahme von Bewertungs- und Handlungsverantwortung“ und die „Auseinandersetzung mit dem eigenen Lernen“ (Forum Bildung 10 2001, 34), und zwar schon in der Phase der Vorbereitung des individuellen Arbeitsplans, indem die Schülerinnen und Schüler an der Auswahl der in den Plan aufzunehmenden Aufgaben beteiligt werden.
4) Offener Arbeitsplan
Mit diesem Vorgehen wird Schülerinnen und Schülern die Gelegenheit gegeben, unter begleitender Beratung der Lehrkraft und im Austausch mit Mitschülerinnen und -schülern auf der Grundlage inhaltlicher Rahmenbedingungen eigene Arbeitspläne zu entwerfen und für die Realisierung vorzubereiten. Mit dieser Variante wird angestrebt, Lernen und Arbeiten stärker miteinander zu verknüpfen, indem den Schülerinnen und Schülern ein „(ernsthafter) Entscheidungsraum“ zugestanden wird, und zwar „auch darüber, was und wie man lernen darf“ (Fo-

rum Bildung 10 2001, 36). Schüleraktiver Unterricht ist auf dieser Stufe der Arbeitsplanentwicklung ein vollkommen »offener« Prozess, weil die Unterrichtsplanung unter Beteiligung der Betroffenen transparent erfolgt und die Heranwachsenden von Anfang an an der Planung, Realisierung und Reflexion bzw. Auswertung des Unterrichtsinhalts beteiligt werden.

Zwischen den Grundtypen sind verständlicherweise die Übergänge fließend. Genauso sind innerhalb der einzelnen Versionen verschiedene Varianten möglich. Aber das entspricht genau dem dynamischen Grundmuster schüleraktiven Unterrichts.

4.3 Kommunikation und soziale Interaktion

> „Sinnstiftendes Kommunizieren bezeichnet den Prozess, in dem die Schüler im Austausch mit ihren Lehrern dem Lehr-Lern-Prozess und seinen Ergebnissen eine persönliche Bedeutung geben. Sinnstiftungen auf Schülerseite finden immer statt. Kein Lehrer kann sie verhindern. Es fragt sich nur, welche Qualität sie haben" (Meyer 2004, 67).

Kommunikation meint im Allgemeinen die Mitteilung von Informationen, darüber hinaus betrifft sie zugleich die über Symbole ablaufendende Interaktion zwischen Menschen. „Sprache ist die spezifische Fähigkeit des Menschen, er lebt mit und in der Sprache, sie ist Teil seines Wesens, seiner Existenz" (Glöckel 1992, 50). Entsprechend haben sprachlich-kommunikative Verfahren eine Doppelfunktion beim Lernen, denn sie sind zugleich sowohl Lernziel als auch Lernmedium (Becker-Mrozek/Quasthoff 1998). Mit mündlicher Kommunikation verbinden sich in Anlehnung an Wagner (2006, 18ff) u.a. die folgenden Zielsetzungen:

- *Informationsweitergabe:* Im pädagogischen Alltag wird überwiegend mündlich informiert. Wer im Unterricht, in Konferenzen, in Gesprächen mit Lernenden und Kollegen präzise, anschaulich, zielgruppenbezogen mitteilen kann, hat davon Nutzen. Zugleich ergeben sich für die Mitmenschen Vorteile, wenn Informationen korrekt und schnell ankommen.
- *Imagepflege:* Die Fähigkeit zu guter Kommunikation (im Sinne einer niederschwelligen Akzeptanz) erhöht das Ansehen, da ein guter Kommunikator in der Lage ist, in seiner je spezifischen Umgebung situationsadäquat aufzutreten. Hierzu gehören u.a. eine angenehme Stimme, klare und verständliche Artikulation, abwechslungsreiche Betonung, verständliche und anschauliche Formulierungen, eine faire Argumentationsweise sowie eine Gesprächsführung, durch die die Kontaktaufnahme erleichtert, Probleme effektiv geklärt, Meinungen sachlich diskutiert und andere gut beraten werden können.
- *Beziehungsgestaltung:* Die Qualität von Beziehungen drückt sich in dem Stil des miteinander Sprechens aus. Ausschlaggebende Kennzeichen hierfür sind z.B. ein anregender, freundlicher, klar verständnisvoller Sprachstil.

- *Einflussnahme:* In Führungspositionen können Menschen mehr Redezeit beanspruchen. Gleichzeitig sollen sie eine überdurchschnittliche Kommunikationsfähigkeit aufweisen. Ihre Macht dokumentieren sie, indem Anweisungen geben dürfen, mehr Aufmerksamkeit erhalten und häufiger Problemgespräche führen.
- *Konfliktbewältigung:* Die unterschiedlichen Interessen von Menschen führen häufig zu Konflikten, die sehr unterschiedlich ausgetragen werden können. Durch eine angemessene Berücksichtigung von Inhalts- und Beziehungselementen können Konflikte dort bearbeitet (und gelöst) werden, wo sie entstehen.
- *Emotionsausdruck:* Ein angemessener emotionaler Ausdruck zeigt sich durch unsere gesamte mündliche Kommunikation, durch Körperhaltung, Gestik, Mimik, unsere Stimme, Artikulation sowie die Art der Formulierungen.
- *Haltung/Einstellung:* Die vom Gegenüber wahrgenommene oder vermutete Haltung beeinflusst dessen Verhalten nachhaltig.

Schulischer Unterricht verwirklicht sich in der direkten „face-to-face-Kommunikation“ (Walter 2006, 221) zwischen Lehrenden und Lernenden, angeführt durch das das sprachliche Symbolsystem, das durch die para- und nonverbale Kommunikation (u.a. Mimik, Gestik, Tonfall) in seiner Bedeutung begleitet und unterstützt wird. Die Sicherstellung der unterrichtlichen Kommunikation zur Vermittlung von Wissen und Fähigkeiten erfolgt neben der face-to-face-Kommunikation über die medial vermittelte in Form von Lehrbüchern und zunehmend multimedial. Kommunikative Prozesse sind für die unterrichtsbezogene Konzeption, Planung und Analyse bedeutsam, da Kommunikation ein Moment jeglichen Unterrichts ist. Für die Didaktik ist Kommunikation nicht nur ein wesentlicher Aspekt des Unterrichtsverlaufs, sondern stellt zugleich einen eigenen Unterrichtsgegenstand dar. Mittels Anleitung zu einer sachangemessenen Kommunikation und Kooperation sollen die Heranwachsenden als fächerübergreifendes Unterrichtsziel kommunikative Kompetenz entwickeln. Darüber hinaus fordern unterrichtliche Schwierigkeiten wie Disziplinstörungen, Konflikte, Gewalt von Lernenden die Lehrpersonen heraus, „dem unterrichtlichen Kommunikationsgeschehen Aufmerksamkeit zu schenken und fehlenden kommunikativen Kompetenzen im Unterricht entgegenzuwirken“ (Walter 2006, 224).

Thematisiert wird mündliche Kommunikation hier als „die Gesamtheit der kommunikativen Praktiken (…), in denen die Verständigung zwischen mindestens zwei Parteien durch verbale mündliche Kommunikation, körperliche Kommunikation und/oder Kommunikation auf der Grundlage visueller Wahrnehmungen und Inferenzen erfolgt“ (Fiehler 2009, 26). Im Kontext gegenseitiger Wahrnehmung erfolgt mündliche Kommunikation zeitlich sowie auf unterschiedlichen Ebenen analog. Im multimodalen Prozess wirken neben der verbalen mündlichen auch die körperliche und wahrnehmungs- sowie inferenzgestützte Kommunikation auf spezifische Art zusammen. Während die körperliche und die wahrnehmungs-/inferenzgestützte Kommunikation visuell verlaufen, erfolgt die verbale Kommunikation akustisch als ein Prozess, der zeitlich parallel verschiedene Sinnesorgane anspricht. Zugleich liegt der wesentliche Gebrauchswert mündlicher Kommunikation in der interaktiven Bewältigung des gegenwärtigen Status Quo. Maßgebliche Faktoren sind hierbei die direkte gegenseitige Einflussnahme sowie die Informationsweitergabe, wodurch mündliche Kommunikation in hohem Maße situationsbezogen und kontextsensitiv ist (ebd., 28). Folgende grundlegende Prämissen charakterisieren mündliche Kommunikation:

„- Mindestens zwei Parteien verständigen sich – zur Realisierung spezifischer Ziele und Zwecke
- in gemeinsamer Situation füreinander präsent
- in wechselseitiger sinnlicher Wahrnehmung
- parallel und gleichzeitig auf verschiedenen kommunikativen Ebenen
- in ständiger wechselseitiger Beeinflussung
- mit kurzlebigen körperlichen Hervorbringungen (lautlichen Äußerungen, Körperbewegungen)
- in zeitlicher Abfolge" (Fiehler 2009, 30)

Die Darstellung der Besonderheit und der Systematik mündlicher Kommunikation beschränkt sich nicht auf das Gesprochene. Vielmehr werden zugleich die unterschiedlichen Verständigungsebenen und ihr gemeinsames Wirken aufgenommen (s. o.). Gehören z.B. zur körperlichen Kommunikation verschiedene Körperregionen, erfolgt diese zugleich über die gesamte Körperhaltung einer Person sowie durch die räumliche Anordnung verschiedener Körper (ebd., 36f). Für die Darstellung und Erläuterung des komplexen unterrichtlichen Interaktionsgefüges wurden unterschiedliche Modelle entworfen, die sehr differenzierte Perspektiven auf Unterricht einnehmen (in Anlehnung an Richert 2006, 226):

- *Prozessorientierte Ansätze* greifen Konzepte der „impliziten Persönlichkeitstheorie" (Hofer 1986), der „naiven Verhaltenstheorie" (Wahl et al. 1983) bzw. der „Kausalattribuierung" (Jopt 1978) zur Theorieklärung auf. Unter Hinzuziehung sozialpsychologischer, kognitiver Theorien der interpersonalen Wahrnehmung wird die Interaktion thematisiert, wobei zusätzlich emotionale Aspekte wie Sympathie, Angst oder Erleben Berücksichtigung finden.
- Das in den 1970er Jahren vorherrschende, vom Behaviorismus beeinflusste *Prozess-Produkt-Paradigma* differenziert das Verhalten von Lehrenden und Lernenden zwecks Beobachtung und Zählung in einzelne, gesonderte Einheiten, um die Effekte verschiedener Lehrerroutinen auf konkret beschriebene Ausschnitte von unterrichtlichen Schülerleistungen zu testen bzw. zu erforschen.
- Vorzugsweise das Verhalten von Lehrpersonen wird durch *dimensionsanalytische Ansätze* aufgenommen und dabei zwischen verschiedenen Führungsstilen differenziert, deren Effekte auf Interaktionsprozesse und Lernergebnisse erforscht werden (vgl. Tausch/Tausch 1970).
- das Sprachgeschehen im Lehr-Lern-Prozess wird durch *Sprechakt- oder konversationsanalytische Ansätze* aufgeschlüsselt (vgl. u.a. Bellack et al. 1966; Ehlich/Rehbein 1983).

- *Soziologische Ansätze* behandeln Unterricht auf der Basis (mikro-)soziologischer Theorien (u.a. symbolischer Interaktionismus, handlungstheoretische Konzepte) als soziale Situation, konkret als sozialen Ort des Aushandelns der Bedeutungen von Routinen und Ritualen (Heinze 1976) unter Einbeziehung des engen Zusammenhangs zwischen den Unterrichtserfahrungen aller Beteiligter sowie ihren institutionell bedingten Beziehungen. Untersuchungsobjekte sind z.B. Schulangst, Funktionen von Ritualen, Taktiken von Lernenden und Lehrpersonen.

Bei der Betrachtung von Interaktionen im Unterrichtskontext ist es wichtig zu beachten, dass alle Beteiligten, also in diesem Fall Lehrpersonen sowie Schülerinnen und Schüler, zu jeder Zeit sowohl agierende als auch Handlungen wahrnehmende und darauf reagierende Personen sind. Im Allgemeinen sind Interaktionsmodelle Rückkopplung-Modelle (Feedback-Modelle), die auf unterschiedlichen Ebenen die Einflussfaktoren und Regelgrößen eines sich selbst steuernden, nach außen hin offenen Systems beschreiben (vgl. Ulich 1976). Unterricht kann daher beschrieben werden als reziprok sich beeinflussende Perzeption, Einschätzung und Kommunikation von Lehrenden und Lernenden, bei der jeweils beide Personengruppen ihr Verhalten sowohl als Reiz einsetzen als auch steigerbare Reaktionen auslösen.

Zu den wichtigsten Gesprächsformen im schulischen Kontext gehören

- alltägliche Gespräche (Gruß, Begrüßung, Begegnung, Konversation, Plauderei, Small Talk, informelle Gespräche, Unterhaltung)
- Klärungsgespräche (Aussprache, Besprechung, Diskurs, Diskussion, Erörterung, Gedankenaustausch, Konferenz, Personalversammlung, Unterredung)
- Streitgespräche (Auseinandersetzung, Debatte, Disput, Meinungsverschiedenheit, Wortgefecht, Kampfgespräch, Gezänk)
- Beratungsgespräche (informatives Problemlösungsgespräch, Moderation, Personenzentriertes Gespräch, Therapeutisches Gespräch)
- Informations- und Beurteilungsgespräche (Anweisung, Arbeitseinteilung, Bewerbungs-, Einstellungsgespräch, Prüfungsgespräch, Unterrichtsgespräch, Vernehmung) (Wagner 2006, 21).

Interaktivität ist ein konstitutives Merkmal der Kommunikation, hervorgerufen durch die simultane Präsenz eines Sprechenden und eines Hörenden im Kontext eines gemeinsamen Sprechzeit-Raums (Becker-Mrotzek 2009, 70). Im gemeinsam geteilten Wahrnehmungsraum sind z.B. die unmittelbar auf etwas in der Sprechsituation hinweisenden Formulierungen wie „ich, dort, jetzt, dieser" verständlich. Zugleich ist die gegenseitige Wahrnehmung Vorbedingung dafür, dass nicht nur Sprache, sondern auch non-verbale Mittel verwendet werden können. Sind Gespräche somit prinzipiell soziale Interaktionen, werden sie stets als Resultat aller darin Involvierter betrachtet, d.h. sowohl Sprechende als auch Hörende beeinflussen den Gesprächsverlauf (z.B. der Hörende, indem er sein Verstehen dem Sprechenden fortwährend anzeigt) (Becker-Mrotzek 2009).

Becker-Mrotzek (ebd.) charakterisiert die folgenden spezifischen Ansprüche an Gesprächskompetenz:

> „*Thematisches Wissen prozessieren*: Da jedes Gespräch ein Thema hat, müssen die Aktanten über thematisches Wissen verfügen, auf das sie aktiv zugreifen können. Bei eigenen Redebeiträgen müssen entsprechende Propositionen in actu ausgewählt und realisiert werden, d.h. linearisiert, in eine passende lexikalische und syntaktische Form gebracht und schließlich artikuliert werden. (…)
> *Identität prozessieren*: Eine fortlaufende und zugleich unhintergehbare Aufgabe der Gesprächsführung besteht in der wechselseitigen Identitätsgestaltung. Von außen fließen hier die vorgegebenen Rollen ein, die die Aktanten beispielsweise aufgrund des institutionellen Zusammenhangs innehaben und mit denen bestimmten Rechte und Pflichten verbunden sind. Diese Rollen determinieren die Identitätsgestaltung nicht, geben aber einen Rahmen vor. Es bleibt Aufgabe der Aktanten, die (Rollen-)Identität sowie weitere Personenmerkmale (Motivation, Einstellung, etc.) des anderen einzuschätzen, die u.a. Einfluss nehmen auf die Anredeform (Du, Sie) und die Gestaltungsart (witzig, neutral, freundschaftlich, formell etc.). Zum anderen wird auch das eigene Verständnis der wechselseitigen Identitätszuschreibungen dargestellt. (…)
> *Beziehung prozessieren*: Eng verbunden mit der Identitätsgestaltung ist die Gestaltung der Beziehung zum Gesprächspartner. Hierzu gehören beispielsweise der Grad der Vertrautheit, die Art der Beziehung (formell vs. informell) oder die erwartete Dauer der Beziehung (flüchtig vs. längerfristig). Ausgedrückt wird die Beziehungsgestaltung mit ähnlichen Mitteln wie die eigene Identität (Wahl der Anredeform, Gestaltungsart, gewählte Handlungsmuster, non-verbale Mittel). Ein wesentlicher Prozessaspekt besteht im Erkennen der Beziehungsgestaltung durch den Gesprächspartner und das angemessene Reagieren. (…)
> *Handlungsmuster prozessieren*: Jedes Gespräch muss in einem zeitlichen Nacheinander als Sprechhandlung sequentiell prozessiert werden. Das leisten ganz wesentlich die sogenannten Handlungsmuster, die die Handlungen der Koaktanten systematisch aufeinander beziehen. (…)
> *Unterstützungsverfahren der Verständnissicherung prozessieren* verlangt von den Aktanten unterschiedliche Teilfähigkeiten: a) Das Antizipieren von Verstehensproblemen und den vorsorglichen Einsatz Verständnis sichernder Maßnahmen, etwas größerer Detailliertheit, Wiederholungen etc. bei als schwierig eingeschätzten Inhalten, b) das Signalisieren von Verstehensproblemen durch entsprechende Zeichen (Interjektionen, non-verbale Zeichen wie Stirnrunzeln etc. = aktives Zuhören) sowie das Erkennen dieser Zeichen und c) das Reagieren auf manifest gewordene Verstehensprobleme durch Wiederholen, Reformulieren, Explizieren, Nachfragen, Metadiskurse“ (Becker-Mrotzek 2009, 75f).

Als Kernstruktur institutioneller schulischer Kommunikation ist Unterrichtskommunikation in andere, für Institutionen charakteristische Strukturen eingefügt. Neben dem Institutionscharakter der Schule ist hierbei auch die lebensweltliche Bedeutung für die in ihr Tätigen verantwortlich (Ehlich 2009). Wird die kognitive Struktur schulischer Kommunikation durch die Beteiligungsstrukturen von Lehrenden und Lernenden determiniert, sind die Lehrerinnen und Lehrer hierbei notwendigerweise zumindest anwesend, wenn auch nicht überall unmittelbar dabei. Für die Schülerinnen und Schüler wiederum erfolgt Kommunikation in der Schule durchaus nicht immer freiwillig, schließlich kann die Teilnahme aufgrund der Schulpflicht erzwungen werden und ist dann eine Zwangskommunikation. Einher mit dieser Pflichtsituation geht eine ungleiche Beteiligung der Akteure. So ist in der Regel eine Lehrkraft vertreten, gelegentlich zwei. Schulische Kommunikation ist somit durch eine asymmetrische Partizipation determiniert. Darüber hinaus können zwischen den unmittelbaren lebensweltlichen Interessen der Lernenden und den Interesse der Institution bzw. den Lehrenden als deren Repräsentanten erhebliche Gegensätze auftreten, die für die unterrichtliche Kommunikation ein beträchtliches Spannungspotential bereithalten und deren Bearbeitung wiederum die schulische Kommunikation und ihre Strukturen determiniert. Im Rahmen der vielfältigen Kommunikationsformen der Institution Schule nimmt Unterrichtskommunikation eine zentrale Position ein. In deren Kontext lenkten die Lehrerinnen und Lehrer direkt oder indirekt und tragen so zum Gelingen oder Misslingen der Hauptzielsetzungen der Institution Schule bei. Weiterhin initiieren in traditionellen Strukturen in der Regel die Lehrkräfte Kommunikationsprozesse und können deren Verläufe sowie Dauer in einem Maße bestimmen, wie dies Schülerinnen und Schüler nicht gegeben ist. In der institutionellen Kommunikation zeigt die Aktivität der Lernenden ein typisches Auf und Ab hinsichtlich einer selbst gewählten Teilnahme am Diskurs. Vor dem Hintergrund der großen Menge des potentiell zu Wissenden kann das Wissen-Wollen wiederholt in eine Krise geraten, im Kontext einer anderen Form der Weitergabe von Wissen, und zwar dem Wissen-Sollen (vgl. Redder 1984; Ehlich 2009, 337). Aus schulpädagogischer Perspektive werden der Kommunikation insbesondere folgende Funktionen zugewiesen:

„- *Gegenstandsersatz*: Sprache ersetzt den Realgegenstand, wenn dieser selbst nicht vorhanden oder anders darstellbar ist und deswegen in Erzählung, Bericht, Beschreibung, Schilderung vorgestellt wird. (…) Sprache kann mittels ihrer Wortsymbole anderwärts schon gewonnene Vorstellungen wecken und zu neuen Vorstellungskomplexen verbinden. Um das zu schaffen, muss sie anschaulich, konkret, bildhaft, lebendig sein. Häufiger und wichtiger ist die Sprache aber in ihrer gegenläufigen Funktion:
- *Mittel des Denkens*: Sprache dient der geistigen Erfassung und Bewältigung der Sachverhalte. Sie begleitet auch die Arbeit an den anderen Medien; denn ohne Sprache bleiben diese stumm, erst durch Sprache erhalten sie Sinn und Bedeutung. Sprache benennt die Erscheinungen und macht sie so erst zu wahrnehmbaren Sachverhalten. Sie dient der Objektivierung und Präzisierung, Ordnung und Verknüpfung, Deutung und Sinngebung, Abstraktion und Begriffsbildung, Fixierung und Speicherung. Sie ist das eigentliche Vehikel menschlichen Denkens und Erkennens.
- *Unterrichtsgegenstand*: Sprache selbst ist Gegenstand des Unterrichts.
- *Meta-Sprache*: Das Sprechen über Sprache, ihren Inhalt und ihre Verwendungsbedingungen in der jeweiligen Situation ist eine eigene Funktion.
- *Vorbild*: Sprache lernt man vor allem durch Hören und Sprechen im Zusammenleben. So löst auch das Sprechen des Lehrers und der Mitschüler wieder Sprechen bei den Schülern aus und beeinflusst diese. Es hat Beispielcharakter und sollte Vorbildcharakter haben. Diese Vorbildfunktion der Sprache wird nur selten bewusst erlebt, ist aber immer wirksam.

- *Ästhetische Wirkung*: Es ist nicht gleichgültig für das aktuelle Wohlbefinden wie auch für den bleibenden Ertrag, welcher Art von Sprache die Schüler tagtäglich ausgesetzt sind.
- *Verhaltenssteuerung*: Sprache dient der Verständigung über gegenseitige Verhaltenserwartungen und hat hier zumeist appellativen Charakter.
- *Mittler seelischen Erlebens*: In der Sprache drücken sich Anmutungen, Gefühle, Stimmungen aus, sie gibt Bewertungen von Sachen und Personen kund, mittels ihrer definieren sich Beziehungen zwischen Menschen, und sie löst rückwirkend Gefühle, Bewertungen, Beziehungen aus. Auch das geschieht zu einem nicht geringen Anteil auf nonverbalem Weg" (Glöckel 1992, 50).

Im Organon-Modell von Bühler (1934) sind die drei bedeutsamsten Funktionen von sprachlichen Äußerungen (im Modell „Zeichen" genannt) der Ausdruck (einer Person), die Darstellung (eines Themas) und der Appell (an eine Person/Personengruppe). Dabei können sprachliche Zeichen zugleich *Symbole* für Gegenstände und Sachverhalte, *Symptome* für den Zustand der sprechenden Person sowie *Signale* für die angesprochene Person sein.

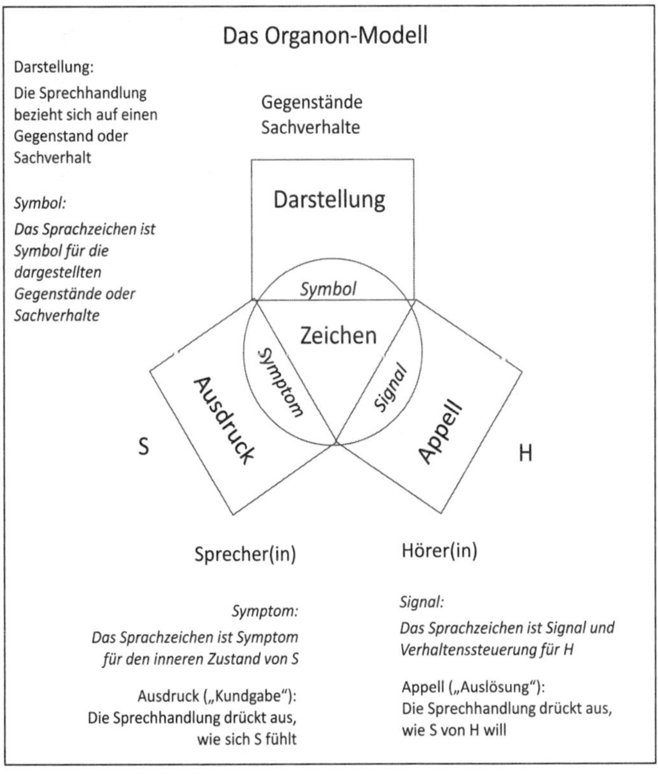

Abb. 39: Das Organon-Modell von Bühler (nach Wagner 2006, 23)

Menschen werden auch in ihren Sprechakten ununterbrochen mit verschiedensten Beeinflussungen konfrontiert, zugleich ist ihre soziale Verfasstheit das Resultat der Eingebundenheit in spezielle soziale Gruppen, deren Renommee und Einflüsse. Deutlich wir durch das Modell, wie viele verschiedene Betrachtungsweisen auf ein Gespräch oder einen Vortrag einwirken. Unterstützung kann es insbesondere in Problemsituationen leisten, sofern potentielle Störungen oder Optimierungsmöglichkeiten bekannt sind (ebd.).

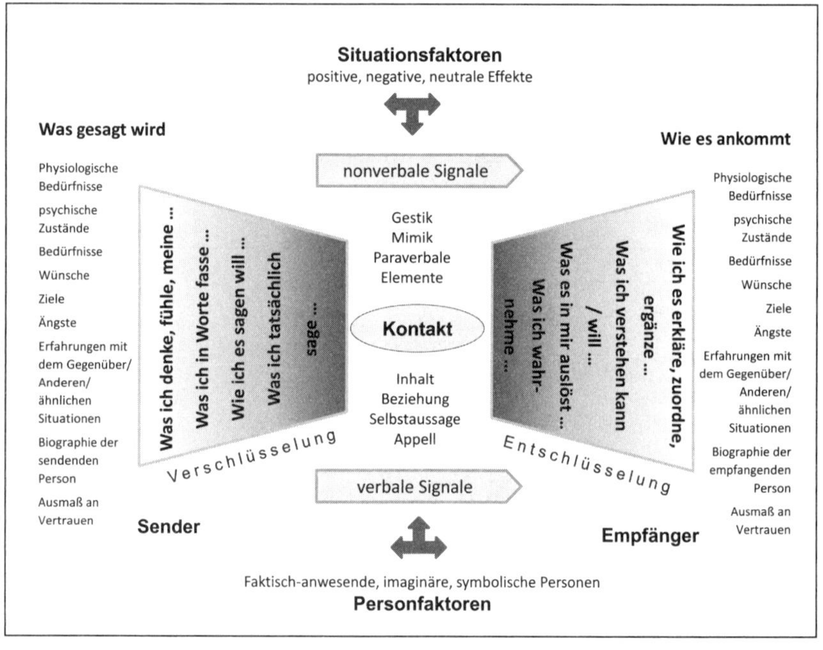

Abb. 40: Kommunikationsmodell nach Winkels (2013, 23) in Anlehnung an Heisig (2009)

Kommunikative Kompetenz bezeichnet die Modalität des Aufbaus und der Pflege von Kommunikation (z.B. Interesse am Dialog, spontane Offenheit). Ästhetische Kompetenz zeichnet sich u.a. aus durch Aussehen (z.B. Kleidung, Frisur, Schmuck), dem Klang der von einem Sprecher intonierten Sprache sowie die von diesem verbreiteten Gerüche. In seinem Modell verzichtet Wagner (ebd.) auf die höchst komplizierten, beim Sprechen und Hören die Signalverarbeitung ermöglichenden Kodierungs- und Dekodierungsprozesse zugunsten der besseren Anschaulich- und Verständlichkeit. Die wesentlichen, in einer konkreten Situation die Kommunikation beeinflussenden Faktoren wurden bereits von Geissner (1937) mit den neun Fragen des anschließenden Modells zusammengefasst.

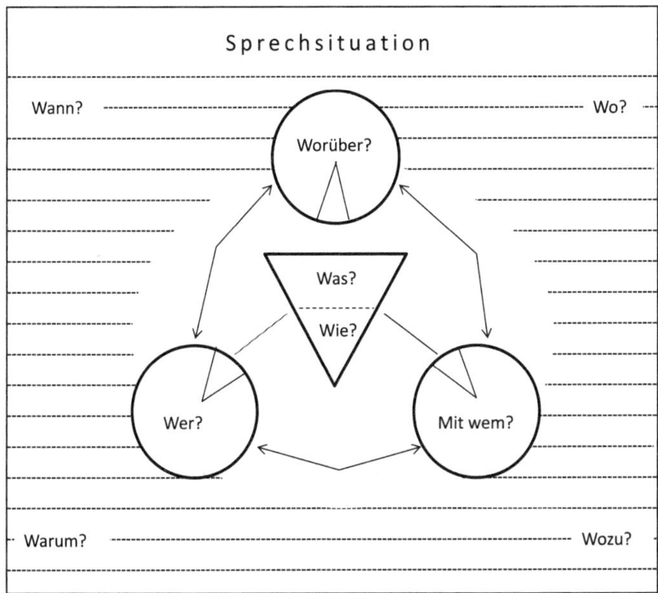

Abb. 41: Das Situationsmodell von Geissner (1973, 103; nach Wagner 2006, 24)

Die dreieckigen Kreissegmente verbildlichen die jeweilige Beteiligung von nur einem Ausschnitt des möglichen Bereichs, denn in jedem Gespräch gibt man weder alles von sich preis, noch weiß man alles vom Gesprächspartner. Auch im Hinblick auf das Thema (Worüber?) wird im Allgemeinen nur ein kleiner bekannter Teil angesprochen. Hinzu kommen nach Schulz von Thun (2010) die vier Seiten einer Aussage, und zwar Sachinhalt, Selbstoffenbarung (später Selbstaussage von ihm genannt), Appell, Beziehung sowie der „vierohrige Empfänger". Für eine gelingende Kommunikation ist darauf zu achten, dass die menschlichen Motive und Bedürfnisse nicht ignoriert werden, auf mögliche Vorurteile und Fehleinschätzungen geachtet wird und geschlechtsspezifischer Besonderheiten im öffentlichen Sprachgebrauch Berücksichtigung finden.

Im Zusammenhang mit der Kommunikation sollten darüber hinaus räumliche Aspekte nicht unterschätzt werden. So beeinflusst der Ort, an dem sich eine redende Person befindet, durchaus die Wirkung ihrer Worte, was für den Schulalltag von großer Bedeutung ist. Beispielsweise ist es für die Verständlichkeit der Worte von Vorteil, wenn die Zuhörer das Gesicht der sprechenden Person sehen und die Lippenbewegungen zur besseren Differenzierung akustisch ähnlicher Laute beobachten können. Mit zunehmender Distanz werden dann begleitende Elemente wie Intonation, Mimik und Gestik bedeutsam. Zugleich ist es z.B. sinnvoll vor größeren Gruppen stehend zu sprechen, da sich der produzierte Schall im Raum auf diese

Weise besser ausbreiten kann. Nebenbei werden hierdurch zahlreiche Verspannungen des Stimmapparates vermieden. Bei kleineren, überschaubaren Gruppen hingegen sollten Gespräche auf gleicher Augenhöhe bevorzugt werden, wodurch dem Anschein einer „abgehobenen Distanz" vorgebeugt werden kann. Auch das Maß an Zugewandtheit scheint bedeutungsvoll für eine erfolgreiche Gesprächsführung. Während ein „diametrales Gegenüberstehen" eine aggressivere Stimmung befördern kann, wird einer körperlichen Ausrichtung in einem ungefähren 60 Grad Winkel eine positive Wirkung auf den Gesprächsverlauf zugeschrieben (Wagner 2006). Die Gesprächs- und Redefähigkeit muss somit im Zusammenspiel aller Kommunikationsanteile betrachtet werden: Körperhaltung, Gestik, Mimik, Blickkontakt, Distanzverhalten, Bewegung im Raum, Körpersprache, Stimme, Stimmklang, Aussprache, Dialekt und Betonung (Allhoff 1987, 22ff). Die damit angesprochenen Teilaspekte einer guten Rhetorik sind aber nur ein Teil innerhalb einer erfolgreichen Kommunikation und Interaktion. Darüber hinaus sind Verständlichkeit, fachliche Richtigkeit, sprachliche Stringenz und weitere verbale Kriterien bedeutsam. Insbesondere im schulischen Kontext sind zusätzlich die folgenden Bedingungen sprachlicher Verständigung zu beachten:

- Rücksicht auf den Sprachstand: Die Lehrperson sollte das jeweilige Sprachverständnis der Lernenden berücksichtigen, denn dieses kann durch verschiedene Aspekte beeinträchtigt sein (z.B. durch milieubedingte Sprachdefizite, regionale Mundart, altersbedingte Verständnis- und Ausdrucksgrenzen).
- Verständlichkeit: Die professionelle Bewusstheit einer Lehrperson sollte sich stets um eine verständliche Sprache bemühen.
- Sprechtechnik und Stimmpflege: Wie oben bereits angesprochen sollte nicht nur der Inhalt verständlich didaktisch aufbereitet sein, zugleich sollte die Lehrperson sich auf Sprachtechniken verstehen.
- Beherrschung der Kulturtechniken (nach Glöckel 1992, 50f).

Ermöglicht wird auf diese Weise ein sinnstiftendes Kommunizieren (vgl. oben; Meyer 2004), das eine möglichst hohe, auf den Unterrichtsinhalt und die von der Lehrperson intendierten Lehr-Lern-Prozesse bezogene Qualität hat.

4.4 Classroom-Management

Die gegenwärtige Situation ist durchaus paradox. Während einerseits in der Unterrichtsforschung das Thema »Klassenführung« eine wichtige Rolle spielt und dementsprechend eine Reihe von empirischen Befunden vorliegt, die belegen, welch großen Einfluss diesem Faktor für das Gelingen von Unterricht zukommt, scheint andererseits in anderen Bereichen der Ausbildungs- und Berufssituation von Lehrerinnen und Lehrern das Interesse an dieser Problemstellung gering zu sein. Wie-

derum anders scheint sich die Auseinandersetzung mit der »Klassenführung« in der Praxis darzustellen. Aufgrund veränderter Lernkulturen, in denen die Lehrkraft auch als Moderator, Berater, Coach etc. auftreten soll, stellt sich die Frage, ob Führung überhaupt noch zeitgemäß ist und nicht andere Handlungssettings benötigt werden, um den Unterrichtserfolg zu sichern. Hinzu kommt, dass der Begriff der Führung vielfach negativ konnotiert ist und deshalb der Begriff »Klassenmanagement« verwendet wird, der mehr Modernität und Offenheit verspricht.
Der unterschiedliche Umgang mit der Thematik und die unterschiedliche Rezeption der Ergebnisse der empirischen Forschung zur Klassenführung lässt sich möglicherweise auch auf die Tatsache zurückführen, dass dieser Gegenstand keine eigentliche „Heimat" hat. Deshalb lässt sich Klassenführung auch keiner wissenschaftlichen Disziplin eindeutig subsumieren (vgl. Ophardt/Thiel 2008, 272), so dass letztlich eine Querschnittsaufgabe vorliegt, die in verschiedene Kompetenzbereiche hineinwirkt und vice versa aus diesen heraus konstruiert wird. Diese Gemengelage führt dann dazu, dass Klassenführung zu den „in der pädagogischen Literatur vernachlässigten Lernaufgaben" des Lehrerberufs gehört (vgl. Meyer 1997, 161) und passend dazu, sie „in Deutschland erstaunlicherweise weder in der Lehreraus- und -fortbildung noch in der aktuellen Pädagogischen Diskussion eine nennenswerte Rolle" (Meyer 1997, 78; Helmke 2003a) einnimmt. Dem steht diametral das Wissen der (internationalen) empirischen Forschung entgegen, „dass kein anderes Merkmal so eindeutig und konsistent mit dem Leistungsniveau und Leistungsfortschritt von Schulklassen verknüpft ist wie die Klassenführung" (Helmke 2010, 174). Immer wieder bestätigt sich der signifikante Einfluss der Klassenführung auf den Kompetenzzuwachs von Schülerinnen und Schülern. Vielleicht besonders eindrucksvoll zeigt sich die Wirksamkeit der Klassenführung in den Ergebnissen der sogenannten Markus-Studie (**Ma**thematik-Gesamterhebung **R**heinland-Pfalz: **K**ompetenzen, **U**nterrichtsmerkmale, **S**chulkontext). Die leistungsstärksten Klassen unterscheiden sich von leistungsschwächsten am auffälligsten in der Qualität der Klassenführung, „d.h. es besteht Klarheit über Regeln, die Lehrkraft ist jederzeit über den Geschehnissen in der Klasse im Bilde, Störungen kommen selten vor und es herrscht eine konzentrierte Arbeitsweise" (Haag/Streber 2012, 30).
Dass Klassenführung nicht nur hilft, direkt die Unterrichtsqualität zu verbessern, sondern ebenso indirekt, belegen empirische Studien zur Lehrergesundheit und im Kontext damit zum Burn-Out-Syndrom (Schaarschmidt 2009). Zudem ist diesbezüglichen Untersuchungen zu entnehmen, „dass gerade beim Thema ›Klassenführung‹ gravierende Defizite im Wissen und im Handlungsrepertoire zu verzeichnen sind. Diese Defizite zu beheben würde also nicht nur die Unterrichtsqualität verbessern, sondern auch die Lehrerinnen und Lehrer wesentlich entlasten" (Helmke 2010, 175). Internationale Forschungen können diese Ergebnisse stützen (vgl. Friedmann 2006).

Zusammengefasst kann folglich konstatiert werden: Klassenführung ist eines der einflussreichsten Faktoren zur Sicherung und Entwicklung von Unterrichtsqualität und stellt deshalb eine äußerst wichtige Lehrerkompetenz für eine professionelle Berufsausübung dar. Von daher kann es nicht überraschen, wenn in bekannten Merkmalskatalogen zum »guten« Unterricht »Klassenführung« als Kompetenzbereich genannt wird.

Helmke (2010)	Lipowsky (2007)	Meyer (2011)
• **Klassenführung**	• allgemeindidaktische Merkmale	• **klare Strukturierung (Klassenführung)**
• Klarheit und Strukturiertheit	• **effektive Klassenführung**	• hoher Anteil echter Lernzeit
• Konsolidierung, Sicherung	• klare Strukturierung	• lernförderliches Klima
• Aktivierung	• kooperatives Lernen	• inhaltliche Klarheit
• Motivierung	• Übungen und Wiederholungen	• sinnstiftendes Kommunizieren
• lernförderliches Klima	• Hausaufgaben	• Methodenvielfalt
• Schülerorientierung	• Klassenklima	• individuelles Fördern
• Kompetenzorientierung	• fachdidaktische Merkmale	• intelligentes Üben
• Umgang mit Heterogenität	• kognitive Aktivierung	• transparente Leistungserwartungen
• Angebotsvielfalt	• Fokussierung und inhaltliche Kohärenz	• vorbereitete Umgebung
	• Rückmeldungen	Anmerkung: Meyer hat Klassenführung als Teilbereich der Kategorie »klare Strukturierung« zugeordnet

Abb. 42: Merkmalskataloge zum »guten« Unterricht (Hervorhebungen nicht in Originalen)

Die Bedeutsamkeit von Klassenführung ist auch deshalb so hoch anzusetzen, weil weitere Qualitätsmerkmale unmittelbar davon abhängig sind, ob Klassenführung gelingt oder nicht bzw. auf welchem Niveau Klassenführung bewältigt wird. Dieser überragenden Aktualität und Geltung steht allerdings eine problembehaftete Ausbildungssituation und Praxis gegenüber. Zwischenzeitlich sind einige relevante wissenschaftliche Publikationen auf den Markt gelangt, sodass die früher zu konstatierende Randständigkeit der Thematik in der einschlägigen Fachliteratur nicht mehr in dem Maße wie früher vorzuliegen scheint. Ob dieser Kompetenzbereich unterdessen auch eine größere Rolle in der Lehrer(aus)bildung und -fortbildung spielt, kann nicht gesagt werden. Allerdings scheint Tatsache zu sein, dass die Praxis einerseits Klassenführung nach wie vor für ein sehr relevantes Thema und eine wichtige Aufgabe hält, andererseits es erhebliche Defizite im theoretischen Wissen und im praktischen Handeln von Lehrerinnen und Lehrern zu geben scheint. Weil Klassenführung eine »Conditio sine qua non« für guten Unterricht ist (Haag/Streber 2012, 34), kann es sich Schule eigentlich gar nicht leisten, diese Aufgabe gering zu schätzen. Die Schule wird sich deshalb stärker als bisher auf Klassenführung als ein zentrales Kriterium für eine erfolgreiche Berufstätigkeit einstellen müssen. Das bedeutet dann, sowohl Klassenführungskompetenz zu entwickeln als auch Klassenführung mit unterrichtlichen Analyse- und Planungsprozessen in Verbindung zu bringen. Lehrerinnen und Lehrer werden deshalb vor dem Problem stehen, Antworten zu finden, wie Klassenführung in einem Unterricht zu interpretieren und zu praktizieren ist, der als oberste Ziele Selbstbestimmungs-, Mitbestimmungs- und Solidaritätsfähigkeit beinhaltet. Nur so viel vorweg: „Klassenführung ist eine anspruchsvolle Aufgabe, die im Zuge eines veränderten (bzw. erweiterten – Ergänzung E.J.) Lernbegriffs einem starken Wandel unterlegen ist: Neben klarer Regelung des Unterrichts geht es auch darum, Schülerinnen und Schüler zu selbstständigem Arbeiten anzuleiten“ (Haag/Streber 2012, 18). Offensichtlich erfordert der erweiterte Lernbegriff, „der die Schule der Zukunft prägen soll, anders gestaltete Lernsituationen“ (Bildungskommission NRW 1995, 82), die sich bildungstheoretisch auf die stärkere Verbindung von Fachlichkeit und Überfachlichkeit, Wissen und Können, von Schulwissen und Alltagswissen sowie von individuellem und sozialem Lernen beziehen und die unterrichtsorganisatorisch die Rollen der Heranwachsenden und Lehrkräfte verändern werden.

Lern- und Arbeitsformen, die die wachsende Selbstständigkeit der Lernenden voraussetzen, ziehen Konsequenzen für das professionelle Selbstverständnis der Lehrerinnen und Lehrer nach sich, weil die vorrangige Aufgabe der Wissensvermittlung durch Ausübung weiterer Kompetenzen ergänzt und relativiert wird, wie beispielsweise die Moderation des Schülerlernens.

Selbstständige Formen des Lernens und Arbeitens, wie sie für den Schüleraktiven Unterricht grundlegend sind, verändern somit naheliegenderweise auch die an die Klassenführung zu stellenden Anforderungen. Davon nicht unberührt können Begriffsbestimmungen und Modelle der Klassenführung bleiben, weil es in veränderten Lernkulturen neben einem generellen Wandel der Beziehungs- und Kommunikationsstruktur zwischen den Beteiligten auch zu einem anderen Umgang mit der schulischen Bildungsaufgabe kommt. Lehrkräfte und Schülerinnen und Schüler tragen nicht nur gemeinsam Verantwortung für die Erfüllung von Curricula und individuellen Lern- und Förderplänen, sondern ebenso sollen Planungs- und Handlungsspielräume für das zunehmende Selbstmanagement der Heranwachsenden entwickelt und genutzt werden. Von daher ist die Frage bedeutungsvoll, was mit »Klassenführung« überhaupt gemeint sein kann, schon allein deshalb, weil es bezüglich der Begriffsbestimmung eklatante Differenzen zwischen wissenschaftlicher und Ratgeberliteratur zu geben scheint (vgl. Haag/Streber 2012, 18). Gestützt wird diese Einschätzung von Bohl (2010), der davon überzeugt ist, dass Klassenführung in Deutschland „trotz breiterer Definitionen in der Fachliteratur (…) häufig eng auf Aspekte der Disziplin und dem effizienten Umgang mit Unterrichtsstörungen reduziert [wird]“ (ebd., 20). Aus der damit verbundenen Kritik ist ablesbar, dass zwar eine Dimension von Klassenführung auf den Umgang mit Störungen zielt, allerdings darüber hinaus weitere Facetten letztlich den Begriff ausmachen. Um eine konkrete Vorstellung vom Zusammenhang zwischen Klassenführung und weiteren Faktoren der Unterrichtsqualität gewinnen zu können, lässt sich das folgende theoretische Rahmenmodell heranziehen:

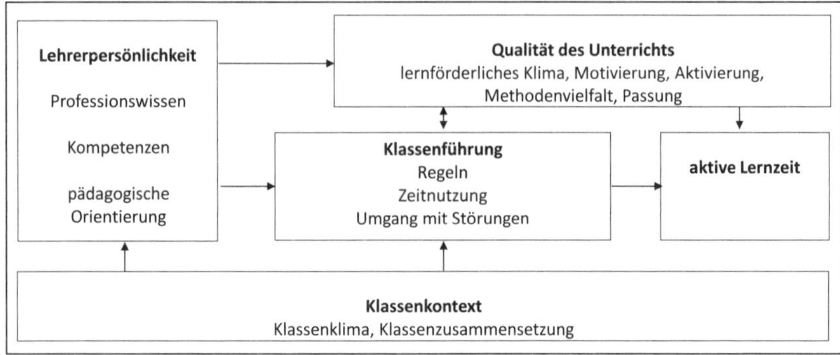

Abb. 43: Wirkungsschema der Klassenführung (Helmke 2010, 177)

Was die Klassenführung in diesem Modell betrifft, so ist leicht erkennbar, dass als deren Ziel die Lern- und Bildungswirksamkeit, d.h. die Qualität von Unterricht, im Zentrum steht. Zutreffend auf den Punkt bringt das Bohl (2010): „Es geht schlicht darum, (mit der Klassenführung – Ergänzung E.J.) die Basis für wirksame Lernprozesse zu legen“ (22). Klassenführung wird damit zu einer didaktischen Aufgabe und genau entlang an diesem Gegenstand bewegen sich auch die Definitionen, die sich unterteilen lassen, in enge und weite Auffassungen. Der wesentliche Unterschied zwischen ihnen besteht darin, dass in einem engen Verständnis der Schwerpunkt auf „disziplinarisch-regulativen“ Maßnahmen liegt (Apel 2002, 84). Dazu passt die von Ophardt/Thiel (2013) in die Diskussion eingebrachte Position, die in Anlehnung an den amerikanischen Unterrichtsforscher Walter Doyle (1986) entstanden ist und derzufolge Klassenführung „auf die Herstellung und Aufrechterhaltung der *sozialen Ordnung* im sozialen System gerichtet [ist]“ (ebd., 46). In diesem Kontext wird effiziente Klassenführung ausschließlich aus der Subjekt-Objekt-Perspektive betrachtet: Die Lehrkraft handelt, die Schülerinnen und Schüler führen aus. „Ordnung bedeutet, dass die Schülerinnen und Schüler *dem von der Lehrkraft definierten Handlungsprogramm* folgen“ (Ophardt/Thiel 2013, 52; Hervorhebungen E.J.). Was genau darunter zu verstehen ist, das wird in drei Anforderungsbereichen weiter konkretisiert:

> *„Einführung von Regeln und Einübung von Verhalten*
> - Einführung von allgemeinen Normen, Schul- und Klassenregeln
> - Gezielter Aufbau von Modifikation und Verhalten
> - Einübung von Interaktionsskripten (Prozeduren und Rituale)
> - Einrichtung einer Lernumgebung
>
> *Steuerung des Unterrichtsflusses*
> - Aktivierung von eingeübten Interaktionsskripten
> - Steuerung der Aufmerksamkeit durch Signale
> - Steuerung des Verhaltens durch Lob und Zurechtweisungen

Bearbeitung von Konflikten in der Schulklasse
- Metakommunikation im Unterricht
- Konfliktgespräch außerhalb des Unterrichts
- Überweisung der Schülerin/des Schülers an andere Professionelle" (Ophardt/Thiel 2013, 52)

In die gleiche Richtung gehen Definitionen von Beck et al. (2008), Weinert (1998), Weinert/Helmke (1996). Beispielsweise definiert Helmke schon 1992 aus der Sicht der Pädagogischen Psychologie Klassenführung, indem er sich auf die folgenden drei Aspekte bezieht:

Enges Klassenführungsverständnis

„1. ‚Störungsarmut des Unterrichts', fassbar über die Anzahl der Lehrereingriffe zur Sicherung der Disziplin während des Unterrichts,
2. ‚Effizienz des Regelsystems in der Klasse', festgesetzt als Wirksamkeit der Regeln für das Schülerverhalten und
3. ‚Management von Disziplinstörungen', operationalisierbar als Umgang der Lehrer mit Störungen im Unterricht" (zit. nach Apel 2002, 84).

Die Analogie dieser Definition mit den drei zuvor dargestellten Anforderungsbereichen zur Klassenführung von Ophardt/Thiel ist unübersehbar. Genauso offenkundig zeigt sich, dass Helmke in das „Wirkungsgeflecht der Klassenführung" (vgl. Abb. 35) seinen einst geprägten Begriff nahezu unverändert aufgreift und lediglich in der Weise präzisiert, dass die regulativen Lenkungsmaßnahmen vorrangig der Lernzeitnutzung dienen sollen. Aus dieser Perspektive wird die Wirksamkeit der Klassenführung im Zusammenhang »guten« Unterrichts hauptsächlich auf die Entwicklung und Aufrechterhaltung von „Ordnungs- und Kommunikationsstrukturen" fokussiert (vgl. Schönbächler 2008, 210), deren Einhaltung die Lehrkraft sichert. Damit werden einerseits wichtige Komponenten der Klassenführung angesprochen, doch andererseits unterschlägt diese Akzentuierung ebenso wichtige Bereiche. Deshalb verkörpern aus schulpädagogischer Sicht solche Definitionen ein enges Verständnis, „aus dem die Breite methodischen Handelns ausgeklammert ist" (Apel 2002, 84). Darum wird hier dem Vorschlag gefolgt, „Klassenführung als didaktische Führung so zu thematisieren, dass sie sowohl disziplinierend-regulative als auch unterrichtende Maßnahmen umfasst" (ebd.). Der Vorteil dieses Ansatzes besteht darin, Klassenführung in der Weise mehrdimensional zu verstehen, als Lehrersteuerung mit der Erweiterung und Wahrnehmung von Handlungsspielräumen durch die Schülerinnen und Schüler zu verbinden. Die zentrale Klammer bildet die „partizipative Interaktion", durch die die „Führung" zur Selbstständigkeit zum Ausdruck gebracht wird (vgl. Meyer 2008, 88).
Das Verhältnis Klassenführung, Unterrichtsgestaltung und Schüleraktivierung „spielt in der schulischen Sozialisation unter der Perspektive der Partizipation" eine wichtige Rolle (vgl. Apel 2002, 8). Vor diesem Hintergrund ist es ein zentrales Ziel

der Klassenführung, den bildungstheoretischen Ansprüchen an Mit- und Selbstbestimmung angemessen Rechnung zu tragen. Das kommt dann auch im Zuschnitt der Klassenführung von Apel (2002) wie folgt zum Ausdruck:

„– Ordnung als Halt bietender Rahmen eines gemeinsamen Lernens,
– Freiräume der Mitbestimmung (und Selbstbestimmung – Ergänzung E.J.)
– problemorientierte Lernangebote im Klassenunterricht und
– medienbasierte Lernangebote für offenere Lehr-Lern-Situationen" (Apel 2009, 174).

Die weite Sichtweise auf die Klassenführung schließt an dem erweiterten Lernbegriff des gemäßigten Konstruktivismus an (vgl. Weinert 2001, 81; Mandl 2010, 23) und lässt sich uneingeschränkt auf schüleraktive Unterrichtsformate anwenden.

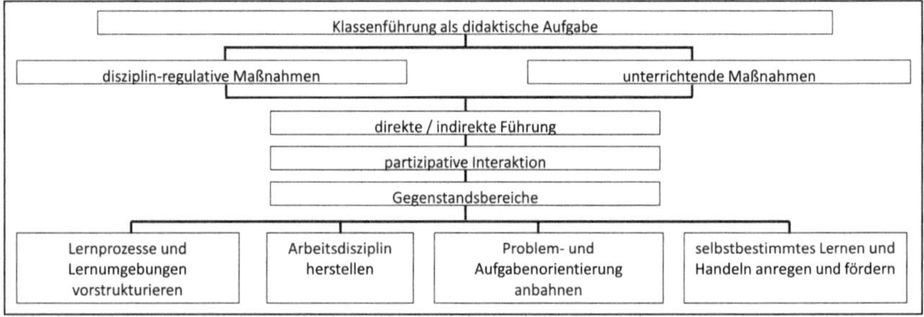

Abb. 44: Weites Klassenführungsverständnis

Indem Klassenführung als *didaktische Aufgabe* wahrgenommen wird, gelingt die interdepente Verzahnung von disziplinierend-regulativen und unterrichtenden Maßnahmen, d.h. auch von instruktiven und konstruktiven Lehr- und Lernsituationen. Allerdings anders als in frontalen bzw. instruktionalen Unterweisungsmustern gründet Klassenführung im schüleraktiven Unterricht auf Macht- und Verantwortungsteilung, d.h. auf zunehmendem Selbstmanagement der Schülerinnen und Schüler. Dazu müssen sie allerdings durch die Lehrkraft wirksam unterstützt, d.h. „geführt" werden. Aufgrund der Bedeutsamkeit der partizipativen Interaktion im weiten Klassenführungsverständnis, kommt der »indirekten« Führung eine vorrangige Rolle zu. Während „die direkte Führung durch Anregen, Anleiten, Verpflichten und Kontrollieren in einem lehrergesteuerten Unterricht" dominiert, ist die „indirekte Führung durch Organisation, Begleitung, und Lernhilfen bei der Erarbeitung eines Sachverhalts oder bei der Ausführung einer Aufgabe" die Methode der Wahl in einem schülerzentrierten Unterricht (vgl. Apel 2002, 87). Wie das differenziert auf Anforderungsbereiche der Klassenführung übertragen werden kann, zeigt der Katalog von Ophardt/Thiel (2013).

Anforderungsbereiche der Klassenführung (weites Verständnis):

„• indem die Lehrkraft Normen und Regeln für schülerzentriertes Lernen explizit einführt,
- indem sie entsprechende Verhaltensweisen und Kompetenzen (Selbstbeobachtung, Selbstinstruktion, Selbstbewertung und Selbstmotivierung) aufbaut,
- indem sie die Lernumgebung für dieses spezifische Setting lerndienlich einrichtet;
- indem sie ein geeignetes Handlungsprogramm plant und entsprechende Aufgaben entwickelt,
- indem sie Kooperationsskripts einführt, die den Lernprozess strukturieren,
- indem sie Rollen festlegt, die eine arbeitsteilige Übernahme der komplexen Steuerungsfunktion ermöglichen,
- indem sie bei Schwierigkeiten in der Rolle des Tutors oder Mentors externe Unterstützung bereitstellt,
- indem sie spezifische Bewertungs- und Beurteilungsverfahren nutzt“ (Ophardt/Thiel 2013, 113).

Zwar – und auch das wird sofort erkennbar – ist das Spektrum der aufgezählten Führungsmaßnahmen »schülerzentriert« ausgelegt, d.h. auf die Aktivierung des Schülerverhaltens gerichtet, aber trotzdem fehlen noch die echten Beteiligungsmöglichkeiten für die Schülerinnen und Schüler. Schüleraktiver Unterricht fordert geradezu die Mit- und Selbstbestimmung in Planungs-, Durchführungs- und Auswertungsprozessen von Unterricht. Davon einmal abgesehen, dass beispielsweise Verhaltens- und Arbeitsnormen wie ebenso Verhaltens- und Arbeitsregeln sehr viel besser befolgt werden, wenn die Schülerinnen und Schüler an deren Zustandekommen beteiligt werden, können Demokratiekompetenz und Mündigkeit nur erreicht werden, wenn in der Schule das »Arbeitsbündnis« (vgl. Meyer 2004, 130ff) zwischen den Kindern bzw. Jugendlichen und den Lehrkräften die Möglichkeit eröffnet, den Anspruch der Schülerinnen und Schüler auf Mitwirkung und Mitverantwortung konsequent zu verwirklichen. Bezogen auf das oben genannte Spektrum hieße das, Schulerinnen und Schüler u.a. konstruktiv in die Führungsmaßnahmen einzubinden, und zwar indem *Normen* und *Regeln* gemeinsam eingeführt, die *Lernumgebung* zusammen mit den Heranwachsenden eingerichtet oder diese in die Planung und Entwicklung eines *geeigneten Handlungsprogramms* einbezogen werden.

Zusammenfassend kann festgestellt werden: Klassenführung ist im schüleraktiven Unterricht ein zentraler Wirkfaktor. Doch aufgrund der bildungstheoretischen Leitziele von Selbst-, Mitbestimmungs- und Solidaritätsfähigkeit werden mit der Führungsaufgabe andere Schwerpunkte gesetzt als in lehrergesteuerten frontalen Unterweisungsmustern. Vor allem die Wahrnehmung des Kindes bzw. Jugendlichen als Subjekt des eigenen Lernprozesses ist nicht zu trennen von bildungstheoretisch legitimierten Ansprüchen der Mit- und Selbstbestimmung, d.h. der Partizipation an Planungs-, Entscheidungs-, Vollzugs- und Auswertungsprozessen im Kontext von Unterricht: d.h. in notwendiger Konsequenz auch die Beteiligung an der Klassenführungsaufgabe.

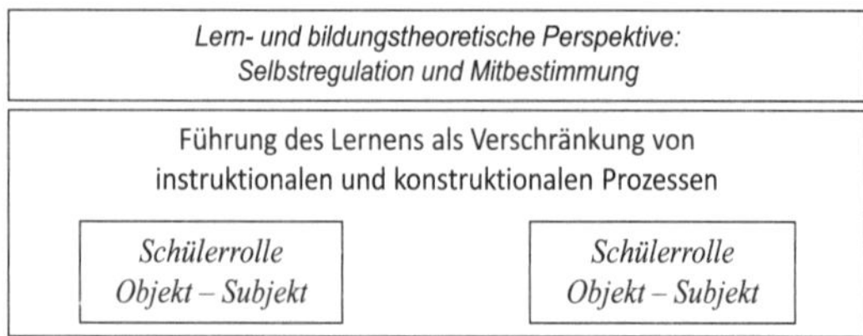

Abb. 45: Klassenführung in einer »schüleraktiven« Lernkultur

Damit verharrt die Lehrkraft nicht nur in der Rolle des Lehrenden, sondern findet sich zeitweilig, je nach Arbeitssituation, auch in der Rolle des Lernenden wieder. Wie eine Weiterentwicklung von einer engen zu einer weiten, auf schüleraktiven Unterricht zugeschnittene Klassenführung aussehen kann und welche Schwerpunkte dabei zu setzen sind, das lässt sich der nachfolgenden Systematik entnehmen: Die Entwicklung führt

„• *vom Management als einem Bündel von Tricks zu einem Management sinnvoller Entscheidungsprozesse:*
  Hier bedarf es im Unterricht einer ständigen Reflexion und Zusammenarbeit.
- *von Gehorsam zur Selbstregulation*:
  Schüler lernen, Verantwortung für ihr Verhalten, ihre Entscheidungen, ihr Handeln und Lernen zu übernehmen.
- *von Lehreranweisungen zu Vertrauen und Fürsorge*:
  Über Strategien, die Kommunikation und Selbstorganisation zu ermöglichen und zu verbessern, haben die Lehrer Möglichkeiten, das Klassenklima positiv zu beeinflussen.
- *von arbeitsorientierten zu lernorientierten Klassenzimmern*:
  Anstelle routinemäßiger Abläufe, wie Fakten lernen, auf Fragen eindeutige Antworten geben und klare Aufgabenstellungen erfüllen, sollen Schülerinnen und Schüler selbst Fragen stellen, Antworten herausfordern, miteinander und voneinander lernen“ (Weinstein 1999, 154, zit. nach Haag/Streber 2012, 91).

4.5 Theorie des Negativen Wissens und Fehlerbearbeitungsdidaktik

Fehlerkultur und »guter« Unterricht sind als Zusammenhang zu betrachten. Der Umgang mit dem »Fehler« ist ein zentrales Qualitätsmerkmal von Unterricht (vgl. Helmke 2010, 77). Dabei geht es nicht darum, den Fehler entweder zu „loben“ oder zu „verteufeln“, sondern aus Fehlern in Abhängigkeit von der Lern- und Arbeitssituation zu lernen. Das kennzeichnet dann auch den schüleraktiven Unterricht, in dem vor allem Raum und Zeit vorhanden ist, mit dem Fehler konstruktiv umzugehen. Daran wird ersichtlich, dass der Umgang mit Fehlern auch davon abhängig ist, wie Unterricht gestaltet wird, d.h. welche Unterrichtskultur mit welchen Unterrichtsarrangements vorliegt. Oser/Spychiger (2006), die sich intensiv mit Fragen und dem Wert der Fehlerkultur auseinandergesetzt haben, gehen auf diese Verflechtung ein, wenn sie das Paradigma der »Fehlervermeidungsdidaktik« dem der »Fehlerermutigungsdidaktik« gegenüberstellen (vgl. Abb. 46).

Unterrichtliche Parameter	**Fehlervermeidungsdidaktik**	**Fehlerermutigungsdidaktik**
Unterrichtsformen	Frontalunterricht, Einzelarbeit	Klassengespräch, Partnerarbeit, Einzelarbeit, Gruppenarbeit
die Lehrperson	ist aktiv, steht im Zentrum, führt Monologe	regt Dialoge an, unterstützt Schüleräußerungen
die Lernenden	sind passiv, reagieren auf Lehrperson	sind aktiv, im Zentrum, interagieren
der Lernstoff	ist in kleinste Schritte aufgegliedert, Lernziele und Lernschritte sind durch die Lehrperson und den Lehr-Lern-Plan vorgegeben (Rigidität)	ist in größere Einheiten gefasst, Lernziele sind für die Lernenden, transparent; Lernschritte werden von Lehrperson und einzelnen Lernenden entworfen und überdacht (Flexibilität)
die Frage im Unterricht	die Lehrperson fragt die Lernenden (stellt W-Fragen, Kontrollfragen, unechte Fragen, Ketten-Fragen)	die Lernenden stellen eigene Fragen, Fragen an Mitlernende und die Lehrperson; Lehrperson stellt echte Fragen
Antworten	die Lernenden geben kurze Antworten, falsche A. werden oft übergangen oder selber korrigiert, Lehrperson bewertet S-Antworten	Lernende geben längere Antworten, beantworten auch Fragen von Mitschülern und Mitschülerinnen, Lehrpersonen beantwortet S-Fragen
Rückmeldung	Lehrperson bewertet Fehler negativ oder ignoriert falsche Antworten; Fixierung auf richtige Lösungen; Lernende vermeiden Fehler; Wissen-Können (Einweg-Lernprozess)	Fehler sind nicht tabuisiert, werden genannt, besprochen, ausgewertet; Ermunterung der Lernenden zu anderen, neuen, besseren Lösungswegen durch Dialog; Wissen-Können (Mehrweg-Lernprozess), auch die Lernenden geben Rückmeldungen, sprechen miteinander
Bewertung des Lernprozesses	ist lehrerzentriert, Lehrperson begleitet, kommentiert, bewertet Lernprozess der Schüler/innen, Lernende sind einseitig in der Rolle der Empfänger	Lernende und Lehrperson nehmen Stellung zu Leistung der Lernenden, sagen eigene Meinung, Lernende sind selbstkritisch, offen, bewerten eigene Lernprozesse mit Unterstützung der Lehrperson
Zeit	Lehrperson erwartet schnelle Reaktion der Lernenden, lässt Zeitdruck entstehen	Lernende haben genügend Zeit zum Denken und Formulieren
Klassenklima	ist gezeichnet durch die Aktivität der Lehrperson, es herrschen Ruhe und Disziplin, die Schüler/innen wirken phasenweise gelangweilt oder aber angespannt. Die Lehrperson steht im Mittelpunkt. Schüler/innen sind in der passiven Rolle	ist angeregt, aber entspannt, Disziplin ist vorhanden, Lehrperson ebenso wie Lernende sind aktiv und stehen im Austausch

Abb. 46: Fehlervermeidungsdidaktik versus Fehlerermutigungsdidaktik (Oser/Spychiger 2005, 166)

Danach ist der schüleraktive Unterricht dafür prädestiniert, eine Fehlerermutigungsdidaktik zu praktizieren. Andersherum: Die „Fehlerfreundlichkeit" ist ein Indikator schüleraktiven Unterrichts.
Doch solche Begriffe wie „Ermutigung" und „Freundlichkeit" können im Zusammenhang mit der Produktion und der Bearbeitung von Fehlern durchaus irreführend sein. Deshalb sind einige Differenzierungen vorzunehmen. Vor allem ist es notwendig zu verstehen, was die lern- und verhaltenspsychologische Grundlage einer Fehlerkultur ist, nämlich die Erfahrung, warum etwas falsch ist. Fehler als Lernchance nutzen zu können, schließt das Sich-Erinnern an Fehler ein, „um diese nicht ein zweites Mal machen zu müssen. Das angehäufte Fehlerwissen eines Menschen aber bezeichnen wir, ..., als Negatives Wissen" (Oser 2008, 100). Die Kernaussage der Theorie des Negativen Wissens ist diese: „Wissen, was eine Sache nicht ist" (Oser/Spychiger 2005, 11). Oder umgekehrt wäre demnach das Wissen, was eine Sache ist, als Positives Wissen zu bezeichnen, woraus zu schließen ist, dass „die Erkenntnis von jedem Begriff und jedem Konzept, die im Lernprozesse erworben werden, genau dieses Negative Wissen als Konstituente mit einbeziehen" (ebd.). Wenn man verstehen will, was etwas ist, es aber noch nicht weiß, hilft es weiter zu wissen, was etwas nicht ist. Begrifflich bezieht sich das Negative Wissen auf vier Kernfragen (vgl. Abb. 47):

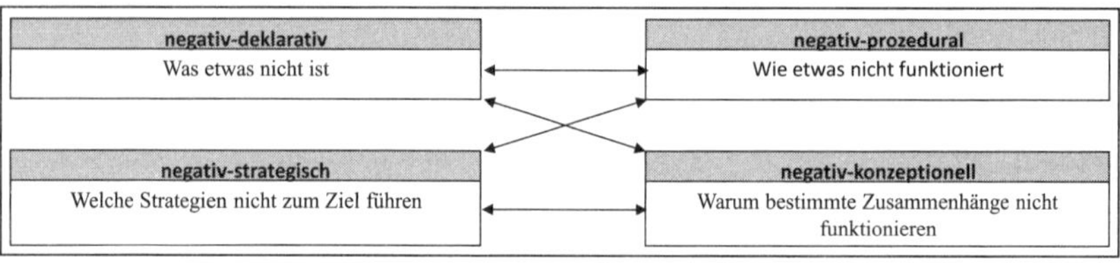

Abb. 47: Grundaussagen zum Aufbau Negativen Wissens (in Anlehnung an Oser/Spychiger 2005, 12)

Gemäß der Theorie des Negativen Wissens ist der Fehler der Schlüssel, um das Falsche zu erkennen und das Richtige zu lernen. So gesehen sind Fehler „das beste Mittel, um Negatives Wissen aufzubauen, weil ihre Bewusstwerdung immer gleichzeitig ein Bedürfnis oder einen normativen Ruf nach dem Richtigen impliziert" (ebd.). Fehlerkultur und die darin eingebundene Aufgabe zur Entwicklung Negativen Wissens haben nichts gemeinsam mit einer Huldigung oder Mystifizierung des Fehlers. Selbst der »beste« Fehler bleibt ein Fehler. »Fehlerermutigung« sollte deshalb nicht falsch verstanden werden als Aufforderung, »künstlich« Fehler zu machen. Fehler gibt es stets zu genüge, schließlich sind sie eine selbstverständliche Begleiterscheinung des Lernens (vgl. Helmke 2010, 223).
„Wenn wir von Fehlerkultur sprechen", stellt deshalb Oser (2008) klar, „so meinen wir genau den positiven Umgang mit diesen ‚ärgerlichen', immer schon auftretenden Irrtümern und allem Lernen inhärenten Irrwegen, falschen Annahmen, eben Fehlern, die dieses Lernen überhaupt erst notwendig" machen (ebd., 100).

„Fehleroffenheit“ und „Fehlerfreundlichkeit“ sind demnach ausschließlich pädagogisch-didaktisch zu interpretieren.

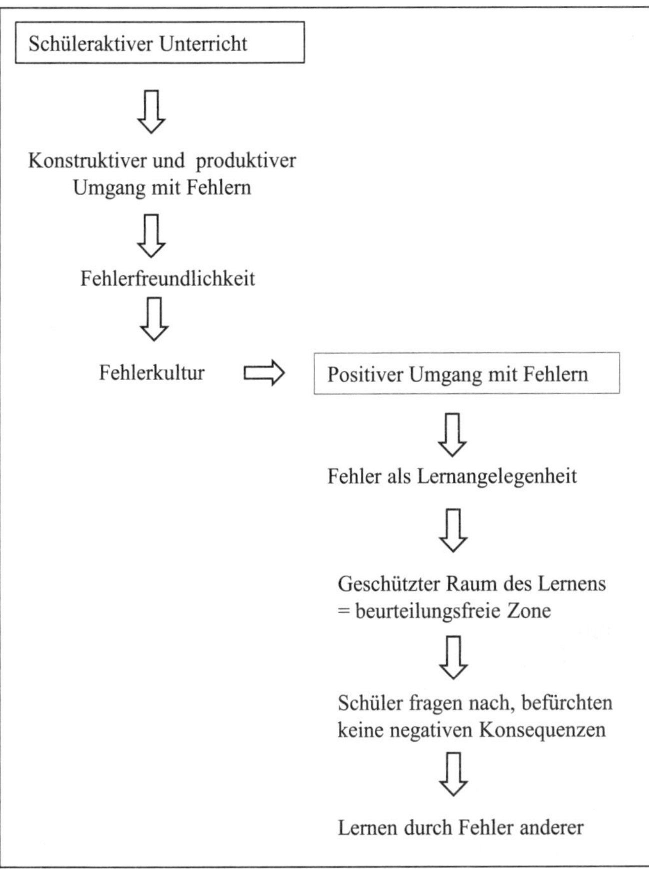

Abb. 48: Implikationszusammenhang der Fehlerkultur

Mit dem Terminus »Fehlerermutigungsdidaktik« verbindet sich die Überzeugung, dass Fehler, wenn sie denn auftreten, nicht unterschlagen oder übergangen, sondern als Lerngelegenheit genutzt werden sollten. Die Ermutigung bezieht sich auf die Identifizierung und den produktiven Umgang mit Fehlern.

Lernsituationen im schüleraktiven Unterricht sind vermutlich nicht mehr oder weniger „fehlerbehaftet“ als Lernsituationen in anderen Unterrichtsarrangements und Organisationsformen. Doch das zunehmende Selbstmanagement der Schülerinnen

und Schüler in aktivierenden Lern- und Arbeitsprozessen wirkt sich auch prägend auf das Verhalten gegenüber dem Fehler aus. Weil einerseits der eigenverantwortlich zu sichernde Lernerfolg und Kompetenzaufbau durch Fehler erschwert oder blockiert wird, andererseits sich Lernsituationen generell, jedoch selbstgesteuert umso mehr, im Gegensatz zu Prüfungssituationen, „durch ihre Offenheit, ihren Probiercharakter, die Suche nach Neuem und den Umgang mit noch nicht ganz Verstandenem" auszeichnen (Helmke 2010, 223), wird der Lernende offensiv auf das Auftreten von Fehlern reagieren (müssen), weil das Übergehen des Fehlers ihm schaden wird. Schon allein deshalb, weil er auf dem Weg zur richtigen Lösung der gestellten Aufgabe nicht vorankommt. Allerdings ist anders als in frontalen Unterweisungsmustern ein Adressatenwechsel gar nicht möglich, „womit das Verhalten einer Lehrperson bezeichnet ist, die eine Interaktion mit einer Schülerin oder einem Schüler abbricht, um sie mit einem anderen weiterzuführen oder neu zu inszenieren" (Oser/Spychiger 2006, 161). Damit entfällt auch zugleich das (falsche) Argument, durch das Überspringen des Schülers oder der Schülerin mit der falschen Antwort den Unterrichtsfluss in Gang halten zu wollen.
Wenn sich durch Überspringen falscher Antworten Lernchancen verflüchtigen, dann gleicht das dem bekannten Phänomen des »Bermuda-Dreiecks«.

> „Bermuda-Dreiecke ereignen sich meistens im Frontalunterricht. Typischerweise stellt die Lehrperson eine Frage oder ein Problem, erwartet eine Schülerantwort, ruft auf. Die Antwort oder Lösungsvorschlag (…) ist nun aber falsch oder lückenhaft, worauf die Lehrperson einen neuen Schüler oder neue Schülerin aufruft" (Oser/Spychiger 2006, 161).

Weil alle Formen schüleraktiven Unterrichts dem Zweck dienen, die Übernahme von Verantwortung für das eigene Lernen schrittweise zu entwickeln und sie „vielfältige Möglichkeiten explorativer Tätigkeiten enthalten" sollten (Bildungskommission NRW 1995, 93), gehört es zur selbstständigen zielorientierten Bearbeitung von Problemen und Aufgabenstellungen, *Fehler als individuelle Zugänge zum Verstehen der eigenen Lern(um)wege und -schwierigkeiten aufzugreifen und zu bearbeiten.*
Analog zur Erziehung zum Fragen setzt eine Erziehung des Sich-Einlassens auf Fehler voraus, dass Lehrkräfte „durch geduldige individuelle Begleitung Vertrauen in die eigene Fähigkeit des Lernens (vermitteln)" (Bildungskommission NRW 1995, 89). Allerdings setzt das für die Schülerinnen und Schüler voraus, Fehler ohne negative Konsequenzen für sich befürchten zu müssen, offenlegen zu können. Das geschieht, indem Lernen in einem „geschützten Raum" erfolgt und Schülerinnen und Schüler das Gefühl vermittelt bekommen, dass sie in ihrer Eigenschaft und Kompetenz als „fehlermachende" und „fehlerreparierende" Subjekte respektiert werden. „Ansonsten können Gefühle der Unsicherheit, der Angst oder (weitere) Stresssymptome ausgelöst werden. Sie müssen darauf vertrauen können, dass in Lernkontexten verursachte Fehler sich in keiner Leistungsbeurteilung niederschlagen. Sozusagen notenmäßig tabu sind" (Jürgens 2003, 7). So interpretieren übrigens auch Schülerinnen und Schüler selbst *»Lern«*-situationen, die sich in deren Wahrnehmung

> „durch ihre Offenheit, ihren Probiercharakter, die Suche nach Neuem und den Umgang mit noch nicht Verstandenem aus(zeichnen). Fehler und ihre erlebte Überwindung durch das Entdecken des Richtigen, Besseren und Angemessenen sind subjektiv erlebte Indikatoren des individuellen Lernfortschritts. Der Lernende nimmt sich selbst als Ursache eines vertieften Verstehens, einer verbesserten Einsicht, eines souveränen Könnens wahr – mit allen den positiven motivationalen Folgen, wie sie von De Charms (1968), Bandura (1997) und Csikszentmihalyi (1975) beschrieben wurden" (Helmke 2010, 223).

Diese „fehlerbejahende" Einstellung ist im schüleraktiven Unterricht gut entwickelbar, weil „z.B. flexible organisatorische und zeitliche Strukturen, ... sowie Materialien und Medien, die individuelles Lernen sowie Lernen in der Gruppe nicht nur zulassen, sondern fördern" (Forum Bildung 10 2001, 40) dazu führen, sowohl einerseits Zeit für die Fehlerbearbeitung zu haben, statt aufgrund eines vermeintlich verspürten Zeitdrucks, Fehler zu übergehen, als auch andererseits sichtbar zwischen Lern- und Prüfungssituationen unterscheiden zu können. „Fehler sind in diesen situativen Bedingungen (Prüfungssituationen – E.J.) sichtbare Indikatoren des persönlichen Misserfolgs ..." (Helmke 2010, 223) und werden sowohl von Lernenden als auch Lehrenden anders wahrgenommen und bewertet. Sie sind als Teil einer Leistungsstichprobe erst nach Abschluss des Begutachtungs- und Bewertungsverfahrens korrigierbar und haben im Allgemeinen Konsequenzen für den individuellen Schulerfolg.
Da zudem der schüleraktive Unterricht „viele Anstöße und Gelegenheiten dafür bietet, dass junge Menschen positive Erfahrungen demokratischen und sozialen Verhaltens gewinnen können" (Bildungskommission NRW 1995, 84), u.a. durch vermehrte Partner- und Gruppenarbeit, werden gleichfalls Lernchancen geboten zur Entwicklung eines Advokatorischen Negativen Wissens (vgl. Oser 2008, 104). Dabei handelt es sich um ein „Lernen der Fehler von anderen" (ebd.). Als schulisch bedeutsam wird der Aufbau »Advokatorischen Fehlerlernens« „in Zusammenhang mit dem Aufbau eines gemeinsamen Regelsystems (shared norms)" (ebd.) betrachtet. Advokatorisches Negatives Wissen sichert damit nicht zuletzt den sozialen Zusammenhalt und den (selbst-)disziplinierenden Ordnungsrahmen einer Lerngruppe.

4.6 Pädagogische Diagnostik

Schüleraktiver Unterricht erzeugt eine veränderte bzw. »neue« Lernkultur. Oder anders gesagt: Schüleraktiver Unterricht ist Ausdruck der »neuen« Lernkultur (vgl. Bohl 2004; Jürgens 2008; Arnold/Schüßler 1998; Singer 2009; Scheunpflug 2008). Mit der Bezeichnung »neuer« oder »veränderter« Lernkultur soll sichtbar gemacht werden, dass das Lernen (und damit gleichfalls das Lehren) in der Schule anders als bisher in den Blick genommen wird. Genauer genommen zeichnet sich alles das, was unter einer »neuen« Lernkultur verstanden werden kann, durch „die Suche nach einer Neudefinition des Verhältnisses von Lehren und Lernen“ aus (Winter 2004, 4). Doch weil dieses Verhältnis einer einschneidenden, d.h. paradigmatischen Wandlung unterworfen ist, hat das weitergehende Folgen für das gesamte Umfeld, in dem sich das Lehren und Lernen als Relation konstituiert. Das arbeitet Weinert (1997) sehr genau heraus, wenn er davon spricht, dass die „am pädagogischen Horizont sich abzeichnende neue Lernkultur (...) in strengem Sinne des Wortes ein neues Unterrichtsparadigma darstellt, in dem die Schüler und Mitschüler, die Lehrer und das Lehrerkollegium, die Lehrziele und die Lehrinhalte, (...) und die zwischenmenschlichen Beziehungen sich als Komponenten eines komplexen Systems verändern“ (ebd., 23). Die sich in einer Lernkultur abzeichnende systemische Sicht auf das Lernen (vgl. Arnold/Schüßler 1988, 10) rückt die „Ermöglichungsstruktur von Lernen in den Blick und trägt den komplexen Wechselwirkungsprozessen im Lehr-Lern-Prozess stärker Rechnung ...“ (ebd.). Aufgrund dessen, dass für schüleraktiven Unterricht die „subjektorientierte Konzeptualisierung von Lernprozessen“ (ebd., 126) entscheidend ist und somit die Lernenden einen „stärkeren inhaltlichen und methodischen Einfluss auf ihren Lernprozess, auf Planung und Akzentsetzung der Lernarbeiten, auf Nutzung von Materialien und auf das angestrebte Produkt und die Lernzeit“ haben (Forum Bildung 10 2001, 10), setzt eine »neue« Lern- und Lehrkultur einen entsprechenden Wandel der Pädagogischen Diagnostik voraus. Die Individualisierung der Lernprozesse und die Bereitstellung differenzierter Lernangebote machen die konsequente Berücksichtigung unterschiedlicher Lernvoraussetzungen, Lernhaltungen und Vorwissensständen nötig, was nicht ohne Auswirkungen auf Prozesse und Handlungsfelder einer fördernden Bewertungs- und Rückmeldekultur bleiben kann.

Wenn ebenfalls in diesem Kontext der Begriff der »Kultur« verwendet wird, dann soll damit die systemische Verbindung zwischen Lernen, Leisten, Bewerten, Rückmelden und Beraten erfasst werden sowie die ihm zugrunde liegenden Prozesse und Produkte.

Doch warum wird in diesem Zusammenhang von Pädagogischer Diagnostik und nicht von Leistungsbewertung oder -beurteilung gesprochen? Die Antwort ist in der systemischen Betrachtungsweise des Interdependenzgefüges zwischen Lernen und Lehren zu suchen. Kurzum: Diagnostik ist nicht von Didaktik zu trennen. Auf den Punkt wird das mit folgender Feststellung gebracht: „Der Sache nach ist Pädagogische Diagnostik so alt wie pädagogisches Handeln. Wer planmäßig lehrte, hat auch versucht, die Erfolge seiner Bemühungen zu erkunden“ (Ingenkamp/Lissmann 2005, 12).

Im Vordergrund steht weder das Messen noch das Beurteilen von Schülerleistungen, sondern die Verwirklichung optimaler individueller Lernmöglichkeiten und des dafür angemessenen Lehrerhandelns. Pädagogische Diagnostik hat demnach

> „den Zweck, Informationen zur Optimierung des pädagogischen Handelns zu gewinnen. Entsprechend unterscheidet man zwischen Pädagogischer Diagnostik im engeren Sinn, die die Planung und Kontrolle von Lehr- und Lernprozessen zum Gegenstand hat und

Pädagogischer Diagnostik im weiteren Sinn, die alle Aufgaben im Rahmen der Bildungsberatung umfasst" (Reulecke/Rollett 1976, 177).

Rückmeldung und Beratung sind Komponenten und Handlungsformen Pädagogischer Diagnostik, die sich sowohl auf Lern- als auch Leistungskontrollvorgänge beziehen. So gesehen integriert Pädagogische Diagnostik Formen und Verfahren der Leistungsbeurteilung in ihren Aufgabenbereich.
In den »Standards für die Lehrerbildung« (Beschluss der Kultusministerkonferenz vom 16.12.2004) wird dieser theoretischen Position gefolgt, und zwar in Anforderungen zu den Kompetenzbereichen 7 und 8.

Kompetenz 7: **Lehrerinnen und Lehrer diagnostizieren Lernvoraussetzungen und Lernprozesse von Schülerinnen und Schülern; sie fördern Schülerinnen und Schüler gezielt und beraten Lernende und deren Eltern.**	
Standards für die theoretischen Ausbildungsabschnitte	**Standards für die praktischen Ausbildungsabschnitte**
Die Absolventinnen und Absolventen ... • wissen, wie unterschiedliche Lernvoraussetzungen Lehren und Lernen beeinflussen und wie sie im Unterricht berücksichtigt werden • kennen Formen von Hoch- und Sonderbegabung, Lern- und Arbeitsstörungen • kennen die Grundlagen der Lernprozessdiagnostik • kennen Prinzipien und Ansätze der Beratung von Schülerinnen / Schülern und Eltern.	Die Absolventinnen und Absolventen ... • erkennen Entwicklungsstände, Lernpotentiale, Lernhindernisse und Lernfortschritte • erkennen Begabungen und kennen Möglichkeiten der Begabungsförderung • stimmen Lernmöglichkeiten und Lernanforderungen aufeinander ab • setzen unterschiedliche Beratungsformen situationsgerecht ein und unterscheiden Beratungsfunktion und Beurteilungsfunktion • kooperieren mit Kolleginnen und Kollegen bei der Erarbeitung von Beratung / Empfehlung • kooperieren mit anderen Institutionen bei der Entwicklung von Beratungsangeboten
Kompetenz 8: **Lehrerinnen und Lehrer erfassen Leistungen von Schülerinnen und Schülern auf der Grundlage transparenterBeurteilungsmaßstäbe**	
Standards für die theoretischen Ausbildungsabschnitte	**Standards für die praktischen Ausbildungsabschnitte**
Die Absolventinnen und Absolventen ... • kennen unterschiedliche Formen der Leistungsbeurteilung, ihre Funktionen und ihre Vor- und Nachteile • kennen verschiedene Bezugssysteme der Leistungsbeurteilung und wägen sie gegeneinander ab • kennen Prinzipien der Rückmeldung von Leistungsbeurteilung	Die Absolventinnen und Absolventen ... • konzipieren Aufgabenstellungen kriteriengerecht und formulieren sie adressatengerecht • wenden Bewertungsmodelle und Bewertungsmaßstäbe fach- und situationsgerecht an • verständigen sich auf Beurteilungsgrundsätze mit Kolleginnen und Kollegen • begründen Bewertungen und Beurteilungen adressatengerecht und zeigen Perspektiven für das weitere Lernen auf • nutzen Leistungsüberprüfungen als konstruktive Rückmeldung über die eigene Unterrichtstätigkeit

Abb. 49: Kompetenzbereich Diagnostizieren

Unter pädagogisch-diagnostischer Methodik kann dabei ein Vorgehen verstanden werden, mit dem unter Hinzuziehung von begründeten Kategorien Aussagen zu Lern- und Leistungsentwicklungen gemacht werden können. So ist Diagnostik zu verstehen als „eine professionelle, systematische, wissenschaftlich und methodisch fundierte Tätigkeit mit dem Ziel, Erkenntnisse über Merkmalsträger zu gewinnen oder Entscheidungen über nachfolgende Maßnahmen treffen zu können" (Helmke 2010, 24f). Bei so einer allgemeinen Formulierung bedarf es einer zusätzlichen Erläuterung zur »Wissenschaftlichkeit« von Diagnosen im schulpädagogischen Rahmen. Grundsätzlich geht es um die Orientierung und die Anwendung wissenschaftlicher Kriterien, damit fach- und sachangemessen, rational begründete Diagnosen möglich gemacht werden, wohl wissend, dass gegenüber wissenschaftlicher Forschung die schulische Diagnostik methodische Abstriche zu machen hat.

Weiter zeigt sich, dass zumindest die weitgefasste Definition Pädagogischer Diagnostik vollkommen kompatibel ist mit dem Unterrichtskonzept »Schüleraktiver Unterricht«. Im Kern ist nämlich die diagnostische Erkenntnis auf den Einzelfall gerichtet, mit der Intention, Lernprozesse und -ergebnisse zu evaluieren, um individuelles Lernen »optimal« zu gestalten.

Allerdings erfordert die schüleraktive Lernkultur einen reformierten Umgang mit »Leistungen« und »Leistungsbeurteilungen«. Sacher (2009) spricht deswegen berechtigterweise von einem mehrfachen Umdenken: „Leistungsfeststellung und Leistungserbringung müssen ebenso wie die Formen und Dokumentationsweisen der Beurteilung liberaler, offener, vielfältiger und flexibler werden. Es muss für alle Beteiligten, insbesondere aber für die Lerner, mehr Transparenz und mehr Partizipation hergestellt werden" (ebd., 211). Im Zuge des Zusammenspiels von Fremd- und Selbststeuerung impliziert das die Partizipation an dem Aufstellen von Leistungsanforderungen und Kriterien für die Leistungsdiagnose. Demzufolge wird es im schüleraktiven Unterricht ein zentrales Anliegen sein, „die Selbstdiagnose- und Selbstbeurteilungskompetenz zu entwickeln und zu verbessern" (ebd.).

Weil der schüleraktive Unterricht auf den erweiterten Lernbegriff gründet, wird es darum erforderlich sein – in Gleichklang mit diesem –, ebenfalls den schulischen Leistungsbegriff zu modifizieren und umfassender zu definieren. Im Grunde muss es um die konsequente Anwendung des Pädagogischen Leistungsverständnisses in der Schule gehen. Das genuin »Pädagogische« an diesem Begriff ist darauf gerichtet, zwischen den in den amtlichen Lehrplänen bzw. (schulischen) Kerncurricula legitimen gesellschaftlichen Ansprüchen und den individuellen Voraussetzungen und Bedürfnislagen eine für den Heranwachsenden entwicklungsgerechte und förderadäquate Relation herzustellen. Vor diesem Horizont können dem Pädagogischen Leistungsbegriff der Schule vier Dimensionen zugeschrieben werden:

Pädagogisches Leistungsverständnis der Schule

1) Leistungen beziehen sich gleichermaßen sowohl auf Lernprozesse als auch auf Lernprodukte. Wege, Umwege, Fehler und Fehlerkorrekturen sind für das Lernen wichtig, weil sie einerseits Lernanstrengungen begleiten und andererseits dokumentieren, wie Lernprogressionen zustande gekommen sind. Lernergebnisse sind wichtig, weil sie bilanzierend den aktuellen Lernstand abbilden und Informationen enthalten für eine retrospektive (Selbst-)Reflexion.

2) Leistungen können in Alleinautorenschaft und gemeinsam mit anderen entstehen. Die individuellen und sozialen Erfahrungen des Lernens sowohl unabhängig voneinander als auch zusammen gezielt nutzbar zu machen, gehört als Charakteristikum zur schulischen Leistungserziehung.
3) Leistungen entstehen aus problemmotivierten und vielfältigen Lernkontexten. Wird eine Lernproblematik als bedeutsam für die eigene Daseinsbewältigung beurteilt, dann entsteht Motivation aus der Sache heraus. Vielfalt beim Lernen eröffnet den Zugang zu diversen Anschlussmöglichkeiten und Kompetenzbereichen wie die Möglichkeit zur Stärkenorientierung und der Einbeziehung aller Sinne.
4) Leistungen sind auf herausforderndes Lernen angewiesen und zeigen sich im Wissen und Handeln. Der Zuwachs von Kompetenz und die Erfahrung von Selbstwirksamkeit fördern Lernfreude, Anstrengungsbereitschaft und Durchhaltevermögen.

Das Pädagogische Leistungsverständnis trägt zur Wertschätzung des „gesamten" Individuums bei, indem neben fachlich-inhaltlicher Leistung (Wissen, Verstehen, Erkennen, Beurteilen von Tatsachen und Zusammenhängen) auch methodisch-strategische Leistungen (Exzerpieren, Nachschlagen, Organisieren, Planen etc.), sozialkommunikative Leistungen (Zuhören, Argumentieren, Diskutieren, Kooperieren etc.) und persönliche Leistungen (Selbstvertrauen gewinnen, ein günstiges Selbstkonzept entwickeln, Werthaltungen aufbauen etc.) erfasst und beurteilt werden.
Leistungsprozesse und Leistungsresultate resp. Leistungsentwicklungen systematisch und sachverständig zu diagnostizieren, dient allgemein dem Gewinn pädagogischer Handlungsoptionen. Das gilt gleichermaßen für die beiden Hauptfunktionen der schulischen Beurteilungsaufgabe: Der Förderfunktion (curriculare Funktion) einerseits und der Qualifikationsfunktion (allokative Funktion) andererseits. Sie sind weder gleichwertig noch gleichrangig. Bei der curricularen Funktion handelt es sich um eine vorwiegend pädagogische, bei der allokativen um eine hauptsächlich ordnungspolitische. Zudem besteht das Primat der Förderung, wie es beispielsweise im Schulgesetz des Landes Nordrhein-Westfalen verbrieft ist: „Jeder junge Mensch hat (…) ein Recht auf schulische Bildung, Erziehung und *individuelle Förderung*" (Schulgesetz NRW in der Fassung vom 12.6.2014, §1 Abs. 1; Hervorhebung E.J.). Zugespitzt folgt Pädagogische Diagnostik dieser Maxime:

> Die schulische Diagnosetätigkeit, also das Erkennen und Unterscheiden von Sachverhalten, wird konsequenterweise hauptsächlich als individuelle Lernhilfe bzw. Lernentwicklungshilfe zu verstehen sein.

Um erfolgreiches Lernen zu bewirken, sind kontinuierliche Informationsrückkopplungs-, Feedback- und Beratungsprozesse eine wichtige Voraussetzung. Diagnostik in Formen der Fremd- und Selbstbeurteilung liefert bedeutungsvolle Erkenntnisse

und konkrete, valide und weiterführende Hinweise für das »Nachdenken über das Lernen« der in die schulische Bildung involvierten Akteure. Zentral für die intentionale Umsetzung des individuellen Lernens bleibt das Handeln der Lehrkräfte, trotz dem Zugestehen vielfältiger Partizipation an die Lernenden. Deswegen ist es erforderlich, die »Lernoptimierung« nicht allein auf interne Bedingungen und Einflüsse auf Seiten der Schülerinnen und Schüler zurückzuführen, sondern gleichfalls externe und moderierende Faktoren, wie beispielsweise die Unterrichtsqualität, zu berücksichtigen.
Insofern gilt es festzustellen:

> Pädagogische Diagnostik als »Lernbegleitung und -hilfe« ist abhängig von Pädagogischer Diagnostik als »Lehrunterstützung«.

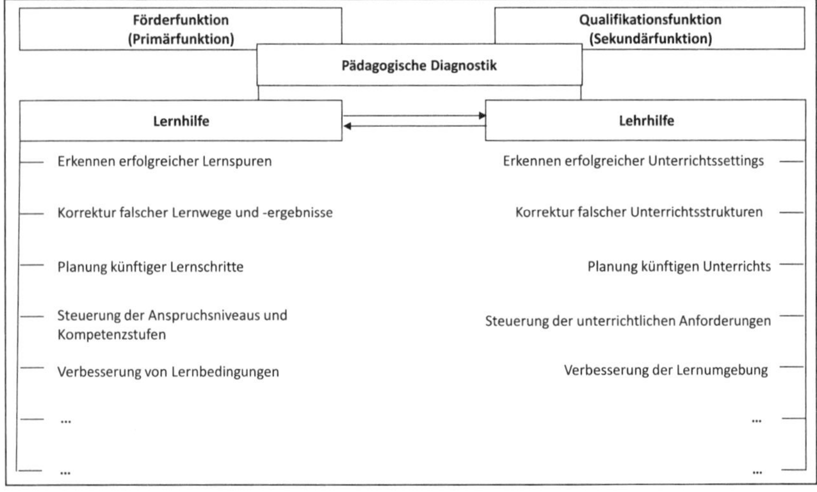

Abb. 50: Pädagogische Diagnostik im Feld ihrer Interdepenzen und Teilaufgaben

Pädagogische Diagnostik ist untrennbar mit »Qualitätsentwicklung und -sicherung« unterrichtlicher Angebote und Rahmenbedingungen verbunden. Sie setzt individuelles Lernen in Beziehung zur Lernkultur (vgl. Abb. 49). Pädagogische Diagnostik ist ohne eine entsprechende Didaktische Diagnostik unvollständig. Die gewonnenen und aufgeschlüsselten Informationen bedürfen der theorie- und hypothesengeleiteten Spiegelung an der Unterrichtsrealität. Schließlich können die Lernangebote nur so gut sein, wie es die Unterrichtsqualität zulässt.
Wie sich die Verzahnung pädagogischer und didaktischer Diagnostik ereignet, dazu vermittelt das Prozessmodell diagnostischen und didaktischen Entscheidungshandelns einen systematischen Überblick (vgl. Abb. 50).

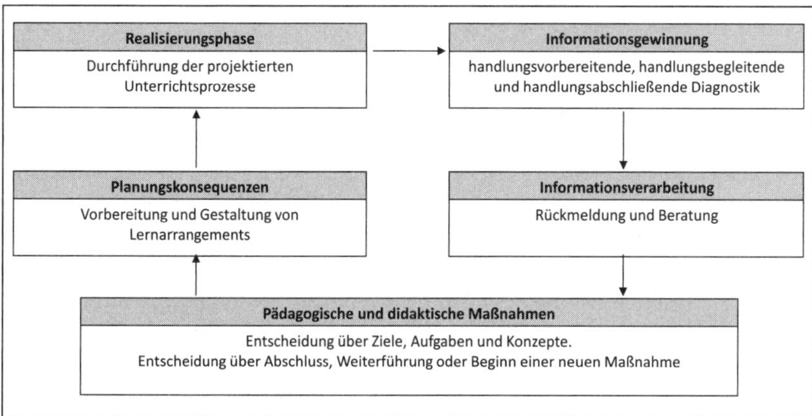

Abb. 51: Prozessmodell diagnostischen und didaktischen Entscheidungshandelns

Anhand dieses Ablaufschemas soll vermittelt werden, wie die „Umformung" schulischer Lernprozesse in aufeinander aufbauende und miteinander verschachtelte Wissensstrukturen und in eingewurzelte Könnenserfahrungen durch effektives Feedback unterstützt werden kann. Eine entscheidende Rolle nimmt dabei das lernpsychologische und förderpädagogische Prinzip der Passung ein. Kurz auf den Punkt gebracht wird damit Folgendes gesagt: Anforderungen als „artikulierte Erwartungen hinsichtlich zu erbringender (Lern-)Leistungen" (Sacher 2009, 14) sollen so definiert und gesetzt werden, dass sie aufgrund des individuellen Vorwissensniveaus und der gegenstandsbezogenen Lernvoraussetzungen und Fähigkeiten erfolgreich bewältigbar sind. Weder überfordern, noch unterfordern; sondern herausfordern durch individuell abgestufte Zu-Mutungen entspricht dem Konzept des adaptiven Unterrichts, und zwar indem durch „differenziell angepasste Lehrstrategien" und differenzielle Lernangebote „ein Optimum erreichbarer Lernfortschritte" bewirkt werden soll und „dadurch auch den leistungsschwächeren Schülerinnen und Schülern die subjektive Überzeugung persönlicher Selbstwirksamkeit (wieder) zu vermitteln" ist (Helmke 2010, 247). Das bedeutet u.a., dass in einem schüleraktiven (offenen) Unterricht fördernde Bewertung und Informationsrückkopplungsprozesse inklusive Beratungstätigkeiten der realistische Schlüssel zum Erfolg sind. Wie in den Standards für die Lehrerbildung (Sekretariat der Kultusministerkonferenz 2004, 4) aufgeführt, sind Diagnose, Feedback und Beratung als ein ineinander verschränktes, „lückenloses" Kontinuum zu verstehen. Formative und summative Beurteilungen wie die daraus gewonnenen Erkenntnisse und Einsichten ermöglichen die Herstellung personen- und sachangemessener reflexiver Feedback- und Beratungsverläufe.

4.7 Feedback und Beratung

Allgemein gesprochen ist Feedback ein Mittel der Leistungskontrolle. Es spielt vor allem im Rahmen selbständigkeitsorientierter Lern- und Wissensverarbeitungsprozesse eine wichtige Rolle. „Ein systematisches Feedback bildet die Voraussetzung für den Aufbau der Fähigkeit, die eigenen Lernfortschritte, Erfolge oder Misserfolge zu beurteilen" (Bildungskommission NRW 1995, 97). Ergebnisse einer Metaanalyse können diesen „bedeutsamen Zusammenhang zwischen selbstreguliertem Lernen und Feedback" bestätigen (Butler/Wiese 1999, zit. nach Ingenkamp/Lissmann 2005, 43). Schülerinnen und Schüler benötigen das Feedback zum kontrollierten Vollzug ihres Lernens, das durch rückgemeldete Informationen unterschiedlich beeinflusst werden kann (vgl. Lissmann 1987).
Zur Wirkungskontrolle des (eigenen) Lernens dienen somit sowohl externe, von der Lehrkraft gegebene, als auch interne, vom Lernenden sich selbst gegebene Rückmeldungen. Wie das als systematischer Prozess erfolgen kann, lässt sich dem lern- und fördertheoretisch begründetem Handlungskonzept von Hattie und Timperley (2007) entnehmen (vgl. Abb. 52).

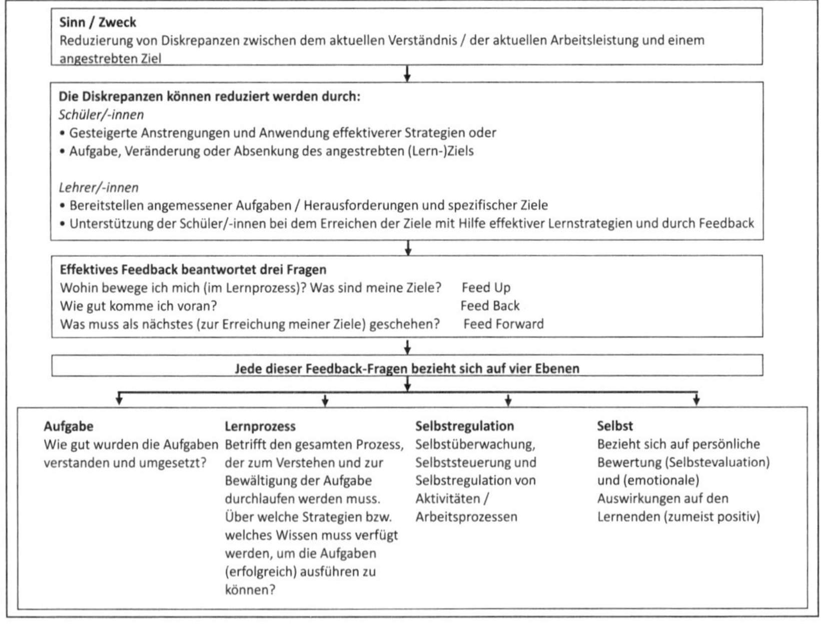

Abb. 52: Die Wirkung von Feedback (Hattie/Timperley 2007, 87)

Es stützt sich auf drei Kernfragen zur Prozessstruktur, die jeweils auf vier Bereichsebenen zu beziehen und zu beantworten sind. Nach diesem Schema besteht die vordringliche Aufgabe von Feedbackreaktionen darin, auf festgestellte Differenzen zwischen aktuellem Lern- und Wissensstand einerseits und den angestrebten Lernzielen und Kompetenzgraden andererseits hinzuweisen und diese zu „erklären", damit Maßnahmen zur verbesserten Problembewältigung ergriffen werden können. Lehrerinnen und Lehrer wie Schülerinnen und Schüler sollen das gemeinsam mit Hilfe der interpretierten Informationen zum bisherigen Lernverlauf tun. Damit gehört zu Feedbackprozessen offensichtlich auch die Einbeziehung reflexiven Verhaltens. Auf jeden Fall sind reflexive und Feedbackaktivitäten eng aufeinander zu beziehen.

Doch es gibt noch weitere Faktoren, die den Nutzen des Feedbacks bedingen. In diesem Zusammenhang sind die Probleme des „Verstehens von Rückmeldungen" und die Entstehung von Missdeutungen und Irrtümern zu nennen (vgl. Winter 2004). Um das zu vermeiden, sollten Feedbacks unbedingt sachlich und sprachlich klar und so eindeutig wie möglich formuliert werden und darüber hinaus eine Meta-Kommunikation über Beurteilungsvorgänge und das Leistungsthema eröffnet werden,

> „die [es] erlaubt, Missverständnisse zu korrigieren. Überall da, wo es um lernbegleitende Rückmeldungen geht, muss man davon ausgehen, dass qualitativ hochwertige, d.h. treffende Rückmeldungen vorzugsweise in der Zusammenarbeit zwischen Lehrer und Schüler bzw. auch Schüler und Schüler erst erarbeitet werden müssen" (Winter 2004, 179).

In solchen Gesprächen wird vor allem zu thematisieren sein, „welche Rückschlüsse sich sowohl retrospektiv als auch prospektiv aus den gezeigten (Lern-)Leistungen für weitere Aktivitäten, die Gewinnung neuer Einsichten und als Voraussetzung für das Überwinden von Hindernissen" ergeben können (Jürgens/Lissmann 2015, 82). Gleichzeitig werden damit Sichtweisen eröffnet, welche Konsequenzen aus den gewonnenen Informationen gezogen werden sollen, d.h. zu entscheiden, welche pädagogisch-didaktischen Maßnahmen zur Auswahl stehen und auf welche letztendlich zugegriffen werden soll.

Spätestens an diesem Punkt sollten Formen der Fremd- und Selbstbeurteilung zusammengeführt werden, „um zu gemeinsamen Entscheidungen zum Weiterlernen des Individuums zu gelangen" (ebd.). Für die Meta-Kommunikation über das schulische Lernen und Leisten wie über die prozessualen, personalen und situativen Bedingungen der individuellen Lern- und Leistungsentwicklung ist es deshalb zweckmäßig, „Schülerinnen und Schüler zu sachkundigen Gesprächspartnern zu machen, indem sie (…) mit der Zeit ein größeres Repertoire von Kriterien und Mitteln zur Reflexion eigener (Lern- und) Leistungskompetenz an die Hand bekommen…" (ebd.). Die zunehmende Beteiligung der Schülerinnen und Schüler an pädagogischen und didaktischen Entscheidungen, die auch im Umgang mit lern-

förderlichem Feedback in schüleraktiven Unterrichtssettings eine markante Rolle spielt, erfordert von der Lehrkraft, sich stärker als Berater zu verstehen und sich mehr und mehr mit der Aufgabe der Lernberatung auseinanderzusetzen.
Allgemein kann Beratung „als definierte, situationsbezogene und spezifische Hilfestellung bei Analyse und Lösung von Problemen" (Thomann 2003, 4) bezeichnet werden. Ihr zentrales Ziel ist in der „Hilfe zur Selbsthilfe" zu sehen (Schwarzer/ Posse 2005, 140).
Auch wenn im schüleraktiven Unterricht vor allem die unterstützende Funktion von Lehrerinnen und Lehrern hervorgehoben wird, sollte trotzdem nicht unterschlagen werden, dass in Lernberatungssequenzen ebenso Informationen vermittelt werden und Steuerung stattfindet.

> „Die Lehrkraft informiert die Schülerinnen und Schüler über ihren Lernstand, zeigt ihnen auf, was richtig und was falsch ist, informiert über ihre Erwartungen etc. (…) Sehr wichtig ist die Unterstützung des Lehrers vor allem, um die Schülerinnen und Schüler dazu anzuhalten, über ihr eigenes Lernverhalten und über ihre Lern- und Lösungsstrategien zu reflektieren. Dadurch werden Metakognitionen aufgebaut, die bedeutsam sind, um eine lebenslange Lernfähigkeit aufzubauen. Die Lehrkraft steuert im Beratungsprozess, indem sie mit den Schülerinnen und Schülern Förderpläne erstellt. In offenen (resp. interaktiven – Ergänzung E.J.) und differenzierenden Unterrichtssequenzen besteht die Steuerungsfunktion auch darin, den Schülerinnen und Schülern nahezulegen, bestimmte Themen, Aufgaben oder Übungen zu bearbeiten, in denen sie noch Bedarf haben, bzw. bestimmte Vorgaben zu machen, welche Aufgaben noch zu machen sind" (Schnebel 2007, 74).

In Beratungssituationen werden der Diagnostik folgende Aufgaben zugeschrieben:

„• Ergänzung subjektiver Sichtweisen durch objektivere Daten,
- Erweiterungen der eigenen Wahrnehmungen und Interpretationen
- breitere Abstützung von Analysen und Lösungsideen,
- Diagnosen fördern Stärken und Schwächen zutage,
- Aufdecken von Beratungsbedarf" (Schnebel 2007, 126)

Die Schülerinnen und Schüler können durch Beratung erfahren, wie sie konstruktiver mit Diagnoseergebnissen umgehen können, welche Schritte des Weiterlernens möglich und zweckmäßig sind, wie die eigenen Möglichkeiten zum Erreichen von Zielen genutzt werden können. „Beratung findet statt, nachdem sich die Lehrkraft über den Lernstand einzelner Schülerinnen und Schüler einen Überblick verschafft und sich erste Gedanken über mögliche didaktische Maßnahmen gemacht hat. Gemeinsam mit dem Schüler sollen dann angemessene weitere Lernschritte entworfen werden" (ebd., 75).
Der in schüleraktiven (offenen) Lern- und Unterrichtsformen typische Umgang mit Heterogenität hat selbstverständlich nicht nur Konsequenzen für die Diagnostik, sondern gleichfalls für die Beratung. Da die Schülerinnen und Schüler zunehmend selbst ihre Lernprozesse sowohl inhaltlich als auch methodisch bestimmen und andererseits differenziertes und individualisiertes Lernen großen Raum einnimmt,

erhöht sich der Bedarf an sachkundiger Lernbegleitung und -beratung (vgl. Deutscher Bildungsrat 1970, 91). Bereitschaft zur Beratung ist eine wesentliche subjektive Voraussetzung, die aber abhängt von der Einsicht in den »Sinn« von Beratung. Gelingt es nicht diesen herzustellen, bliebe es bei einem Rat. „Soll aber das zentrale Ziel offenen (resp. schüleraktiven – Ergänzung E.J.) Unterrichts verfolgt werden, die Schülerinnen und Schüler darin zu fördern, eigenständig und selbstverantwortlich zu lernen, muss Beratung nicht als Ratschlag sondern im hier vertretenen Sinn als Hilfe zur Selbsthilfe eingesetzt werden" (Schnebel 2007, 75). Das geschieht durch eine partizipative Einbindung des Heranwachsenden in eine konsequent ressourcenorientierte Beratung, die von Fragen wie diesen geleitet wird: „Was kannst du schon, worauf baust du auf, was klappt bereits, wie weit bist du gekommen?" (ebd., 74). Dabei spielt der Umgang mit dem Fehler eine gravierende Rolle (vgl. Schoy 2005; Oser/Spychiger 2005). Eine positive Fehlerkultur bietet vielfältige Lernchancen, erfordert aber auch die beratende Unterstützung durch die Lehrkraft (vgl. Kap. 4.5).

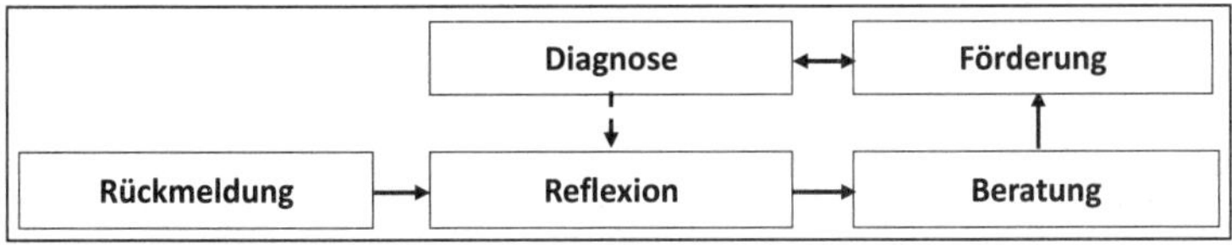

Abb. 53: Lernberatungsprozess im Schüleraktiven Unterricht

Die reflexive und metareflexive Be- und Auswertung lernbegleitender Rückmeldung führt zur Beratung und zu (gemeinsamen) Entscheidungen über das Weiterlernen. Der Lernberatungsprozess ist Teil eines allgemeinen Förderkreislaufes. Im Zentrum des Beratungsprozesses stehen die Schritte zur Problembearbeitung, und zwar unterteilt in Problemanalyse und Erarbeiten von Lösungsmöglichkeiten sowie das Treffen von Entscheidungen (vgl. Knoll 2000, 53). Innerhalb des schüleraktiven Unterrichts wird dieser Prozess durch die besonderen Bedingungen des veränderten Schüler-Lehrer-Beziehungs- und Interaktionsverhaltens beeinflusst. Darauf macht Bohl (2004) aufmerksam, indem er ein sechs Punkteschema aufstellt, aus dem drei hier näher betrachtet werden sollen:

- „*Beratung benötigt Zeit*", d.h. die Lehrkraft muss in ihrem Unterricht Zeit dafür einplanen
- „*Die Lernumgebung ist beratungsfördernd*". Je besser die unterrichtliche Lernumwelt vorbereitet und inhaltlich wie organisatorisch vorstrukturiert ist, aufgabenbezogene Materialien und Differenzierungsangebote enthält etc., desto mehr werden selbstständig Hilfen unabhängig von der Lehrkraft wahrgenommen.
- „*Das aktive und gezielte Aufsuchen von Beratung ist ein positives Merkmal selbstständigen Lernens*". Selbstständigkeit zeigt sich auch darin zu wissen, wann fremde Hilfe weiterführend ist. Eine solche Entscheidungsfähigkeit ist Teil von Koope-

rations- und Selbstkompetenz. Deshalb sollte der Wunsch nach Beratung „nicht negativ bewertet werden, sondern (…) als selbstverständlich angesehen werden. Ein solches Verständnis widersetzt sich der gängigen Unterrichts- und Bewertungspraxis, in der Fehler und Lernprobleme zu negativen Folgen führen“ (Bohl 2004, 100), die allerdings nur dann auftreten, wenn zwischen Lern- und Prüfungssituationen nicht korrekt getrennt wird.

Beratung ist ein unerlässlicher Bestandteil einer lernförderlichen Diagnose- und Rückmeldekultur und gehört zum schüleraktiven Unterricht mit seiner konsequenten Berücksichtigung unterschiedlicher Fähigkeiten, Lernhaltungen und Vorwissensständen unbedingt dazu. Lernberatung zu diesem Zweck unterstützt die Coping-Strategien und die Aktivierung subjektiver Ressourcen der zu Beratenden (vgl. Nestmann et al. 2004; Schnebel 2007).

5 Reflektieren und evaluieren von Unterricht

Advance Organizer

Der Reflexion und Evaluation von Unterrichtsgeschehen kommt unter der Perspektive professionellen Handelns eine wesentliche Bedeutung zu. Die Analyse möglicher Diskrepanzen zwischen Unterrichtsplanung und realem Unterrichtsgeschehen als Grundlage ist konstituierend für den nachfolgenden Verlauf von Unterrichtsgestaltung. In der Analyse erfährt die praktizierende Lehrkraft eine Rückmeldung, die unmittelbar und mittelbar ihre zukünftige Vorgehensweise beeinflussen kann. Darüber hinaus umfasst die Evaluation auch die Erfassung und Analyse verlaufsrelevanter Komponenten, die nur zu einem begrenzten Maß im Vorfeld der Unterrichtsrealisierung antizipiert werden können.

Evaluative Prozesse umfassen die Konzeption des Unterrichtsgeschehens, die Dokumentation des tatsächlichen Geschehens, die Analyse der vorliegenden Informationen sowie die Schlüsse, die aus der Reflexion gezogen werden und letztlich die Umsetzung in folgenden Unterrichteinheiten. Zu den Anlässen für Evaluation gehören die individuelle Optimierung von Lehr-Lernprozessen bis hin zur Einbettung in Qualitätssicherungsmaßnahmen der Institution wie der allgemeinen Schulentwicklung. Entsprechend reichen die verwendeten Verfahren von der individuellen Reflexion eigenen Unterrichts, kollegialen Feedbacks, der Rückmeldung direkt „betroffener" (Schülerinnen und Schüler) wie indirekt „betroffener" (Eltern), offizieller Evaluationen von Personen, die qua Erfahrung und/oder Funktion Unterrichtsverläufe reflektieren, bis zu national/internationalen Vergleichen.

Der Schwerpunkt des folgenden Kapitels liegt in der Selbstevaluation und -reflexion (interne Evaluation) als Grundlage für die konkrete Unterrichtsentwicklung, wie auch Basis für alle weiterführenden Maßnahmen (externe Evaluation). Vorgehensweisen und Analyseperspektiven werden aufgezeigt.

Im Kontext von Reflexion und Evaluation kommt die Unterrichtsplanung und -durchführung zu ihrem Abschluss. Berufserfahrene Lehrerinnen und Lehrer überdenken dabei, auf welche Weise und wie erfolgreich die ursprüngliche Planung in didaktisch-pädagogische Handlungen übertragen werden konnte. Alle analysierten und evaluierten Erkenntnisse der realisierten Unterrichtsplanung gehen als Erfahrungswert in die weiterführenden wie zukünftigen Unterrichtsplanungen ein (Wiater 2011). Daher wird „die Auswertung ihrerseits erst in der nächsten Planungsrunde beendet" (Meyer 2004, 216).

Lehrpersonen werden nahezu den ganzen Tag durch Gedanken der Analyse und Reflexion begleitet. In Pausengesprächen mit Lernenden und Kolleginnen oder Kollegen, bei der Vorbereitung des Unterrichts, der Durchsicht von Klassenarbeiten sowie bei vielen alltäglichen Tätigkeiten begleitet die Lehrperson „ein nie völlig verklingendes Hintergrundrauschen“ (ebd.). Auch, wenn diese Form der Überprüfung sehr anspruchsvoll sein kann, verbleibt sie in einer vorzugsweise eingebungsbetonten, impulsiven und unstrukturierten Sphäre. Demgegenüber besteht die systematische Reflexion und Analyse von Unterricht aus einer methodisch kontrollierten Datengewinnung und kriteriengesteuerten Analyse der unterrichtlichen Ausgangsbedingungen, des Unterrichtsprozesses und der -produkte.

5.1 Unterrichtsdurchführung als „abweichender Prozess“ von der Unterrichtsplanung

Ein wesentlicher Aspekt im Rahmen der Nachbereitung des Unterrichts ist die Passung von Unterrichtsplanung und Unterrichtsdurchführung. Im Zentrum steht dabei die Untersuchung der möglichen Diskrepanzen zwischen dem ursprünglichen Vorhaben und den tatsächlichen unterrichtlichen Umsetzungen. Im Vergleich der angestrebten mit den erreichten Lernergebnissen sowie der intendierten mit den realisierten Lernprozessen stellt sich die Frage nach dem Zustandekommen der Abweichungen. Wenn die didaktische Planung auch ein wesentliches Gerüst für formale Lernprozesse darstellt, ist ihre Grundlage gleichwohl äußerst unberechenbar bzw. anfällig. Treten Menschen mit dem Ziel des Lernens miteinander in Interaktion, treffen sie sich

> „in einem Spannungsfeld anthropologischer Grundvoraussetzungen. Spätestens seit der Aufklärung zielt Bildung auf die Selbständigkeit und Autonomie des lernenden Menschen. Wer andere Menschen zu dieser Selbstständigkeit lehrend hinführen will, lenkt um der Befreiung aus der Lenkung willen. Dieser Widerspruch ist nicht zu vermeiden und für den Bildungsbegriff konstitutiv. In gewisser Hinsicht macht er den Bildungsbegriff überhaupt erst aus. Dass das Lernen des Selbstseins nicht anders als in – zumindest teilweise – fremdgesteuerten Lernarrangements stattfinden kann, zeigt sich auch aus erkenntnistheoretischer und kognitionspsychologischer Sicht. In (Aus-)Bildungssituationen müssen Kausalverhältnisse zwischen Lehrmaßnahmen und Lernprozessen unterstellt werden, obgleich es in sozialen Beziehungen solche Kausalverhältnisse nicht gibt (Luhmann/Schorr 1982)“ (Eugster 2009, 5).

Fast zwangsläufig befördern Lehrende bei ihrer Planung Lernende in die Rolle von „Trivialmaschinen“ (Luhmann 1986), die mit vorhersagebaren Verhaltensweisen auf konkrete Reize antworten sollen. Auch, wenn Lehrerinnen und Lehrern bewusst ist, dass „Individuen keine Trivialmaschinen sind“ (ebd.), lassen sich diese Antinomien in der didaktischen Routine nicht verhindern. Eine wichtige Zielsetzung für Lehr-

Lern-Situationen ist daher, diese bei Lernprozessen in einem angemessenen Verhältnis zu berücksichtigen. So geht mit dem Lehren ein grundsätzliches Technologiedefizit einher: In Studien von Rosenholtz (1989; vgl. auch Ashton/Webb 1986) zeigen sich verschiedene Unsicherheiten bei Lehrpersonen in der Wahrnehmung der eigenen Unterrichtskompetenz und der Unterrichtsplanung, bzw. der objektiv in diesem Beruf existierenden Bedingungen und der individuell empfundenen Erfolgsunsicherheit. Es finden sich Konstrukte, in denen Rahmenbedingungen und empfundene Unsicherheiten vermischt werden; die wahrgenommene Verunsicherung darüber, wie bei den Heranwachsenden Lernerfolge herbeigeführt werden können „arises from the absence of a technical culture, the processes designed to accomplish an organization' goals“ (Rosenholtz, 1989, 4). Die Autonomie der Lehrerarbeit führt Lortie (1975, 134ff) zufolge zu einer „endemischen Unsicherheit“. Gemeint ist damit, dass die Tätigkeit der Lehrperson bei dieser Unsicherheit über den eigenen Erfolg wie auch über die Bewertungsmaßstäbe von Schülerleistungen hervorruft und diese von einem ständigen Zweifel über die eigene Aktualität bzw. Zeitgemäßheit begleitet wird. Dieses Technologiedefizit entspricht gemäß Lortie (1975) einer spezifischen Rahmenbedingung des Lehrerberufs. Während dieser die endemischen Unsicherheiten theoretisch aus dem Vergleich mit anderen Professionen herleitet und als quasi objektiv vorliegende Bedingungen dieses Berufs beschreibt, treten Autoren wie Ashton und Webb (1986) sowie Rosenholtz (1989) an, um diese empirisch messbar zu machen. Das mit dem Lehren einhergehende Technologiedefizit führt zu der Mutmaßung nach Möglichkeiten,

> „für welche das didaktische Instrumentarium nicht ausreichen kann (Luhmann/Schorr 1982). Diese Ausgangslage verunmöglicht Lehren und Lernen nicht – im Gegenteil: Sie schafft erst die Voraussetzung, dass Lernende Wissensbestände für den Aufbau eigener Handlungskompetenzen nutzen können. Wäre Wissensvermittlung ein Abbildungsvorgang, wäre die didaktische Welt um vieles einfacher. Handlungsfähigkeiten im Sinne selbständig konstruierter Handlungsdispositionen würden dadurch aber nicht erreicht“ (Rosenholtz 1989, 5).

Die Abweichung von der ursprünglichen Planung ist nicht als etwas grundsätzlich Problematisches zu betrachten. Vielmehr verweist Vierlinger (1996) auf die Notwendigkeit der Flexibilität für guten Unterricht: „Unterricht ist der Prototyp eines Handlungsbereichs, der nach Planung verlangt. Wer Gelegenheit hat, Unterrichtstunden zu besuchen, der kann jedoch beobachten, dass nicht selten Planungszwänge wirksam werden, die mit der Vorstellung von gutem Unterricht nicht übereinstimmen“ (ebd., 9). Die Analyse von Lehr-Lern-Einheiten aus lern- und bildungstheoretischer Perspektive realisiert sich nach Eugster/Tremp (2009) durch einen Kriterienrahmen mit mindestens zwei Achsen, definiert durch die Konstruktionselemente curricularer Prozesse sowie den Umgang mit den Widersprüchen von Lehren und Lernen. Für jedes curriculare Prozesselement – wie Vorwissen, Rahmenbedingungen, Lernziele, Überprüfen der Zielerreichung, didaktische

Struktur, Unterrichtsplanung und -durchführung – ist zu begründen, inwiefern seine unterrichtliche Umsetzung die Choreographie des Gesamtcurriculums unterstützt. Darüber hinaus ist der Umgang mit den Antinomien von Lehr-Lern-Prozessen zu klären, der sich nicht durch ein bestimmtes, einzig richtiges Handeln manifestiert, sondern in der Ausgewogenheit von Zulassen und Zielangemessenheit der den Widersprüchen immanenten Kennzeichen von Lehr-Lern-Arrangements realisiert wird. Die Handlungen von Lehrenden sowie ihre Interaktion mit den Heranwachsenden, ihr Können bei der Steuerung des Unterrichtsverlaufs oder der Wahrnehmung von Lehr-Lern-Prozessen durch Monitoring können thematisiert werden. Bedeutsamer als ein einfacher Vergleich der Oberflächenstruktur des Unterrichts bezüglich der ursprünglichen Planung mit dem tatsächlichen Verlauf ist dabei die Untersuchung der tatsächlichen Lernprozesse und ihrer Teilergebnisse, vorausgesetzt, diese werden bei der Beantwortung von Fragen oder der Bearbeitung von Aufgabenstellungen erkennbar. Die Unterrichtsnachbereitung kann auf diese Weise zur Grundlage zukünftiger Planungen werden, den Expertiseaufbau unterstützen und das Fundament für die Berücksichtigung von Schülerhinweisen bzw. für das gemeinsame Gespräch mit den Heranwachsenden über Unterricht sein (vgl. Kiper/Mischke 2009, 169f).

5.2 Qualität von Unterricht

Allgemein wird Schulqualität von Betroffenen und an Schule Beteiligten (Lehrpersonen, Lernende, Eltern, Schulaufsicht, Schulleitung, Schulpsychologische Dienste, Ärzte, Therapeuten) sehr vielfältig bestimmt und beurteilt (vgl. Sigel 2001; Aurin 1991 u.a.). Nach Wiater (2005, 9) zeichnen im Hinblick auf Schule und Unterricht zwischen vier Formen von Qualität ab:

1) *Orientierungsqualität.* Geprägt durch das Erziehungs- und Bildungskonzept der Schule sowie das pädagogische Ethos in der Schul- und Unterrichtspraxis nimmt diese auf den Grad der Zufriedenheit aller Beteiligten Einfluss.
2) *Strukturqualität.* Diese determiniert die Rahmenbedingungen (Ausstattung, Klassengröße, Personal usw.), die Grobstruktur (Schulsystem) und die Organisation der Einzelschule.
3) *Prozessqualität.* Im Fokus stehen neben den Interaktionen zwischen Lehrenden und Lernenden sowie Schülerinnen und Schülern die Aktivitäten, Anregungen und Förderkonzepte, die zur Unterstützung von Selbsttätigkeit, Eigenverantwortlichkeit und Sozialkompetenz bei den Heranwachsenden beitragen sollen.
4) *Produktqualität.* Einerseits ist diese an die quantitativ erfassbaren Lernergebnisse der Schülerinnen und Schüler gebunden, andererseits verdeutlicht sie den Beitrag der jeweiligen Schule für das kommunale (gesellschaftliche) Umfeld (Schratz/Stein-Löffler 1999; Mächler 2000 u.a.).

Abgesehen von externen Messfaktoren unterschiedlicher Aussagequalität (Klassenwiederholungen, Zahl der erreichten Schulabschlüsse, Durchschnittsnoten, Relation zwischen finanziellem und personellem Einsatz, den Ergebnissen bei Leistungsüberprüfungen usw.) finden sich in der Schule interne Sozialaspekte (humanes Miteinander, Fürsorge, Selbstbestimmung, Selbstverantwortung, Kooperationsfähigkeit usw.). Diese bestimmen ebenfalls die Schul- und Unterrichtsqualität nachhaltig, lassen sich aber nicht unmittelbar quantifizieren (vgl. Speck 1999). Darüber hinaus ist eine eindeutige Trennung zwischen Anbietern und Abnehmern pädagogischer Handlungen im Rahmen von Qualitätsevaluationen nicht möglich (vgl. Burkard/Eikenbusch 2000).
Im Fokus des vorliegenden Kapitels steht die Qualität von Unterricht. Lernen wird aktuell als eigenaktiver, selbstgesteuerter und sozialer Vorgang verstanden, der von jeder Schülerin und jedem Schüler eigenständig bewerkstelligt werden muss. Auch, wenn „guter" Unterricht in seiner Idealform per Definition nicht erreichbar ist und Unterrichtsevaluation mithin immer ausschließlich eine Annäherung an Kausalzusammenhänge sein kann, resultiert daraus nicht, dass der jeweilige Unterrichtsstil unerheblich sei. Sehr wohl liegen eindeutige Forschungserkenntnisse über die Wirksamkeit von Unterrichtsmethoden vor (vgl. Jürgens/Standop 2010), und es gibt mittlerweile zahlreiche durch Forschung erhärtete Aussagen über wirksames Lehrerverhalten (vgl. ebd.; Helmke 2010). Guter Unterricht zeichnet sich demnach dadurch aus, dass die zu lernenden Inhalte durch die Lehrperson didaktisch so treffsicher präsentiert werden, dass Lernende sich den Unterrichtsstoff interessiert und engagiert, weitgehend selbsttätig und mit allen Sinnen einzeln, zu zweit oder in einer Gruppe erarbeiten. Zu gutem Unterricht gehört heute weiterhin:

„- Eine Lehrerpersönlichkeit, die die Schüler zum Lernen anregt, sie dabei unterstützt und ihnen klare Handlungsregeln vermittelt
- eine anregende und fördernde Lernumgebung durch die Gestaltung des Klassenzimmers und durch die bereit gelegten Lernmaterialien
- eine positive Klassenatmosphäre, in der Akzeptanz, ein freundlicher Umgangston und ein soziales Miteinander herrschen
- eine Unterrichtsgestaltung mit methodischer Vielfalt, die auf selbsttätiges, eigenverantwortliches und handelndes Lernen der Schüler Wert legt" (Wiater 2005, 11).

[- Darüber hinaus sind auch Schülerinnen und Schüler als Koproduzenten des Lernens oder Lernpartner für die Entwicklung von Unterrichtsqualität zuständig. Denn Lernen setzt Selbsttätigkeit voraus; Lernende sind keine] „Schwämme, die Wissen bloß aufsaugen, was für ‚Verstehen' ohnehin ganz unmöglich wäre, sondern eher als Konstrukteure ihrer ‚Wissensbasis' und als Interpreten von Sinn und Bedeutung zu begreifen. Sie haben also ein eigenes Interesse an der kontinuierlichen Verbesserung der Qualität des Unterrichts. Wichtig ist, dass die Qualitätsstandards gemeinsam besprochen werden – zwischen Schülern und Lehrern ... Nur so werden sie zum Eigentum und erlangen Klarheit, Akzeptanz und Überprüfbarkeit" (Kempfert/Rolff 2005, 117f)

Damit verbunden ist eine Planungs- und Lehrkompetenz, die die unterrichtlichen Zielsetzungen mit geeigneten und sachdienlichen Unterrichtsformen zusammenführt. Dies beinhaltet z.B. die Berücksichtigung der Wechselseitigkeit und Veränderbarkeit didaktischer Vorgehensweisen, eine ausgewogen und zielorientiert konzipierte Unterrichtsplanung sowie eine reibungslose und schwungvolle Unterrichtsführung möglichst ohne „Warte- bzw. Leerzeiten“, die die Heranwachsenden zu einer Suche nach alternativen Handlungsanlässen veranlassen könnten (Hinsichtlich der „Merkmale guten Unterrichts“ sei an dieser Stelle insbesondere auf Kapitel 2 verwiesen). Die Überprüfung der Unterrichtsplanung und -durchführung dient dazu, den eigenen Unterricht einzuschätzen und zu bewerten, z.B. bezogen auf das eigene Handeln oder auf die vorhandenen Kategorien zur Unterrichtsplanung (vgl. Kiper/Mischke 2009). Wie kann die Qualität des Unterrichts schließlich erfasst werden? Zwei Gruppen der Unterrichtsevaluation lassen sich unterschieden:

- die Analyse des Unterrichtsprozesses auf der Grundlage seiner fachlichen, didaktischen und pädagogisch-psychologischen Qualität sowie
- die Erfassung und Bewertung seiner unterrichtlichen Effekte, des Unterrichtserfolgs (vgl. Helmke 2003b).

Helmke zufolge ist „die Orientierung am ‚Output‘, an der Wirksamkeit des Unterrichts letztlich entscheidend“, denn „dass der Unterricht an nachweislichen Effekten gemessen werden muss, darüber ist man sich heute weitgehend einig“ (Helmke 2003b, 8). Allerdings ist es seiner Ansicht nach ebenso unverzichtbar, „den Unterricht selbst zum Gegenstand beschreibender Erfassung und bewertender Urteile zu machen“ (ebd.). Beide Formen der Qualitätsfeststellung haben für die Weiterentwicklung des Unterrichts Bedeutung und sind miteinander zu kombinieren. Die systematische Unterrichtsauswertung ist kriteriengeleitet, datenbasiert und aufgabenbezogen. Neben der Unterrichtsverbesserung und der Erweiterung der eigenen Wahrnehmung von Unterricht dient sie der Kompetenzentwicklung angehender Lehrerinnen und Lehrer (Meyer 2010b).

5.3 Reflexion und Evaluation durchgeführten Unterrichts

Die Nachbereitung des erfolgten Unterrichts kann sich in zwei verschiedenen Weisen realisieren: durch die Unterrichtsreflexion, der eine Analyse vorausgeht und sich die vor allem (aber nicht ausschließlich) auf die Wahrnehmungen der Lehrperson selbst bezieht, sowie durch die Evaluation, die notwendigerweise als systematische Untersuchung durchgeführt wird.

5.3.1 Analyse und Beurteilung von Unterricht

Die Nachbereitung des Unterrichts erfolgt durch Unterrichtsanalyse und -reflexion:

- Die *Analyse des Unterrichts* umfasst die Beobachtung von Unterrichtsaspekten unter festgelegten Kriterien sowie durch Datengewinnung (z.B. über Beobach-

tungsverfahren wie Selbst- und Fremdbeobachtung oder Verfahren der Befragung). Einblicke in einzelne Aspekte werden beispielsweise gewonnen durch Unterrichtsvideografien oder anhand von teilnehmender Beobachtung im Unterricht. Dies ermöglicht ein vertieftes Verständnis über Unterrichtsprozesse und den Gewinn konkreter Kenntnisse über Einzelaspekte. Die theoriegeleitete Unterrichtsanalyse unterstützt die systematische Erfassung relevanter Faktoren.
- Die *Reflexion von Unterricht* umfasst die Auswertung der gewonnenen Daten durch Analysieren, Erklären und Interpretieren unter Berücksichtigung von Theorien über Unterricht. In der Erinnerung ungewöhnlicher Szenen, auffallender Ereignisse und abweichender Fälle überdenkt die Lehrperson ihr unterrichtliches Handeln mit der Intention der Weiterentwicklung (Kiper/Mischke 2009).

Oftmals finden Unterrichtsanalyse und Unterrichtsreflexion in sozialen Kontexten statt, die einer spezifischen Dynamik unterliegen. So weisen z.B. Kiper/Mischke (ebd.) darauf hin, dass bei der Analyse und Reflexion von Unterricht in der Ausbildungssituation Fragestellungen relevant werden, die das Phänomen Unterricht konkretisieren sollen.

> „Wenn der Unterricht unter dem Gesichtspunkt des Erwerbs von Kompetenzen (z.B. die des Lehrens) geplant und durchgeführt wird, ist die Unterrichtsnachbereitung (ebenso wie die Planung und Durchführung) manchmal in eine Bewertungssituation eingebunden, die beim Gespräch über den Unterricht einen offenen Diskurs erschwert. Wenn der Unterricht durch eine ausgewählte Person gehalten wird, die an der Unterrichtsanalyse und Unterrichtsreflexion beteiligt ist oder diese vornimmt, ist emotionale Involviertheit gegeben. Daneben spielen – wenn die Prozesse der Planung, Analyse und Reflexion in einer Gruppe vollzogen werden – gruppendynamische Effekte eine Rolle (vgl. Mühlhausen 2005)“ (Kiper/Mischke 2009, 171).

Deutlich wird, dass im Rahmen von Unterrichtsanalyse und -reflexion neben theoretischem auch personenbezogenes Lernen erfolgen sollte.
Für die selbst durchgeführte systematische Unterrichtsanalyse (die bis zur Unterrichtsevaluation erweitert werden kann), benötigt die Lehrperson aufgrund der Komplexität des Unterrichtsgeschehens eine ausreichende Grundlage an Beobachtungen, Videografien und Planungsdokumenten. Diese können u.a. unter folgenden Aspekten und Wirkfaktoren gegliedert, reflektiert und eventuell diskutiert werden:

- äußere Rahmenbedingungen der Unterrichtsstunde,
- Interdependenz der Planungsentscheidungen (Ziele, Inhalte, Methoden, Medien) untereinander und mit den Planungsbedingungen (anthropogene und soziokulturelle Vorgaben),
- Festlegung auf eine spezielle Unterrichtsform,
- Begründung für die Wahl des Inhalts bzw. einzelner Inhaltsaspekte sowie deren systematische Entfaltung in der Stunde,

- Beachtung der Prinzipien und Berücksichtigung der Qualitätsmerkmale von Unterricht,
- Passung der Feinziele, des Methodeneinsatzes, der Medienwahl sowie der Kommunikations- und Interaktionsformen,
- Lern- und Allgemeinverhaltensweisen der Schülerinnen und Schüler in der Klasse für sich allein sowie in Beziehung zum Verhalten des Lehrenden, ihre individuellen Lernstile und wie diese berücksichtigt wurden,
- Unterrichtsatmosphäre sowie sozial-emotionaler Umgang, das Reglement für das Schüler- und Lehrerverhalten sowie Disziplinierungsstrategien,
- Art des Agierens und Reagierens der Lehrenden sowie ihr Engagement,
- beabsichtigte und zufällige Lerneffekte der Stunde,
- tatsächlich realisierte Lernergebnisse und -entwicklungen der Heranwachsenden (in Anlehnung an Wiater 2011).

Nach Wiater (ebd.) gliedert sich eine Unterrichtsanalyse, deren Fokus auf der Klärung der Frage ruht, ob sich die Planung in der unterrichtlichen Umsetzung bewährt hat, in drei Ebenen:

1) *Inhaltsebene:* Im Vordergrund steht die Vermittlung von Sach- und Fachkompetenzen sowie überfachlicher Qualifikationen durch die Lehrenden.
   Klärende Fragestellungen betreffen z.B. die Begründung der Inhaltsauswahl. Zu bedenken ist, ob die ausgewählten Lerninhalten ausreichend anspruchsvoll, zum Weiterlernen auffordernd und die Kompetenzen der Heranwachsende fördernd sind? War die Expertise der Lehrperson ausreichend in Bezug auf die didaktische sowie fachwissenschaftliche Strukturierung und im Hinblick auf die Sachstruktur des Lerninhalts?
2) *Beziehungsebene:* Diese betrifft grundsätzlich die Art der Beziehungsgestaltung innerhalb der Klasse. Im Kontext der Planung konzentriert sie sich auf die Möglichkeiten, die Beziehung des Lehrenden zu den Lernenden auszuformen. In planerischer Hinsicht ist darüber hinaus die Selbstwahrnehmung des Lehrenden bedeutsam.
   War z.B. die Erfolgserwartung des Lehrenden angemessen gegenüber den einzelnen Heranwachsenden bezogen auf ihre Lernstile, Lernfähigkeiten und -bereitschaften? Wodurch signalisierte die Lehrkraft den Heranwachsenden ihr Interesse an ihnen und ihrem Lernerfolg?
3) *Die Lehr-Lern-Prozessebene:* Im Fokus der Aufmerksamkeit stehen objekt- und personenbezogene Interaktionen zwischen Lehrenden und Lernenden im Klassenverband sowie in individueller Perspektive.
   Verliefen Unterrichtsplanung und -durchführung analog? Wurde begründet von der Planung abgewichen? Hatten die Lernumgebung und ihre Gestaltung (eingesetzte Medien, Materialien) eine angemessene didaktische Qualität? (Wiater 2011, 236ff).

Professionelles Handeln von Lehrerinnen und Lehrern umfasst zwingend die Gegenüberstellung von Unterrichtsplanung und Unterrichtsdurchführung im Rahmen ihrer Nachbereitung. Die jeweiligen Wahrnehmungsprozesse während des Unterrichts sind die Grundlage für Handlungsentscheidungen (Gruber 2004). Im Gegensatz zum vorherrschenden Handlungsdruck während des Unterrichtsverlaufs, wenn Lehrpersonen kurzfristig im Widerhall vielfältiger Einflüsse entscheiden müssen, ist die Nachbereitung des Unterrichts im Allgemeinen hiervon frei. Vorkommnisse, Sachverhalte und Handlungsweisen können systematisch erinnert und durchdacht werden. Der Abgleich zwischen den ursprünglichen unterrichtlichen Intentionen und dem tatsächlichen Handeln der Heranwachsende wie Lehrperson im Unterricht schafft die Voraussetzung dafür, Planung und Vorgehensweise schöpferisch und ertragreich in einen Kontext zu bringen. Auf diese Weise kann die Nachbereitung neue Planungsaspekte hervorbringen, Wissen erweitern oder Kompetenzen generieren (Kiper/Mischke 2009).

Tab. 5: Strukturierung der Unterrichtsnachbereitung (in Anlehnung an Kiper/Mischke 2009, 172)

Vorgehen		
Unterrichtsplanung	**Unterrichtsanalyse**	**Unterrichtsreflexion**
Planung des Unterrichts und Festlegung der Schwerpunkte, die bei der Nachbereitung besonders berücksichtigt werden sollen.	Erheben von Daten aus dem Unterricht durch Beobachtungsverfahren; Verfahren der Befragung durch Festlegung, was beobachtet und analysiert werden soll; Festlegung der relevanten Kriterien, Teilaspekte.	Auswerten der Daten über den Unterricht durch Analysieren, Erklären, Interpretieren, Bewerten mit Blick auf Theorien über Unterricht.

In einer umfassend angelegten Unterrichtsnachbereitung wird die Planung kritisch überprüft und dem tatsächlich durchgeführten Unterricht gegenüberstellt. Der Unterrichtsverlauf wird beschrieben, analysiert und interpretiert, um die Probleme im Handlungsprozess selbstkritisch zu hinterfragen.

In der Unterrichtsreflexion verbindet sich Theoriewissen (verstanden als systematisch hergeleitete, z.T. auch empirisch abgesicherte Informationen über die Unterrichts-/Wirklichkeit) mit dem Erfahrungswissen (das persönliche, d.h. biografisch eingebundene, ganzheitliche und gefühlsbetonte Wissen der Lehrperson). Das Erfahrungswissen kann „Theoriesplitter“ aus dem Studium enthalten, es ist aber

> „kein verdünnter Aufguss des Theoriewissens, sondern eine eigenständige zumeist inhaltlich reiche, von der Lehrperson selbst hergestellt Wissensform und Handlungskompetenz (besteht aus der Fähigkeit, Unterrichts- und Erziehungsaufgaben sowohl in Routinesituationen als auch in neuen, nie zuvor erlebten und durchdachten Situationen zielorientiert,

taktvoll und unter Beachtung der institutionellen Rahmenbedingungen zu meistern)." (Meyer 2004, 137)

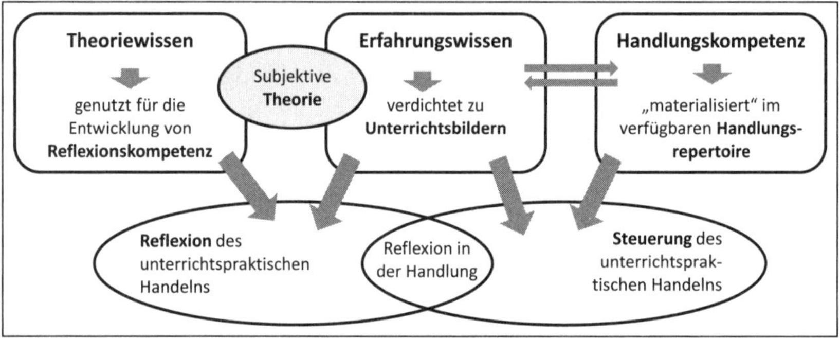

Abb. 54: Zusammenspiel von Theoriewissen, Erfahrungswissen und Handlungskompetenz nach Meyer (ebd.; die von Meyer so bezeichnete „persönliche Theorie" wurde durch „subjektive Theorie" ersetzt, um einen Anschluss an die entsprechenden wissenschaftlichen Theorien herbeizuführen)

Die eigenen Erfahrungen guten Unterrichts können durch eine reflektierende Distanz zur eigenen Praxis zu subjektiven Theorien weiterentwickelt werden (vgl. Meyer 2004). Um die Analyse zu systematisieren, sollte vorab ein Fragenkatalog erstellt werden, der den Prozess über die Zeit vergleichbar macht und der sich an den bisherigen Ausführungen des Kapitels orientiert. Folgende Fragestellungen können hierbei strukturierend wirken:

- Mit welcher *Zielsetzung* erfolgt die Auswertung? Unterschiedliche Ziele prägen die Nachbereitung auf verschiedene Weise.
- *Wer* führt die Analyse und wer die Reflexion durch? Z.B. die Lehrperson selbst, Lehramtsanwärter, Kollegen, die Schülerinnen und Schüler, eine Praktikantin/ein Praktikant?
- *Was* genau wird untersucht? Vergleich von Unterrichtsplanung und Unterrichtsverlauf? Prozesse des Unterrichtsverlaufs oder Produkte? Aufgrund seiner Überkomplexität lässt sich Unterricht nach einer Vielzahl von Aspekten untersuchen, z.B. bezüglich der Handlungsweisen von Lehrperson oder Lernenden, des Methodenwechsels, der Klarheit, der Unterrichtsatmosphäre, der Häufigkeit von Störungen u.a.m.
- Welcher *Qualitätsmaßstab* soll der Bewertung zugrunde liegen? Welche Bezugssysteme, Qualität haben die gesammelten Daten?
- *Wie* bzw. mit welcher Strategie soll die Unterrichtsanalyse stattfinden bzw. die erhobenen Daten ausgewertet und interpretiert werden? Möglich sind z.B. Schülerfeedback, kollegiale Hospitation, Notizen in ein Unterrichtstagebuch selbst durchgeführte Reflexionen u.a.m.

- Mit welchen *Instrumenten* sollen die Daten über die Stunde gewonnen werden? Wie soll die Auswertung erfolgen? Auch hier geht es um Bewertungskriterien bzw. Bezugssysteme der Bewertung, z.B. allgemein-didaktische und/oder fachdidaktische Kriterien, persönliche Leitbilder guten Unterrichts, formulierte Erwartungen und Hypothesen im Stundenentwurf, erfahrungsfundierte oder empirisch abgesicherte Vergleichsdaten (vgl. Meyer 2011, 217; Helmke 2010).

Tab. 6: Strukturierung von Unterrichtsanalyse und Unterrichtsreflexion (in Anlehnung an Kiper/Mischke 2009, 171; Wiater 2011)

Unterrichtsanalyse	**Unterrichtsreflexion**
Während der Lehrerausbildung geht es um den Erwerb von Kenntnissen in Unterrichtskontexten mit dem Ziel der Entwicklung eines Verständnisses über Unterricht als komplexes Geschehen bzw. der Theoriebildung. **Inhaltsebene** • Vermittlung von • Sach- und Fachkompetenz • überfachlichen Kompetenzen (zur Analyse gehören u.a. fachliche Angemessenheit, Zielsetzung, fachliche Aufbereitung, Passung zu den Lernvoraussetzungen der Heranwachsenden) **Beziehungsebene** • alle Beziehungen in der Klasse • Möglichkeiten der Beziehungsgestaltung (z.B. Dramaturgie, Interaktionsstrukturen) **Lehr-Lern-Prozessebene** • objekt- und personenbezogene Interaktionen zwischen Lehrenden und Lernenden (Lehr- und Lernprozess, Steuerung des Verlaufs, Aufgabenstellungen u.a.m.)	Ziel ist das planvolle Nachdenken über Szenen, Einzelereignisse, Fälle und/oder das eigene professionelle Handeln, um dieses zu verbessern. Die Reflexion geht aus von durch den Unterricht induzierten und selbst gewählten Gesichtspunkten. Sie erfolgt in Form von Monologen, setzt sich mit den realisierten Handlungen auseinander und fragt nach Alternativen. Auch die Unterrichtsreflexion befasst sich schwerpunktmäßig mit der Inhaltsebene, der Beziehungsebene und der Lehr-Lern-Prozessebene.

5.3.2 Evaluation von Unterricht

Die Deutsche Gesellschaft für Evaluation (DeGEval 2004) bezeichnet Evaluation als „die systematische Untersuchung des Nutzens oder Wertes eines Gegenstandes. … Die erzielten Ergebnisse, Schlussfolgerungen oder Empfehlungen müssen nachvollziehbar auf empirisch gewonnenen qualitativen und/oder qualitativen Daten beruhen“ (ebd., 15). Vier grundlegende Standards kennzeichnen Evaluationsvorhaben:

1) *Nützlichkeit.* So soll eine Evaluation sich immer am Zweck und Informationsbedarf derjenigen orientieren, die die zu gewinnenden Ergebnisse für ihre weitere Arbeit nutzen wollen (Ziel- und Zweckorientierung),
2) *Durchführbarkeit* spricht die Wahl des Verfahrens an, mit dem man zu einem Bestimmten Ergebnis kommt. So sollten die gewählten Verfahren einerseits dem Untersuchungsgegenstand und den erwarteten Ergebnissen entsprechen; andererseits sollten der entstehende Aufwand und das zu erzielende Ergebnis in einem sinnvollen Verhältnis zueinander stehen.
3) *Fairness bzw. Neutralität* meint eine unparteiische Durchführung und Berichterstattung, womit auch das Recht auf Persönlichkeitsschutz in der Evaluation angesprochen wird. So sollte eine Überprüfung vollständig sein und die Daten sowie Ergebnisse allen Beteiligten zugänglich gemacht werden.
4) *Genauigkeit/Sorgfalt.* Neben einer konkreten Beschreibung des Evaluationsgegenstandes sollte eine umfassende Kontextanalyse stattfinden sowie eine genaue Beschreibung von Zweck und Vorgehen.

Der Datenerhebung und -auswertung folgt eine systematische Fehlerprüfung. Die verwendeten Informationsquellen sind vollständig anzugeben, die Analyse der qualitativen und quantitativen Informationen sollte zu begründeten Schlussfolgerungen führen (ebd.). Die Evaluation orientiert sich an konkreten Zielsetzungen, die zugleich ihre Planung und Durchführung steuern. Sie folgt dabei dem Bedürfnis nach Erkenntnisgewinn, um über mehr und detailliertere Kenntnisse zu einem Sachverhalt (in diesem Fall somit dem Unterricht) zu verfügen. Diese Erkenntnisse und ihre Bewertung ermöglichen wiederum einen fundierten Austausch mit anderen Personen (Experten, Interessierten, Betroffenen). Zugleich können sie helfen, den Einsatzerfolg von Strategien, Methoden oder Medien zu überprüfen. In der Schulpädagogik bezeichnet Evaluation die Begutachtung sämtlicher schulbedeutsamer Zusammenhänge auf der Basis „einer systematischen Sammlung, Analyse und Bewertung dazu erhobener Daten und Informationen" (Wiater 2005, 8) um daraus begründete und für die Weiterarbeit hilfreiche Konsequenzen zu ziehen. Wird Evaluation als systematische alltägliche Vorgehensweise wahrgenommen, stellt sie einen wichtigen Beitrag zur Unterrichtentwicklung dar. Letztere umfasst nach Bastian (2007, 6) „alle systematischen und gemeinsamen Anstrengungen der am Unterricht Beteiligten, die zur Verbesserung des Lehrens und Lernens und seiner schulischen Bedingungen beitragen". In der täglichen Praxis haben Unterrichtsreflexion, -analyse und -evaluation viele Gemeinsamkeiten; für die Evaluation charakteristisch ist, dass die Qualität und Effekte des Unterrichts systematisch auf der Grundlage einer konkreten Reihe erfasster Schülerdaten und Schülerprodukte aufbauen, die im weiteren an Hand vorgegebener Kriterien und Standards analysiert und ausgewertet werden. Dieses Vorgehen macht die Evaluation objektiver als andere Formen der Unterrichtsnachbereitung.

Evaluation wird einer bestimmten Systematik folgend geplant und durchgeführt, dabei unterscheidet man allgemein zwischen

1) *interner* und *externer Evaluation*:
   Die an der Evaluation Beteiligten sammeln bei der internen Evaluation, gelegentlich mit Unterstützung von Kolleginnen sowie Kollegen oder „critical friends", selbst die Informationen und Daten und werten diese auch in gleicher Weise aus. Zur Erhöhung der Zuverlässigkeit der Aussagen ist zu beachten, dass die Informationen, die von den Lehrpersonen zu ihrem eigenen Unterricht gegeben werden, durch korrespondierende Angaben der Schülerinnen und Schüler, eingesetzte Ratingbögen, Checklisten, Inventare und/oder durch Videographien des Unterrichts ergänzt werden sollten. Die interne Evaluation kommt der Unterrichtsreflexion am nächsten.
   Bei der externen Form werden die relevanten Daten und Informationen durch schulexternes Personal ermittelt (z.B. Schulaufsicht, Wissenschaftler, Kollegen oder Personen anderer Schulen, Eltern, Prüfunternehmen), anschließend von diesen analysiert und bewertet, um Maßnahmen zur Effizienzsteigerung zu empfehlen.
2) *Prozess-Evaluation* und die *Produkt-Evaluation*:
   Im Rahmen einer Evaluation können sowohl die Ergebnisse und Effekte von Schule und Unterricht (output, outcomes), als auch die dazu führenden Prozesse untersucht werden.
3) *formative* und *summative Evaluation*:
   Die formative Evaluation dient der Überprüfung spezieller Lernphasen aus förderdiagnostischen Gründen; im Kontext der summativen Evaluation wird der Abschuss eines Projekts, Lehrgangs oder Schuljahrs untersucht (Wiater 2005; Schmidt/Perels 2010).
4) Wiater (2005) benennt darüber hinaus die *Strukturevaluation*, bei der die Rahmenbedingungen des Lehr-Lern-Prozesses als ursächlich für dessen Verlauf und Ergebnis betrachtet werden. Als Bezugsnormen einer derartigen Evaluation sind beispielsweise möglich:
   - andere Lehrerinnen und Lehrer, Schulen, Bundesländer, Heranwachsende (soziale Bezugsnorm),
   - Vergleiche mit früheren Zeiträumen bei derselben Lehrkraft, denselben Lernenden, derselben Schule oder demselben Bundesland (individuelle Bezugsnorm) sowie
   - eine Überprüfung an vorabdefinierten Zielen oder Kriterien (kriteriale Bezugsnormen) (ebd.).

Eine geordnete und strukturierte Perspektive auf ihren Unterricht sowie eine planmäßige Aussagekraft über das Vermögen und die Belastbarkeit ihrer Planungen gewinnt die Lehrperson, wenn sie

- Schlussfolgerungen aus den mündlichen, schriftlichen und praktischen Leistungsergebnisse der Lernenden für ihren Unterricht zieht;
- eine umfassende Fehlerdiagnostik auf die Ergebnisse der Schülerarbeiten anwendet;
- die real vorhandene Lernausgangslage der Heranwachsenden mit der ihnen unterstellten Anfangskompetenz abgleicht;
- die Bewertungen der Schülerinnen und Schüler über den von ihr durchgeführten Unterricht selbstkritisch und konstruktiv aufarbeitet;
- einen Abgleich vornimmt zwischen den Lernergebnissen der Lernenden in leistungsfreien und selbstbestimmten Lernphasen mit den Ergebnissen in von der Lehrperson entworfenen Leistungsüberprüfungen.

Bedeutsam ist darüber hinaus, dass die Lehrerin oder der Lehrer sich die Bewertungskriterien Externer für ihren Unterricht zu eigen macht (z.B. aus Evaluationsbögen entnommen). Evaluiert werden können schließlich alle Faktoren, Personen sowie Tätigkeitsfelder der Schule, der Tagesverlauf ebenso wie der Verlauf einer Woche oder eines Schuljahrs. Jedwede Handlungen der Beteiligten, das Lern-, Arbeits- und Sozialverhalten von Schülerinnen und Schülern bzw. von Schülergruppen aber auch das Lehr-, Arbeits- und Sozialverhalten der Lehrpersonen, die im Unterricht eingesetzten Lehr- und Lernformen sowie ihre Effektivität, die Lehr-Lern-Kultur, das Klima in der Klasse sowie an der Schule insgesamt, die Einstellung der Heranwachsenden und Lehrpersonen zum schulischen Lernen und Arbeiten, Prozesse und Produkte von Lernverläufen im traditionellen wie auch im innovativen Unterricht, kognitive, emotional-soziale und pragmatisch-motorische Leistungen der Lernenden, der Umfang ihrer Selbststeuerung, Selbstständigkeit sowie Eigenverantwortlichkeit und vieles andere mehr (vgl. Wiater 2005; Helmke 2010; Meyer 2011). Auf diese Weise schafft die Evaluation eine gewisse Verbindlichkeit. Sie gibt Aufschluss über die Entwicklung von Innovationsprojekten, bietet eine Wissensgrundlage für die Selbstreflexion und beugt dem Vergessen von Vereinbarungen vor.

Tab. 7: Verschiedene Formen der internen und externen Evaluation

Evaluation des Unterrichts	**Interne Evaluation**	Selbstreflexion
		Selbstevaluation
	Externe Evaluation	Peer-Review
		Schulaufsicht
		Schulleitung
		Schülerinnen und Schüler
		Eltern

Im Kontext der in unserer Veröffentlichung im Vordergrund stehenden internen Evaluation wird im Folgenden auf die Selbstreflexion und Selbstevaluation eingegangen. Die *Selbstreflexion* legt den Schwerpunkt auf Überlegungen zum eigenen Handeln und Verhalten. Kritische und selbstkritische Betrachtungen sollen ein vertieftes Verständnis der schulischen und unterrichtlichen Wirklichkeit ermöglichen. Das reflektierende Erkennen wie auch die Selbstwahrnehmung implizieren, dass man die selbstbezüglich und fremdbezüglich gewonnenen Erfahrungen in Beziehung setzt mit Theorien zur Interaktion und Kommunikation, zur Qualität von Schule und Unterricht sowie zu seiner persönlichen Entwicklung; die auf das Selbst bezogene Einordnung und Strukturierung macht diese aussagekräftig und intersubjektiv nachvollziehbar. Im Kontext der *Selbstevaluation* wird darüber hinaus der Faktor subjektiv gewonnener Daten und Informationen bedeutsam, im Sinne einer selbst vorgenommenen „Dokumentation wesentlicher Planungen, Prozesse und Ergebnisse der eigenen Arbeit" (Belardi 2000, 23), die von Dritten kontrolliert wird. Der Selbstevaluation dient als Fundament für die Erfassung und Einschätzung von Fakten über Prozesse, Ergebnisse und Effekte schulischer Arbeit zur Bewusstmachung der eigenen Ziele und Leistungen der Lehrperson, aber zugleich auch zur Ermittlung des schulischen Outputs (vgl. Wiater 2005).
Selbstreflexion und Selbstevaluation stellen grundlegende Elemente der internen Unterrichts- und Schulevaluation dar, deren Ziel das Entschlüsseln, Interpretieren und Auswerten der eigenen Handlungen in unterrichtlichen und erzieherischen Interaktionsprozessen, im Rahmen der Kooperation oder in der Klassenführung ist. Sie realisieren sich, wenn der Lehrende sich selbst als lernfähig ansieht und die berufliche Arbeit als Gelegenheit persönlicher Entwicklung wahrnimmt. Thema sind das eigene Berufsverständnis, die berufliche Handlungs- und Interaktionskompetenz sowie die kommunikative Beziehung zu den Lernenden, Kolleginnen und Kollegen oder auch inhaltliche Vermittlungsaspekte sowie das verfügbare Methodenspektrum. Neben einer Erweiterung der beruflichen Kompetenz verfolgen beide Prozesse eine persönliche Weiterentwicklung der Lehrerinnen und Lehrer. Daher darf es sich nicht auf das reine Sammeln und Abarbeiten von Daten und Praxiserfahrungen beschränken, vielmehr ermöglicht Evaluation, aus Erfahrung systematisch zu lernen. Denn eine Entwicklungschance bieten Selbstreflexion und Selbstevaluation erst dann, „wenn die Erfahrungen verarbeitet und als Einsichten und Verhaltensänderungen in das persönliche Verhalten integriert werden, d.h. diese entscheidend verändern" (Kullmann 2000, XIVf).

Selbstreflexion

Beispielhaft können hierfür folgende Fragestellungen eingesetzt werden:

- Inwieweit war mein vorab skizzierter Unterrichtsverlauf zweckmäßig? Was fehlte bzw. was hätte ich weglassen können?

- Was gelang bei der Realisierung meines Plans mühelos, was erwies sich als kompliziert und warum?
- An welchen Punkten und in welchem Umfang ließ meine Unterrichtsplanung genug Spielraum für ein flexibles und geschicktes Reagieren in unerwarteten Situationen?
- In welcher Hinsicht ermöglichte mir meine Planung genügend Freiraum, um auf die Heranwachsenden mit ihren Bedürfnissen, Anliegen, Fragen und Vorstellungen ausreichend eingehen zu können?
- Wenn ich von meiner Planung abgewichen bin: Warum? Waren es inhaltliche Gründe? Lag die Ursache in den ausgewählten Methoden und Medien? Handelte es sich um eine Reaktion auf (störendes) Verhalten von Schülerinnen und/oder Schülern?
- Was in der Stunde war für mich belastend oder anstrengend? Lässt sich das in zukünftigen Planungen berücksichtigen?
- War für die Lernenden die Zielsetzung der Stunde erkennbar und wurde sie von ihnen erkannt? Passte die Zusammenstellung der Kompetenzziele und des Lerninhalts für die Heranwachsenden? Waren die gewählten Methoden angemessen? Entsprachen die verwendeten Medien den Bedürfnissen und Ansprüchen der Schülerinnen und Schüler?
- Welche Konsequenzen ziehe ich für die Planung zukünftiger Unterrichtsstunden? (vgl. Wiater 2011; Meyer 2010b)

Als systematische prüfende Betrachtung sollte die Selbstreflexion stets schriftlich erfolgen. Diese Vorgehensweise zwingt einerseits zu Logik und Systematik in der Verrichtung, sie hat Dokumentationscharakter und ermöglicht, dass die Ergebnisse der Reflexionen aus unterschiedlichen Zeitabschnitten miteinander verglichen werden können.

Aktions-Reflexions-Spirale

Bezüglich der Frage, was eine professionelle Kraft vom Anfänger unterscheidet hat Schön (1983) bei Ersterem die Fähigkeit herausgearbeitet, in allen Lebenslagen den jeweils angemessenen Reflexionstypus anzuwenden und auf diese Weise die Stärken des jeweiligen Reflexionstypus für die Analyse und Weiterentwicklung der eigenen Praxis auszunutzen. Drei unterschiedliche Typen konnte Schön konkretisieren (vgl. Altrichter/Posch 2007, 327ff):

- *Reflexionstyp 1: Unausgesprochenes-Wissen-in-der-Handlung.* Während des Unterrichts werden Handlungs- und Reflexionsroutinen eingesetzt, die sehr schnelles Reagieren auf unerwartete Ereignisse ermöglichen. Überwiegend sind diese nicht bewusst, können dies aber im Fachgespräch werden.
- *Reflexionstyp 2: Reflexion-in-der-Handlung.* Das plötzliche Hereinbrechen unerwarteter Situationen, die mit den Routinen nicht gelöst werden können, geht einher mit besonderen Herausforderungen und Inspirationen. Die überraschen-

den Unterrichtssituationen stellen oftmals die verinnerlichten Handlungsweisen in Frage und nötigen zu einer Neubewertung, die möglicherweise schon einen Teil der Problemlösung darstellt.

- *Reflexionstyp 3: Reflexion-über-die-Handlung*. Retrospektiv wird das eigene Unterrichtshandeln frei vom Handlungsdruck reflektiert. Für besonders beziehungsreiche und komplexe Fragestellungen ist dieser Typus ein wesentliches Fundament.

Reflexionskompetenz bedeutet in Konsequenz die situationsadäquat angemessene Wahl des passenden Reflexionstypus. Die solcherart kompetente Lehrperson betrachtet ihr Handeln aus reflexiver Distanz und entwickelt Problemlösungen für bislang ungelöst erscheinende Fragestellungen. Die Reflexionskompetenz professioneller Lehrerinnen und Lehrer beruht auf regelmäßig wiederholter und kontrollierter Rotation zwischen Aktion und Reflexion (Altrichter/Posch 2007, 17), die sich entwickelt zu einer „hoffentlich nach oben führende(n) – Spirale. … Die Aktions-Reflexions-Spirale hilft uns, das Theoretisieren zu lernen und das eigene Handeln zu verbessern – und das ist viel sinnvoller als das im Studium vorherrschende bloße Zur-Kenntnis-Nehmen des Theoriewissens der Hochschullehrer“ (Meyer 2010b, 224f). Sie ist somit eine zentraleBrücke zwischen Wissen und Können.

Unterrichtsevaluation

Nach Helmke (2010) kann Evaluation als der Prozess aber auch das Ergebnis der Beurteilung eines Produktwertes, Prozessergebnisses oder einer Programmqualität betrachtet werden. Der Einsatz eines Gütemaßstabs ist bedeutsam, damit eine Verbesserung des Produkts etc. erfolgen kann. Zum Konzept der Evaluation gehören:

„(1) [die] systematische Erfassung
(2) der Durchführung oder der Ergebnisse
(3) eines Programms oder einer Maßnahme,
(4) verglichen mit vorgegebenen Standards, Kriterien, Erwartungen oder Hypothesen
(5) mit dem Ziel der Verbesserung des Programms oder der Maßnahme“ (Helmke 2010, 268f).

Allgemein verlaufen Evaluationen nach einem charakteristischen Schema. Begonnen wird mit der konzeptionellen Vorbereitung der Durchführung einer Evaluation. Neben der Festlegung einer Zielsetzung erfolgt die Bestimmung der konkreten Zielgruppe. Im Kontext der Organisation der Durchführung werden Fragen bezüglich des veranschlagten zeitlichen Rahmens, der Finanzierung, des erforderlichen Personals, notwendig einzuholender Genehmigungen u.a.m. geklärt. Für die Datenerhebung sind schließlich die eingesetzten Instrumente festzulegen (Tests, Fragebögen, Interviews, Statistiken). Anschließend erfolgen Analyse und Interpretation der Daten, gefolgt von dem Dateneinsatz für mögliche Veränderungen.

Eine Umgestaltung des Evaluationsprogramms erfolgt im Rahmen einer Feedback-Schleife. Kempfert/Rolff (2005) stellen diesen Prozess als einen Zielkreislauf für die Schulentwicklung dar, der sich auch auf die Unterrichtsentwicklung der einzelnen Lehrperson übertragen lässt. Die operative und somit maßgebliche Ebene ist hierbei die des Lernens durch Unterricht (ebd.):

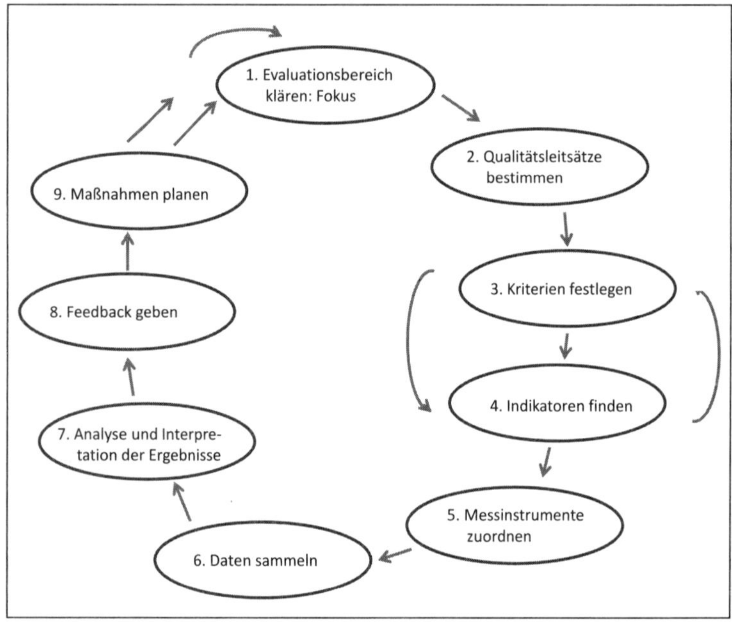

Abb. 55: Zielkreislauf für die Schulentwicklung: Lernen durch Unterricht (Kempfert/Rolff 2005)

In diesem Modell wird konkret auf die einzelnen Schritte des Evaluationsprozesses eingegangen, an deren Beginn zunächst die Festlegung des zu untersuchenden Bereichs und die ihn auszeichnenden Qualitätssätze stehen. Nachdem diese über Kriterien sowie zugehörige Indikatoren konkretisiert wurden, erfolgt die Datensammlung mit den für die Fragestellung angemessenen Erhebungsinstrumenten. Anschließend gehen die Daten in die Analyse und Interpretation ein. Wichtig für den weiteren Verlauf des Prozesses sind schließlich die aus der Auswertung sich ergebenden Maßnahmen und ihre Umsetzung (Kempfert/Rolff 2005).

Selbstevaluation von Lehrerinnen und Lehrern

Im Prozess der Selbstbeobachtung sammelt eine Lehrperson Daten aus eigener Initiative über sich selbst. Sie analysiert diese und reflektiert über die Ergebnisse. Optimaler Weise leiten sich darüber hinaus geeignete Maßnahmen daraus her. Auch die

Datenweitergabe an ausgewählte Personen mit dem Auftrag eines Feedbacks gehört zur Selbstevaluation.

5.3.3 Modelle professioneller Praxisforschung

Analyse des Unterrichtsprozesses

Meyer (2010) wiederum hat die systematische Auswertung des Unterrichts in sechs Schritten zusammengefasst, orientiert an Prozessmodellen der Praxisforschung, wobei er die Auswertung in einem engen Begriffsverständnis verwendet:

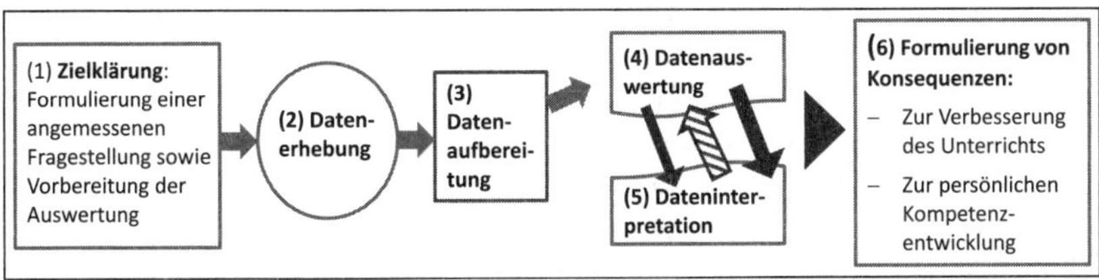

Abb. 56: Prozessmodell: Sechs-Schritte-Schema nach Meyer (2010, 220)

Meyer (ebd.) macht darauf aufmerksam, dass in der Unterrichtsauswertung diese Reihenfolge häufig nicht eingehalten wird. So fällt es oft schwer, Datenauswertung und Dateninterpretation voneinander zu trennen. Ein besonders sensibler Moment in diesem Kontext ist der Auswertungsbeginn. Hier sollten Pauschalurteile unbedingt gemieden werden, denn sie vereiteln die Möglichkeit des Erkenntnisgewinns. Diese können sich in „belastbarer" Form ausschließlich durch eine kriteriengeleitete und methodisch kontrollierte Datenerhebung und -aufbereitung einstellen (ebd., 220). Folgende Untersuchungsschritte strukturieren die Selbstreflexion:

„(1) Wahrnehmen und beobachten,
(2) erklären, deuten, verstehen,
(3) handeln. Die Selbstevaluation ergänzt diese Vorgehensweise um die Aspekte
(4) messen,
(5) beschreiben
(6) vergleichen, analysieren, bewerten und
(7) diskursiv besprechen" (Wiater 2005, 16).

Worauf bezieht sich die Evaluation?

Wird der Unterricht evaluiert, gilt es zunächst zu klären, wessen Perspektive zum Tragen kommt, d.h. wer befragt wird. In Frage kommen zunächst

- Lehrerinnen und Lehrer,
- Schülerinnen und Schüler,
- Kolleginnen und Kollegen (der eigenen Schule, anderer Schulen), „Peers",

- Schulleitung,
- Schulaufsicht,
- Eltern,
- Dritte (z.B. Experten, die Videoaufnahmen des Unterrichts beurteilen).

Sicherlich spricht im Sinne eines vielperspektivischen Blickwinkels einiges dafür, die Betrachtung möglichst breit zu streuen und zahlreiche Personen bzw. Personengruppen hinzuzuziehen. Zu berücksichtigen ist jedoch, dass mit der Zunahme der verschiedenen Perspektiven, die miteinander in Beziehung gesetzt werden, die gewonnene Momentaufnahme zwar nuancenreicher, möglicherweise aber zugleich widerspruchsvoller wird (vgl. Clausen 2002). Dennoch können zwei Blickwinkel im Besonderen als tragfähig bezeichnet werden: die Stellungnahme zum Unterricht durch die Lernenden selbst, und die Selbstbewertung des Unterrichts durch die Lehrperson (vgl. Helmke 2003b).

Evaluiert werden kann eine konkrete Unterrichtsstunde oder der „durchschnittliche" bzw. „typische" Unterricht. Für die kumulative Evaluation ist eine Durchschnittsbildung über verschiedene Stunden und Situationen hinweg notwendig. Bei der Befragung von Schülerinnen und Schülern kann danach unterschieden werden, wie die Heranwachsenden selbst den Unterricht einschätzen und, wie die Klasse als Ganzes den Unterricht bewertet. Auch wenn in beiden Fällen die Angaben aller Lernenden einer Klasse zu Mittelwerten zusammengefasst werden, können sie unterschiedliche Aspekte erfassen. Die Breitbanddiagnose unterstützt die Erstellung eines weiten Profils, wohingegen eine Ausschnittsbeleuchtung die Vertiefung eines (z.B. besonders heiklen oder schwierigen) Bereichs anstrebt. Schließlich kann der Unterricht einer bestimmten Lehrperson untersucht oder die Bewertung aller Lehrpersonen allgemein an einer Schule angestrebt werden (letztes wird im Rahmen dieses Kapitels nicht weiter verfolgt). Beide Optionen werden mit unterschiedlichen Fragestellungen und Zielperspektiven in der Unterrichtsforschung angewendet. Sehr grundlegend und mannigfaltig einsetzbar zur Selbstevaluation ist das IQES-Konzept (Brägger/Posse 2007). Die „Schritte des Entwicklungs- und Evaluationszyklus" werden fundiert und umfassend dargestellt:

Tab. 8: Schritte des Entwicklungs- und Evaluationszyklus (Helmke 2010, 271f; in Anlehnung an Brägger/Posse 2007)

Schritte des Entwicklungs- und Evaluationszyklus:	
Entscheiden	Standort bestimmen Entwicklungsschwerpunkt festlegen Umsetzungsideen austauschen Ziele formulieren

Schritte des Entwicklungs- und Evaluationszyklus:	
Planen	Projekt skizzieren Kommunikationskonzept entwickeln Voraussetzungen prüfen Stärken und Schwächen des Vorgehens analysieren Erfolgsindikatoren festlegen Evaluationsmaßnahmen planen
Handeln – Lernen	Q-Gruppen und Unterrichtsteams bilden Q-Projekte umsetzen Lehrer-Schüler-Trainings durchführen
Überprüfen	Feedback geben und nehmen Prozesse und Ergebnisse dokumentieren Evaluation vorbereiten
Evaluation vorbereiten	Evaluationsbereich festlegen Ziele der Evaluation klären Qualitätsindikatoren vereinbaren Spielregeln und Ablauf der Evaluation festlegen
Daten sammeln	Evaluationsinstrumente auswählen Datensammlung durchführen Ergebnisse aufbereiten
Analysieren	Daten kommunizieren Ergebnisse reflektieren und analysieren Erkenntnisse formulieren
Konsequenzen festlegen – Bericht erstatten	Konsequenzen vereinbaren Prioritäten setzen Qualitätsbericht schreiben
Implementieren	

Zumsteg et al. (2007) haben einen Leitfaden zur Unterrichtsevaluation entworfen, in dem sie, die obigen Ausführungen zusammenführend, folgende Schritte beschreiben:

- *Planung und Durchführungsvergleich, Zielerreichung einschätzen*
  Beziehungen herstellen zwischen den ursprünglichen Planungsabsichten und der konkreten Unterrichtsdurchführung; rückblickend Abweichungen von der Planung begründen, im Anschluss an die Unterrichtsstunde, inwieweit die fachlichen, personalen, überfachlichen und sozialen Lernziele erreicht wurden.
- *Fachliches und Fachdidaktisches kritisch überprüfen*
  Sich retrospektiv vergewissern, ob die Unterrichtsinhalte sachlich richtig und plausibel waren, inwieweit sie für die Heranwachsenden nachvollziehbar wurden, ob Darstellung und Vermittlung fachdidaktisch angemessen waren.

- *Effekte der Lehr-Lern-Arrangements analysieren*
  Kontrollieren, ob die gewählten Lehr-Lern-Arrangements die erwünschten Wirkungen auf das Lernen der Heranwachsenden hatten oder nicht, Optimierungsbedarf konkretisieren. Konsequenzen daraus herleiten für eine adaptive Gestaltung und Weiterentwicklung der gewählten Lehr-Lern-Arrangements.
- *Lehr-Lern-Passung überprüfen*
  Erwägen, in welchen Unterrichtsphasen eine optimale Passung zwischen der eigenen Lehraktivität und den Lernprozessen der Heranwachsenden gut, in welchen dies weniger gut gelungen ist und warum. Konsequenzen daraus ziehen hinsichtlich einer schülerorientierten und lernförderlichen Lernbegleitung.
- *Persönliche Wirkung entfalten*
  Die eigene Wirkung reflektieren in Bezug auf selbständiges Lernen, vielfältige Motivierung, effiziente Klassenführung und ein lernförderliches sowie unterstützendes Unterrichtsklima.
- *Entwicklungsziele formulieren*
  Die eigenen fachlichen, didaktischen, methodischen, organisatorischen und erzieherischen Entwicklungsziele und -notwendigkeiten aufstellen und in Form von konkreten Umsetzungsvorschlägen für weiteres Planen und Handeln formulieren.
- *Unterricht systematisch evaluieren*
  Überdenken, wie diese intuitiven Momentaufnahmen und persönlichen Einschätzungen durch systematische Evaluation ergänzt werden kann. Teil der systematischen Evaluation sind Rückmeldungen von Schülerinnen und Schülern sowie von Fachpersonen und weiteren Beteiligten.

Eine Datensammlung bezogen auf Aspekte der Unterrichtsqualität ist mit einer Vielzahl von Methoden möglich, eingesetzt von verschiedenen Akteuren aus den unterschiedlichsten Blickwinkeln. Es bietet sich daher an, Evaluationen nicht auf eine einzige Methode oder einen einzigen Empfänger einzuengen. Vielmehr sind Kombinationen zwischen Methoden anzustreben, da jede einzelne ihre Schwächen hat, ebenso wie jeder Adressat seine Forschungslücke bei der Unterrichtsbeurteilung mitbringt. Informationen über den eigenen Unterricht sollten daher nicht nur mit einer einzigen Methode erhoben werden. Für die Erfassung des Unterrichts steht das gesamte Spektrum sozialwissenschaftlicher Erhebungstechniken zur Verfügung.

5.3.4 Unterrichtsevaluation durch Schülerinnen und Schüler

Umfangreiche Forschungen in den vergangenen Jahrzehnten (vgl. Buhren 1999) korrespondieren in dem Ergebnis, dass Schülerinnen und Schüler in hohem Maße Experten für die pädagogische und didaktische Unterrichtsqualität sind (vgl. auch

Jank/Meyer 2011). Die Vorteile eines Schülerfeedbacks werden von Kempfert/ Rolff (2005, 149) folgendermaßen zusammengefasst:

- Schülerbeobachtungen sind keine Momentaufnahmen, sondern beinhalten immer eine aus der Erfahrung in der längeren Zusammenarbeit mit dem Lehrer gewonnene Erfahrung.
- Schüler kennen auch andere Lehrer und insofern sind Vergleichsmaßstäbe vorhanden (wenn auch für den Lehrer nicht ersichtlich).
- Die im Vergleich zu externen Beobachtern größere Anzahl verringert durch die Aggregierung der Daten die Subjektivität der Gesamtaussage.
- Der Unterricht wird nicht vom Beobachter „gestört" und das Ergebnis somit nicht beeinflusst.
- Lehrpersonen erhalten ein Feedback zu den Auswirkungen ihres Handelns von den direkt Betroffenen.
- Unterrichts-Feedbacks von Schülern sind weniger zeitaufwändig als solche von externen Beobachtern und vor allem kostengünstig.
- Und zudem sind Einschätzungen von Schülern auch nicht viel subjektiver als die Beobachtungen der Lehrpersonen.

Diese Vorteile wirken sich wiederum auf die Lehrenden und die Lernenden aus. So kann konstatiert werden, dass Lehrerinnen und Lehrer Rückmeldungen über ihren Unterricht sowie seine Lerneffektivität erhalten und vor diesem Hintergrund ihre Arbeit zielgenau optimieren können. Darüber hinaus erfährt die Tätigkeit der Lehrpersonen eine Wertschätzung. Lehrerinnen und Lehrer befinden sich nicht mehr im Fokus einer negativen Aufmerksamkeit und tragen nicht weiterhin allein die Verantwortung für das Gelingen des Unterrichts. Daher haben diese im Allgemeinen eine positive Haltung gegenüber Evaluationen, fühlen sich entlastet und spüren häufig eine höhere Arbeitszufriedenheit (ebd.). Die Heranwachsenden hingegen entwickeln ein Bewusstsein ihrer eigenen Verantwortung für die Lernzielerreichung und erfahren ihrerseits eine Rückmeldung über die Wirksamkeit ihres Lernens. Weiterhin erleben Schülerinnen und Schüler, dass ihr Erleben geschätzt wird und sie Einfluss nehmen können. Hierdurch können sie ebenfalls gezielt ihre Lernleistung optimieren. Auf diese Weise erfahren Schülerinnen und Schüler Unterricht als ein Angebot, über dessen Lerneffektivität sie letztlich selbst die Entscheidung treffen (vgl. ebd.). Für Kempfert/Rolff (2005) ist daher das „reziproke Feedback" in der beschriebenen Weise unter Zugrundelegung des Angebot-Nutzungsmodells nach Helmke (2011) als gegenseitiges Feedback zwischen Lehrpersonen und Heranwachsenden zu bevorzugen. Der folgende Ausschnitt gibt ein Beispiel für einen reziproken Fragebogen (Kempfert/Rolff 2005, 152; in der genannten Quelle finden sich weitere Beispiele):

Tab. 9: Beispiel eines reziproken Fragebogens (Kempfert/Rolff 2005, 152)

Standards/Kompetenzen	Trifft völlig zu	Trifft zu	Trifft eher nicht zu	Trifft überhaupt nicht zu	Beispiel(e)/ Bemerkungen
Prüfungsverhalten					
Unsere Lehrperson kündigt die Tests rechtzeitig an					
Sie räumt vor jedem Text Fragemöglichkeiten ein					
Sie korrigiert die Tests innerhalb einer nützlichen Frist					
Die Tests werden besprochen					
Die Kriterien der Testbewertung sind bekannt					
…					
Ich habe mich auf die Prüfung vorbereitet					
Ich habe der Lehrperson vor dem Test Fragen gestellt					
Ich hatte alle Unterlagen zur Prüfungsvorbereitung beisammen					
Ich habe die Fehler nach der Rückgabe korrigiert					
…					

5.3.5 Methoden und Verfahren der Unterrichtsanalyse

Notwendig ist zunächst die Klärung der Ziele, d.h. welchen Bereich soll die Evaluation untersuchen, wo besteht eine Kenntnislücke? Daraus ergibt sich, was konkret untersucht werden soll, was durch eine zentrale Fragestellung zusammengefasst wird. Möglicherweise bestehen auch Hypothesen oder Vermutungen, die überprüft werden sollen. Daran an schließt sich die Festlegung von Kriterien und Indikatoren. Ein Kriterium für die Kernfrage, ob der Unterricht die zur Verfügung stehende Zeit möglichst optimalen nutzt, ist z.B. die Höhe der aktiven Lernzeit der Schülerinnen und Schüler. Indikator wäre hierfür beispielsweise, dass den Lernenden die erforderlichen Arbeitsmaterialien unmittelbar zur Verfügung stehen oder die Arbeitsaufträge für die Lernenden ohne Unterstützung verständlich sind.

Die einzelnen Verfahren zur Reflexion können differenziert werden danach, inwiefern durch sie die individuelle Reflexion bzw. die Reflexion in Gruppen unterstützt wird und inwieweit sie welche evaluativen Elemente einbeziehen. Wichtig ist bei der Planung eines solchen Vorhabens zunächst, die vorhandenen Ressourcen zu klären. Dies gilt insbesondere auch bei der selbst durchgeführten Analyse des eigenen Unterrichts, denn auch hier muss die Organisation weitgehend reibungslos funktionieren. Und das ist nur möglich, wenn klar ist, welches Instrument wann und auf welche Weise zum Einsatz kommt und wie die Auswertung durchgeführt wird. Verfahren der individuellen Reflexion sind neben den bereits in diesem Kapitel angesprochenen z.B.:

- berufliches Tagebuch, Unterrichtstagebuch, Unterrichtsprotokolle, Reflexionsjournals, Logbücher (die Ereignisse eines oder mehrerer Tage mit ihren positiven und negativen Momenten werden reflektiert)
- Tagesrückblick mittels strukturierter Fragen
- Notizen zum Unterricht, Checklisten
- Die Energie-Bilanzierung (Was gibt/was nimmt mir Energie?)
- Fragebögen zur Selbst- und zur Fremdeinschätzung
- Selbsterkundung zum eigenen Umgang mit Konflikten oder zum eigenen kommunikativen Verhalten, kompetenzorientierte Selbstbefragung
- Video- und Audioaufnahmen des Unterrichts
- Überprüfung der eigenen Haltungen und Einstellungen (vgl. Wiater 2005, 16; Helmke 2008).

Kempfert/Rolff (2005) empfehlen die Anlage eines auf die eigene Arbeit vor dem Hintergrund unterrichtsrelevanter Kompetenzen bezogenen Portfolios mit allen verfügbaren Dokumenten zur Selbsteinschätzung des Unterrichts und der eigenen Schulaktivitäten, einer Analyse der eigenen Stärken und Schwächen, der Dokumentation der persönlichen Entwicklung, eigener Unterrichtsentwürfe sowie Videoaufnahmen vom eigenen Unterricht, Beispiele von Schülerarbeiten und Publikationen, verwendete Evaluationsinstrumente sowie Ergebnisse von Arbeiten innerhalb der Schulentwicklung, Selbsteinschätzungen, aber auch Zertifikate über Aus- und Fortbildung.

Gütekriterien spielen in der Planung eines Evaluationsvorhabens eine wichtige Rolle und speziell in der Unterrichtsbeobachtung (Helmke 2010, 300). Wird mit dem gewählten Messinstrument tatsächlich das Merkmal gemessen, das von Interesse ist und misst das Instrument genau (genug)? So gilt für die Objektivität, dass das Verfahren umso objektiver ist, je geringer das Ergebnis von der die Evaluation durchführenden Person abhängt. Dies gilt sowohl für die Durchführung, die Auswertung als auch für die Interpretation der Ergebnisse. Die Überprüfung der Reliabilität klärt, inwieweit das eingesetzte Instrument zuverlässig und unabhängig von den Anwendungsbedingungen ist. Und über die Validität wird nachgewiesen, ob der gemessene Indikator mit der gewünschten Fragestellung der Untersuchung übereinstimmt. D.h., werden tatsächlich die Daten erhoben, die für die Beantwortung der zu Beginn formulierten Fragestellung relevant sind?

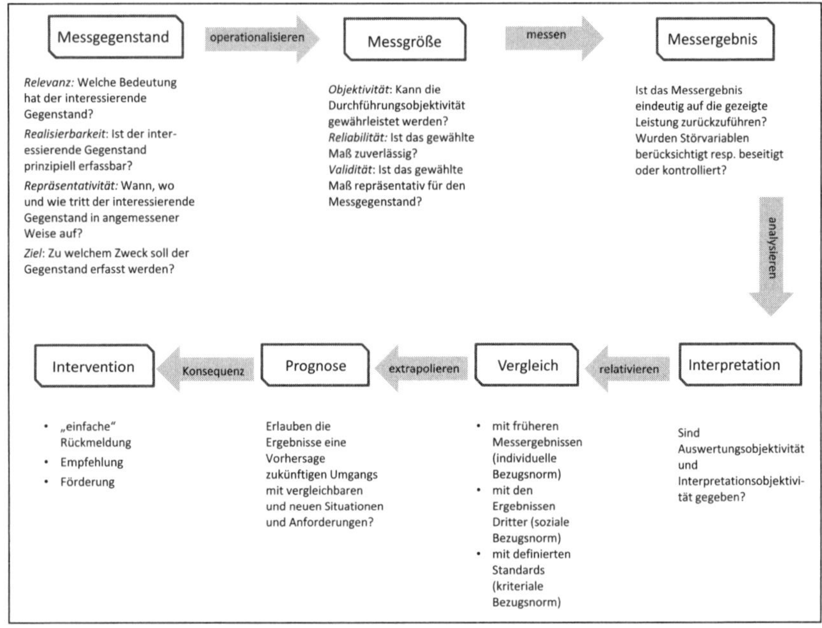

Abb. 57: Bausteine einer Evaluation (nach Winkels 2014)

Für die Auseinandersetzung mit dem eigenen Unterricht können die Lehrpersonen auf unterschiedliche Techniken und Methoden zurückgreifen:

- schriftliche Befragungen,
- strukturierte Gespräche/Interviews,
- Datenauswertung und Dokumentenanalyse,
- Auswertung von Tests, Klassenarbeiten und anderen Lernerfolgsüberprüfungen,
- Beobachtungen Dritter,
- Auswertung von Meinungsäußerungen von Lernenden/Eltern/außerschulischen Personen, Auswertung kreativer und expressiver Produktionen (z.B. szenische Darstellungen, Bilder, Unterrichtsvideografien).

Weitere Instrumente als Basis für didaktische und pädagogische Diskussionen sind z.B. Beckers Checklisten, Self-Reflective Teacher Observation Protocol, Fragen des selbstreflektierenden Praktikers, Unterrichtstagebuch von Kammermeyer (Helmke 2010, 274).

Praxisbeispiele für die Reflexion in einer Gruppe sind:

- Rückmeldungen der Schülerinnen und Schüler zum Unterricht;
- wechselseitige kollegiale Unterrichtsbesuche und -beurteilung;
- SWOT-Analyse (engl. Akronym für Strengths (Stärken), Weaknesses (Schwächen), Opportunities (Chancen) und Threats (Gefahren));

- Peer-review durch eine schulinterne Unterstützungsgruppe, sogenannte „critical friends";
- die Plus-Minus-Fragezeichen-Methode (Was ist gelungen? Was ist nicht gelungen? Was ist weiterhin ungeklärt?);
- Analysegespräche in der kollegialen Gruppe über berufliche Erfahrungen, Wahrnehmungen, Unklarheiten usw.
- regelmäßige fallreflexive kollegiale Beratung; hierzu gehören die Abschnitte Einstimmung, Problemdarstellung, Kurz-Feedback mit sich anschließenden Informationsfragen zum dargelegten Problem, Perspektivenwechsel, Zielklärung, Suche nach Lösungsvarianten, Auswahl einer Lösungsmöglichkeit, Abschluss-Feedback
- eine übersichtliche Darstellung der geplanten Evaluations-Zielsetzungen; diese ermöglicht eine wertenden Einschätzung über das Erreichen bestimmter Aspekte im Hinblick auf die Unterrichtsentwicklung (z.B. Strukturierung, Klarheit, Zeitnutzung, …)(ebd., 17).

Für das in Kapitel 5.3.4 erläuterte Schülerfeedback bieten zunehmend mehr Bundesländer bieten daher Formen für die Schülerrückmeldung über Unterricht an (z.B. Schülerfragebögen aus verschiedenen Projekten der Bildungsforschung: MARKUS, BIJU, DESI, IPN-Physikstudie, Schweizer Physikstudie, PISA 2000, IGLU 2001, EIS (Evaluation in Schulen, Baden-Württemberg), SEfU (Sachsen und Thüringen)) (vgl. Helmke 2010, 283f). Die kollegiale Unterrichtsbeobachtung wiederum stellt ein besonders großes Potential im Hinblick auf die differenzierte Beurteilung des Unterrichts dar u.a. bezogen auf den dynamischen Verlaufsaspekt, d.h. die Abfolge zeitlicher Sequenzen und Strukturen. In Abhängigkeit von der Zielsetzung der Unterrichtsbeobachtung bieten sich verschiedene Methoden an, wie z.B. Checklisten, Interaktionssysteme, Rating-Systeme (ebd., 288ff).

Abschließend ist festzuhalten, dass Evaluation niemals Selbstzweck sein soll, denn dadurch verliert sie mittelbar ihre positiven Effekte. Dies geschieht z.B., wenn auf eine Schülerbefragung kein Feedback gegeben wird und dauerhaft gegen beklagte Zustände keine Maßnahmen erfolgen. Evaluationen müssen vielmehr nachvollziehbar sein und bedürfen stichhaltiger Daten und Ergebnisse, aus denen Schlussfolgerungen gezogen werden, die in Empfehlungen und in Maßnahmen sowie Handlungsweisen Eingang erhalten. Evaluationen sind daher eine wichtiger Bestandteil der Unterrichtsentwicklung.

6 Literaturverzeichnis

Adorno, Th. W. (1971): Erziehung zur Mündigkeit. Frankfurt a. M.: Suhrkamp.

Aebli, H. (1967): Natur und Kultur in der Entwicklung des Menschen. Konstanz: Universitätsverlag (Konstanzer Universitätsreden, herausgegeben von Gerhard Hess), 5-25.

Aebli, H. (1978): Von Piagets Entwicklungspsychologie zur Theorie der kognitiven Sozialisation. In G. Steiner (Hrsg.): Die Psychologie des 20. Jahrhunderts. Band VII: Piaget und die Folgen. Zürich: Kindler, 604-627.

Aebli, H. (1980): Denken, das Ordnen des Tuns. Bd. 1: Kognitive Aspekte der Handlungstheorie. Stuttgart: Klett-Cotta

Aebli, H. (1981): Denken, das Ordnen des Tuns. Bd. 2: Denkprozesse. Stuttgart: Klett-Cotta

Aebli, H. (1983): Zwölf Grundformen des Lehrens. Eine Allgemeine Didaktik auf psychologischer Grundlage. 1. Aufl., Stuttgart: Klett-Cotta.

Aebli, H. (1987): Grundlagen des Lehrens. Eine Allgemeine Didaktik auf psychologischer Grundlage. (Fortsetzung der „Zwölf Grundformen des Lehrens"). Stuttgart: Klett-Cotta.

Aebli, H. (2001): Zwölf Grundformen des Lehrens. Eine Allgemeine Didaktik auf psychologischer Grundlage. 11. Aufl., Stuttgart: Klett-Cotta.

Allhoff, D.-W. (Hrsg.) (1987): Sprechen lehren – reden lernen. Beiträge zur Stimm- und Sprachtherapie, Sprechbildung und Sprechererziehung, Rhetorischen und Ästhetischen Kommunikation. München: Reinhardt.

Altrichter, H./Posch, P. (2007): Lehrerinnen und Lehrer erforschen ihren Unterricht. 4., überarb. u. erw. Aufl., Bad Heilbrunn: Klinkhardt.

Apel, H. J. (2002): Herausforderung Schulklasse. Klassen führen – Konflikte bewältigen. Bad Heilbrunn: Klinkhardt.

Apel, H. J. (2005): Allgemeine Didaktik im Wandel. In: P. Stadtfeld/B. Dieckmann (Hrsg.): Allgemeine Didaktik im Wandel. Bad Heilbrunn: Klinkhardt, 38-52.

Apel, H. J. (2007): Planung und Vorbereitung von Unterricht und Lernumgebungen – Planungstheorien. In: H. J. Apel/W. Sacher (Hrsg.): Studienbuch Schulpädagogik. 3., überarb. u. erw. Aufl., Bad Heilbrunn: Klinkhardt, 260-283.

Apel, H. J. (2009): Klassenführung. In: K.-H. Arnold/U. Sandfuchs/J. Wiechmann (Hrsg.): Handbuch Unterricht. 2. Aufl., Bad Heilbrunn: Klinkhardt, 171-175.

Arnold, K.-H. (2009a): Lehr-Lernforschung ohne Allgemeine Didaktik? Über die Notwendigkeit einer integrierten Wissenschaft vom Unterricht. In: K.-H. Arnold/S. Blömeke/R. Messner/R. Schlömerkemper (Hrsg.): Allgemeine Didaktik und Lehr-Lernforschung. Kontroversen und Entwicklungsperspektiven einer Wissenschaft vom Unterricht. Bad Heilbrunn: Klinkhardt, 27-45.

Arnold, K.-H. (2009b): Unterricht als zentrales Konzept der didaktischen Theoriebildung und der Lehr-Lern-Forschung. In: K.-H. Arnold/U. Sandfuchs/J. Wiechmann (Hrsg.): Handbuch Unterricht. 2. Aufl., Bad Heilbrunn: Klinkhardt, 15-22.

Arnold, K.-H./Koch-Priewe, B. (2010): Traditionen der Unterrichtsplanung in Deutschland. In: Bildung und Erziehung 63 (4), 401-415.

Arnold, K.-H./Koch-Priewe, B./Lin-Klitzing, S. (2007): Allgemeine Didaktik, Fachdidaktik und Unterrichtsqualität. In: K.-H. Arnold (Hrsg.): Unterrichtsqualität und Fachdidaktik. Bad Heilbrunn: Klinkhardt, 19-50.

Arnold, R./Schüßler, I. (1998): Wandel der Lernkulturen. Ideen und Bausteine für ein lebendiges Lernen. Darmstadt: Wissenschaftliche Buchgesellschaft.
Ashton, P. T./Webb, R. B. (1986): Making a difference. Teachers' sense of efficacy and student achievement. New York u.a.: Longman.
Astleitner, H. (2008): Die lernrelevante Ordnung von Aufgaben nach Aufgabenschwierigkeit. In: J. Thonhauser (Hrsg.): Aufgaben als Katalysatoren von Lernprozessen. Münster u.a.: Waxmann, 65-80.
Atkinson, R. L. (2001): Standardized tests and access to american universities. The 2002 Robert H. Atwell Distinguished Lecture, delivered at the 83rd Annual Meeting of the American Council of Education. Washington D. C.
Atkinson, R. L./Smith, E. E./Bem, D. J./Hilgard, E. R. (1990): Introduction to Psychology. 10. Aufl., San Diego u.a.: Harcourt Brace Jovanovich.
Aurin, K. (Hrsg.) (1990): Gute Schulen – worauf beruht ihre Wirksamkeit? Bad Heilbrunn: Klinkhardt.

Ballauf, T./Schaller, K. (1970): Pädagogik. Bd. 2. Vom 16. bis zum 19. Jahrhundert. Freiburg i. Br. u.a.: Alber (= Orbis academicus: Problemgeschichten der Wissenschaft in Dokumenten und Darstellungen, Bd. 1,12).
Ballauf, T./Schaller, K. (1973): Pädagogik. Bd. 3. 19./20. Jahrhundert. Freiburg i. Br. u.a.: Alber (= Orbis academicus: Problemgeschichten der Wissenschaft in Dokumenten und Darstellungen, Bd. 1, 139).
Bandura, A. (1994): Lernen am Modell. Stuttgart: Klett (Erstausgabe 1976).
Bastian, J. (2007): Unterricht evaluieren und entwickeln. Von der intuitiven zur systematischen Evaluation. In: PÄDAGOGIK 59 (2), 6-9.
Baumgartner, P. (2011): Taxonomie von Unterrichtsmethoden. Münster: Waxmann.
Beck, E./Baer, M./Guldimann, T./Bischoff, S./Brühwiler, C./Müller, P./Niedermann, R./Rogalla, M./ Vogt, F. (2008): Adaptive Lehrkompetenz. Analyse und Struktur, Veränderbarkeit und Wirkung handlungssteuernden Lehrerwissens. Münster: Waxmann.
Becker-Mrotzek, M. (2009): Mündliche Kommunikationskompetenz. In: M. Becker-Mrotzek (Hrsg.): Mündliche Kommunikation und Gesprächsdidaktik. Baltmannsweiler: Schneider Verlag Hohengehren, 66-83.
Becker-Mrozek, M./Quasthoff, U. (1998): Unterrichtsgespräche zwischen Gesprächsforschung, Fachdidaktik und Unterrichtspraxis. In: Der Deutschunterricht 50 (1), 3-13.
Belardi, N. (2002): Supervision. Grundlage, Techniken, Perspektiven. München: Beck.
Benner, D./Oelkers, J. (2004): Vorwort. In: D. Benner/J. Oelkers (Hrsg.): Historisches Wörterbuch der Pädagogik. Weinheim u.a.: Beltz, 7-10.
Bessoth, R. (1990): Unterrichtsplanung: Traditionelle Methoden und neue Ansätze. Schulleitung. Ein Lernsystem. Ergänzungslieferung 12/1990, 1-56.
Bessoth, R. (2002): Unterrichtsplanung: Traditionelle Methoden und neue Ansätze. Schulleitung. Ein Lernsystem. 13. Aktualisierung.
Bethge, T./Eiselen, T./Jenzen, U./Vogel, B. (2002): Vom Rahmenplan zum schulinternen Curriculum. In: Unterricht, Arbeit, Technik 15 (2), 27-46, 48-49.
Beyer, K. (2014): Didaktische Prinzipien: Eckpfeiler guten Unterrichts. Ein theoriebasiertes und praxisorientiertes Handbuch in Tabellen für den Unterricht auf der Sekundarstufe II. Baltmannsweiler: Schneider Verlag Hohengehren.
Bildungsportal NRW (2014): Standardsicherung NRW. Lernarrangements. Verfügbar unter: www.standardsicherung.schulministerium.nrw.de (Zugriff am 8.10.2014).
Bildungskommission NRW (Hrsg.) (1995): Zukunft der Bildung. Schule der Zukunft. Neuwied: Luchterhand.
Blankertz, H. (1982): Die Geschichte der Pädagogik. Von der Aufklärung bis zur Gegenwart. Wetzlar: Büchse der Pandora.

Blömeke, S. (2009): Allgemeine Didaktik ohne Lehr-Lernforschung? – Perspektiven einer reflexiven Bildungsforschung. In: K.-H. Arnold/S. Blömeke/R. Messner/R. Schlömerkemper (Hrsg.): Allgemeine Didaktik und Lehr-Lernforschung. Kontroversen und Entwicklungsperspektiven einer Wissenschaft vom Unterricht. Bad Heilbrunn: Klinkhardt, 13-25.

Boekarts, M. (1997): Self-regulated-learning. In: Learning and Instruction 7, 181-187.

Boekarts, M. (1999): Self-regulated-learning. Where we are today. In: International Journal of Educational Research 31, 445-457.

Bönsch, M. (2002): Unterrichtsmethoden – kreativ und vielfältig. Baltmannsweiler: Schneider Verlag Hohengehren.

Bohl, T. (2004): Empirische Unterrichtsforschung und Allgemeine Didaktik. Ein prekäres Spannungsverhältnis und Konsequenzen im Kontext der PISA-Studie. In: Die Deutsche Schule 96 (4), 550-566.

Bohl, T. (2010): Forschung für den Unterricht: Zwischen selbstbestimmtem Lernen und Classroom-Management. In: T. Bohl/K. Kansteiner-Schänzlin/M. Kleinknecht/B. Kohler/A. Nold (Hrsg.): Selbstbestimmung und Classroom-Management. Bad Heilbrunn: Klinkhardt, 15-30.

Bohl, T./Kucharz, D. (2010): Offener Unterricht heute. Konzeptionelle und didaktische Weiterentwicklung. Weinheim u.a.: Beltz.

Bollnow, O. F. (1991): Philosophie der Erkenntnis. Erster Teil. Das Vorverständnis und die Erfahrung des Neuen. 2. Aufl., Stuttgart u.a.: Kohlhammer.

Brackhahn, B./Brockmeyer, R. (Hrsg.) (2004): Qualitätsverbesserung in Schulen und Schulsystemen. QuiSS. Band 1-6. Neuwied u.a.: Luchterhand.

Bransford, J. D./Brown, A. L./Cocking, R. R. (Hrsg.) (1999): How people learn. Brain, mind, experience, and school. Washington, D.C.: National Academic Press.

Bräu, K. (2005): Individualisierung des Lernens – Zum Lehrerhandeln bei der Bewältigung eines Balanceproblems. In: K. Bräu/U. Schwerdt (Hrsg.): Heterogenität als Chance. Münster: LIT-Verlag, 129-149.

Braun, A. K./Meier, M. (2006): Wie Gehirne laufen lernen, oder: „Früh übt sich, wer ein Meister werden will." In: U. Herrmann (Hrsg.): Neurodidaktik – Grundlagen und Vorschläge für gehirngerechtes Lehren und Lernen. Weinheim u.a.: Beltz, 97-110

Bruner, J. (1981): Der Akt der Entdeckung. In: H. Neber (Hrsg.): Entdeckendes Lernen. 3. Aufl., Weinheim u.a.: Beltz, 15-27.

Buhren, C. G. (2015): Feedback – Definitionen und Differenzierungen. In: C. G. Buhren (Hrsg.): Handbuch Feedback in der Schule. Weinheim u.a.: Beltz, 11-30.

Bundesministerium für Bildung und Forschung (Hrsg.) (2007): Bildungsforschung. Band 1: Zur Entwicklung nationaler Bildungsstandards. Eine Expertise. Von E. Klieme et al. Berlin u.a.

Bundesministerium für Bildung und Forschung (Hrsg.) (2008): Qualität entwickeln – Standards sichern – mit Differenz umgehen. Band 27. Berlin u.a.

Bund-Länder-Kommission für Bildungsplanung und Forschungsförderung (BLK) (Hrsg.) (1997): Gutachten zur Vorbereitung des Programms „Steigerung der Effizienz des mathematisch-naturwissenschaftlichen Unterrichts". Bonn (= Heft 60 der BLK-Reihe „Materialien zur Bildungsplanung und Forschungsförderung").

Burkard, C./Eikenbusch, G. (2000): Praxishandbuch Evaluation in der Schule. Berlin: Cornelsen Scriptor.

Clausen, M. (2002): Unterrichtsqualität: Eine Frage der Perspektive? Münster: Waxmann.

Comenius, J. A. (2007): Große Didaktik. Mit einem Nachwort von Klaus Schaller. Aus dem Lateinischen von Sonia Flitner und Andreas Flitner. 10. Aufl., Stuttgart: Klett-Cotta.

Csikszentmihalyi, M. (1975): Beyond Boredom and Anxiety. Experiencing Flow in Work and Play. San Francisco: Jossey-Bass.

Dann, H.-D. (1989a): Subjektive Theorien als Basis erfolgreichen Handelns von Lehrkräften. In: Beiträge zur Lehrerbildung 7 (2), 247-254.

Dann, H.-D. (1989b): Was geht im Kopf des Lehrers vor? Lehrerkognitionen und erfolgreiches pädagogisches Handeln. In: Psychologie in Erziehung und Unterricht 36 (2), 81-90.

Dann. H. D./Cloetta, B./Müller-Fohrbrodt, G./Helmreich, R. (1978): Umweltbedingungen innovativer Kompetenz. Stuttgart: Klett-Cotta.

Davydov, V. V. (1995): The influence of L. S. Vygotsky on education: theory, research, and practice. In: Educational Researcher 24 (3), 12-21.

De Charms, R. (1968): Personal Causation. New York: Academic Press.

De Corte, E. (2003): Designing learning environments that foster the productive use of acquired knowledge and skills. In: E. De Corte/L. Verschaffel/N. Entwistle/J. van Merrienboer (Hrsg.): Powerful learning environments. Unravelling basic components and dimensions. Amsterdam: Pergamon, 21-33.

Deci, E. L./Ryan, R. M. (1993): Die Selbstbestimmungstheorie der Motivation und ihre Bedeutung für die Pädagogik. In: Zeitschrift für Pädagogik 39 (2), 223-238.

Deutsche Gesellschaft für Evaluation (DeGEval) (Hrsg.) (2004): Standards für Evaluation. 4. Aufl., Köln: DeGEval.

Deutscher Bildungsrat. Empfehlungen der Bildungskommission: Strukturplan für das Bildungswesen vom 13.2.1970. Bonn: Bundesdruckerei.

Dewey, J. (1978): The Middle Works. Bd. 6, 1910-1911. Hrsg. von Jo Ann Boydston. Carbondale u.a.: Southern Illinois University Press.

Diederich, J. (1988): Didaktisches Denken. Eine Einführung in Anspruch und Aufgabe. Möglichkeiten und Grenzen der Allgemeinen Didaktik. München: Juventa.

Dochy, F./Segers, M./van den Bossche, P./Gijbelse, D. (2003): Effects of problem-based learning: a meta-analysis. In: Learning and Instruction 13, 533-568.

Dolch, J. (1965a): Grundbegriffe der pädagogischen Fachsprache. 5., verb. Aufl., München: Ehrenwirth.

Dolch, J. (1965b): Lehrplan des Abendlandes. Zweieinhalb Jahrtausende seiner Geschichte. 2. Aufl., Ratingen: Henn.

Doyle, W. (1986): Classroom organization and management. In: M. C. Wittrock (Hrsg.): Handbook of research on teaching. 3. Aufl., New York: Macmillan, 392-431.

Driesch, J. v. d./Esterhues, J. (1960): Geschichte der Erziehung und Bildung. Bd. 1. Von den Griechen bis zum Ausgang des Zeitalters der Aufklärung. 5. Aufl., Paderborn: Schöningh.

Edelmann, W. (1996). Lernpsychologie. 5., vollst. überarb. Aufl., Weinheim u.a.: Beltz PVU.

Ehlich, K. (2009): Unterrichtskommunikation. In: M. Becker-Mrotzek (Hrsg.): Mündliche Kommunikation und Gesprächsdidaktik. Baltmannsweiler: Schneider Verlag Hohengehren, 327-348.

Enzyklopädie Erziehungswissenschaft (1986): Handbuch und Lexikon der Erziehung. Hrsg. von D. Lenzen. Band 3: Ziele und Inhalte der Erziehung und des Unterrichts. Hrsg. von H. D. Haller/ H. Meyer. Stichwort Unterricht, handlungsorientiert. Stuttgart: Klett, 600-606.

Esslinger-Hinz, I./Sliwka, A. (2011): Schulpädagogik. Weinheim u.a.: Beltz

Esslinger-Hinz, I./Wigbers, M./Giovannini, N./Hannig, J./Herbert, L./Jäkel, L./Klingmüller, C. (2013): Der ausführliche Unterrichtsentwurf. Weinheim u.a.: Beltz.

Eugster, B./Tremp, P. (2009): Formate hochschuldidaktischer Weiterbildung – Einleitung. In: Beiträge zur Lehrerbildung 27 (1), 60-63.

Fend, H. (1971): Sozialisierung und Erziehung. Eine Einführung in die Sozialisierungsforschung. 4. Aufl., Weinheim u.a.: Beltz.

Fend, H. (1998): Qualität im Bildungswesen. Weinheim u.a.: Beltz.

Fernández, M./Wegerif, R./Mercer, N./Rojas-Drummond, S. (2001): Re-conceptualizing »Scaffolding« and the Zone of Proximal Development in the Context of Symmetrical Collaborative Learning. In: Journal of Classroom Interaction 36 (2), 40-54.

Flechsig, K.-H. (1996): Kleines Handbuch didaktischer Modelle. Eichenzell: Neuland Verlag für lebendiges Lernen.

Fiehler, R. (2009): Mündliche Kommunikation. In: M. Becker-Mrotzek (Hrsg.): Mündliche Kommunikation und Gesprächsdidaktik. Baltmannsweiler: Schneider Verlag Hohengehren, 25-51.
Flitner, W./Kudritzki, G. (Hrsg.) (1962): Die deutsche Reformpädagogik. Bd. 2. Ausbau und Selbstkritik. Düsseldorf u.a.: Küpper.
Flitner, W./Kudritzki, G. (Hrsg.) (1967): Die deutsche Reformpädagogik. Bd. 1. Die Pioniere der pädagogischen Bewegung. 2. Aufl., Düsseldorf u.a.: Küpper.
Forum Bildung 10 (2001): Neue Lern- und Lehrkultur. Vorläufige Empfehlungen und Expertenbericht. Arbeitsstab Forum Bildung in der BLK. Bonn: Bundesdruckerei.
Friedmann, A. (2006): Claasroom Management und Teacher Stress and Burnout. In: C. M. Evertson/ C. S. Weinstein (Hrsg.): Handbook of Claasroom Management. Research, Practice and Contemporary Issues. Mahwah, N. J.: Lawrence Erlbaum, 925-944.
Fröhlich, W. D. (2005): Wörterbuch Psychologie: Stichwort Modell. 25. Aufl., München: Deutscher Taschenbuch Verlag.

Gabler, I. C./Schroeder, M. (2003): Seven Constructivist Methods for the Secondary Classroom: A Planning Guide for Invisible Teaching. Boston: Allyn & Bacon.
Gagné, R. M. (2011): Die Bedingungen menschlichen Lernens. Reprints hrsg. von D. H. Rost. Münster u.a.: Waxmann.
Gasser, P. (1999): Neue Lernkultur. Eine integrative Didaktik. Aarau: Sauerländer.
Gasser, P. (2003): Lehrbuch Didaktik. 2. Aufl., Bern: h.e.p. Verlag.
Gemeinsame Erklärung des Präsidenten der Kultusministerkonferenz und der Vorsitzenden der Bildungs- und Lehrergewerkschaften sowie ihrer Spitzenorganisationen Deutscher Gewerkschaftsbund DGB und DBB -Beamtenbund- und Tarifunion (2000): Aufgaben von Lehrerinnen und Lehrern heute – Fachleute für das Lernen. Beschluss der Kultusministerkonferenz vom 5. September 2000 in Bremen. Verfügbar unter: http://www.kmk.org/fileadmin/veroeffentlichungen_beschluesse/2000/2000_10_05-Bremer-Erkl-Lehrerbildung.pdf (Zugriff am 24.12.2014).
Gerstenmaier, J./Mandl, H. (1995): Wissenserwerb unter konstruktivistischer Perspektive. In: Zeitschrift für Pädagogik 41 (6), 867-888.
Gibbons, P. (2006): Unterrichtsgespräche und das Erlernen neuer Register in der Zweitsprache. In: P. Mecheril/Th. Quehl (Hrsg.): Die Macht der Sprachen. Englische Perspektiven auf die mehrsprachige Schule. Münster u.a.: Waxmann, 269-290.
Giesecke, H. (2002): Fächer, Stoffe, Bildung. In: W. Böttcher/P. Kalb (Hrsg.): Kerncurriculum. Was Kinder in der Grundschule lernen sollen. Weinheim u.a.: Beltz, 64-81.
Giesecke, H. (2003): Wozu ist Schule da? In: C. Ludwig/A. Manues (Hrsg.): Mit der Spaßgesellschaft in den Bildungsnotstand. 17 streitbare Beiträge für einen Aufbruch aus der Bildungsmisere. Kemmern: Leibniz Verlag, 83-98.
Giesecke, H. (2005): Grenzen der Schule – Chancen der Jugendarbeit. In: Forum für Kinder- und Jugendarbeit 1, 11-15.
Glöckel, H. (1977): Die Planbarkeit des Unterrichts. In: H. Hacker/D. Poschard (Hrsg.): Zur Frage der Lernplanung und Unterrichtsgestaltung. Hannover: Schroedel, 13-36.
Glöckel, H. (1992): Vom Unterricht. Bad Heilbrunn: Klinkhardt.
Glöckel, H. (2000): Klassen führen – Konflikte bewältigen. Bad Heilbrunn: Klinkhardt.
Gonschorek, G./Schneider, S. (2007): Einführung in die Schulpädagogik und die Unterrichtsplanung. 5. Aufl., Donauwörth: Auer Verlag.
Gonschorek, G./Schneider, S. (2010): Einführung in die Schulpädagogik und die Unterrichtsplanung. 7. Aufl., Donauwörth: Auer Verlag.
Gräsel, C./Mandl, H. (1993): Förderung des Erwerbs diagnostischer Strategien in fallbasierten Lernumgebungen. In: Unterrichtswissenschaft 21, 355-370.
Gregory, K. M./Kim, A. S./Whiren, A. (2003): The Effect of Verbal Scaffolding on the Complexity of Preschool Children's Block Constructions. In: D. E. Lytle (Hrsg.): Plan and Educational Theory and Practice. Play and Culture Studies (Vol. 5). Westport, CT: Praeger, 117-134.

Groeben, A. v. d. (Hrsg.) (2000): Rituale in Schule und Unterricht. Hamburg: Bergmann & Helbig
Gruber, H. (2004): Kompetenzen von Lehrerinnen und Lehrern – ein Blick aus der Expertiseforschung. In: A. Hartinger/M. Fölling-Albers (Hrsg.): Lehrerkompetenzen für den Sachunterricht. Bad Heilbrunn: Klinkhardt, 21-33.
Gudjons, H. (1997): Handlungsorientierter Unterricht. In: Pädagogik 59 (1), 5-10.
Gudjons, H. (2006): Neue Unterrichtskultur – veränderte Lehrerrolle. Bad Heilbrunn: Klinkhardt.

Haag, L./Streber, D. (2012): Klassenführung. Erfolgreich unterrichten mit Classroom Management. Weinheim u.a.: Beltz.
Haag, L./Streber, D. (2014): Individuelle Förderung. Weinheim u.a.: Beltz.
Hacker, W. (1986): Arbeitspsychologie – Psychische Regulation von Arbeitstätigkeiten. Bern u.a.: Hans Huber.
Hacker, W. (1992): Expertenkönnen. Erkennen und vermitteln. Göttingen: Hogrefe.
Hacker, W. (2005): Allgemeine Arbeitspsychologie. Bern: Huber.
Hacker, W./Sachse, P. (2013): Allgemeine Arbeitspsychologie. Psychische Regulation von Tätigkeiten. Göttingen: Hogrefe.
Häcker, T. (2011): Portfolioarbeit – Ein Konzept zur Wiedergewinnung der Leistungsbeurteilung für die pädagogische Aufgabe der Schule. In: W. Sacher/F. Winter (Hrsg.): Diagnose und Beurteilung von Schülerleistungen. Baltmannsweiler: Schneider Verlag, 217-249.
Hallitzky, M. (2002): Strukturen der Offenheit als Qualitätskriterium nachhaltigen Lernens. Bad Heilbrunn: Klinkhardt.
Hanke, P. (2005): Öffnung des Unterrichts in der Grundschule. Lehr-Lernkulturen und orthografische Lernprozesse in der Grundschule. Münster u.a.: Waxmann.
Hattie, J./Timperley, H. (2007): The Power of Feedback. In: Review of Educational Research 77 (1). Los Angeles: SAGE Publications, 81-112.
Heckel, H./Avenarius, H. (1996): Schulrechtskunde. Ein Handbuch für Praxis, Rechtssprechung und Wissenschaft. 7. Aufl., Neuwied: Luchterhand.
Heidemann, C. (1992): Regional Planning Methodology. Karlsruhe: Institut für Regionalwissenschaft (= Discussion Paper No. 16).
Heidemann, C. (1995): Vorlesung Planungstheorie. Unveröffentlichtes Manuskript. Karlsruhe: Institut für Regionalwissenschaft.
Heimann, P. (1976a): Didaktische Grundbegriffe. In: K. Reich/H. Thomas (Hrsg.): Paul Heimann – Didaktik als Unterrichtswissenschaft. Stuttgart: Klett, 103-141.
Heimann, P. (1976b): Didaktik als Theorie und Lehre. In: K. Reich/H. Thomas (Hrsg.): Paul Heimann – Didaktik als Unterrichtswissenschaft. Stuttgart: Klett, 142-167.
Heimann, P./Otto, G./Schulz, W. (1965): Unterrichtsanalyse und Planung. Hannover: Schroedel.
Heisig, D. (2009): Kooperations- und Kommunikationstechniken. Schulmanagement. Studienbrief SM0520. Technische Universität Kaiserslautern – Distance and International Studies Center. Kaiserslautern.
Hell, P./Olbrich, P. (1982): Schülerbezogener Unterricht in Beispielen. Donauwörth: Ludwig Auer.
Hell, P./Olbrich, P. (1993): Unterrichtsvorbereitung. Grundlagen – Strukturen – praktische Hinweise. Donauwörth: Ludwig Auer.
Helmke, A. (1988): Leistungssteigerung und Ausgleich von Leistungsunterschieden in Schulklassen: unvereinbare Ziele? In: Zeitschrift für Entwicklungspsychologie und Pädagogische Psychologie 20 (1), 45-76.
Helmke, A. (2003a): Unterrichtsqualität. Erfassen – Verwerten – Verbessern. Seelze-Velber: Kallmeyer.
Helmke, A. (2003b): Unterrichtsevaluation. Verfahren und Instrumente. In: Schulmanagement 1, 8-11.
Helmke, A. (2004): Unterrichtsqualität. Erfassen, verwerten, verbessern. 4. Aufl., Seelze-Velber: Kallmeyer.
Helmke, A. (2005): Standardbasierte Unterrichtsevaluation. In: A. Gogoll/A. Menze-Sonneck (Hrsg.): Qualität im Schulsport. Hamburg: Czwalina, 11-28.

Helmke, A. (2008): Unterrichtsforschung. In: H.-E. Tenorth/R. Tippelt (Hrsg.): Beltz-Lexikon Pädagogik. Weinheim u.a.: Beltz, 734-737.

Helmke, A. (2010): Unterrichtsqualität und Lehrerprofessionalität. Diagnose, Evaluation und Verbesserung des Unterrichts. 3. Aufl., Seelze-Velber: Klett/Kallmeyer.

Helmke, A. (2011): Forschung zur Lernwirksamkeit des Lehrerhandelns. In: E. Terhart/H. Bennewitz/M. Rothland (Hrsg.): Handbuch der Forschung zum Lehrerberuf. Münster: Waxmann, 630-643.

Henz, H. (1991): Bildungstheorie. Frankfurt a. M. u.a.: Lang.

Herbart, J. F. (1959): Allgemeine Pädagogik aus dem Zweck der Erziehung abgeleitet. Mit einem Vorwort von Herman Nohl. 2. Aufl., Weinheim u.a.: Beltz.

Heymann, W. (2007): Unterricht vorbereiten und planen. In: PÄDAGOGIK 59 (10), 6-9.

Hofer, B. K./Pintrich, P. R. (1997): The development of epistemological theories: Beliefs about knowledge and knowing and their relation to learning. In: Review of Educational Research 67 (1), 88-140.

Hogan, K./Pressley, M. (1997): Scaffolding Scientific Competencies within Classroom Communities of Inquiry. In: K. Hogan/M. Pressley (Hrsg.): Scaffolding Student Learning: Instructional Approaches and Issues. Albany: State University of New York, 74-107.

Holzkamp, K. (1995): Lernen. Subjektwissenschaftliche Grundlegung. Frankfurt a. M. u.a.: Campus Verlag.

Ingenkamp, K. H./Lissmann, U. (2005): Lehrbuch der Pädagogischen Diagnostik. 5. Aufl., Weinheim u.a.: Beltz.

Jank, W./Meyer, H. (1990): Didaktische Modelle. Oldenburg: Zentrum für pädagogische Berufspraxis an der Universität Oldenburg.

Jank, W./Meyer, H. (2011): Didaktische Modelle. Berlin: Cornelsen Verlag Scriptor.

Jaspers, K. (1952): Von den Grenzen des pädagogischen Planens. In: Basler Schulblatt 13 (4), 72-77.

Jürgens, E. (2003): Vom Umgang mit Fehlern. trait d'union. In: Magazin für Ihren Französischunterricht 9 (III), 6-7.

Jürgens, E. (2006): Lebendiges Lernen in der Grundschule. Weinheim u.a.: Beltz.

Jürgens, E. (2007): Schulische Erziehung im Fokus der Pädagogischen Anthropologie. In: Erziehungswissenschaft und Beruf 55 (2), 3-21.

Jürgens, E. (2008): Was ist »guter« Unterricht? Neue Zusammenhänge in der Unterrichtsentwicklung. In: U. Stadler-Altmann/J. Schindele/A. Schraut (Hrsg.): Neue Lernkultur – neue Leistungskultur. Bad Heilbrunn: Klinkhardt, 68-89.

Jürgens, E. (2009): Die „neue" Reformpädagogik und die Bewegung Offener Unterricht. 7. Aufl., Sankt Augustin: Academia.

Jürgens, E. (2010): Was ist guter Unterricht aus der Perspektive »der« Reformpädagogik? Vom Aktivitätsparadigma zum »Schüleraktiven Unterricht«. In: E. Jürgens/J. Standop (Hrsg.): Was ist »guter« Unterricht? Bad Heilbrunn: Klinkhardt, 39-81.

Jürgens, E./Lissmann, U. (2015): Pädagogische Diagnostik. Weinheim u.a.: Beltz.

Kandel, E. R./Schwartz, J. H./Jessell, T. M. (1995): Neurowissenschaften. Eine Einführung. Heidelberg u.a.: Spektrum Akademischer Verlag.

Kempfert, G./Rolff, H.-G. (2005): Qualität und Evaluation. Ein Leitfaden für Pädagogisches Qualitätsmanagement. 4., überarb. und erw. Aufl., Weinheim u.a.: Beltz.

Kerschensteiner, G. (1964): Begriff der Arbeitsschule. Neu hrsg. von J. Dolch. 15., unveränd. Aufl., München: Oldenbourg.

Kiper, H./Mischke, W. (2004): Einführung in die Allgemeine Didaktik. Weinheim u.a.: Beltz.

Kiper, H./Mischke, W. (2008): Selbstgesteuertes Lernen – Kooperationen – soziale Kompetenz. Stuttgart: Klinkhammer.

Kiper, H./Mischke, W. (2009): Unterrichtsplanung. Weinheim u.a.: Beltz.

Kiper, H./Miller, S./Rohlfs, C./Palentien, C. (Hrsg.) (2008): Lernarrangements für heterogene Gruppen. Bad Heilbrunn: Klinkhardt.
Klafki, W. (1969): Didaktische Analyse als Kern der Unterrichtsvorbereitung. In: H. Roth/A. Blumenthal (Hrsg.): Didaktische Analyse. 10. Aufl., Hannover: Schroedel, 5-34.
Klafki, W. (1971): Didaktik und Methodik. In: H. Röhrs (Hrsg.): Didaktik. Frankfurt a. M.: Akademische Verlagsgesellschaft, 1-16.
Klafki, W. (1985): Neue Studien zur Bildungstheorie und Didaktik. Weinheim u.a.: Beltz.
Klafki, W. (1986): Die Bedeutung der klassischen Bildungstheorien für ein zeitgemäßes Konzept allgemeiner Bildung. In: Zeitschrift für Pädagogik 32 (32), 455-476.
Klafki, W. (1991): Neue Studien zur Bildungstheorie und Didaktik. Weinheim u.a.: Beltz.
Klafki, W. (1994): Neue Studien zur Bildungstheorie und Didaktik. Weinheim u.a.: Beltz.
Klafki, W. (1996): Neue Studien zur Bildungstheorie und Didaktik. Weinheim u.a.: Beltz.
Klafki, W./Otto, G./Schulz, W. (1977): Didaktik und Praxis. Weinheim u.a.: Beltz.
Klahr, D./Nigam, M. (2004): The Equivalence of Learning Paths in Early Science Instruction. Effects of Direct Instruction and Discovery Learning. In: Psychological Science 15 (10), 661-667.
Klauer, K. J./Leutner, D. (2007): Lehren und Lernen. Einführung in die Instruktionspsychologie. Weinheim u.a.: Beltz PVU.
Klieme, E./Avenarius, H./Blum, W./Döbrich, P./Gruber, H./Prenzel, M./Reiss, K./Riquarts, K./Rost, J./Tenorth, H.-E./Vollmer, H. (2003): Zur Entwicklung nationaler Bildungsstandards. Eine Expertise. Frankfurt a. M.: DIPF.
Klingberg, L. (1987): Überlegungen zur Dialektik von Lehrer- und Schülertätigkeit im Unterricht der sozialistischen Schule. In: Potsdamer Forschungen der Pädagogischen Hochschule „Karl Liebknecht". Erziehungswissenschaftliche Reihe C, Heft 74.
Klingberg, L. (1990): Lehrende und Lernende im Unterricht. Zu didaktischen Positionen im Unterrichtsprozeß. Berlin: Verlag Volk und Wissen.
Knoll, E. (2000): Beratung in der Schule. Unverzichtbarer Teil des Schulsystems. In: Schulmagazin 5-10, 68/11, 51-54.
Knuth, R. A./Cunningham, D. J. (1993): Tools for constructivism. In: T. M. Duffy/J. Lowyk/D. H. Jonassen (Hrsg.): Designing environments for constructive learning. NATO ASI Series. Berlin u.a.: Springer, 163-188.
Koch-Priewe, B./Stübig, F./Arnold, K.-H. (2007): Allgemeine Didaktik, Fachdidaktik und Unterrichtsqualität. In: K.-H. Arnold (Hrsg.): Unterrichtsqualität und Fachdidaktik. Bad Heilbrunn: Klinkhardt, 19-50.
Kounin, J. S. (1976): Techniken der Klassenführung. Bern u.a.: Huber/Klett (Reprint für Waxmann, Münster u.a. 2006).
Kozulin, A. (1998): Psychological tools. Cambridge MS: Harvard University Press.
Krapp, A. (1998a): Entwicklung und Förderung von Interessen im Unterricht. In: Psychologie in Erziehung und Unterricht 45 (3), 186-203.
Krapp, A. (1998b): Interesse. In: D. H. Rost (Hrsg.): Handwörterbuch Pädagogische Psychologie. Weinheim u.a.: Beltz PVU, 203-209.
Krapp, A./Lewalter, D./Wild, K.-P. (2001): Interessen in der beruflichen Ausbildung. In: K. Beck/V. Krumm (Hrsg.): Lehren und Lernen in der beruflichen Erstausbildung. Opladen: Leske + Budrich, 11-35.
Kron, F. W. (1993): Grundwissen Didaktik. München: Reinhardt Verlag.
Kron, F. W. (1994): Grundwissen Didaktik. München u.a.: Reinhardt Verlag.
Kron, F. W. (2008): Grundwissen Didaktik. 5. Aufl., München u.a.: Reinhardt Verlag.
Kron, F. W./Jürgens, E./Standop, J. (2013): Grundwissen Pädagogik. 8. Aufl., München u.a.: Reinhardt Verlag.
Kron, F. W./Jürgens, E./Standop, J. (2014): Grundwissen Didaktik. 6. Aufl., München u.a.: Reinhardt Verlag.
Kullmann, J. (2000): Selbst-Supervision in der Schule. Neuwied: Luchterhand.

Landesbildungsserver Baden Württemberg (o.J.): Der Bildungsplan kurz vorgestellt. Verfügbar unter: http://www.bildung-staerkt-menschen.de/schule_2004/bildungsplan_kurz (Zugriff am 8.8.2014).

Landesinstitut für Schule Bremen (2013): Curriculumentwicklung. Verfügbar unter: http://www.lis.bremen.de/sixcms/detail.php?gsid=bremen56.c.28062.de (Zugriff am 8.8.2014).

Law, L. C./Wong, K. M. P. (1996): Expertise und Instructional Design. In: H. Gruber/A. Ziegler (Hrsg.): Expertiseforschung. Opladen: Westdeutscher Verlag, 115-147.

Lefrançois, G. R. (2006): Psychologie des Lernens. 5. Aufl., Heidelberg: Springer.

Leibniz, G. W. (1954): Monadologie. Neu übers., eingel. und erl. von Hermann Glockner. Stuttgart: Reclam.

Leinhardt, G. (1993): On teaching. In: R. Glaser (Hrsg.): Advances in instructional pychology (Vol. 4.). Hillsdale, NJ: Erlbaum, 1-54.

Lindner, W. (2014): Arrangieren. Stuttgart: Kohlhammer.

Linn, M. C. (1990): Summary: Establishing a science and engineering of science education. In: M. Gardner/J. G. Greeno/F. Reif/A. H. Schoenfeld/A. DiSessa/E. Stage (Hrsg.): Toward a scientific practice of science education. Hillsdale, NJ: Erlbaum, 223-241.

Lipowsky, F. (2007): Was wissen wir über guten Unterricht? In: G. Becker/A. Feindt/H. Meyer (Hrsg.): Guter Unterricht. Seelze: Friedrich, 26-30.

Lissmann, U. (1987): Qualität des Unterrichts – die Leistungsrückmeldung des Lehrers und ihre Wirkung auf Schüler. In: Zeitschrift für erziehungswissenschaftliche Forschung 21 (3), 171-192.

Loch, W. (1969): Enkulturation als anthropologischer Grundbegriff der Pädagogik. In: E. E. Weber (Hrsg.): Der Erziehungs- und Bildungsbegriff im 20. Jahrhundert. Bad Heilbrunn: Klinkhardt, 122-140.

Locke, J. (1966): Gedanken über Erziehung. Übers. und hrsg. von Heinz Wohlers. 2. Aufl., Bad Heilbrunn: Klinkhardt.

Lortie, D. C. (1975): Schoolteacher. A sociological study. Chicago: University of Chicago Press.

Luhmann, N. (1986): Codierung und Programmierung. Bildung und Selektion im Erziehungssystem. In: H.-E. Tenorth (Hrsg.): Allgemeine Bildung. Analysen zu ihrer Wirklichkeit, Versuche über ihre Zukunft. Weinheim: Juventa, 154-183.

Luhmann, N./Schorr, K. E. (1982): Das Technologiedefizit der Erziehung und die Pädagogik. In: N. Luhmann/K. E. Schorr (Hrsg.): Zwischen Technologie und Selbstreferenz. Fragen an die Pädagogik. Frankfurt a. M.: Suhrkamp, 11-40.

MacKenzie, A. A./White, R. T. (1982): Fieldwork in Geography and Long-term Memory Structures. In: American Educational Research Journal 19 (4), 623-632.

Mächler, S. (Hrsg.) (2001): Schulerfolg: kein Zufall. Ein Ideenbuch zur Schulentwicklung im multikulturellen Umfeld. Zürich: Lehrmittelverlag.

Mandl, H. (1998): Authentisches Lernen in der Mediengesellschaft. Gastvortrag an der Erziehungswissenschaftlichen Fakultät der Universität Erlangen-Nürnberg am 8.6.1998.

Mandl, H. (2010): Lernumgebungen problemorientiert gestalten. Zur Entwicklung einer neuen Lernkultur. In: E. Jürgens/J. Standop, (Hrsg.): Was ist »guter« Unterricht? Bad Heilbrunn: Klinkhardt, 19-38.

Mehan, H. (1998): The study of social interaction in educational settings: Accomplishments and unresolved issues. In: Human Development 41, 245-269.

Meinberg, E. (1998): Das Menschenbild der modernen Erziehungswissenschaft. Darmstadt: Wissenschaftliche Buchgesellschaft.

Messner, R. (1975): Didaktik. Eine Übersicht über ihre Grundprobleme. In: R. Messner/U. Isenegger/H. Messner/P. Füglister (Hrsg.): Kind, Schule, Unterricht. Zum aktuellen Forschungsstand der Didaktik, der Curriculumtheorie und der Theorie der Schule. Stuttgart: Klett, 33-84.

Messner, R. (2008): Baustein eines kognitiv aktivierenden Fachunterrichts. In: D. Bosse (Hrsg.): Gymnasiale Bildung zwischen Kompetenzorientierung und Kulturarbeit. Wiesbaden: Verlag für Sozialwissenschaften, 137-160.

Messner, R./Reusser, K. (2006): Aeblis Didaktik auf psychologischer Grundlage im Kontext der zeitgenössischen Didaktik. In: M. Baer/M. Fuchs/P. Füglister/K. Reusser/H. Wyss (Hrsg.): Didaktik auf psychologischer Grundlage. Von Hans Aeblis kognitionspsychologischer Didaktik zur modernen Lehr- und Lernforschung. Bern: h.e.p. Verlag, 52-73.

Meyer, H. (1987): UnterrichtsMethoden. Bd. I: Theorieband. 4. Aufl., Frankfurt a. M.: Cornelsen Scriptor.

Meyer, H. (1997): Schulpädagogik I. Für Anfänger. Berlin: Cornelsen Skriptor.

Meyer, H. (2004): Was ist guter Unterricht? Berlin: Cornelsen Scriptor.

Meyer, H. (2007): Leitfaden Unterrichtsvorbereitung. Berlin: Cornelsen Scriptor.

Meyer, H. (2008): Was ist guter Unterricht? 5. Aufl., Berlin: Cornelsen Scriptor.

Meyer, H. (2010a): Qualitätsmerkmale guten Unterrichts in der Diskussion. In: C. Fischer/R. Schilmöller (Hrsg.): Was ist guter Unterricht? Qualitätskriterien auf dem Prüfstand. Münster: Aschendorff Verlag.

Meyer, H. (2010b): Leitfaden Unterrichtsvorbereitung. 5. Aufl., Berlin: Cornelsen Scriptor.

Meyer, H. (2011): Was ist guter Unterricht? 8. Aufl., Berlin: Cornelsen Scriptor.

Meyer, H./Vogt, D. (1997): Schulpädagogik. Bd. I: Die Menschen zuerst. C. v. O. Universität Oldenburg. Zentrum für pädagogische Berufspraxis.

Meyer, M. (2007): Unterricht. In: H.-E. Tenorth/R. Tippelt (Hrsg.): Lexikon Pädagogik. Weinheim u.a.: Beltz, 728-731.

Meyer, M./Meyer, H. (2007): Wolfgang Klafki. Eine Didaktik für das 21. Jahrhundert. Weinheim u.a.: Beltz.

Mietzel, G. (2003): Pädagogische Psychologie des Lernens und Lehrens. 7., korr. Aufl., Göttingen: Hogrefe.

Ministerium für Schule und Weiterbildung Nordrhein-Westfalen (NRW) (Hrsg.) (2008): Die Grundschule in NRW. Neue Richtlinien und Lehrpläne: Qualitätsmerkmale für gute Aufgaben. Düsseldorf.

Montada, L. (2008): Fragen, Konzepte, Perspektiven. In: R. Oerter/L. Montada (Hrsg.): Entwicklungspsychologie. 6. Aufl., Weinheim u.a.: Beltz, 3-48.

Moog, W. (1967a): Geschichte der Pädagogik. Bd. 2. Pädagogik der Neuzeit von der Renaissance bis zum Ende des 17. Jahrhunderts. 8., unveränd. Aufl. d. 7., völlig neugestalteten Aufl., Osterwieck/Harz u.a.: Zickfeldt.

Moog, W. (1967b): Geschichte der Pädagogik. Bd. 3. Die Pädagogik der Neuzeit vom 18. Jahrhundert bis zur Gegenwart. Neuaufl., Osterwieck/Harz u.a.: Zickfeldt.

Neber, H. (2004): Förderung epistemischen Fragens im Religionsunterricht. In: Unterrichtswissenschaft 38 (4), 308-320.

Neber, H. (2008): Entdeckung, Erfahrungsorientierung und Problemlösung. In: E. Jürgens/J. Standop (Hrsg.): Taschenbuch Grundschule. Band 3: Grundlegung von Bildung. Baltmannsweiler: Schneider Verlag, 144-153.

Nestmann, F./Sickendiek, U./Engel, F. (2004): Das Handbuch der Beratung. Bd. 1 und Bd. 2. Tübingen: dgvt-Verlag.

Niedersächsisches Landesinstitut für schulische Qualitätsentwicklung (2014): Curriculare Vorgaben. Verfügbar unter: http://nibis.ni.schule.de/nibis.phtml?menid=203 (Zugriff am 8.8.2014)

Niegemann, H. M. (2002): Modelle des Instruktionsdesigns: Zu Möglichkeiten und Grenzen didaktischer Hilfestellungen. In: D. M. Meister/U. Rinn (Hrsg.): Didaktik und Neue Medien. Münster u.a.: Waxmann, 102-122

Niggli, A. (2000): Lernarrangements erfolgreich planen. Aarau: Sauerländer.

Ophardt, D./Thiel, F. (2008): Klassenmanagement als Basisdimension der Unterrichtsqualität. In: M. Schweer (Hrsg.): Lehrer-Schüler-Interaktion. Wiesbaden: Verlag für Sozialwissenschaften, 258-282.

Ophardt, D./Thiel, F. (2013): Klassenmanagement. Ein Handbuch für Studium und Praxis. Stuttgart: Kohlhammer.

Oser, F. (2008): Fehlerkultur und Negatives Wissen. In: E. Jürgens/J. Standop (Hrsg.): Taschenbuch Grundschule. Band 2: Das Grundschulkind. Hohengehren: Schneider Verlag, 99-110.

Oser, F./Baeriswyl, F. (2001): Choreographies of teaching: Bridging instruction to learning. In: V. Richardson (Hrsg.): Handbook of research on teaching. e. Aufl., Washington, D.C.: American Educational Research Association, 1031-1065

Oser, F./Spychiger, M. (2005): Lernen ist schmerzhaft. Zur Theorie des Negativen Wissens und zur Praxis der Fehlerkultur. Weinheim u.a.: Beltz.

Paas, F. G./van Merrienboer, J. G. (1994): Variability of Worked Examples and Transfer of Geometrical Problem-Solving Skills. A Cognitive Load Approach. In: Journal of Educational Psychology 86 (1), 122-133.

Paechter, M./Stock, M./Schmölzer-Eibinger, S./Slepcevic-Zach, P./Weirer, W. (Hrsg.) (2012): Handbuch Kompetenzorientierter Unterricht. Weinheim u.a.: Beltz.

Paulsen, F. (1960): Ausgewählte pädagogische Abhandlungen. Hrsg. v. Clemens Menze. Paderborn: Schöningh (= Schöninghs Sammlung pädagogischer Schriften: Quellen zur Geschichte der Pädagogik).

Peterßen, W. H. (1985): Lehrbuch der Allgemeinen Didaktik. München: Ehrenwirth.

Peterßen, W. H. (1995): Unterrichtsplanung. Grundlegung und Darstellung eines offenen Modells, Teil 1. In: Pädagogische Welt 6, 246-251.

Peterßen, W. H. (1999): Kleines Methodenlexikon. München: Oldenbourg.

Peterßen, W. H. (2000): Handbuch Unterrichtsplanung. 9. Aufl., München: Oldenbourg.

Peterßen, W. H. (2001a): Didaktik und Curriculum/Lehrplan. In: L. Roth (Hrsg.): Pädagogik. Handbuch für Studium und Praxis. München: Oldenbourg, 743-760.

Peterßen, W. H. (2001b): Lehrbuch Allgemeine Didaktik. München: Oldenbourg.

Peterßen, W. H. (2003): Lehreraufgabe Unterrichtsplanung. München: Oldenbourg.

Peterßen, W. H. (2005): Lernen braucht Vielfalt! – Didaktisches Plädoyer für ein differenziertes Methodendenken. In: P. Stadtfeld/B. Dieckmann (Hrsg.): Allgemeine Didaktik im Wandel. Bad Heilbrunn: Klinkhardt, 153-172.

Pintrich, P. R. (2000): The role of goal orientation in self-regulated learning. In: M. Boekarts/P. R. Pintrich/M. Zeidner (Hrsg.): Handbook of self-regulation. San Diego: Academic Press, 451-502.

Plöger, W. (1999): Allgemeine Didaktik und Fachdidaktik. Paderborn: Fink.

Plöger, W. (2008): Unterrichtsplanung. Köln: Kölner Studien Verlag.

Quasthoff, U. (2009): Entwicklung der mündlichen Kommunikationskompetenz. In: M. Becker-Mrotzek (Hrsg.): Mündliche Kommunikation und Gesprächsdidaktik. Baltmannsweiler: Schneider Verlag Hohengehren, 84-100.

Rang, M. (1973): Einleitung. In: J.-J. Rousseau: Emile oder über die Erziehung. Hrsg., eingel. und mit Anm. vers. von Martin Rang. Stuttgart: Reclam, 5-97.

Reble, A. (1957): Geschichte der Pädagogik. 3., überarb. Aufl., Stuttgart: Klett.

Reinmann, G. (2012): Das schwierige Verhältnis zwischen Lehren und Lernen: Ein hausgemachtes Problem? In H. Giest/E. Heran-Dörr/C. Archie (Hrsg.): Lernen und Lehren im Sachunterricht. Zum Verhältnis von Konstruktion und Instruktion. Bad Heilbrunn: Klinkhardt, 25-35.

Reinmann, G./Mandl, H. (2006): Unterrichten und Lernumgebungen gestalten. In: A. Krapp/B. Weidenmann (Hrsg.): Pädagogische Psychologie. 5. vollst. überarb. Aufl.,Weinheim u.a.: Beltz, 613-658.

Reinmann-Rothmeier, G./Mandl, H. (1997): Lehren im Erwachsenenalter. Auffassungen vom Lehren und Lernen, Prinzipien und Methoden. In: F. E. Weinert/H. Mandl (Hrsg.): Psychologie der Erwachsenenbildung. Enzyklopädie der Psychologie. Themenbereich D, Praxisgebiete. Serie 1,

Pädagogische Psychologie. Bd. 4, Psychologie der Erwachsenenbildung. Göttingen u.a.: Hogrefe, 355-403.

Reinmann-Rothmeier, G./Mandl, H. (2001): Unterrichten und Lernumgebungen gestalten. In: A. Krapp/B. Weidenmann (Hrsg.): Pädagogische Psychologie. 5. Aufl., Weinheim u.a.: Beltz, 613-658.

Rekus, J. (2005): Die Aufgabe der Didaktik heute. In: P. Stadtfeld/B. Dieckmann (Hrsg.): Allgemeine Didaktik im Wandel. Bad Heilbrunn: Klinkhardt, 53-67.

Renkl, A. (1994): Träges Wissen: Die „unerklärliche" Kluft zwischen Wissen und Handeln (Forschungsbericht Nr. 41). München: Ludwig-Maximilian-Universität, Lehrstuhl für Pädagogische Psychologie und Empirische Pädagogik.

Renkl, A. (1996): Träges Wissen. Wenn Erlerntes nicht genutzt wird. In: Psychologische Rundschau 47 (2), 78-92.

Resnick, L. B. (1987): Learning in school and out. In: Educational Researcher 16 (9), 13-20.

Resnick, L. B. (1991): Shared cognition. Thinking as social practice. In: L. B. Resnick/J. M. Levione/ S. D. Teasley (Hrsg.): Perspectives on socially shared cognition. Washington, D.C.: American Psychological Association, 1-20.

Reulecke, W./Rollett, B. (1976): Pädagogische Diagnostik und lernzielorientierte Tests. In: K. Pawlik (Hrsg.): Diagnose der Diagnostik. Stuttgart: Klett, 179-185.

Reusser, K. (1999): „Und sie bewegt sich doch" – aber man behalte die Richtung im Auge. Zum Wandel der Schule und zum neu-alten pädagogischen Rollenverständnis von Lehrerinnen und Lehrern. In: Die neue Schulpraxis, Themenheft 99, 11-15.

Reusser, K. (2006): Konstruktivismus – vom epistemologischen Leitbegriff zur Erneuerung der didaktischen Kultur. In: M. Baer/M. Fuchs/P. Füglister/K. Reusser/H. Wyss (Hrsg.): Didaktik auf psychologischer Grundlage. Von Hans Aeblis kognitionspsychologischer Didaktik zur modernen Lehr-Lernforschung. Bern: h.e.p. Verlag, 151-168.

Rheinberg, F. (2005): Motivationsförderung im Schulalltag. Psychologische Grundlagen und praktische Durchführung. 3. Aufl., Göttingen: Hogrefe.

Richert, P. (2006): Unterricht als Lehrer-Schüler-Interaktion. In: K.-H. Arnold/U. Sandfuchs/J. Wiechmann (Hrsg.): Handbuch Unterricht. Bad Heilbrunn: Klinkhardt, 225-229.

Rosenholtz, S. J. (1989): Teachers' workplace. The social organization of schools. New York u.a.: Longman.

Roth, G. (2006): Warum sind Lehren und Lernen so schwierig? In: U. Hermann (Hrsg.): Neurodidaktik: Grundlagen und Vorschläge für gehirngerechtes Lehren und Lernen. Weinheim u.a.: Beltz, 49-60.

Roth, L. (1980): Erziehungswissenschaft – Allgemeine Didaktik – Fachdidaktik – Fachwissenschaft. In: L. Roth (Hrsg.): Handlexikon zur Didaktik der Schulfächer. München: Ehrenwirth, 19-35.

Rousseau, J.-J. (1963): Emile oder über die Erziehung. Hrsg., eingel. u. mit Anm. vers. von Martin Rang. Stuttgart: Reclam.

Ruprecht, H. (1972): Modelle grundlegender didaktischer Theorien. In: H. Ruprecht/H.-K. Beckmann/F. v. Cube/W. Schulz (Hrsg.): Modelle grundlegender didaktischer Theorien. Hannover: Schroedel, 9-72.

Ryan, R. M./Deci, E. L. (2000): Self-determination theory and the facilitation of intrinsic motivation, social development and well-being. In: American Psychologist 55, 68-78.

Sacher, W. (2005): Didaktik als Theorie des arrangierten Lernens. In: P. Stadtfeld/B. Dieckmann (Hrsg.): Allgemeine Didaktik im Wandel. Bad Heilbrunn: Klinkhardt, 173-213.

Sacher, W. (2006): Didaktik der Lernökologie. Lernen und Leben in unterrichtlichen und medienbasierten Lernarrangements. Bad Heilbrunn: Klinkhardt.

Sacher, W. (2009): Leistungen entwickeln, überprüfen und beurteilen: Bewährte und neue Wege für die Primar- und Sekundarstufe. 5. Aufl., Bad Heilbrunn: Klinkhardt.

Salonen, P./Vauras, M. (2006): Von der Fremdregulation zur Selbstregulation. Die Rolle von sozialen Makrostrukturen in der Interaktion zwischen Lehrenden und Lernenden. In: M. Baer/M. Fuchs/ P. Füglister/K. Reusser/H. Wyss (Hrsg.): Didaktik auf psychologischer Grundlage. Von Hans Aeblis kognitionspsychologischer Didaktik zur modernen Lehr-Lernforschung. Bern: h.e.p. Verlag, 207-217.

Sandfuchs, U. (2009): Grundfragen der Unterrichtsplanung. In: K.-H. Arnold/U. Sandfuchs/J. Wiechmann (Hrsg.): Handbuch Unterricht. 2. Aufl., Bad Heilbrunn: Klinkhardt, 512-524.

Schaarschmidt, U. (2009): Belastung im Lehrerberuf. In: K.-H. Arnold/U. Sandfuchs/J. Wiechmann (Hrsg.): Handbuch Unterricht. 2. Aufl., Bad Heilbrunn. Klinkhardt, 467-470.

Schaller, K. (1973): Comenius. Darmstadt: Wissenschaftliche Buchgesellschaft.

Scheunpflug, A. (2001): Biologische Grundlagen des Lernens. Berlin: Cornelsen Scriptor.

Scheunpflug, A. (2008): Lernen in heterogenen Gruppen. Möglichkeiten einer natürlichen Differenzierung. Anmerkungen zum Thema Heterogenität aus der Sicht der Allgemeinen Didaktik. In: H. Kiper/S. Miller/C. Rohlfs/C. Palentien (Hrsg.): Lernarrangements in heterogenen Gruppen. Bad Heilbrunn: Klinkhardt, 66-77.

Schnebel, S. (2007): Professionell beraten: Beratungskompetenz in der Schule. 2. Aufl., Weinheim u.a.: Beltz.

Schön, D. A. (1983): The Reflective Practitioner. How professionals think in action. New York: Basic Books.

Schönbächler, M.-T. (2008): Klassenmanagement. Situative Gegebenheiten und personale Faktoren in Lehrpersonen- und Schülerperspektiven. Bern: Haupt.

Schönwandt, W. (1999): Grundriss einer Planungstheorie der »dritten Generation«. In: DISP 36 (137), 25-35.

Schoy, M. (2005): Wenn Schülerinnen und Schüler zu Fehlerexperten werden. In: Lehren und lernen 31 (10), 26-31.

Schratz, M./Stein-Löffler, U. (1999): Die lernende Schule. Arbeitsbuch pädagogischer Schulentwicklung. 2., korr. Aufl., Weinheim u.a.: Beltz.

Schröder, H. (1995): Studienbuch allgemeine Didaktik. Grund- und Aufbauwissen zu Lernen und Lehren im Unterricht. München: Oldenbourg.

Schröder, H. (1999): Theorie und Praxis der Erziehung. München: Oldenbourg.

Schröder, H. (2002): Lernen – Lehren – Unterricht. 2. Aufl., München: Oldenbourg.

Schulmeister, R. (2004): Didaktisches Design aus hochschuldidaktischer Sicht – Ein Plädoyer für offene Lernsituationen. In: U. Rinn/D. M. Meister (Hrsg.): Didaktik und Neue Medien. Konzepte und Anwendungen in der Hochschule. Münster: Waxmann, 19-49.

Schulministerium NRW (Hrsg.) (2014): Schulgesetz für das Land Nordrhein-Westfalen in der Fassung vom 7.6.2014. Verfügbar unter: http://www.schulministerium.nrw.de (Zugriff am 24.12.2014).

Schulz, W. (1965): Unterricht – Analyse und Planung. In: P. Heimann/G. Otto/W. Schulz: Unterricht – Analyse und Planung. Hannover: Schroedel, 13-47.

Schulz, W. (1972): Unterricht zwischen Funktionalisierung und Emanzipationshilfe – Zwischenbilanz auf dem Wege zu einer kritischen Didaktik. In: H. Ruprecht/H.-K. Beckmann/F. v. Cube/W. Schulz (Hrsg.): Modelle grundlegender didaktischer Theorien. Hannover: Schroedel, 155-184.

Schulz, W. (1976): Unterricht zwischen Funktionalisierung und Emanzipationshilfe. In: H. Ruprecht/ H.-K. Beckmann/F. v. Cube (Hrsg.): Modelle grundlegender didaktischer Theorien. 3., durchges. Aufl., Hannover: Schroedel, 155-184.

Schulz, W. (1980): Ein Hamburger Modell der Unterrichtsplanung – Seine Funktion in der Alltagspraxis. In: B. Adl-Amini/R. Künzli (Hrsg.): Didaktische Modelle und Unterrichtsplanung. München: Juventa, 49-87.

Schulz, W. (1981): Unterrichtsplanung. 3., erw. Aufl., München: Urban und Schwarzenberg.

Schulz, W. (1986): Die lehrtheoretische Didaktik. In: H. Gudjons/R. Teske/R. Winkel, (Hrsg.): Didaktische Theorien. Hamburg: Bergmann und Helbig, 29-45.

Schulz von Thun, F. (2010): Miteinander reden 1: Störungen und Klärungen. Allgemeine Psychologie der Kommunikation. 48. Aufl., Reinbek bei Hamburg: Rowohlt.

Schwarzer, C./Posse, N. (2005): Beratung im Handlungsfeld Schule. In: Pädagogische Rundschau 59 (59), 139-151.

Seel, A. (1995): Von der Unterrichtsplanung zum konkreten Lehrerhandeln. Graz: dbv-Verlag der TU Graz.

Seibert, N. (2006): Unterrichtsprinzipien. In K.-H. Arnold/U. Sandfuchs/J. Wiechmann (Hrsg.): Handbuch Unterricht. Bad Heilbrunn: Klinkhardt, 251-261.

Sekretariat der Ständigen Konferenz der Kultusminister der Länder in der Bundesrepublik Deutschland (Hrsg.) (2004): Standards für die Lehrerbildung: Bildungswissenschaften. Beschluss der Kultusministerkonferenz vom 16.12.2004. Verfügbar unter: http://www.kmk.org/fileadmin/veroeffentlichungen_beschluesse/2004/2004_12_16-Standards-Lehrerbildung.pdf (Zugriff am 28.2.2015).

Senatsverwaltung für Bildung, Jugend und Wissenschaft (2014): Lehrpläne. Verfügbar unter: http://www.berlin.de/sen/bildung/unterricht/lehrplaene/ (Zugriff am 8.8.2014).

Shuell, T. J. (1993): Toward an integrative theory of teaching and learning. In: Educational Psychologist 28 (4), 291-311.

Silver, H. F./Strong, R. W./Perimi, M. J. (2013): Strategisch unterrichten. So finden Sie für jedes Unterrichtsziel die richtige Methode. Weinheim u.a.: Beltz.

Singer, K. (2009): Die Schulkatastrophe. Weinheim u.a.: Beltz.

Slepcevic-Zach, P./Tafuer, G. (2012): Input-Output-Outcome: Alle reden von Kompetenzorientierung, aber meinen alle dasselbe? Versuch einer Kategorisierung. In: M. Paechter/M. Stock/S. Schmölzer-Eibinger/P. Slepcevic-Zach/W. Weirer (Hrsg.): Handbuch Kompetenzorientierter Unterricht. Weinheim u.a.: Beltz, 27-41.

Sliwka, A./Frank, S. (Hrsg.) (2004): Service Learning: Verantwortung lernen in Schule und Gemeinde. Weinheim u.a.: Beltz.

Speck, O. (1999): Die Ökonomisierung sozialer Qualität. München: Reinhardt.

Spinner, H. F. (1974): Theorie. In: H. Krings/H. M. Baumgartner/C. Wild (Hrsg.): Handbuch philosophischer Grundbegriffe. München: Kösel, 1486-1514.

Spitzer, M. (2002): Lernen: Gehirnforschung und die Schule des Lebens. Heidelberg: Spektrum.

Spitzer, M. (2004): Selbstbestimmen. Heidelberg u.a.: Springer.

Spychiger, M. (2010): Fehlerkultur und Reflexionsdidaktik. In: E. Jürgens/J. Standop (Hrsg.): Was ist »guter« Unterricht? Bad Heilbrunn: Klinkhardt, 175-197.

Standop, J. (2002): Emotionen und kognitives schulisches Lernen aus interdisziplinärer Perspektive. Frankfurt a. M.: Peter Lang Verlag.

Standop, J. (2006): Berufsethische Lehreinstellungen. Die Bedeutung von Professionsbewusstheit und Menschenbild für die individuelle Ausprägung ethischer Berufshandlungen und -überzeugungen. Unveröffentlichtes Manuskript. Universität Bielefeld.

Standop, J. (2008): Das Kind als Subjekt im Lernprozess. In: E. Jürgens/J. Standop (Hrsg.): Taschenbuch Grundschule. Band 1: Grundlegung von Bildung. Hohengehren: Schneider Verlag, 51-64.

Standop, J. (2009): Transitionen in die Grundschule unter dem Aspekt der Ambivalenz von Kontinuität und Diskontinuität. In: Pädagogische Rundschau 63 (3), 331-354.

Standop, J. (2013): Hausaufgaben in der Schule. Bad Heilbrunn: Klinkhardt.

Standop, J. (2014): Das Menschenbild als Einflußgröße auf Schulentwicklungsprozesse. Versuch einer Strukturierung eines vieldeutigen Begriffs. In: J. Standop/A. Greiling/J. Seefeldt (Hrsg.): Visionen einer guten Schule. Entwürfe für eine zukunftsweisende Entwicklung. Bad Heilbrunn: Klinkhardt, 49-62.

Steiner, G. (2007): Lernen. 4. Aufl., Bern: Huber.

Straka, G. A./Macke, G. (2005): Lern-Lehr-Theoretische Didaktik. 3. Aufl., Münster u.a.: Waxmann.

Tenorth, H. E./Tippelt, R. (Hrsg.) (2007): Lexikon Pädagogik. Weinheim u.a.: Beltz.

Terhart, E. (2005): Fremde Schwestern – Zum Verhältnis von Allgemeiner Didaktik und empirischer Lehr-Lern-Forschung. In: P. Stadtfeld/B. Dieckmann (Hrsg.): Allgemeine Didaktik im Wandel. Bad Heilbrunn: Klinkhardt, 96-114.

Terhart, E. (2009): Didaktik. Eine Einführung. Stuttgart: Reclams Universal-Bibliothek.

Terhart, E. (2010): Heterogenität der Schüler – Professionalität der Lehrer. Ansprüche und Wirklichkeiten. In: S. Ellger-Rüttgardt/G. Wachtel (Hrsg.): Pädagogische Professionalität und Behinderung. Stuttgart: Kohlhammer, 89-104.

Terhart, E. (2011): Didaktik. Eine Einführung. Frankfurt a. M.: Philipp Reclam Junior.

Thiemann, F./Wittenbruch, W. (1975): Gegen eine vorschreibende Unterrichtsplanung. In: Bildung und Erziehung 33 (4), 280-296.

Thomann, G. (2003): Formen von Beratung. Versuch einer Begriffsklärung. In: Education Permante 37 (1), 40-43.

Tulodziecki, G./Herzig, B./Blömeke, S. (2009): Gestaltung von Unterricht. 2. Aufl., Bad Heilbrunn: Klinkhardt.

Uexküll, J. v. (1973): Theoretische Biologie. Frankfurt a. M.: Suhrkamp (Erstausgabe 1928).

Ulshöfer, R. (1971): Theorie und Praxis des kooperativen Unterrichts. Bd. 1: Grundzüge der Didaktik des kooperativen Unterrichts. Stuttgart: Klett.

UNESCO (1972): Learning to be: the world of education today and tomorrow (Faure Report). Paris.

VanLehn, K./Graesser, A. C./Jackson, G. T./Jordan, P./Olney, A./Rose, C. P. (2007): When are tutorial dialogues more effective than reading? In: Cognitive Science 31 (1), 3-62.

Veröffentlichungen der Kultusministerkonferenz (2005): Bildungsstandards der Kultusministerkonferenz. Erläuterungen zur Konzeption und Entwicklung (am 16.12.2004 von der Kultusministerkonferenz zustimmend zur Kenntnis genommen). Verfügbar unter: http://www.kmk.org/fileadmin/veroeffentlichungen_beschluesse/2004/2004_12_16-Bildungsstandards-Konzeption-Entwicklung.pdf (Zugriff am 13.8.2014).

Vierlinger, R. (1996): Verplanter Unterricht. Ein Dilemma für Schüler und Lehrer. In: PÄDAGOGIK 48 (4), 9-11.

Wagner, R. W. (2006): Mündliche Kommunikation in der Schule. Paderborn: Schöningh UTB.

Wahl, D. (1991): Handeln unter Druck. Der weite Weg vom Wissen zum Handeln bei Lehrern, Hochschullehrern und Erwachsenenbildnern. Weinheim: Deutscher Studienverlag.

Wahl, D. (2013): Lernumgebungen erfolgreich gestalten. 3. Aufl., Bad Heilbrunn: Klinkhardt.

Wallrabenstein, W. (1996): Wie planbar ist Offener Unterricht? In: Pädagogik 58 (4), 27-31.

Walter, P. (2006): Unterricht als kommunikatives Geschehen. In: K.-H. Arnold/U. Sandfuchs/J. Wiechmann (Hrsg.): Handbuch Unterricht. Bad Heilbrunn: Klinkhardt, 221-225.

Wang, M. C./Haertel, C. D./Walberg, H. J. (1993): Toward a Knowledge Base for School Learning. In: Review of Educational Research 63 (3), 249-294.

Wehnes, F.-J. (1991): Theorien der Bildung – Bildung als historisches und aktuelles Problem. In: L. Roth (Hrsg.): Pädagogik. Handbuch für Studien und Praxis. München: Ehrenwirth, 256-280.

Weidenmann, B. (2001): Lehr-Lern-Forschung und Neue Medien. In: B. Herzig (Hrsg.): Medien machen Schule. Grundlagen, Konzepte und Erfahrungen zur Medienbildung. Bad Heilbrunn: Klinkhardt, 89-108.

Weinert, F. E. (1996). Lerntheorien und Instruktionsmodelle. In: F. E. Weinert (Hrsg.): Enzyklopädie der Psychologie: Pädagogische Psychologie. Bd. 2: Psychologie des Lernens und der Instruktion. Göttingen: Hogrefe, 1-48.

Weinert, F. E. (1997a): Psychologie des Unterrichts und der Schule. Enzyklopädie der Psychologie: Pädagogische Psychologie. Bd. 3. Göttingen: Hogrefe.

Weinert, F. E. (1997b): Notwendige Methodenvielfalt. In: M. Meyer/U. Rampillon/G. Otto (Hrsg.): Lernmethoden, Lehrmethoden. Wege zur Selbstständigkeit. Friedrich Jahresheft. Seelze: Friedrich, 50-53.

Weinert, F. E. (1998a): Entwicklung im Kindesalter. Weinheim u.a.: Beltz: Psychologie Verlagswissen.

Weinert, F. E. (1998b): Neue Unterrichtskonzepte zwischen gesellschaftlichen Notwendigkeiten, pädagogischen Visionen und psychologischen Möglichkeiten. In: Bayerisches Staatsministerium für Unterricht, Kultus, Wissenschaft und Kunst (Hrsg.): Wissen und Werte für die Welt von morgen – Dokumentation zum Bildungskongress am 29./30. April 1998. München: Bayerisches Staatsministerium für Unterricht, Kultur, Wissenschaft und Kunst, 101-125.

Weinert, F. E. (2001): Schulleistungen – Leistungen der Schüler oder der Schule? In: F. E. Weinert (Hrsg.): Leistungsmessungen in Schulen. Weinheim u.a.: Beltz, 73-86.

Weinert, F. E./Helmke, A. (1996): Der gute Lehrer: Person, Funktion oder Fiktion? In: Zeitschrift für Pädagogik 34, Beiheft, 223-233.

Weinstein, C. S. (1999): Reflections on best practices and promising programs. In: H. J. Freiberg (Hrsg.): Beyond Behaviorism. Changing the Classroom Management Paradigm. Boston: Allyn and Bacon, 147-163.

Wellenreuther, M. (2012): Jenseits von Konstruktion und Instruktion. Eine Diskussion auf der Grundlage neuerer experimenteller Forschung. In: H. Giest/E. Heran-Dörr/C. Archie (Hrsg.): Lernen und Lehren im Sachunterricht. Zum Verhältnis von Konstruktion und Instruktion. Bad Heilbrunn: Klinkhardt, 51-61.

Weniger, E. (1964): Theorie und Praxis in der Erziehung. In: E. Weniger: Die Eigenständigkeit der Erziehung in Theorie und Praxis. Weinheim: Beltz, 7-22.

Weniger, E. (1975): Didaktik als Bildungslehre. Teil 1: Theorie der Bildungsinhalte und des Lehrplans (1930). Hrsg. von B. Schonig. Weinheim u.a.: Beltz.

Wiater, W. (2001): Unterrichtsprinzipien. Donauwörth: Auer Verlag.

Wiater, W. (2005): Evaluation in Schule und Unterricht. In: J. Maisch (Hrsg.): Evaluation und Analyse in der Schulentwicklung. Ansätze, Methoden und Beispiele für die Schulpraxis. Donauwörth: Auer, 8-21.

Wiater, W. (2007): Unterrichten und Lernen in der Schule. Eine Einführung in die Didaktik. Donauwörth: Auer.

Wiater, W. (2011): Unterrichtsplanung. Donauwörth: Auer Verlag.

Wiater, W. (2013): Unterrichtsplanung: Prüfungswissen – Basiswissen Schulpädagogik. 2. Aufl., Donauwörth: Auer Verlag.

Wiechmann, J. (2009): Grundlagen der Unterrichtsmethodik. In: K.-H. Arnold/U. Sandfuchs/J. Wiechmann (Hrsg.): Handbuch Unterricht. 2. Aufl., Bad Heilbrunn: Klinkhardt, 161-164.

Wild, E./Hofer, M./Pekrum, R. (2006): Psychologie des Lerners. In: A. Krapp/B. Weidenmann (Hrsg.): Pädagogische Psychologie. 5. Aufl., Weinheim u.a.: Beltz PVU, 203-267.

Willmann, O. (1988): Didaktik als Beziehungslehre nach ihren Beziehungen zur Sozialforschung und zur Geschichte der Bildung. Band 1 und 2. Aalen: Scientia.

Winkels, R. (2014): Kommunikative Handlungskompetenzen. Seminarmaterialien. Unveröffentlichtes Manuskript. Universität Trier.

Winkels, R. (2013): Leistungsbeurteilung in der Schule. Seminarmaterialien. Unveröffentlichtes Manuskript. Universität Trier.

Winn, W. (1993): A constructivist critique of the assumptions of instructional design. In: T. M. Duffy/J. Lowyck/D. H. Jonassen/T. M. Welsh (Hrsg.): Designing environments for constructive learning. Berlin: Springer, 189-212.

Winter, F. (2001): Und sie bewegt sich doch – die Leistungsbeurteilung. Kritisch-konstruktive Wurzeln und Weiterentwicklung innerhalb der „Neuen Lernkultur". In: B. Koch-Priewe/F. Stübig/K.-H. Arnold (Hrsg.): Das Potenzial der Allgemeinen Didaktik. Weinheim u.a.: Beltz, 121-134.

Winter, F. (2004): Leistungsbewertung. Baltmannsweiler: Schneider Verlag.

Winter, F. (2007): Aufgaben und Perspektiven einer reformierten Leistungsbeurteilung. In: W. Sacher/ F. Winter (Hrsg.): Diagnose und Beurteilung von Schülerleistungen. Baltmannsweiler: Schneider Verlag, 197-216.

Winter, F. (2011): Leistungsbewertung: Eine neue Lernkultur braucht einen anderen Umgang mit den Schülerleistungen. 4. Aufl., Baltmannsweiler: Schneider Verlag.

Zohar, A./David, A. B. (2008): Explicit teaching of meta-strategic knowledge in authentic classroom situations. In: Metacognition Learning 3 (1), 59-82.

Zumsteg, B./Brandenberg, M./Huber, E./Meier, A. (2007): Unterricht kompetent planen. Zürich: Verlag Pestalozzianum.